理性的约束

慈诚罗珠◎编著

西藏藏文古籍出版社

图书在版编目（CIP）数据

理性的约束 / 慈诚罗珠编著 . — 拉萨 : 西藏藏文古籍出版社 , 2019.12

ISBN 978-7-5700-0381-5

Ⅰ. ①理… Ⅱ. ①慈… Ⅲ. ①戒律—研究 Ⅳ. ① B953

中国版本图书馆 CIP 数据核字（2019）第 274299 号

理性的约束

作　　者　慈诚罗珠
责任编辑　郭晓斐
装帧设计　苏长红
出　　版　西藏藏文古籍出版社（拉萨市色拉路 4 号　邮编：850000）
　　　　　第二编辑部（北京）：北京市朝阳区东土城路 8 号林达大厦 A 座 13 层
　　　　　邮编：100013　电话：010-64466847　010-64462318
　　　　　打击盗版：0891-6649998　13908990085
印　　刷　北京盛通印刷股份有限公司
经　　销　全国新华书店
开　　本　16 开（710mm×1000mm）
印　　张　11.75
字　　数　107 千
印　　数　1—3000
版　　次　2019 年 12 月第 1 版
印　　次　2020 年 9 月第 1 次印刷
标准书号　ISBN 978-7-5700-0381-5
定　　价　48.00 元

作者序

戒律是修行人的行为标准，同时也是佛陀的象征。

《根本说一切有部毗奈耶杂事》说：

汝等比丘！我涅槃后，作如是念：我于今日无有大师。汝等不应起如是见！我令汝等每于半月说波罗底木叉，当知此则是汝大师，是汝依处，若我住世，无有异也。

意即我圆寂后，你们不要以为自己再也没有导师。其实，你们每半个月学习的律经，就是你们的导师和修行的依处，这与我住世没有什么差别。

不仅如此，持戒的功德也是无边无量。尤其是在末法时期，持戒的功德更是不可思议。

《月灯三昧经》云：

若供百亿那由佛　清净信心施肴膳

亦施灯鬘及幡盖　至于恒沙多亿劫

若于正法衰末世　如是佛法欲灭时

于一日夜能护法　如是功德胜于彼

哪怕只能在一昼夜间守持一条戒，其功德也远远胜于长达恒河沙数劫中以清净心供养各种供品给百亿佛的功德。

何谓戒律，自古以来，学佛者就可分为在家和出家两种，并各持其戒。因为出家人不用处理繁杂的世俗事务，可以全身心地投入到修行当中，所以佛陀对出家人的要求就比较高。作为出家人，就应受持难度较大的沙弥戒与比丘戒等。而在家人因为需要面对各种生存的压力、世事的牵绊，所以相对而言，往往达不到太高的持戒标准。因此，佛陀对在家人戒律方面的要求也比较低。

戒律是为了规范日常行为而制定的条款。因身份与发心的不同，而分为在家戒、出家戒或别解脱戒、菩萨戒和密乘戒等各种层次。作为佛教徒，如果不对自己的行为加以规范，而毫无顾忌地杀、盗、淫、妄，则学佛就很难有什么效果。只有先将一块布洗净，才能为这块布染上颜色。如果布上满是污垢，就不可能染上纯正的颜色。同样，如果要学佛，就要先将行为规范以后，才能在此基础上修行。

居士五戒属于别解脱戒。所谓别解脱，即别别永久解脱或分别永久解脱的意思。是大小乘共同之戒律。

发了菩提心之后，可受菩萨戒，此戒是大乘显宗和密宗的共同戒律。

最后，就是密乘戒，有各种各样的分类，但十四条根本戒是所有无上密宗之共同戒律，也叫誓言。无论曾得受过何种无上密宗的灌顶，都必须守持该戒律。

修行人可以根据自己的实际情况选择性地受持与自己相应的戒条，故而不会给持戒人带来无法承受的压力和不便。

慈诚罗珠

2020 年 5 月 20 日

目　录

第一章　居士五戒

有不少皈依佛门多年的居士，仍然对居士五戒的具体细节不太清楚，为了让大家能够正确地取舍哪条居士戒，此处简单地介绍一下居士五戒。

一、总述

戒律包括居士戒、沙弥戒、比丘戒等。其中的居士五戒，是佛陀对佛教徒的起码要求。

自古以来，学佛的人就可分为两种——在家人和出家人。因为出家人不用处理很多的世俗事务，可以全身心地投入到修行当中，所以佛陀对出家人的要求就比较高。作为出家人，就应受持难度较大的沙弥戒与比丘戒等。而在家人因为需要面对各种生存的压力、世事的牵绊，所以相对而言，就往往达不到太高的持戒标准。因此，佛陀对在家人戒律方面的要求也就比较低。即便如此，作为在家人，也必须受持不同层次的居士戒。

居士五戒属于别解脱戒。为什么称为别解脱戒呢？所谓别解脱，即别别永久解脱或分别永久解脱的意思。分别解脱的内涵虽然有多种，但最主要的，就是谁受持该戒，谁就会得到永久解脱的意思。比如说，两人当中一人受戒，而另一人不受戒，则受戒的人可以获得永久的解脱，不受戒的人就不能获得解脱。

是否所有人所受持的杀、盗、淫、妄、酒五戒都称为别解脱戒呢？并非如此。杀、盗、淫、妄、酒五戒可分为三个层次：世间的五戒、小乘的五戒以及大乘的五戒，共计十五条戒。也就是说，不杀生戒可以分为世间的不杀生戒、小乘的不杀生戒以及大乘的不杀生戒三种。举一反三，不与取（盗）戒、邪淫戒、妄语戒、酒戒也都可分为三种。区别三个层次的依据，就是以前所讲的三个差别。

同样，沙弥十戒也可分为三种，即三十条戒，包括世间的十戒、小乘的十戒以及大乘的十戒；依此类推，二百五十三条比丘戒、三百六十多条比丘尼戒等，都可以分为三个层次——世间的戒律、小乘的戒律以及大乘的戒律。

是否属于别解脱戒，就要根据受戒人的动机来判定。如果一个人受持五戒的动机，是为了今生的健康、长寿，为了来世可以转生为天人，或者为了具有名利、地位、财产、健康等，那这种人受持的五戒就只能称为世间五戒，世间五戒与外道的戒律是没有区别的。

包括现有的和释迦牟尼佛住世时古印度的很多宗教在内的外道，都制定了本宗教特有的戒律，其中有些外道的戒律比佛教的戒律还要严格。比如说：佛教认为，在走路的时候无意间踩死蚂蚁，或者在烧火以及点灯的时候，无意中烧死了飞蛾、小虫，因为当事人不是故意而为，即没有杀生的动机，所以就既没有犯戒，也没有罪过；但有些外道却认为，以上行为也有杀生的罪业。另外，有些外道认为，即使在荒无人烟的地方，如果没有人将水井、河流等处的水给予自己，自己却擅自饮用，就犯了不与取戒（盗戒）。尽管外道的戒律比较严格，但这些戒律却只能称之为戒律，而不能称之为别解脱戒。

为什么这些与外道相同的五戒不属于别解脱戒呢？因为在不具备出离心的前提下，所有的戒、定、慧，都只能是属于世间的戒、定、慧，其果报充其量就是在以后流转六道轮回的时候，可以享有好的善报，除此之外，绝不会让我们超越轮回而获得永久的解脱。比如说，如果断除了杀、盗、淫、妄、酒，最多只能临时性地让我们脱离恶趣，投生善趣，却不能彻底脱离六道轮回，因此不能称之为别解脱戒。

而在具备出离心的前提下，所受持的戒体，就属于别解脱戒。守持别解脱戒，就可以令我们获得永久的解脱。

别解脱戒可分为大乘的别解脱戒与小乘的别解脱戒。如果要使所受的戒体成为小乘的别解脱戒，就必须具备出离心。出离心是小乘别解脱戒的起码要求，如果具备了出离心，则所受的戒体至少可以算得上是小乘的别解脱戒。

因此，如同受持菩萨戒之前需要有不造作的世俗菩提心，只有在世俗菩提心的基础上才能得到真正的菩萨戒一样，我们在受五戒之前，最好也要培养起出离心，在具备出离心的前提下，哪怕受持一条戒，也属于别解脱戒，否则，就只能成为一种形式，而不能获得别解脱戒的戒体。至于出离心的内涵，我们以前已经讲过多次。修持出离心的方法，就是四个外加行的修法。

总而言之，不管所受持的戒条再多、再严格，如果不具备出离心，则所受持的戒体就不是佛教所特有的，不能称之为别解脱戒，而只能称为世间的戒律。

请大家回想一下，自己在受持居士戒的时候，究竟抱着什么样的目的。如果发现自己当时并不具备出离心，则从受戒之日起直至今天，我们心中所有的戒体，就并不是佛教所说的戒定慧三者之一的戒，而只能算是一种与外道相同的世间之戒。

怎样才能使其变为别解脱戒呢？是否需要重新受戒呢？不需要。要改变目前的现状，使以前的所有戒体变为别解脱戒，只需从现在开始培养出离心。在生起出离心的当下，我们以前所受的戒体立即就可以成为别解脱戒。

因为，所谓的戒律、智慧、禅定，都是指某人心中的功德，这些东西是互相影响、相辅相成的。在生起出离心以后，出离心就会对原有的戒体起作用，既不需要舍弃以前的戒体，也不需要重新受戒，自身所有的戒体自然而然地就可以成为别解脱戒。

如果我们还能更上一层楼，在生起出离心的前提下，进一步培植起无伪的菩提心，则以前所受的戒体就可以成为大乘菩萨的别解脱戒。

以前我们也讲过，如果没有这两个关要，那么包括大圆满都有可能变成世间法。既然连无与伦比的大圆满都可以成为世间法，位居其下的其他法又怎么可能不成为世间法呢？由此可见，出离心、菩提心是通往解脱不可或缺的必由之路，我们必须想方设法培养起出离心与菩提心。

在此之前，也许大多数居士并不清楚如何才能受持一个完整的别解脱戒，今天了解以后，也许很多人都会有一种芒刺在背的感觉，因为以前自以为是的戒律、行善、修心等，都发生了根本性的变化，很多事情都需要从头开始。但这也不要紧，亡羊补牢，为时未晚。只要我们能抓住当下的时机，就还来得及。

戒律是为了规范日常行为而制定的条款。因规范程度的不同，而分为在家戒、出家戒等各种层次的戒律。作为佛教徒，如果不对自己的行为加以规范，而毫无顾忌地杀、盗、淫、妄，那么学佛就不会有什么效果。佛陀也讲过，只有先将一块布洗净，才能为这块布染上颜色。如果布上满是污垢，就不可能染上纯正的颜色。同样，如果要学佛，就要先将行为规范以后，才能在此基础上修行。

作为居士，最关键的是要受持杀、盗、淫、妄的戒条，但因为在饮酒之后，人会因迷乱而无法自制，在精神失控之后，杀、盗、淫、妄的行为也随之陆陆续续产生，所以，为了保护前四种戒体，佛陀就制定了酒戒。

关于饮酒的规定，小乘佛教内部也有两种观点。一种观点认为，凡是饮酒，都属于罪业；另一种观点却认为，酒也是一种饮料，对没有受持酒戒的人而言，在不喝醉的前提下，适当的饮酒不算是罪业。

但是，从戒律的角度而言，大多数人的立场还是站在饮酒就是罪业的一方。暂且不论饮酒是否有罪，只要佛陀在戒律当中明令规定不得饮酒，我们就应当严格遵照执行。

虽说随着时代的更替、思想的变迁，传统的习俗、旧有的观念、往昔的行为就会因跟不上潮流而成为过去式，新时代的人是不会再对其感兴趣的，但佛陀对弟子们的这个五戒要求，是在任何时代、任何环境下都不会因过时而被淘汰的。

但是，无论人类社会如何发展进步，即使在一万年，乃至几十万年以后，任何人也不可能打破伦理道德观念，而明目张胆、肆无忌惮地去杀、盗、淫、妄。只要人世间需要和平与幸福，就需要有断除杀、盗、淫、妄的要求。如果不对杀、盗、淫、妄的行为加以约束，那么整个社会就会乱套，在动荡不安的生活环境中，又怎么可能有幸福、和平呢？因此，佛陀所制定的杀、盗、淫、妄戒，是永远符合历史潮流的。

关于守持五戒的功德，在经书中的教证可谓卷帙浩繁，此处无法一一列举，归纳而言，可分为现世的功德与来世的功德。

现世的功德为：如果现世当中没有戒律，就不会有禅定；如果没有禅定，就不会有智慧；如果没有智慧，就无法断除烦恼、获得解脱。

来世的功德为：《等持王经》云，“经恒沙数劫，无量诸佛前，供养诸幢幡，灯幔饮食等。若于正法坏，佛教将灭时，日夜持一戒，其福胜于彼。”也就是说，在恒河沙数的大劫中，每天以充满三千大千世界的胜幢、饮食、黄金、白银等宝物供养诸佛菩萨，其功德也不能与在末法时代一昼夜中受持一条戒的功德相比。

佛经中还说过，某人在佛陀住世时，出家受比丘戒长达五百年，并始终保持戒体的纤尘不染。但是，如果有人在人类烦恼极其粗大的末法时期，在二十四小时内仅仅守持一条戒的功德，也远远胜过前者。这里所说的戒，并不仅仅指出家人的戒，也包括在家人的戒。

我们可以推算，清净地持守五百年的比丘戒是多么难得。“人生七十古来稀”，而戒律规定，在二十岁之前是不能受比丘戒的，如果每世在年满二十岁时受比丘戒，然后持守净戒五十年，直至风烛残年的七十岁，也至少需要十世。能够在漫长的十世中都将一生中的最佳时光用来守持比丘戒，其功德应当是不可思议的，但与末法时代持戒的功德相比，就显得望尘莫及了。当然，如果能在具备菩提心的基础上持戒，其功德就更是不可估量。

关于持戒的功德，在《赞戒论》等论典中讲得十分详细，如果有兴趣，大家可以参阅有关论著。

受持居士五戒的机会并非俯拾可得，如果有这样的机会，大家还是应当珍惜。现在普遍存在着自称已经皈依却没有受持皈依戒、自称是居士却没有受持居士戒的现象，这是很可惜的。如果没有受持任何戒律，就算不上是佛教徒。

因为，所谓的四众弟子，包括比丘、比丘尼、居士（优婆塞）和女居士（优婆夷），只有在皈依的基础上，受持相应的戒律，才能成为这四种人。如果不具备任何一条戒体，就不能自称为佛教徒。所以，受戒是十分重要的，大家一定要加以重视。

如何受戒呢？受沙弥戒与比丘戒时是无法对其中的戒条进行选择的，除非不受戒，否则就必须受持全戒。也就是说，如果要受比丘戒，就必须受持所有的二百五十三条戒，其他的比丘尼戒、沙弥戒与沙弥尼戒也是一样。

但居士戒却并非如此，它与菩萨戒一样，可以根据自己的情况对戒条进行选择。因此，在受居士戒之前，可以先对各个戒条的要求详细地了解一番，然后根据自己的情况进行选择，能受持几条就受持几条。

但在这一点上，不同教派也有不同的观点，这里所说的不同教派，并不是指藏传佛教内部的不同教派，而是指一切有部与经部的观点。

一切有部认为，受戒的时候，必须将五条戒全部受完，否则就只能成为普通的行善，而不能成为戒体。但在持戒的时候，就可以进行挑选，能持几条戒就持几条戒。

但经部对此观点却不以为然。经部的观点是，如果受戒的时候已经将五条戒全部受完，而在持戒的时候却并没有全部守持，就应当属于犯戒。

所有的大乘宗派都不承认一切有部的观点，而认为经部的观点是有道理的，所以，我们也应当按照经部的规定去做。也就是说，在受居士戒之前，就应当根据自己的情况进行抉择，能守持多少条就受持多少条。

但有一点需要注意的是，酒戒是别无选择的。如果不受持酒戒，其他的戒就不能成为完整的戒。戒除杀、盗、淫、妄，都必须建立在戒酒的基础之上，如果不能戒除饮酒，其他的恶业都有可能因此而引发，所以不能成为完整的戒体。

但是，也有一种人嗜酒如命，即使遭遇命难，也无法做到不饮酒，那么这种人也可以受持其他杀、盗、淫、妄戒中的部分或者全部戒条，但却不能称之为戒律。不过，发誓断除这些恶业仍然具有很大功德。所以，即便在名称上有所区别，在别无选择的情况下，我们还是应当尽力受持其他的戒。

酒戒之外的其他四条戒虽然好像没有选择上的先后规定，想受持其中的任何几条戒都可以，但最好能受持不杀生的戒律。首先，因为杀生的恶业最为严重；其次，作为一个佛教徒，我们也不应该残酷无情地杀害生命；另外，在经书当中也说过，不杀生戒是所有戒律中最重要的一条戒。

受持一条戒的居士称为一戒居士；受持两条戒的居士称为二

戒居士；受持三条戒的居士称为多戒居士；受持四条戒的居士，名称上也称为多戒居士；受持五条戒的居士，就是圆满居士。受持的戒条越多，资粮积累得越快，断除罪业的力量也越强。比如说，虽然受持三条戒与受持四条戒都称为多戒居士，但实际的意义却有着天壤之别。因此，受戒肯定是多多益善，我们应当尽可能地多受一些戒条。

受持戒体的程序是：首先，在正式受戒之前，应当发菩提心，至少也必须要有出离心；其次，在受戒的同时，也必须受皈依戒，因为所有的戒律，都必须建立在皈依戒的基础上；第三个程序，才是正式受戒。

有人也许会怀疑：在我们念诵了三遍仪轨之后，善知识就会告诉我们已经得戒，但我们所得到的戒体究竟是什么，在哪里呢？

一切有部认为，我们所受的戒体，是一种称为“无表色”的物质，这种物质，就像防洪水的堤坝一样。这种说法是不正确的。真正的戒体，就是发誓从现在起直至离开人世为止（尽形寿），绝不违背自己所受戒条的决心。但仅仅有决心，还不能成为戒体，只有在自己有了决心，并参加了受戒仪式之后，才能具备戒体。

如果有朝一日自己舍弃了当初的决心，并做出犯戒的行为，原有的戒体就不复存在了。由此可见，是否具备戒体并不神秘，只需抚躬返视，观察一下自己的相续便心知肚明。

二、居士五戒的具体规定

（一）不饮酒

什么叫做不饮酒呢？关于酒的概念，在经书中讲过很多，包括谷酒、酒粉、能醉、放逸之物等。这些都是释迦佛在世的时候，即两千多年前，世人所享用的酒类。其中的谷酒，也就是至今尚存的、用粮食酿制的酒类；所谓“酒粉”，是指带有酒精成分的粉末，用其泡水便可成为酒；所谓“能醉”，是指该酒必须具有使人喝醉的能力，如果无论怎样喝也不会喝醉，就算不上是酒；所谓“放逸之物”，也就是指能醉，因为在醉了以后，就会放逸、懒惰、不精进、丧失意志，因此称为放逸之物。无论如何，只要有酒味，能使人喝醉，则不管是白色、红色还是其他颜色，都称为酒。

饮酒的概念，就是要一口口地将酒咽下去。经书规定，只要吞下了超过一滴的酒，就算犯戒。如果是外用，虽然通过毛孔也可以让酒类进入身体，但却不属于饮酒。甚至在口腔需要消毒时，用酒类漱口然后吐出的行为，也不算犯酒戒。

有些食品以及药物里面也含有酒的成分，如果在食用或者服用的时候，发现有酒的味道，就应当用其他的食品和药物代替。如果在这些食品以及药物中，酒的味道并不明显，则即使食用或者服用也不算是违犯酒戒。

另外，如果将一公斤的酒熬到只剩下半公斤，在原有的酒味以及醉人的能力已经彻底消失以后，用其来泡药服用以治疗疾病，不算是犯戒。

另外一种情况我们以前也讲过，就是在灌顶或者会供的时候，不能直接喝酒。在密宗会供的时候，食物一般是用右手来接，而液体状态的饮料一般是用左手来接。在接受酒类的时候，只需用左手的无名指沾在酒里，然后涂在嘴唇上，就表示已经接受誓言物，同时也没有违犯酒戒。

目前在包括藏地在内的某些地方，偶尔会出现一些不容忽视的现象，很多人可能也曾经遇到过。有些所谓的成就者，将“加持香烟”“加持酒”等所谓的“甘露”，散发给盲目无知、不明真相的居士，并告诉对方只要抽这些烟、喝这些酒，就“可以治病”甚至“打通中脉”。居士当中有一些人也自欺欺人地帮助这些人进行煽动、鼓吹，很多没有听过正规佛法、没有受过系统教育的居士一听到这些宣传，就难辨是非、信以为真。也许在喝了这些酒、抽了这些烟之后，暂时可以减少一些病痛，但究竟是好是坏，谁也说不清楚。一些魔障与世间的小鬼神也有这样的雕虫小技。但这种以讹传讹、公然违背佛陀教言的行为，是会令很多人对佛教产生误解并继而大失所望的。

我们不能否认有些成就者可以将烟酒变为甘露的说法，我们也不去评论谁有成就、谁没有成就、谁有能力将酒变成甘露等，虽然这些情况不能排除，是有可能的，但是，在佛教群体里，没有比释迦牟尼佛更具权威的人物，佛陀在很早以前就规定，只有佛才有制定与修改戒律的资格，除了佛陀以外，包括僧众都没有资格修改戒律。因此，我们的所有行为，都必须以释迦牟尼佛的教法为原则，全盘地按照佛陀的要求去做，任何人都不得违越。

在末法时代，即使是佛教徒，也很难严格遵守教规，有可能会犯错误，并做出杀生、偷盗等的恶行，这是情有可原的，但这不是佛教的过错，而是个人的问题。如果自己做不到，就要有自知之明，就要勇于承认自己的错误，并引咎自责：因为我有贪嗔痴的烦恼，所以达不到佛陀的要求，这是多么令人惭愧啊！而不能颠倒是非、混淆黑白，将自己违背教规的行为，堂而皇之地说成是藏传佛教的特点，让别人产生这是正统佛法、是佛陀要求的错觉，并使别人因此而对佛法生起邪见。

现在就有这些问题，人们往往在还没有搞清事情的来龙去脉之际，便将佛教圈内个别人的行为与佛教混为一谈。如果某位藏传佛教的教徒行为好，就说藏传佛教好；如果某位藏传佛教的教徒行为不妥当，就说藏传佛教不好。实际上，个人的行为与整个团体是毫无瓜葛的，谁的行为出了问题，就是谁的问题。这既不是藏传佛教的问题，也不是禅宗、净土宗等任何一个宗派的问题。

众所周知，世间团体内的某个人犯了错误，其他人也只能指责这个人是败类，或者要求团体内部予以处分，但谁也不能将某个具体的人所犯的错误强加给整个团体。

佛教团体也是一样。确定是否为佛教的问题，就需要去翻阅佛教的经典，如果佛经中有让人去做坏事的说法，就是佛教的问题，而不是个人的问题，如果有人按照佛陀的指令去做了错事，就应当归咎于佛教；但是，如果有人胆敢超越戒规界限，违背佛陀言教，那就是他个人的问题。大家应当将这两点划分清楚。如果能将此二者分清，就不可能对整个佛教产生误会。

同样，在看待现在经常出现的，打着藏传佛教旗号或者假冒活佛之名骗钱、骗财等问题方面也是这样。如果在藏传佛教的经典中有这样的规定，就是莲花生大师等前辈上师的毛病；如果他们不但没有这样要求，而且反复强调要严格遵循佛陀教言，不能做出有辱佛法的事情，我们又怎能将罪责推给藏传佛教呢？

只有佛陀在即将示现圆寂之际，曾经制定的一个言简意赅的简略戒规，其中对戒律的界限留了稍许的余地：在不违背原则的基础上，允许戒律随着时代的变迁、区域的不同而因地制宜。在以后因各地的风俗习惯而无法完全依照戒规执行的时候，也可以在不违背大原则的前提下适当地入乡随俗。除此之外，谁也没有权力对戒律进行根本性的更改。

言归正传。虽然我们在介绍酒戒的时候列举了这些问题，但不仅仅是酒戒，包括所有的戒条，我们都应当按照佛陀的规定，如理如法地进行取舍。

曾经有人问我，为了工作、为了应酬等，是否可以喝酒。在此明确地告诉大家，无论为了什么，都不能破例。凡是喝了酒，就必然犯酒戒，这没有回旋的余地。

（二）杀生

居士五戒中的不杀生，与十不善中的不杀生是不相同的。十不善中的不杀生，是指不杀害所有的生命；而居士五戒中的不杀生，是指不杀害特定的生命，也就是人类。

也许有人会提出疑问：既然戒律只要求不杀人，是否就表示允许杀害其他生命呢？绝不可能！

十不善是不需要由谁来制定的，本体、自体的不善（自性罪），是在任何时间、任何条件、任何环境下，都不可能对包括佛陀在内的任何人有所开许的。一旦有人违反，而去杀害了其他生命，就必然会承受堕入地狱的果报。但居士五戒中不杀生戒的对境，就只是特指人。在守戒的时候，就必须遵守不杀人的戒条。虽然杀害其他生命从根本上来讲不会违犯居士戒，但也会违犯居士戒的支分或者类似的戒条。

放生的时候偶尔也可以看到，在放生念经之际，有的居士一旦被蚊虫叮咬，就会在不经意间，随手“啪”的一下就结束了蚊虫的生命。虽然这不一定是故意杀生，但因为有了很长时间的串习，所以一不注意，就会有这种动作。在此再一次重申，无论对境是动物还是人，杀生的罪业都是十分严重的，我们不应该因为戒律没有规定，就随意地去杀害其他生命。

以前也讲过，违犯每一种戒条，都需要具备四个条件：第一个为对境；第二个为思想或者精神；第三个为行为或者行动；第四个为究竟或者结果。这四个条件是确定是否犯戒的分水岭，如果所有条件都完全具备，就会彻底犯戒。下面一一就不杀生戒的详细界限进行阐述。

1. 对境

杀生的对境，就是指人。人可以分为两种：第一为成人，这里所说的成人，是指已经出生的人，包括从呱呱坠地到撒手归西之间的所有人；第二种为胎儿，就是指尚未出生的人。

从戒律对生命的定义来讲，并没有住胎一周、两周、一个月、两个月的分别，在精卵和合的那一刹那，就是生命的开始。从该瞬间直至新生儿出世，这一阶段的生命就叫做胎儿。因此，不想生育的夫妇就必须采取有效的避孕措施，并力争做到万无一失。因为，如果故意堕胎，就属于犯戒。

2. 思想

思想分观念和动机两方面。所谓观念，是指认定对境。如果观念已经错乱，则不犯根本戒。比如说，如果想杀死张三，而实际上却杀死了李四，即使具备了其他的所有条件，就事实而言，是实实在在地杀了一个人，但也不算犯根本戒。因为当事人的观念已经发生了错乱，并没有超越这条界限，所以不算彻底地犯戒。所谓动机，是指要有杀人的动机。如果没有杀人的动机，只是想吓唬对方一下，但对方却因为惊吓过度而死亡；或者只是想打对方一顿，却不小心失手将对方打死。这种意外的过失杀人，也不算彻底地犯戒，在忏悔之后就可以恢复。

3. 行动

小乘的别解脱戒非常重视外在的行为，犯杀生戒的判定标准之一，就是必须具备为了杀死对方而枪击、殴打、令对方服药或者其他导致对方死亡的行为。如果只是在内心计划、谋算，却没有付诸行动，就不会犯戒。菩萨戒与密乘戒在这一点上的要求往往要严格得多，在仅仅具备内心打算、念头的情况下，也时常会犯戒。

4. 结果

对境是否死亡也是区分是否犯戒的标准之一。在确定对境是人、没有认错对象、具备杀人动机以及开枪等的杀人行为，最终却没有将对方杀死，而只是使对方受了伤的情况下，就不算是犯根本戒。

只有同时具备了以上四个条件，才是彻彻底底地犯戒。在了知了这些细微界限之后，就既可以善加取舍、防患未然，也可以在做出某些行为之后，根据以上标准来判定自己是否彻底犯戒，以便有针对性地采取补救措施。

（三）不偷盗

1. 对境

偷盗的对境有三个条件。首先，必须是包括食物在内的所有非自己的财产。有人认为食物与饮料不包括在内，但这种说法是没有根据的。有人对此反驳说：如果食物不是偷盗的对境，那么在某个国家或者地区遭遇饥馑的时候，是否就可以随意地去偷盗急需的食物呢？故那种说法既没有教证的依据，从逻辑上来说也站不住脚。因此，凡是非自己的财产，都是犯戒的对境。其次，就是所盗财产必须属于没有产权纠纷的合法主人，财产主人与当事人在所盗财产的权益上也没有任何经济上的纠葛。如果失主认为所丢失的财产不可能再找回，便放弃了寻找的念头，而从心里舍弃了该丢失物，那该丢失物就成了无主物，在这种情况下，即使他人在此后“偷”取了该物，但因为当事人所“偷”取的是无主物，所以不算是犯戒。经书中也讲过，在释迦佛住世时的古印度，有的人是以浆洗衣服为生的，如果风将洗衣人晒在外面的衣服吹走了，洗衣人也产生了“这些衣服已经不可能失而复得，我只有自己赔偿衣服”的念头，那么如果有人在此后去“偷”这些衣服，就不算是犯戒。但这只是戒律上的一种界定而已。在窃取财物的时候，除了有神通的人之外，又有谁能知道什么东西是主人已经放弃了的呢？所以，我们也不能胆大妄为地去钻戒律的空子。但是，荒凉无人之地的森林、矿产却并不是无主物，而是属于国家的财产。因此，我们就不能无视法律而随意地去山上砍柴、伐木，或者私自开采矿藏。再次，就是所盗窃的财物必须具有一定的价值。这种价值，是用纯银的价值来衡量的。以目前的纯银价值来计算，就是每克人民币两元钱左右。如果价值达到了两元，则具备了对境的条件之一。偷税漏税也算是偷盗，当然，这里所指的偷税漏税，是指故意不缴、漏缴价值足够的合法税金，如果是某些机关巧立名目的非法摊派等，则不属于此范畴。

另外，在乘坐飞机、火车等的时候，如果在运输单位没有同意的前提下，故意不补超重行李费，或者船票、车费等，都算是犯戒。

在做买卖时，也只能正大光明地赚取合理合法的利润。如果有欺骗的成分，比如说，明明进货成本为五元，却向买主说是十元，则其中五元的差价就不是正当的利润，而是骗来的。如果所骗金额超过了规定价值，也算是犯戒。

2. 思想

首先是观念不能错乱。如果准备偷盗的物品与实际偷到的物品不一致，也不会犯根本戒。虽然不会犯根本戒，却不能认为没有过失，因为无论如何这也是偷盗的行为。

偷盗动机是违犯盗戒最重要的条件，如果没有盗心，则不会犯戒。

另外，如果不是为了自己的生活，而是为了供养三宝、帮助乞丐，或者是为了孝顺与自己没有经济关系的父母，也不会犯根本戒。

3. 行动

巧取豪夺、明抢暗偷，以及利用各种各样的手段非法地骗取他人财物，都属于盗窃的行为。

另外，在借到他人财物之后，利用债主已经忘记而故意不归还，有人以为这样算就没有偷盗行动，不算是犯戒。其实，虽然没有表面的行动，但该做的不做也算是一种行动，因此也会犯戒。

还有，在借到他人财物以后，如果故意拖欠而不按时归还，在拖欠期间致使该物因损坏而价值降低，则也有可能犯戒，因为通过这种行为，有可能会使主人损失超过两元以上价值的财产。

4. 结果

虽然戒律中有许多细微的划分方式，但最根本的界限，就是是否具备所盗窃的物品已经彻底地属于自己的想法。在据为己有的念头尚未产生之前，还不算是彻底犯戒。如果在此期间被人发现，则因为尚未违越这一界限，所以没有犯根本戒。

因此，除了经济条件比较好、信心很大、在因果取舍方面非常谨慎的人以外，我们一般会建议年轻人在受盗戒之前要慎重考虑。其实，这只是因为盗戒的规定比较细微而已，在了知细微界限之后，守持盗戒也不是很难，希望大家不要知难而退。

（四）妄语

1. 对境

所谓妄语是指：第一，所说妄语的对象必须是会说话、能懂事的人；第二，所说的妄语是指特定的妄语，而不是指所有的妄语。

所谓特定的妄语，就是谎称自己具备在欲界之内，也就是我们所生活的地球之内的普通人所不可能具备的，类似于自己可以看到天堂、地狱、前世、未来等的能力，以及神通之类的超凡功德。一般日常生活中的妄语，不在犯戒界限之内。因此，妄语戒是比较容易守持的。当然，如果将日常生活中的妄语也纳入持戒的范畴，妄语戒就很难守持了。

2. 思想

观念不错乱：与其他戒条的规定一样，比如说，想说自己可以看到未来，却说成了可以看到前世，心中所想与口中所说不一致，就不算是犯根本戒。

动机：要有故意骗人的动机，犯戒必须是故意而为，如果是有口无心，而不是有意去说，就不算是犯戒。

3. 行为

必须要用自己的声音去说。通过电话来传递信息，也属于犯戒的行为之一。

4. 结果

对方必须能听见并懂得其内在含义。除此之外，通过一些手势或文字来表现、展示自己，则不属于犯戒。

具体的细节不需要一个一个仔细地讲，你们只需要依此类推即可。

（五）邪淫

一般说来，邪淫包含非行境、非处、非境、非时、非量以及非法的行淫等。

所谓的非行境是指与受种族、主人、国王保护的对象以及非法的对境，包括他人的性伴侣；自己的父母、兄弟姊妹、七代以内的亲属；僧尼；别人已经支付了钱财的人以及未成年的少男少女作不净行。

所谓的非处是指在除了密处之外的口腔、肛门等非行淫处作不净行。

所谓的非境是指在父母、老师、上师以及僧众等附近，三宝所依存在的佛塔、佛像、经书前（包括在佩戴系解脱、佛像、加持品等的情况下），于对方有害的地方（如凹凸不平的地面等）、有光线的地方以及人群聚集的地方作不净行。

所谓的非时是指在白天、受持斋戒日、哺乳期、妊娠期、月经期间、生患不能作不净行的疾病期间、产妇尚未完全康复期间以及伤心忧愁之时作不净行。

所谓的非量是指在一夜之内作超过五次以上的不净行。

所谓的非法是指通过殴打等强迫手段所作的不净行。

只要符合以上六种情形中的任何一种，并且具备对境、思想、行为以及结果四个条件，就会犯邪淫戒。另外，手淫以及同性之间的非梵行，也属于邪淫的范畴。

当然，这里所说的邪淫，是针对在家人而言的，如果是出家人，则其内涵又有所不同，因为出家人必须从根本上断除不净行。

在现代社会，由于世人观念的逐步开放，在邪淫方面的问题也越来越严重，从政界要人到平民百姓，从大亨富贾到电影明星，各个阶层都有人卷入性丑闻的风波，无以数计的家庭都遭到了婚外恋的沉重打击，即使处于热恋期的情侣，也是互相猜忌、貌合神离……

虽然在佛陀住世之时，并没有如此猖獗的、涉及家庭伦理道德方面的社会问题，但佛陀却以其远见卓识预知到了这一点，并为在家佛教徒制定了这一戒规。这一戒规的制定，使很多重视因果、渴求解脱的佛教徒避免了因此而造成的家庭破碎、妻离子散。

因此，作为佛教徒，为了防止家庭问题的出现，为了树立佛教徒的良好形象，为了缓解日益突出的社会矛盾，为了自他的暂时安乐与究竟解脱，最好能克服一切困难而受持此戒。

三、结语

杀、盗、淫、妄四条根本戒，加上护持四条根本戒的酒戒，就是所说的居士五戒。作为一个佛教徒，如果能严格遵守这五条戒，就是一个比较好的持戒人。如果能在此基础上进一步修行，就算得上是一个标准的修行人。

现在有些居士时常被是否出家的问题所困扰。其实，虽然出家比在家具有不可比拟的功德，从各方面来说都比较好，但出家毕竟是一个牵涉面很多、需要付出极大勇气的长远打算，要付诸实施也有一定难度。如果暂时因为种种原因而不能出家，就尽量在前面所说的四条或者五条根本戒的基础上，发菩提心，并持之以恒地精进修行，力争使自己成为一名不折不扣的修行人，这在末法时期也是十分难能可贵的。

在古往今来的在家人，特别是藏地的在家人中，也涌现过很多超群出众的成就者。我们也亲眼见过一些并不具备超常智慧，在平时也没有守持很多戒律、修持太多禅定，只是因为遇到了一位伟大的上师，适当地修持了无上大圆满的人，在临终之时，出人意料地显示出有异于常人的非凡表现。这种情形，就像释迦佛在世时，每天会有数不胜数的人获得不同层次的成就一样。在如今的藏地，修行人获得成就的标志、现象也比比皆是，大家已经司空见惯、不以为异了。这就是藏密，特别是大圆满的功德。

关于五条戒的概念，已经简单地为大家作了介绍。现在请各位反省一下：首先，自己所受的戒体到底属于哪一个层次，是否需要重新发心；其次，从受戒到现在，自己是否做过犯戒的行为，如果犯过戒，则即使依照小乘自己的观点，也可以重新受持，并且没有受戒次数的限制。在发现自己犯戒以后，就立即忏悔，忏悔之后，再重新受戒。

当然，还有一些细微的界定是否犯戒的方法没有作介绍，我们也不必了解太多。也许有些人在了解到一些细枝末节之后，便以为戒律有隙可乘，从而做出损人利己却又不犯根本戒的恶行来。若是这样，我们今天的开示，也就在无意间起了助纣为虐之效。

在此必须提醒诸位，我们此处所说的，只是不犯根本戒的尺度，但因果是丝毫不爽的，如果以自私心而做出任何恶行，都必将会受到业力的制裁。作为一名佛教徒，我们应该时刻检点自己的行为，勿以恶小而为之，勿以善小而不为，使自己的一言一行逐步趋于完善。

第二章　略说八关斋戒

很多人在守八关斋戒，但却对八关斋戒不是特别了解，所以有必要介绍一下。

八关斋戒可以从种类、差别、授戒者、受戒者、受戒时间、受戒方式、学处与功德八个方面来阐述。

一、种类

八关斋戒有四种：第一种，是人天乘的八关斋戒；第二种，是小乘的八关斋戒；第三种，是显宗大乘的八关斋戒；第四种，是密乘的八关斋戒。

二、各种八关斋戒之间的差别

世间、小乘与大乘显宗的八关斋戒都建立在皈依的基础之上，没有皈依，就不能得到八关斋戒。

《俱舍论》讲得很清楚，没有皈依有两种情况：第一种，是对三宝没有信心，所以不受皈依戒；第二种，是虽然对三宝有信心，但在受八关斋戒的时候，不知道之前必须受皈依戒，或者忘了受皈依戒。其中的第一种人，就不会得到任何八关斋戒。

它们之间的差别，在于发心：①为了得到现世生活中的一些蝇头小利、健康、长寿等，或是为了来世不堕地狱、旁生、饿鬼道，而是为了得到人天的福报，这样受持八关斋戒，就是世间的八关斋戒。虽然世间的八关斋戒有皈依的基础，故而不属于外道的戒律，但也不属于别解脱戒，其结果只是世间的福报。因为所有的别解脱戒都一定要有出离心，如果没有出离心，即使受持比丘戒、沙弥戒等出家戒，也不能称为别解脱戒，不能成为解脱之因。②在皈依、有出离心但没有菩提心的基础上受持八关斋戒，就是小乘的八关斋戒。③在皈依、出离心、菩提心的基础上受持八关斋戒，就是大乘八关斋戒，它属于菩萨戒的一部分。

在受持八关斋戒之前，发心非常重要。最好是有不造作的出离心和菩提心，实在不行，也要有相似的出离心与菩提心。

前三种八关斋戒与密宗的八关斋戒之间，有六种差别。

（一）受戒者

前三种八关斋戒，居士可以受，出家人不能受。密宗的八关斋戒，出家人、在家人都可以受。

因为出家戒与前三种八关斋戒的层次不一样。在低层次戒律的基础上可以受高层次的戒律，但在具备高层次戒体之后再去受低层次的戒律，就有两种结果：一种是得不到戒体；一种是得到了戒体，原有的戒体会同时舍去。如果出家人受前三种八关斋戒，就有可能舍去出家戒。所以出家人不能受前三种八关斋戒。

（二）授戒者

第一次受持前三种八关斋戒的时候，需要在一位善知识面前受。密宗八关斋戒最好是在善知识面前受，但如果实在找不到，则在佛像前受持也可以。

（三）发心

前两种八关斋戒不需要有菩提心，只要有皈依戒与出离心就可以了。密宗的八关斋戒必须要有菩提心。

（四）仪轨

密宗八关斋戒属于外密的戒律，在前三种八关斋戒的共同仪轨之外，它既有观想，也有灌顶，还有特定的仪轨。

（五）学处

虽然八关斋戒的八条戒都是一样的，但密宗的八关斋戒必须素食，哪怕是三净肉也不能吃，前三种八关斋戒，尤其是前两种八关斋戒并没有这样的要求。

（六）结果

密宗八关斋戒的功德相当大，其结果是成就佛的果位。大乘显宗的八关斋戒因为有菩提心，所以也可以成为成佛之因，而前两种八关斋戒的果报，却只是人天福报和阿罗汉果位，而不是成佛之因。

另外，显密八关斋戒还有一些细节方面的差别——禁语、观想、食物方面的讲究等。

三、授戒者

受戒的时候需不需要授戒的善知识？善知识是否必须是出家人呢？

关于这个问题，有不同的观点：小乘律藏认为，八种别解脱戒都需要在比丘面前受；但其他佛经又认为，在比丘、婆罗门（非外道婆罗门）或其他任何一个正在受持八关斋戒，并且会念颂仪轨的人面前，都可以受持别解脱戒。这样一来，佛经里面就有两种不同的说法：小乘一切有部支持律经的观点；而小乘经部抱持第二种观点，即虽然受持出家戒律需要出家人，而且是比丘，但八关斋戒却不一定要在出家人面前受，由修证很好的居士传授居士戒，受戒者也能得到戒体。

此处所指的居士，最好是像玛尔巴大师或萨迦派很多成就者那样的居士。如果实在没有办法，找不到更好的善知识，则在普通居士面前受戒也能得到戒体，但出于对戒律的尊重，我们还是不能过分草率随便。

但无论修证再高，修行再好，即使是像玛尔巴大师那样了不起的成就者，只要身份是在家人，就没有资格传出家戒。

虽然无著菩萨在个别论典中也说过，在没有人传的情况下，在佛像前受大乘八关斋戒也可以得到戒体，但实际上传戒的时候，尤其是第一次受戒的时候，还是需要一个善知识。

戒律方面，虽然有时也可以用理论抉择，但更多时候还是要看佛经，佛当初怎么说，就要怎么办。

四、受戒者

显宗的八关斋戒，受过居士戒的都可以受。居士受此戒就成为居士的“长净法”，即长善净恶的方法。没有受居士戒但受过皈依戒的居士也可以受，出家人不能受。

密宗的八关斋戒，出家人、在家人都可以受。

五、受戒时间

在早上不借助于任何光源，仅凭自然光也能看到手纹的时候，直至日出之前的时间段内，都可以受持。

因为八关斋戒只有二十四小时，所以刚刚开始天亮的时候必须受持，如果时间推迟到日出以后，就不够二十四小时，那样八关斋戒就不够完整了。

另外，无著菩萨还制定了一种仅仅夜晚或白昼受持的八关斋戒。譬如说，在睡觉之前受持，第二天天亮的时候，戒体自然消失，或早上天亮的时候受持，晚上日落的时候，戒体自然消失，只受一个晚上或一个白天的十二个小时的戒。这也是一种度化众生、令其培植善根的方便法门。无著菩萨这种戒律的制定是有佛经根据的，我们不需要有任何怀疑，只要如理受持，就一定会得戒。

但此处所讲的，是受持二十四小时的八关斋戒，所以必须在能看见手纹到日出之间的时间段内受持。

六、受戒方式

小乘发出离心，大乘发菩提心，是最起码的前提。另外还有一些要求如下。

（1）早上第一次受戒的时候，受戒之前不能吃早餐。

（2）受戒之前要洗澡，如果实在是条件不允许，也一定要清洗五支——脸部、双手、双脚。

（3）如果只受一天的戒，那就很简单，只需按照仪轨念诵就行。如果是受一年、两年、五年或终身的戒，可以在佛经规定的每月初八、十五、三十，以及其他功德殊胜的日子——初十、二十五、二十九，或任选其中固定的任何一天或几天受持。第一次受戒的时候要按照自己的选择发心，然后一次性受持。以后每月的斋戒日，就只需自己在释迦牟尼佛像前念仪规受持即可。

如果不是每个月的某几天，而是终身每日受持这八条戒，就不叫八关斋戒，而是变成了一种居士戒。守持这种戒律的居士，叫果目居士。

詹匝果目是印度非常出名的论师、菩萨、成就者，他就是终身受持这八条戒的居士，所以人称“詹匝果目”。

一切有部认为，一次性受戒，第一次必须在早餐前受戒，以后每月的斋戒日即使在吃了早餐后也可以受戒；经部与无著菩萨的论典认为，除了以后可以在早餐后受持以外，一次性受戒还可以在以后受持的时候不需要善知识，只需自己在佛像前受持即可。

（4）在第一次受戒的时候，假如这样发心：如果因为农历和藏历的差别等而受错日子，或者忘记受戒，我可以第二天补受。我想也应该是可以的。

还有，为了避免因为在中秋节或除夕的时候受戒而引起家人的不满与不理解，甚至对佛教的诋毁，就可以在第一次受戒的时候发愿：如果中秋与除夕的藏历和农历是同一天，我就发愿在之前的十四号与二十九号受戒，除了这两个特殊日子以外，我都按照正常的日子受戒。我想也应该是可以的。

虽然上述受戒方式不能在佛经中找到直接的教证，但因为戒律都要根据自己的发心来定，所以应该没有问题。

但是，倘若第一次受戒的时候没有这样的思想准备，而在事到临头的时候想临时改变受戒日期，肯定是不行的。

（5）受戒日期的计算，最好以藏历——根据时轮金刚的历算方式计算出的日历——为依据。首先，因为时轮金刚的历算方式是佛宣说的。也就是说，在全世界的所有日历当中，唯有藏历才是佛教的日历，其他的农历、阳历、阴历都跟佛教没有什么关系。其次，时轮金刚的历算方式也很准确。虽然某些工具书中说，藏历是文成公主首先带进藏地的，然后受到宗教的影响，认为有些日子是吉祥的就增加一天，认为不吉利的日子就把它去掉，故而会出现两个1号、3号等，或者没有4号、5号等的情况。但实情并非如此。现在藏地普遍通用的藏历，并不是文成公主带进来的，而是根据时轮金刚计算出来的。

至于日子多一天或少一天的原因，和阴阳历之间的差异有关。本来历法可分为阴历(伊斯兰教历)、阳历(公历)、阴阳历(藏历等)三种。藏历是阴阳历——阴历和阳历合在一起而计算出的日历。一般来说，我们会把每次十五月圆至下次月圆之间的时间段分成三十等分，这样分下来以后，就是阴历的一天。而每天日出与第二天日出之间的时间，为阳历的一天。阴历一天的时间要比阳历一天的时间短一点点，把阴阳历凑在一起以后，就会有一些出入，累积起来以后，就会形成多一天或少一天的情况。

大家知道，月球围绕地球运行的轨道是椭圆形的，故而有近地点和远地点之分。当月球靠近近地点时，受地心引力的影响，月球的运行速度会加快，因此在此期间，每天的时间要短一些；月球靠近远地点时，因地心引力减弱，月球的运行速度会减缓，因此在此期间，每天的时间要长一些。这种历算方式非常科学，也与现代天文学完全吻合，根本不存在什么吉利不吉利的说法，因此，根据藏历受戒应该更合适。

（6）佛经讲过，受戒的时候，受戒者的位置必须低于传戒者的位置。如果是在佛像前受戒，佛像也要放于高处，并在佛像前尽量地设置供品——花、水、香、灯等。设完供品之后，面朝佛像与善知识磕三个头，然后可以双手合十，或双手交叉，念诵三遍仪轨。在第三遍结束的同时，受戒者就得到了戒体。最关键的是发心：一个是发出离心和菩提心；另外一个是发誓——从此时到明天日出之间等的时间里，我一定要严守八关斋戒。

七、学处

（一）杀生

居士五戒的杀生，是指杀成人和胎儿；八关斋戒毁犯杀生的界限，除了人以外，甚至连蚂蚁、蚊子之类的小生命都涵盖在内。因为八关斋戒只有二十四小时，所以戒律的要求也严格一些，大家务必注意。

受戒仪轨有两种：一种是律藏当中的仪轨，另外一种是其他佛经中的仪轨。在汉文《大藏经》中，就是《佛说八斋经》。不过，藏文的这部经，经名不是《佛说八斋经》，而且内容也要比汉文版的详细得多——汉文版的《佛说八斋经》的前面和后面省略了很多内容，只留下了中间的部分，就像玄奘法师翻译的《心经》一样。在藏版经文里面，有一个仪轨，其中很明显地提到，此戒所指的不杀生，不仅是不杀人，人以外的所有生命也都不能杀。

（二）不予取

按照居士戒的要求，即使有偷盗行为，也要看所盗物品的价值，在超过几块人民币的前提下，才算犯根本戒；如果价值不够，就不算犯根本戒，而只是违犯了支分戒。但八关斋戒中指明，不能偷任何东西，犯戒的界限没有价值上的差别，哪怕是一根针、一截线、一口饭都不能偷，所以我们一定要防微杜渐。

（三）邪淫

八关斋戒的邪淫与居士戒的邪淫迥然不同。汉文版的《佛说八斋经》中虽然没有讲，但藏文版的此经、密宗的八关斋戒以及其他很多经典当中都提到：在守持八关斋戒的时候，不但不能邪淫，不能有非梵行（正常的夫妻生活），甚至连因贪心而故意注视对方都要杜绝。

（四）妄语

居士五戒毁犯妄语的界限，不是指所有的妄语，而是指说上人法，但八关斋戒要求不仅不能说上人法，包括开玩笑在内的所有妄语都不能说。因为八关斋戒本来就有理由比居士戒严格一些。即便不是犯根本戒，但也是一个戒，所以还是要小心谨慎。

（五）饮酒

在饮酒方面，八关斋戒与居士五戒的要求没有什么差别。仪轨当中要求禁食的，还包括放逸之物，即除了酒以外，只要吃了或用了以后可起到与酒相同的作用，能够让人迷醉、癫狂的东西，包括毒品、麻醉剂等在内的药物，都不能饮用或食用。但是，如果在八关斋戒当天需要动手术而必须打麻醉药，则是可以开许的。

（六）歌舞打扮

歌、舞、音乐、花鬘、涂香、饰件、涂色虽然是七条戒，但在八关斋戒当中算是一条。因为在一般情况下，在家人唱歌、跳舞、弹奏音乐、涂香打扮都是正常的，所以佛陀的要求也比较宽松。在八关斋戒的时候，如果七条戒都违犯了，也无须一一忏悔，只需忏悔一条就可以了。但在出家人的戒律中，很多八关斋戒中合并在一起的戒条是分开的，因为对出家人的要求比较严格。

在守持八关斋戒期间，香水、口红、白粉、眉笔等化妆品都不能用，保护皮肤的润肤品应该可以。平时常戴的首饰，在八关斋戒当天佩戴也没有问题，但不能佩戴平常没有佩戴而于斋戒日特意佩戴的饰件。

律藏里面也讲过，早在两千多年前，印度就有很多化妆品——口红、指甲油、眼影等，现在的人也很喜欢用这些东西。用了这些化妆品以后，一方面会影响出离心，另一方面也容易产生傲慢心，所以佛陀明令斋戒期间禁止使用。违犯此戒的界限，是故意唱歌、跳舞、涂脂抹粉等，平时在大街上走路，或家人看电视、放音乐的时候，即使受戒者听到了音乐，只要没有故意去听，就没有问题，不会犯戒。如果守戒当天因为工作原因而不得不唱歌、跳舞等，那就当作供养三宝，也是可以的。

（七）高广大床

仪轨当中所谓的“高”，是指床脚超过自己一肘高度的床。仪轨当中所谓的“广”，应该是翻译者的理解不同引起的。在《佛说八斋经》里面，并没有提到“广”，而说的是“好”。所谓好床或广床，是指昂贵、豪华，价值不适合普通人使用的床和床上用品。

（八）非时食

过了中午以后，不能吃固体的食物和喝能充饥的牛奶、酸奶等饮料。下午可以喝茶、喝水。

正午时间的规定，有两种参照方法：一种是真太阳时。在成都，是下午一点零四分，但为了保险起见，超过一点钟以后，不要吃东西。至于其他城市的正午时间，可以在网上很容易地查到。另外一种，是按照时轮金刚的历算方式计算的。以前法王如意宝按照这种方法测过喇荣佛学院的正午时间，是下午一点十八分，扣掉三分钟的保留数字以后，我们一般是以一点十五分作为正午的。法王测量的数字与现代天文学演算出的数字之间，只有三十六秒的差别。在时轮金刚里面，有很多简单、朴素而又非常准确的测算方法。

八、受持八关斋戒的功德

藏文版宣说八关斋戒的佛经在讲述八关斋戒的功德时，是用比喻来描述的。

第一个比喻：即使印度恒河等四大河流的河水能用一杯或一滴的计量单位来估量，守持一天八关斋戒的功德也无法衡量、不可思议。

第二个比喻：如果南瞻部洲坐满了阿罗汉，有人终身以各种各样的珠宝、食品、衣物等供养如此之多的阿罗汉，其功德，也不如守持一天八关斋戒功德的千分之一、万分之一，乃至十万分之一。

看过《百业经》的人都知道，哪怕对一位真正的阿罗汉供一次斋饭，其功德都不可思议，而终身供养充满全世界的阿罗汉的功德就更无法想象了。

另外，在很多佛经里也讲过一个比喻：有一个人在一个又一个大劫期间，以遍满三千大千世界的各种金银珠宝供养十方三世诸佛，其功德与末法时代于一昼夜中仅仅守持一条戒的功德相比，受戒者的功德也远远超过供养者的功德。

此比喻说的是仅仅守持一条戒，而不是八关斋戒。可想而知，如果每月坚持守持八关斋戒的八条戒，其功德就更不用说了。假如再有出离心和菩提心的摄持，其功德又岂是凡夫所能衡量的。

密宗的八关斋戒要求比较高——不能说话、日中一食等，上班时间一定很难守，所以我们一般不传，目前传的八关斋戒是最适合大家的。

守戒以后，要好好回向，这非常重要。大乘与小乘的差别不在于法的本质，关键在于发心与回向，哪怕仪轨取自小乘经典。实际上究竟是大乘还是小乘，还是要看发心和回向，因此前面的发心和后面的回向事关重大。

附录：八关斋戒仪轨

于三宝所依处前随力供上供品，脱鞋，五支（两手、两足、脸）沐浴，向三宝及上师顶礼，两膝着地、合掌，发出离心及菩提心。于上师或三宝所依处前诵此文：

大德（导师）一心念我，我名_____，从此时起终身皈依佛，两足尊；皈依法，离欲尊；皈依僧，众中尊。请大德（导师）从此时起，乃至明日日出时止，摄我为八斋戒者（诵三遍）。

此乃方便（师说），善哉（自说）。

次诵：愿师（导师）念我，往昔圣者阿罗汉如何断除杀生而不杀生，如是我名 _____，亦从此时起，乃至明日日出时止，断除杀生而不杀生，我以此第一支，向圣者阿罗汉之学处随修、随学、随作。此外，往昔圣者阿罗汉如何断除盗取，非梵行，妄语，谷酒、酒粉、能醉、放逸之物，歌舞、音乐、花鬘、涂香、饰件、涂色，高广大床、非时食而不食非时食。如是我名 _____，亦从此时起，乃至明日日出时止，不盗，不非梵行，不妄语，不饮谷酒、酒粉、能醉、放逸之物，不作歌舞、音乐、花鬘、涂香、装饰、涂色，不坐卧高广大床，不非时食，我以此八支向圣者阿罗汉之学处随修、随学、随作（诵一遍）。

此乃方便（师说），善哉（自说）。

第三章 受戒行善的殊胜日

藏历是根据密续《时轮金刚》中所说的星象规律与天文历算法推算出来的结论。千百年来的事实证明，无论是藏历的日食、月食日，以及每月望日与晦日的确定，其精确度都不同程度地高于其他历算方式所得出的结果。

因此，如果想在殊胜日行持各种善法，最好能依照藏历来执行。

每个月都有一些殊胜的日子，如初八、初十、十五、二十五、三十等。而在一年中又有四个月有极其殊胜的节日：藏历正月上弦的初一至十五为神变节。藏历四月初七为释迦牟尼佛诞辰日，四月十五日为释迦牟尼佛的成道日与涅槃日。因此，该月就汇集了三个节日。藏历的六月初四为释迦牟尼佛初转法轮日，六月十五日又为佛陀入胎日。因此，该月又汇集了两个节日。藏历的九月二十二日为释迦牟尼佛天降日。因为认定方式的不同，所以这些节日的具体时间在个别地方会有少许差别，但其中最可靠的，就是以上结果。

据经书记载，在普通殊胜日行持善法也有极大功德，尤其是在几大节日中行持念咒、顶礼、供养、为僧众供斋、持戒、修持慈悲心与菩提心等任一善法，其功德都会呈十亿倍地增长。也就是说，仅仅念诵一遍咒语，就能得到念诵十亿遍的功德，其他所有善法也可依此类推。

因此，请大家千万不要错过这些大好时机。能够尽己所能地在这些节日中食素、戒杀、放生等，是十分重要的。

有一点需要说明的是：在藏历中，时常会有缺日或者闰日的现象，这是由月球在轨道上运行速度的快慢所导致的，自有其存在的道理与必要；否则，就会出现十五的时候月亮不圆，或者初一的时候反而月光皎洁的情况。

守戒的时候如果遇到缺日，可以将守戒日提前一天。比如说，如果某月没有三十，则可以在二十九日守戒。如果遇到闰日，则只需守持第一天即可。比如说，如果某月有两个三十，则只需在第一个三十日守戒。

第四章　菩萨戒浅释

一、总义

（一）学受菩萨戒的重要性

在社会转型期，有些人颠覆了传统的价值观念，但正确的价值观念还没建立，这些人很难做到无私奉献，更难以受持菩萨、佛经中所说的：在其他佛刹中多世累劫积累资粮的功德，也没有在娑婆世界里受持戒律的功德大。

因为像极乐世界那样的佛刹，众生的烦恼十分微弱，面对的诱惑也少之又少，所以在这样清净的佛刹里持戒，就不是很困难，但在娑婆世界这样的环境中持戒就大不相同了。虽然只受一两条居士戒，比如不杀生、不妄语、不饮酒等还问题不大，绝大多数人也能做到，且在持戒的过程中，也不会遇到很大的困难或太大的冲突，但菩提心、菩萨戒的出发点，是放弃自私去奉献，这就非常难了。

但人生是很短暂的，在这短暂的时间里，如果只是以物质享受方面的幸福为目标，丝毫不考虑他众与来世，为了名利以付出一生所有为代价，结果其收获却微乎其微，这是多么没有意义的人生啊！

事实就是如此，世间人认为有意义的事情，在佛菩萨看来，就像从大人的角度去看幼儿的游戏，会觉得天真幼稚、毫无意义一样。不要说佛菩萨，就是修行层次比我们稍高一点的人，也不会把我们孜孜追求的东西看得多么了不起。

思想层次不同，看问题的视角也大不一样。从解脱或修行的角度来说，我们目前尚处于最低层，所以对问题的认识也是错误而片面的。随着境界的逐步提升，看问题的清醒程度也会相应提高，佛菩萨认为有意义的，才是真正有意义的；佛菩萨认为没有意义的，就不值得去下功夫。

虽然凡夫还不能完全按照菩提心的要求去做，但却看得出它是值得花费精力而为之奋斗的。《入行论》云："佛于多劫深思维，见此觉心最饶益，无量众生依于此，顺利能获最胜乐。"三世诸佛反复研究以后，发现菩提心对众生最有利。我们跟着佛的教导去修，就绝不会有任何错误。

发起菩提心、受持菩萨戒，是人生中最重大的事情。佛经中也讲过，只要有菩提心或菩萨戒，修行或解脱道路上最大的问题就已经解决了。所以，我们一定要发菩提心、受菩萨戒，要明白世俗享受不是生存的目标。

当然，在家人不可能完全脱离世间生活，适当地发展自己的事业和工作是需要的，但我们一定要清楚，世俗享受不是我们的生存目标。我们的追求目标是菩提心——成佛并利益众生。成佛实际上是一种方法，就像计算机升级以后，可以更好地工作一样，成佛的目的，也是为了更好地利益众生。假如没有菩提心，建立在菩提心基础上的所有事情，包括成佛在内，都无法成功。

当我们离开这个世界的时候，如果还是没有菩提心、菩萨戒，这一生就白活了，来之不易的人身也就空耗了，那是非常可惜的！

大家有没有想过，如果在修行体会方面始终是一片空白，大乘种性成熟的标志一直没有生起，而我们很多人的人生的五分之三四都已经过了，剩下来的五分之一二也会很快飞驰而去。

在释迦佛圆寂的时候，在场的阿罗汉因为了知轮回的真相，所以都没有哭。只有阿难因为没有证悟阿罗汉果位，所以悲痛欲绝、号啕大哭。释迦牟尼佛告诉阿难：我很早以前就给你们说过，所有我们认为最珍贵、最心爱的，都终将失去。

这句话提醒我们：圆满的人身、修行的机会，即佛陀说的最珍贵、最美丽的东西，都是会失去的。

尽管我们的物质生活不一定都很完美，但从修行的角度来说，能遇到大乘佛法，有修菩提心的机会，就是非常完美的生命。但这个完美的生命也会失去，所以我们一定要珍惜，要重视菩提心。

现在很多人在怎样挣钱、工作、发展事业方面，都有一整套的打算，但对怎样提升自己的慈悲心和智慧，却茫然无措。

要知道，去庙里拜佛、烧香，并不是真正地学佛，而只是供佛。如果动机纯正、发心清净，拿钱去帮助穷人、照顾病人、救济灾民，也只是佛教中的一部分，而不是全部。佛教最重要的内容，是自利利他。除了修证以外，金钱、名利、地位都不能彻底地自利利他，所以，凡是佛教徒都要重视修行。受持菩萨戒，也是修行的一部分。

佛经讲过，没有戒律，就不会有禅定；没有禅定，就不会有无我的智慧；没有无我的智慧，就不能断除烦恼。戒、定、慧之间，有着密切的因果关系，缺少了其中一个因，就不会有后面的果，因此受菩萨戒很重要。

很多居士喜欢供护法、修本尊，几乎没有一个人不问：我的本尊是哪个？但我认为，修本尊现在还不是很重要，如果没有出离心和菩提心，即使修本尊，也没有什么意义。

修护法也是一样，在没有出离心、菩提心的前提下修世间护法，或许可以得到一些临时、短暂的帮助，比如事业顺利、生意兴隆等，但世间护法却无法让我们得解脱。至于出世间的护法，如果没有出离心和菩提心，就根本没有办法修。因为没有出离心和菩提心，所修所做的一切都是世间法，出世间的护法不喜欢我们修世间法，所以不会帮助我们。

只有当出离心和菩提心修好以后，想修什么法才都很容易，而且都会成为解脱之因。

但如果受了菩萨戒，却对菩萨戒的学处一无所知，就有可能今天受戒明天犯戒。所以，了解菩萨戒的大概内容，也是很重要的！

（二）传戒者的要求

传戒的善知识需要具备三个条件。首先，就像传授别解脱戒的人必须具备其所传授的戒体一样，传授菩萨戒者也一定要有菩萨戒；第二，通达大乘佛法；第三，传戒过程中，能听懂传授菩萨戒仪轨中相关问答的词句内容，能如实表达仪轨的词义。这是传戒者的基本要求。第一次受戒时，应该在具有上述条件的善知识面前受。

但也不是只要有愿菩提心，就可以在其座前受菩萨戒。不行六度，对度化众生不是很积极、很投入的人，即使有愿菩提心，也不能当作受菩萨戒的善知识。

宗喀巴大师也说过，他十分感谢释迦牟尼佛允许后人在佛像前或者观想佛菩萨来受菩萨戒。因为找一个真正有菩提心的大乘善知识很难，虽然在知识方面，精通佛教三藏十二部的人很少，但比较聪明的人学上七年八年就可以懂得一部分，所以不是很难。但有真实无伪的菩提心很难，即使有，那些善知识也不会向别人表示自己有菩提心。如果佛陀一定要我们在真正的大乘善知识面前受戒，那就算我们的菩提心发起来了，也很难得戒。所以建议你们先在佛像前观想受戒。

（三）受戒者的要求

菩萨戒不同于别解脱戒，别解脱戒只有人可以受持，人以外的众生则不能得到别解脱戒的戒体；而菩萨戒在受戒者种类方面没有什么限制，只要对大乘佛法有信心，具有菩提心，愿意受菩萨戒，任何众生都可以受。

关于受菩萨戒，龙树菩萨和无著菩萨的传承与戒条有些不同。按照无著菩萨的要求，只有在别解脱戒的基础上，才能受菩萨戒；而龙树菩萨的传承则没有这样的要求。

无论如何，二者的实质内容是一样的。无著菩萨所说的“别解脱戒”的意思，不一定是指别解脱戒的真实戒体，而是说必须按照别解脱戒的要求去做：断除杀、盗、淫、妄、酒等。如果一条戒都不能守，而随意杀人、偷盗，就没有办法受持菩萨戒。所以，在受菩萨戒之前如果有居士戒，那就很完整。即使没有受居士戒，也不成问题，因为受菩萨戒的时候，同样也受了不杀生、不偷盗等戒条，所以没有太大差别。

最理想的次第，是先受居士戒；然后精进修持菩提心，在自认自己有菩提心时，再受持菩萨戒；在菩萨戒的基础上，再受持密宗誓言——灌顶。

（四）受戒方法

依照龙树菩萨的传承，菩萨戒的受戒方法有三种。

第一种，是在具备上述三个条件的善知识座前受持。

第二种，是在加持力不同寻常的佛像前受持。

虽然每尊佛像都有加持，但加持力却千差万别。比如拉萨大昭寺的释迦牟尼佛像，就有着无与伦比的加持力。除此以外，很多古老的寺庙里面，也藏有真身舍利。供养佛舍利和真佛的功德完全等同，在佛的真身舍利前发愿，与在佛的真身座前发愿也是一样的。

第三种，在没有善知识与佛像的情况下，根机比较好、善根比较成熟的人，可以观想诸如皈依境之类的三宝福田而受持。

无著大师的菩萨戒比较严格，他说：如果实在找不到上师，或是在寻找善知识的路途当中有生命危险，或是在路途当中有可能犯其它的根本戒，就可以在家里观想受戒。除此以外，还是要在善知识面前受持。

在《慧灯之光（叁）》里面，有“如何自受菩萨戒”。在《喇荣课诵集》里面，也刊录了受持菩萨戒的念诵仪轨。依照后两种方式受戒的人，可以按此仪轨念诵。

请注意，佛陀没有开许可以有选择地受持同层次菩萨戒中的戒条，比如在中等根机的四条戒里，只受持其中的两条，其它的不受。只能在上等根机、中等根机、下等根机三种戒律当中选择，如果选了其中某一层次的戒体，就必须守持该层次的所有戒条。

（五）受持菩萨戒的基础——菩提心

很多佛教徒会说自己学的是大乘佛法。而大乘佛法的基础，是发菩提心。没有菩提心，就不叫大乘佛法。要发菩提心，就要守菩萨戒。没有菩萨戒的戒体，菩萨的修法、智慧、基础就不存在。所以，大乘行人不仅要发菩提心，还要受菩萨戒。

汉传佛教有三坛大戒的仪轨：沙弥戒、比丘戒、菩萨戒都一起传授。以这种方式受菩萨戒非常好，但有两种人却不能得到菩萨戒的戒体。第一种人，是只发愿菩提心，为度化一切众生而发誓成佛，却不想行持菩萨学处（布施、忍辱等六度）的人；第二种人，是连愿菩提心都没有，即根本没有发菩提心的人。

请注意，菩提心跟菩萨戒是有一定差别的，愿菩提心和愿菩提心的戒体不一样；行菩提心和行菩提心的戒体也不一样。愿、行菩提心，只是在心里发心而已，是菩提心，但还没有形成戒体。把它们转变成戒体以后，才叫做菩萨戒。

愿菩提心，是受持菩萨戒的最低要求。在没有受菩萨戒之前，一定要有菩提心，仅仅了解菩提心还不够，还要有一定的修行，在修持了慈心、悲心等菩提心方面的修法之后，才可以受三坛大戒中的菩萨戒。

比如，在没有出离心的前提下，受居士五戒等别解脱戒，也不能得到真正的戒体，而只能得到一种属于世间法的戒体。只有具备了出离心，所受之戒才能成为别解脱戒。同样，在没有愿菩提心或没有修菩提心的情况下受戒，虽然属于一种善法，也有一些善根，从此断除菩萨戒的违品当然很好，但这还不算是大乘菩提心，所以即使受戒，也只是一个形式，而不能得到戒体。因为菩萨戒建立在菩提心的基础之上，没有菩提心的基础，就不可能得到菩萨戒。就算到释迦牟尼佛或观世音菩萨座前受戒，也不会得戒。

由于缺乏佛法方面的关键知识，我们往往会做出自以为是正法，而实际上却不如法的行为。比如，在没有出离心的情况下受居士戒，自以为得到了别解脱戒，实际上却没有；在没有发菩提心的前提下受菩萨戒，自以为得了菩萨戒，实际上也没有等。

谁都知道，做工作上的事情，要讲究次第或顺序，如果违背了这一原则，就连很简单的世间法也做不成。佛法尤其如此。既然佛菩萨给我们制定了修行次第，修行的时候，就要按照佛菩萨的要求去修。如果不依照次第，我们的修行也不能成为正法。所以，我们不必急着受菩萨戒，而应先修菩提心。

（六）生起愿菩提心的因素

那么，怎样才能生起愿菩提心呢？

佛经里主要讲了五个因素：

第一，是依止大乘善知识，这是最关键的。没有大乘善知识的引导，我们不可能在根本没有听过大乘佛法的情况下主动发菩提心，在大乘善知识的带动下，我们才能发菩提心，走上真正的菩提道。否则，仅凭自己的力量，很难走上大乘之道。

第二，是菩萨种姓。本来，每个众生，包括昆虫之类的小生命，都有佛性如来藏，但这个佛性要变成菩萨种姓并进一步成熟，就需要前世的因缘和善根以及大乘善知识的引导。否则，菩萨种姓就不会成熟。

以什么标志去衡量菩萨种姓成熟没有呢？

菩萨的种姓有两种：一种是智慧的种姓，另外一种是慈悲的种姓。

《入中论》里讲过，对空性有特别的兴趣，一听到大乘佛法里面的空性、大中观、光明，不但能理解、不排斥，还会非常激动、汗毛竖立、眼泪直流，有这样的标志，就说明大乘智慧的种姓成熟了。

在听到菩提心、利益众生、放弃自私等大乘佛法的关键词句与大菩萨们的高尚行为时，激动万分、涕泪四流、心潮澎湃，就说明慈悲心的种姓成熟了。

此处所讲的种姓成熟，不是指生起真正的菩提心，故而还算不上是真正的菩萨，但已经离菩提心或者菩萨很近了。就好比早晨太阳还没有出来时，仅能看到东边的曙光，但还不能看到光芒四射的太阳一样。

我们可以自我衡量一下，自己到底有没有这样的经历。仅仅一两次不算，倘若经常如此，就可以证明自己的大乘种姓成熟了。

如果对空性和利益众生没什么特别的感受，麻木不仁、充耳不闻，则大乘种姓成熟的曙光都没有出现，那么离生起菩提心还有比较遥远的距离。这就需要精进努力地积累资粮、忏悔罪障，否则就很难成熟大乘种姓。

慈悲种姓成熟的人听了世俗菩提心方面的法，然后再去修，就很容易生起不造作的菩提心；智慧种姓成熟的人听了空性法门，并遵照修持，至少不久就可以初步证悟。因此如果发现自己有种姓成熟的标志，就要趁热打铁、再接再厉，争取早日证悟，生起真正的慈悲心与菩提心。

很多人在修行或做其他事情时，经常会咨询空行母、瑜伽师，自己该如何行事。我们不需要去问，自己该做什么不该做什么，释迦牟尼佛都说得清清楚楚。虽然该做的不一定都能做到，不该做的未必都能放下，但这只是自己的问题，在这些关键问题上，没有必要去问谁，任何一个空行母、瑜伽师，都不可能超越释迦牟尼佛的智慧。如果有了种姓成熟的标志，不用问谁，自己肯定已经与菩提心（胜义菩提心和世俗菩提心）仅有一步之遥，只需乘胜追击就可以成功了。如果没有发现这些标志，就算空行母、瑜伽师说你明天成佛也没有用。

修行的问题，一定要用佛经——佛的智慧、佛的教导来衡量、印证与判断。《大藏经》里那么多的经论，就是我们的指路明灯。

第三，是资粮。任何一件在大乘发心的基础上做出来的善事，无论是在闻思修方面还是其他方面，都叫做资粮。资粮包括前世所修的资粮与今生所修的资粮两种。依靠资粮的力量，我们才有可能生起菩提心。

第四，广闻大乘佛法。很多人听过《入菩萨行论》和《菩提道次第广论》，这两部论典都是非常关键的大乘论典。《入菩萨行论》从头到尾一直强调的都是菩提心，《菩提道次第广论》虽然不是自始至终都讲菩提心，但有相当一部分内容也是讲菩提心的。学了这两部论典，对大乘佛法的全貌应该会有一个基本的概念，用于指导实修也是足够的了。

如果想进一步学习，也可以看看大藏经里的其他大乘经论。

第五，就是修行。反反复复地修持与菩提心有关的慈、悲、喜、舍四无量心，这样获得的菩提心会非常稳定。

在五个条件都具备的前提下，生起愿菩提心和行菩提心不是很难。在没有生起不造作的菩提心之前，受菩萨戒只能积累一些善根，却没有什么实际意义，所以一定要设法尽早让自己生起菩提心。

（七）三种菩萨戒

菩萨戒可以归纳为三种，在三种菩萨戒里面，包含了所有大乘佛法的修持。

第一种菩萨戒，叫做禁恶行戒，即禁止、断除违背菩萨戒行为的戒。小乘别解脱戒就包含在这条戒当中。

大乘同样也有别解脱戒，它与小乘别解脱戒的差别主要在于发心。小乘行人仅仅是在出离心的基础上受戒，其最后要达到的目标，是自己证得阿罗汉的果位；大乘行人不仅要有出离心，还要有菩提心，在菩提心的基础上不盗、不杀、不妄语等。其最后达到的目标，是成佛并圆满地利益众生。

大乘和小乘在出家的戒律方面也有一些区别，小乘出家人在具备所有犯戒条件的情况下犯了根本戒，是不能恢复的，至少今生不能恢复。大乘佛法规定：如果有不造作的菩提心，不但在家人的戒律可以恢复，而且出家人的戒律也可以恢复。

这是大乘佛法和小乘佛法在别解脱戒方面的差别。

藏传佛教不管是受在家还是出家的别解脱戒，本身仪轨中都有发菩提心的内容，所以这些受戒仪轨属于大乘受戒仪轨，但倘若受戒者自己没有发心，仅仅念仪轨还是没有用。

另外，禁止恶行戒中还包含了菩萨不共的戒律。比如，从文殊菩萨传到龙树菩萨，再从龙树菩萨传到寂天菩萨等的，名义上有十八条，实际上有十四条的禁止恶行戒，或者，从弥勒菩萨传到印度的无著菩萨，然后从无著菩萨、世亲菩萨、阿底峡尊者再传到西藏的四条根本戒，这些都叫做禁止恶行戒。

第二种菩萨戒，叫做摄受善法戒，即广行善法戒，是为了成佛而广行菩萨道的戒条。

这条戒律主要是指修行人自己的闻思修。在菩提心的基础上修任何法做任何善事，都属于这条戒。

第三种菩萨戒，叫饶益众生戒。主要指的是利益众生，而不是自己的成就。

三条戒的顺序安排，也有一定的道理：在刚开始学佛时，首先要放弃恶行——杀、盗、淫、妄、酒等。如果不放弃，仍然肆无忌惮地行持与菩提心严重违背的杀、盗、淫、妄，就无法发菩提心。在断除恶行以后，我们的行为会规范一些，所以第一个要放下的，就是杀、盗、淫、妄等恶行。

当我们把粗大的恶行放下以后，是不是就足够了呢？不是。在戒除恶行的基础上，还要广行菩萨道，特别是闻、思、修。通过闻思修来提高自己的觉悟境界以后，才能更好地利益众生。

以前的修行人都认为，普通修行人先不要急着讲经说法，而是要选择一个比较适应的环境自己修行。要在菩提心、证悟空性方面都有一定力量的时候，才可以去利益众生。

关于讲经说法，佛经上也讲过：在市场或其他场合看到鱼、鸟等很多众生的时候，给他们念缘起咒及缘起咒翻译以后的意思："诸法从缘起，如来说是因，彼法因缘尽，是大沙门说。"或者在山上修行的时候，观想周围的每一棵植物如花、草、树木等，跟自己一起念缘起咒，然后回向一切众生。在这个偈颂里面，包含了整个佛法的戒、定、慧三学。念诵缘起咒，也可以算作法布施，普通人的法布施就是这样。

在修行次第上，佛陀有着非常严格的要求：自己没有成就的人，不能使众生成就；自己没有解脱的人，不能使他人解脱；自己没有断除烦恼的人，不能使他人断除烦恼。这是一个原则，虽然最终的目的是利益众生、度化众生，但要达到这个目的也需要一个过程。即使今天发了菩提心，明天也不一定能利益众生，毕竟自己还没有利益众生的能力。如果现在去利益众生，虽然发心很好，但因为没有能力，所以一遇到困难就会望而生畏，而且有可能退失菩提心，从而导致修行上的严重障碍，所以佛不赞叹过早利益众生。我们目前的首要工作是提高自己利益众生的能力，故而要摄受善法。

一般世间人却与此相反，从不想怎么提升自己利益众生的能力，而是整日琢磨着：我的电脑要升级；我的职位要提升；我要卖掉旧车，换一辆新的高级轿车；我房子太小、太旧、环境太差，我要买一套新房子等，始终考虑的都是身外之物的升级。

佛陀教育我们，身外之物升级不升级并非事关重大，最重要的是要给自己的身心两方面升级。

怎么升级呢？首先学习升级的方法，这叫做闻思。闻思好了以后，就去修行，修行就是给自己的身心升级。当有力量面对普通人不容易面对的问题时，就可以适当地利益众生。真正利益众生的标准，是证到初地的时候。

修学菩萨道，受持菩萨戒一般不要公开宣扬，故意显示与世人不同，要随顺世间。

在随顺世间方面，佛陀也会示现一些方便：本来佛陀早已抵达不受衣食控制的境界了，但他表面上仍然会像常人一样吃东西、穿衣服，生病的时候还要吃药等。这样，世间人就会对佛产生一种亲切感，认为释迦牟尼佛也是人，离我们很近，他可以做到的事，我们也应该可以做到。这样，大家就会主动随学佛陀。

如果释迦牟尼佛的表现像神仙一样超凡脱俗，大家都会觉得：佛陀是不食人间烟火的神仙，他的境界太让人望尘莫及了，我们凡夫是做不到的，从而拉开了佛陀与众生的距离。很多人在佛法上不努力，也与这些原因有关。

因此，在不恰当的场合或者有必要的时候，该保密的还是要保密，该随顺别人的还是要随顺。不过，如果感觉对方有可能接受，甚至有可能学佛，对对方讲一些佛教道理，宣说一点佛的思想也未尝不可。公开还是不公开，要视实际情况而定。

饶益众生戒为什么要放到最后呢？因为这虽然是菩萨修行的唯一目标，但实际上还是要到修行有一定成就的时候，才能真正利益众生，在此之前虽然有想法，但能力还很欠缺。

要承担真正利益众生这么伟大的事业，一定要首先提升自己，所以佛陀就把饶益众生戒放在了最后。

作为非专业的外行去看佛经，就很难领悟其中的次第。比如，为什么六度中布施在最前面，持戒在后，智慧在最后？这些顺序不是随便制定的，其中都蕴含了很深的意义，只有听真正的善知识讲解以后，我们才会明白。这三种戒律的顺序规定，就是基于这样的理由，因此，我们修行的时候，就要按照次第来修。

二、细说菩萨戒

菩萨戒分三个层次，分别是针对利根、中根和钝根修学者的。

第一种，是龙树菩萨所说的戒律。这种戒名义上有十八条，实际上是十四条。在此基础上加上不舍愿菩提心和行菩提心两条戒后，名义上就成了二十条戒，其实是十四条戒加上最后两条，一共十六条戒。

第二种，是无著菩萨所说的戒律。从动机或发心的角度来说，只有四条戒；但从行动的角度来说，还可以分成八条戒。虽然中根者的戒条比上等根机的少一些，但受持起来也不一定很容易。

虽然二十条戒和八条戒在戒目的条数上有所不同，但实际上二十条戒也可以归纳在八条戒中。

第三种，是下等根机者的戒律。只受持愿菩提心——为了度化一切众生而发誓成佛的决心。

在没有受戒之前，首先要了解每一个戒条。然后根据自己的情况选择受哪种戒。

这些戒律都是佛制定的，只有以佛经为证据，才能确定是否会犯戒。除了佛以外，任何人都没有资格修改或制定戒律。在《集学论》《入行论》等论典中，收集了大量菩萨戒方面的教证，如果想广泛、完整地了解菩萨戒，就要学习这些论著。此处由于篇幅有限，我们暂时不引用佛经教证。

（一）下等根机者的学处

首先，下等根机的戒需要具备两个条件。第一，要有坚定不移的度化一切众生的念头。这个念头来源于真正的慈悲心。第二，要有为了利益众生，自己一定要成佛的念头。成佛以后，才能给所有众生指一条解脱之路，并最终让他们获得解脱而成佛。这两个决心必须是不造作的。

有了愿菩提心以后，无论吃饭、上班或做其他事，都要尽量再三思维，不能忘失菩提心。每天都要把修菩提心的善根供养诸佛菩萨，并祈请诸佛菩萨把自己供养的善根回向众生，同时发愿：但愿以此善根的力量，能让所有众生早日成佛，往生极乐世界等。

这个学处的缘起是一位国王，这位国王经常被俗事缠身，可谓日理万机，实在无法受持太多的戒条。释迦牟尼佛告诉他："虽然你有很多事情要处理，平时非常忙碌，但你也可以学一条学处，只要你时刻修愿菩提心，随喜诸佛菩萨的所有功德，将随喜的善根供养给佛菩萨及声闻缘觉，祈请佛菩萨将此善根回向一切众生，仅仅依靠这条戒，也可以圆满成佛的资粮！"

现在很多人也一样非常忙碌，所以也可以这样先受一条戒，有进步以后，再受其他戒。

尽管相对而言，愿菩提心发起来比较容易，释迦牟尼佛也说这是最简单的，但对我们来说也并非易事，要真正发起不造作的愿菩提心，还是需要通过依止大乘善知识闻思修行，积累众多资粮才行。

无论如何，我们也要克服一切困难做到这一点。如果连这一点都做不到，就根本没有办法进入大乘佛门。倘若此生没有机会进入大乘佛门，什么时候才有这样的机会呢？所以今生至少要打一个基础。能够证得初地或者成佛当然是最理想的，退而求其次，至少也要生起愿、行菩提心。

我们不能忘记，一切都是无常的。如果在了知菩提心的利益之后，却一拖再拖，总念叨着手头永远处理不完的杂事。总想着现在还不着急，等事情处理完以后，再修菩提心也为时不晚，那就是无常没有修好的标志。所以，我们一定要珍惜这个修菩提心、受菩萨戒、行菩萨道的机会。

说实在话，在家人完全没有钱财，生活会很困难，但这也不是大问题，最基本的生活怎么都能凑合，最大的悲哀是没有慈悲心和智慧。虽然钱与权暂时可以解决一些众生短暂的痛苦，比如放生、布施等，但用钱财给他众带来的幸福是微不足道的，在很多最关键的问题上，钱是无能为力的。只有智慧和慈悲心给自他双方带来的幸福，才是真正的幸福，永久的幸福。

无论你是贫富，还是贵贱，假如缺乏了慈悲心、菩提心和智慧，不但没有下一世的成就，连今生的钱财也不会给他们带来什么幸福。我们经常会在电影、电视与报纸的新闻里看到这方面的报道，这些都是活生生的修行材料。

我们不能因为经书上说是这样，就认定是这样。经书上说的当然很重要，但最关键的，是要在现实生活中收集修行材料，这个力量才是最大的。

所以我们务必要往这方面努力，听闻大乘佛法，然后身心投入地修行！否则我们永远都不会成就。除了佛菩萨的化身以外，普通人都有不同程度的烦恼、自私、我执。世上所有不好的事情，都是自私心导致的。

虽然我们没有办法让全世界的人都接受佛法，但我们自己必须接受。接受并不是仅仅相信与不排斥，而是要修行，把佛宣说的智慧与慈悲融合在我们心里。如果不修行，就不能解决任何烦恼。

（二）中等根机者的学处

中等根机的菩萨戒只有八条，归纳起来是四条。因为八条戒中每两条戒的动机是一样的，只是行为有所不同。从动机的角度来说，是四条戒；从行为的角度来说，就是八条戒。

无论任何戒，只有当犯戒对境、心态、行动、结果四个条件完全达到了犯戒的规定标准时，才会是一个完整的犯戒。只要其中一个没达到，都不算彻底犯戒。

下面分别从这四个条件来讲解中等根机的八条菩萨戒的犯戒界限：

1. 第一条：为了获得财物和恭敬而自我赞叹；第二条：贬低他人。

（1）对境

这两条戒的对境有两个：一个是听话者，另一个是所讲内容。

首先，听话者必须是人类，而不是天人或其他众生。同时，听话者还要符合三个条件：第一，精神正常；第二，能理解对方所说的话的意思；第三，自己能说话，不是聋哑人。

所讲的内容，就是自己的功德和他人的过失。无论自己有无功德，他人有无过失，只要在堪为听话者的人跟前赞叹自己、诽谤他人，就有可能犯戒。如果这些功德和过失不具备，那就还要加一条撒谎、说妄语的罪过。

（2）心态

赞叹自己与贬低别人时的心理状态，称为心态。

为什么赞叹自己、贬低别人呢？就是因为贪图财产、恭敬和服务。如果没有其他目的，只是像某些世俗人一样认为金钱、财产很了不起，故而贪恋财产，那就有可能犯戒。

若是在没有丝毫自私心的前提下，为了供养三宝，解决穷人的生活问题或捐钱放生，而做一些贪财之事，譬如为了不让世人把金钱浪费在毫无意义的事情上面，让对方把钱捐给自己用于慈善事业，而适当地赞扬自己的工作，没有一点问题。如果某人乱用信徒的钱，是有果报的，在这种情况下，为了阻止对方造恶业而贬低对方，不会犯戒。

在发心上面，菩萨戒和别解脱戒有着很大的差别。比如说，小乘比丘戒规定，比丘不能摸金银珠宝，更不能接受金银珠宝。

至今南传佛教的很多比丘还是这样，去买东西付钱的时候不会亲手摸钱，而是把钱包放在柜台上，让卖东西的人自己去拿。虽然他身上是有钱，但他自己不会去摸。更保守的做法是从来不摸钱，也没有钱。要出国的话，机票由信徒买；住酒店，手续是信徒办，所以也不需要管钱。

但是大乘佛法规定，如果有人供养金银珠宝而不接受，就犯了一个支分戒。

为什么小乘认为接受金银珠宝是犯戒，而大乘认为不接受是犯戒呢？因为小乘所有的修行，都是为了自己，所以多一事不如少一事。作为修行人，如果为自己而拥有太多财物就是过于腐败了，所以释迦牟尼佛就制定了这样一个戒律。

寂天菩萨在《集学论》中讲过，作为真正的大乘修行人，其所有的财产，都是为了众生。同样的钱，在其他人手中不一定对众生有什么好处，但如果在菩萨手中，就可以产生无穷的利益。无论是出家人还是在家人，事情多了好还是少了好，关键是看动机。如果动机是利益众生，则事情越多越好；如果是为自己，则越少越好。

为了众生的利益，不但可以贪财，而且可以偷盗。比如说，如果一个人快要饿死了，自己也没有任何食物或钱财，那就可以去偷有钱人的食物或钱财，只要自己没有享用，全部用于布施，佛陀也是允许的，一点也不会犯戒。虽然偷东西被人发现会损害自己的名誉，但也不考虑自己的名誉是否会受到损害，只是一心一意地为了利益他众而不顾一切，这不但不是犯戒，而且是真正的菩萨行为。

贪图他人的恭敬也要看情况。如果是为了度化某些众生，让他们在某些场合看到自己受人恭敬，从而推测自己一定有什么特别的功德，继而愿意听从、跟随自己学佛，在这种发心的前提下追求恭敬也没有什么。如果只像某些世俗官员或古代国王的想法那样，为了达到自己高高在上、目空一切的目的，而去接受他人的恭敬，就有可能会犯戒。

（3）行动

说赞叹自己、贬低他人的话，就会犯戒。

从行为的角度来说，这条戒可分为两条，赞扬自己是一条戒，贬低他人又是一条。只要违犯其中一条就会犯戒。

这些都是日常生活中时常发生的问题。我们通常认为守居士戒难，但别解脱戒的杀生对象，并不是指所有的生命，而只是杀人，所以并不是很难守。守持菩萨戒的难度比别解脱戒大一些，到了密乘戒，那就更难了。戒律的层次不一样，难度也会逐步提升，功德也随之而增长。但如果有决心、有毅力，守持这些戒条也不是无法做到的。

另外，以书面的方式自赞毁他，效果也应该一样。

比如说，写一个宣传自己的传单或所谓的传记，倘若动机不良，就会失坏菩萨戒。

不过，在佛经的戒条细则当中，“贪图”旁边还有“严重”的字眼。也就是说，只有严重地贪财、贪他人的恭敬才会犯戒，不严重就不会犯戒，所以我们也不需要对菩萨戒望而生畏。

（4）结果

当对方听懂或看懂自己所讲内容的意思以后，就会犯戒。

如果是在聋哑人跟前说这些话，即使以为对方能听懂，但因为对方没有听懂，其中一个条件不具备，就没有犯戒。但如果说话的对象是一个解言知语的正常人，能理解自己在说什么，并且也理解了，那就会犯戒。

这条戒如果分成两条，则在对境、心态、结果上没有什么差别，只是在行动上有所不同：一个是赞叹自己，另一个是贬低他人。在八条戒中，这是第一条戒和第二条戒；如果分成四条戒，则是第一条戒。

2. 第三条：以吝啬心拒绝财布施；第四条：以吝啬心拒绝法布施。

（1）对境

此戒条的对境需要具备三个条件：第一，对方确实需要得到财布施和法布施；第二，如果自己拒绝布施，对方在其他地方获得法和财产的可能性非常小，至少目前没有人给他做类似的布施；第三，对方一心一意求财和法，并没有其他目的和想法，只是为了修法或获得一点食物和钱财。

针对这样的对境，如果不给钱或不传法，就有可能犯戒。

不过，现在要钱的人有很多种类，目的和手段也各不相同，有真需要钱的，也有不那么急需的。假如明知对方并非因为穷困，只是出于贪婪而乞讨实际上根本不需要自己布施，或轻而易举地就可以从其他渠道得到钱财，则拒绝布施不会犯戒。

另外，在别人要求传法时，如果知道对方祈求传法怀有其它不可告人的目的，或认为自己给对方传法没有任何必要，则不传也不会犯戒。

以上两种人，都不是犯戒的对境。

还有，如果对方索要的东西是武器、毒品等，不但对对方没有利益，还会伤害其本人或其他人的东西，则拒绝布施也不会犯戒。

只有在被索求者拥有对方所求之法或财物，并且不愿布施的时候才有可能犯戒。假使前面讲的条件都具备了，但自己身无分文或根本不懂法，那不给钱或不传法也不会犯戒。

佛陀特别强调过：犯戒的界限是能做、应该做的事情不做。如果是不能做、没有能力做的事情，则不做也不会犯戒。任何戒律的制定，都不会强人所难，让守戒者在无从选择的情况下被迫犯戒。

（2）心态

没有任何其他原因，只是因为吝啬而舍不得布施，就会犯戒。

如果认为：我把钱给他，他就会去干坏事，那样对他的今生来世都有伤害。在这种情况下不布施也不会犯戒。

传法也是一样。

如果认为：这个法传给他，对他没有什么意义和好处。或者考虑到：我给他讲了两句之后，他就会到处炫耀说“我是某某的关门弟子”“谁的法衣传给我了”等，虽然只有过去的禅宗才有传法衣的传统，藏传佛教从来没有这样的说法，但对方为了自己的目的，仍然有可能会自我吹嘘，则拒绝也理所当然。

现在经常会听到有人说“某某金刚上师的铃杵传给谁了”，言下之意是说这个上师的法脉交给他了，他有资格到各地传法了。

在这些方面，我们还是要头脑清醒一点，聪明一点。一方面，居士的信心都很强。从信心的角度来说，这是非常好的现象；但从另一个角度来说，缺乏智慧的信心也会导致一些问题，甚至有时候会变成迷信。因此，我们要有逻辑思维的能力，合理合法地选择，才是真正地学法。

对于那些不是为了修行，也不是为了利益众生，只是想去骗钱，达到私人目的的人，即使拒绝传法，也不会犯戒。

但如果不传法的原因是因为吝啬，那就会犯戒。

依照世俗人的做法，有些传统上的药物配方、手工技巧，是不会传给外人的，即使要传，也是传给自己的儿子、孙子等。这种情况各地都有。

如果掌握这门手艺的人受了菩萨戒，在别人前来学技术的时候，他心里想的是：我不传给他，这个窍诀就只有我一个人独自拥有，只要我一传出去，我的独门手艺就不再罕见稀有，也不会再有什么价值，因为别人也会了，我可不愿意传给他！这样就有可能犯戒。

（3）行动

只是拒绝、不传，就会犯戒。不一定要说“我不给你传”“我没有钱布施”。

戒律规定，该做的没有做，或不该做的做了，都称为行动。

（4）结果

求法的人来了，自己最终没有传；或有人来讨要钱财，自己也没有给，就是最终结果。

虽然在此之前，当事人一直在朝着犯戒的方向发展，但还不算彻底犯戒。只有结果出现之后，才算是彻底犯戒，其它戒律也是这样。

从行动来分，这条戒律也可以分成两条：第一条，是拒绝财布施；另一条，是拒绝法布施。按四条戒来算，这是第二条戒；按八条戒来说，这就是第三和第四条戒。

我们在日常生活中，经常会遇到这些情况。即使目前我们还没有受菩萨戒，还不需要为此操心，但总有一天我们还是会受菩萨戒，所以从现在开始，就要养成良好的习惯。就算没有菩萨戒，违犯这些戒条的规定也是不对的，因为这本身就是一种罪业，所以一定要注意。

3. 第五条：殴打众生。

（1）对境

宗喀巴大师说：此处所指的众生，应该是同类的众生。也就是说，犯戒的对象是人类。打畜生或其它非人，也许不会犯戒。

但不会犯戒是不是打了就没问题呢？当然不是！发了菩提心，就要把一切众生视为自己的父母，要对一切众生发慈悲心。所以，任何众生都不能打。

（2）动机

动机是嗔恨心。如果不是因为嗔恨心，像父母出于教育的目的而惩戒不听话的孩子，是为了小孩子好，只是一种教育方法，那就不会犯戒。

（3）行动

犯根本戒的界限，是一定要实施打的行为或想方设法把众生投入监狱等。凡是使用了故意伤害众生身体的手段和方法，都会犯这条戒。如果只是说粗语骂众生，则还不到犯根本戒的地步。因为只有打众生等才会伤害众生身体，骂众生只会伤害其心。但即便如此，也不能随意辱骂众生，否则肯定会有罪过。

（4）结果

最终的犯戒，就是已经伤害到众生的身体。

比如，如果故意扔石头打众生，当石头打到众生的身体时，就是最终的犯戒。如果没有打到众生，还不算是彻底犯戒。

日常生活中犯这条戒的可能性比较大，所以大家一定要随时保持警惕。

菩萨戒的要求是每天早、中、晚三次都要观察自己的言行，可以做什么、不可以做什么？什么样的行为会犯戒？然后再观察自己，有没有这些行为？每天都要这样反省。

若能随时保持警觉，则即使遇到别人打自己，也能做到不还手，因为事前已经有了心理准备；如果平时没有训练，当受到别人的欺负时，嗔恨心一生起就往往会控制不住而犯戒。所以平时要养成反躬自省的习惯，这也是佛陀的要求。

4. 第六条：不接受他人的道歉。

如果有人曾经伤害过自己，事后又感到后悔想道歉时，自己却一直把以前的仇恨牢记在心，不愿接受对方的道歉，就会犯此戒。

（1）对境

犯戒对境有下列条件：

第一，对方曾经伤害过自己；

第二，对方真心诚意想道歉。若是表面上假装愿意道歉或者是在其他人的劝说下才答应道歉，但内心还不愿意道歉，就不属于犯戒的对境。

第三，对方是在适当的时间提出道歉，如果自己比较匆忙或有其他原因而不方便接受对方的道歉，只要自己不是故意和永久拒绝道歉，则拒绝了也不会犯戒。

第四，道歉的方法是合理的。

佛教对道歉和忏悔，都规定了一些标准。如果从佛法或世间的角度来看，对方道歉的方法不合理，则暂时拒绝也不会犯戒。

（2）心态

没有其它原因，就是不愿意忍辱、宽容，不愿放弃嗔恨心。

（3）行为

当对方因后悔而如理如法地来道歉时，在内心、语言或身体动作上表示拒绝。

（4）结果

当对方知道自己拒绝道歉或自己决定不接受对方的道歉时，就会犯戒。

所以，即使是自己痛恨的人，只要对方如理如法、一心一意地来道歉，就必须接受，否则就是自寻倒霉会犯戒。

我曾经多次讲过，小乘最重视的是戒贪心，因为小乘考虑的是自我解脱，如果没有断除贪心，就会妨碍自己的修行，所以要断除贪心。而在大乘佛法中，自私心和嗔恨心又是最关键的打击对象，是最需要断除的心态。因为此二者是与菩提心、菩萨戒、慈心、悲心等格格不入的，是菩萨道上最大的障碍，其它诸如贪心、愚痴等都没有自私与嗔恨的危害严重，所以一定要断除。

5. 第七条：舍弃或诽谤大乘佛法。

最早诽谤大乘佛法的，是印度的小乘论师。

释迦牟尼佛传法，是根据众生根机而因材施教的。小乘根机者没有听过大乘佛法，他们的论师也没有收集大乘佛法，所以，当他们的后学者在自己的经典中没有发现大乘经典时，就误以为大乘经典是伪经而不是佛法，继而妄说大乘佛法不是释迦牟尼佛亲口所说，而是龙树菩萨等人擅自杜撰并传播的。小乘的有些学者还说，大乘佛法是印度的婆罗门教，因为大乘佛法中讲了法、报、化三身，其中的法身与报身是常住不灭的，而身体常住不灭又是婆罗门教的观点，所以他们认为，大乘佛法是婆罗门教、印度教而不是佛教。这是最严重的谤法，因为它从根本上否定了大乘经典。

其实，虽然大乘佛法所讲的报身常住不灭，在字面上和婆罗门教有点相似，但其实质内容却迥然不同。

针对这段历史，弥勒菩萨、龙树菩萨等很多菩萨都作了大量的辩白。弥勒菩萨特意在《大乘庄严经论》中用一品的篇幅来证明大乘佛法是佛陀所说的佛法，《入菩萨行论·智慧品》中也有这方面的辩论。

禅宗的命运也是一样。达摩祖师当年将禅宗传到中国的时候，包括梁武帝在内的佛教徒和学者都不接受禅宗。后来经过漫长的演变，禅宗才被大家接受。

密宗刚刚传播的时候，也遇到同样的问题。显宗某些论师宣称：密法是婆罗门的宗教，是印度教，不是佛法。

密宗的内部也发生过类似的争论，比如，宁玛巴所有续部中最关键、最重要的《大幻化网》，也曾被很多不知真相的学者说成是西藏宁玛巴的修行人自己编造的，不是印度翻译过来的，更不是佛说的，所以不是经典而是论典。这种误会持续了很长时间，直到很多翻译家在桑耶寺保存古印度梵文版本的地方，发现了《大幻化网》的梵文原本，所有的争论才到此结束。

正是因为佛陀考虑到，从表面上直接去看，密宗的个别用词有点不易被普通人所接受，所以规定不能毫无顾忌地公开密宗的内容，而应给大家一个适应的过程。当应机者慢慢了解之后就会明白，密宗的实际内容和显宗经典并不矛盾。

其实，在很多外道经典，尤其是印度教等东方宗教当中，都能找到很多与佛教相同的地方。不仅是密宗，包括从小乘一切有部到无上密宗的观点，也能在这些经典中找到。如果因密宗部分内容和婆罗门教相似，就把密宗归为婆罗门教，那宣讲三转法轮的如来藏，与二转法轮的空性的经论，不就都可以归为外道典籍了？

大堪布菩提萨埵和莲花生大师刚刚把佛教带到西藏的时候，菩提萨埵所写的《中观庄严论释》的后部，就引用了一大堆外道的经典和名词：空性、远离一切戏论、光明等，如果仅仅把这一段词句摘录下来，给任何一个人看，谁都不会辨认出这是外道的论典。不要说一般的居士、修行人、学者，即使是佛教界比较权威的专家级人物也很难看出来。但它们的内在含义却是不一样的，因为外道对这些名词的解释与佛教完全不同。

也就是说，虽然外道的有些名词与佛教相同，但真正解释其含义的时候，意义完全不同。佛法是博大精深的，没有经过系统地学习，完整地了解，仅仅看一两本书，是很难判断出什么是伪经什么是正经，谁是佛法谁是外道的，很容易犯错误。

麦彭仁波切曾经谆谆告诫这种人说：在没有确切证据的前提下，千万不要妄下结论，说哪部经典是伪经，否则就会犯下谤法罪。

（1）对境

谤法罪的对境，是整个大乘佛法。

大乘的整体内容，可以归纳为深、广两方面。深即空性，广是指慈悲心等六波罗蜜多。只是不接受大乘佛法的某一部分，其他的部分可以接受，则不会犯根本戒。

如果将大乘佛法的深、广两方面都舍弃，就是全面地舍弃大乘佛法，这才犯根本戒。

（2）心态

就是一心一意地想诽谤大乘佛法，而不是出于度化众生的方便善巧等其它目的。

（3）行为

所谓的诽谤，并不是指那些说大乘经论的某些地方用词不当等，而是说大乘佛法不是佛所说等，这样的诽谤已经从根本上否定了大乘佛法，因此是最严重的犯戒。

（4）结果

当别人听到或知道自己在诽谤大乘佛法之后，就会犯戒。

一般情况下，我们不容易犯这条戒。因为大家都知道大乘佛法肯定是佛陀亲口宣说，并由观世音菩萨、文殊菩萨结集而成的。

6. 第八条：宣讲冒充正法的教义。

信奉实际上不是正法而冒充正法的教义，并传播其内容。

（1）对境

其一，所说的对象：第一是人类；第二是其精神正常；第三是其能知言达意。

无论大乘小乘，只要属于语言上的犯戒，对境基本上要具备这三个条件。

其二，所说的内容为冒充正法的任何教义。

（2）心态

不是出于被迫，而是自己既信奉此教义，又非常乐意地传播。

（3）行为

不仅自己喜欢这些假冒法，而且还故意动员其他人去学，就会犯此条的根本戒。

如果只是自己喜欢，还没有动员其他人去学，这个还不算犯根本戒。

受过大乘菩萨戒的人，为了欺骗动员其他人学这些，以佛教的名义传播，这样就犯戒了。

（4）结果

当对方听懂传播者的意思之后，说话者就会犯戒。

以上就是无著菩萨在《菩萨地论》中讲的中等根机的八条根本戒。

（三）上等根机者的学处

上等根机的根本戒名义上是十八条，再加上不舍弃愿菩提心和行菩提心，一共二十条。但因为国王和大臣各有的五条戒中，有四条是完全相同的，所以上等根机的戒实际上是十六条。

首先，国王的定罪，一共有五条戒。

一般来说，身为国王的菩萨比较容易犯这五条戒，所以佛经称之为“国王的定罪”。因为国王有权力、有能力抢夺三宝财物，或认为佛教好就下命令弘扬，认为佛教不好就下命令禁止等，这样就容易犯戒。但除了国王以外，我们普通人也有可能去偷或是去抢三宝财物，从而舍弃佛法，所以在受持上等根机的戒律时，还是要受这些戒。

1. 抢夺、盗窃三宝财物

（1）对境

所有的三宝财物，譬如僧众的财产，包括出家人的住宅、日用品、交通工具等。佛陀的财物，包括供养佛塔的供品，修建佛塔的金钱等。虽然佛陀已经示现涅槃了，但因为佛塔象征佛的觉悟，所以佛塔的财物实际上就是属于佛陀的财物。法宝的财物，包括印佛经的钱、放经书的书架、包经书的布等，是属于教法的财物。证法的财物，包括施主供养具足戒定慧者的财物，或者用于讲解、弘扬佛法的所有开销等，都属于证法的财物。

财物价值的最低限度，与居士五戒不予取的价值差不多，就是足够几块人民币。不管当时僧众是否接受此供养，是否在使用都无所谓，只要属于三宝的财物，都是此戒的对境。

（2）心态

首先，是为了自己而掠夺、偷盗三宝财物；其次是让该财物永远离开僧众。如果只是想先借用一下，改天还会偿还，就不算真正地犯戒。

如果自己是被盗僧众的一员，则抢盗僧众的钱财，也不会犯根本戒。但如果自己根本不属于被盗抢人群，则会犯戒。

（3）行为

无论采用何种手段，只要参与了盗抢等侵占行为，都会犯戒。

（4）结果

得到三宝财物，并且心里也产生了“这个东西从今以后属于我”的念头，就会犯戒。

虽然偷盗、抢劫等方面的犯戒界限有一些不同的说法，但最标准的是，无论盗抢的东西是否已经到手，只要在思想上认为被盗抢的标的物已经属于自己，就会犯戒。

2. 舍法

作为佛教徒，平时有可能会有意无意地犯一些戒，但一般不太可能从根本上舍弃佛法。不过，有些所谓的佛教学者，也会把一些佛经列为伪经，如果他们这样说的目的不是出于度化众生等必要，就可能会犯戒。另外，某些教派之间在互相排挤的时候，个别似懂非懂的人由于没有调伏自己的心，对教理也是一知半解，故而会以贪嗔痴为基础，不知深浅地妄说某某经典不是佛法，谁的教法不正确，谁的教派不是佛法等。真正精通教法的人是不可能互相排斥的，如果不辨青白地随意诋毁，就会犯这条戒。

作为佛教学者，辨别什么是真正的佛法什么是伪装的佛法是有必要的，他们应该有这样的责任，但一般的佛教徒最好不要参与，自己好好修行就行了。

（1）对境

包括声闻、缘觉、菩萨道在内的三乘佛法。

如果认为所有的大乘佛法都有问题而舍去，就是舍大乘佛法。这里主要是指教法：三藏十二部教法，而不是证法。证法，是指融入到我们心中的戒定慧三学：戒律、禅定、智慧。倘若只是不接受其中的某些观点，则只是犯分支戒。如果接受其见解，只是不修而已，就不算舍弃。

（2）心态

不是被迫，而是发自内心地把大乘法或小乘法从整体上舍掉。

不需要两者同时舍去，只要舍去其中一个就会犯戒。不一定是唆使别人舍去，只要自己心里舍弃，然后把话也说出来了，就会犯戒。

（3）行为

无论任何佛教经典，只要说它不是释迦牟尼佛说的、不属于佛法，就是真正的舍去。

（4）结果

最终犯戒的界限，是说出来的话被人听到。

3. 伤害出家人

（1）对境

此处所讲的出家人，不一定是真正的出家人。凡是跟随释迦牟尼佛出家的，无论是有戒无戒，是否曾经犯戒，只要身着出家人的衣服，都是这条戒的对境。如果根本不是出家人，只是穿着出家人的衣服或者根本就不是佛教徒，那就不一定了。

（2）心态

具备损害、杀害出家人的烦恼动机。

（3）行为

主要是指抢僧人的僧衣或迫使僧人还俗两点。至于打出家人或将出家人投入监狱等，则包括在违犯其它戒律当中。

（4）结果

如果被抢的人具有清净戒律，而且是四人以上（含四人），就成了僧众，抢僧众的财产会犯第一条戒，而不是此戒。所以，受害方如果有清净戒律，也一定是三人以下（含三人），才会涉及这条戒；如果受害方没有戒体，则不管人数多少，都会犯此条戒。

抢夺僧衣以后，认为僧衣从此属于自己，就会犯戒。如果是逼迫出家人还俗，只要出家人被迫还俗成功，逼迫者或国王就会犯戒；如果逼迫者没有受菩萨戒，则会造一个堕地狱的罪业，但不会犯戒，因为其本身没有受戒。

4. 造五无间罪

造任何一个无间罪，都会违犯此戒。不过，五无间罪中只有三条现代人有可能犯，其它两条罪与释迦牟尼佛有关，因为如今佛陀已经示现圆寂了，所以我们不会犯那两条罪。

三条罪中的第一条，是故意杀害自己的亲生父亲；第二条，是故意杀害自己的亲生母亲；第三条，是故意杀害阿罗汉。

作为正常人，这些罪很不容易违犯。普通人故意杀人的可能性都很小，杀亲生父母的可能性就更小了。阿罗汉虽然很难辨别，但佛教徒故意杀害阿罗汉的可能性是微乎其微的。《俱舍论》等许多论典中详细地介绍了五无间罪，大家可以参阅。

（1）对境

一定要是亲生父亲、母亲或者阿罗汉。

（2）心态

一定是故意杀害，如果是无意中杀死对方，则不算犯戒。

（3）行为

采取任何一种手段杀害，都属于可能犯戒的范畴。

（4）结果

最终结束了对方的生命，就会彻底犯戒。

5. 执持邪见

标准的邪见是：不但不信因果轮回，而且坚定地认为因果轮回不存在。

从无始以来到现在，直至解脱，我们的生命会一直延续、永不中断，这是生命的自然规律。

另外，内外所有的世界，都在看得见的因果和看不见的因果当中循环，这是一个因果的网络，世界本身就是这样。

虽然我们的肉眼看不见因果的关系，但现在没有人敢说肉眼看不见的东西不存在。除了看不见以外，任何人也拿不出一个证据来证明因果是不存在的。既然如此，在毫无理由的情况下妄说因果不存在，认为自己做的坏事只要没人发现就不会有不良的后果，这是非常严重的错误。即使是长期行善的佛教徒，只要心里有了邪见，所有戒、定、慧等善根也会从此中断，所以佛教就用“邪”字来表达这种错误见解的危害性。

从现实的角度来说，很多的战争，杀、盗、淫、妄等恶行，都是因执持邪见而产生的。佛经里讲到，人在邪见的基础上，就会轻而易举地作出杀人、放火、偷盗、抢劫等恶业。

这条戒不需要具备很多条件，只要心里有邪见，就会犯戒。

国王的五条戒当中除了执持邪见以外，前面的四条戒既是国王的定罪也是大臣的定罪。特为大臣制定的一条戒，就是下面的第六条戒。

6. 破坏村落等

（1）对境

在藏文版佛经当中,讲了五个对境(汉文版佛经里面只有四个)。

第一个是国。在释迦牟尼佛时代，因为世界上人口比较少，所以将居住了十万户人家以上的城市，都叫做“国”，相当于现在的一个都市。

第二个是邑。古印度具备十八种手工业（工巧明）的地方，也是比较繁华热闹的城市，但比国小一些，叫做“邑”。

第三是聚落。印度的四种种姓（婆罗门、刹帝利、吠舍、首陀罗）等级分得分明，他们一般不会在一起生活，但在人口密度比较大的地方，四种种姓也会居住在一起。居住了四种种姓的村落，就叫做“聚落”。

第四是舍宅，无论一家、两家、三家，凡是住户人家，都叫做舍宅。

（2）心态

就是一心一意要破坏都市、村落等。

（3）行为

采用任何一种手段，譬如放火、战争去破坏。此处不是指伤害、杀害人民，虽然汉文版佛经里面提到了“人民”的字眼，但真正的意思不是指故意伤害人民，而是指因为破坏村落、城市建筑以后，其中的人民也会受到伤害。

（4）结果

在房屋建筑受到破坏以后，就会犯戒。

普通人犯这条戒的可能性很小。不要说城市、村庄，即使某家人的舍宅，佛教徒也不可能去故意放火烧毁，所以这条戒主要是针对有权有势的官僚、大臣而言的。

作为初学者，比较容易犯这下面的八条戒，所以称之为初学者的八条定罪。

7. 对非法器传讲空性

不讲经说法的人，在通常情况下不会违犯这条戒。给别人讲经说法的人，一不小心就有犯失此戒的可能。

（1）对境

不是以学不学佛、有没有皈依和灌顶为界限。违犯此戒的对境需要两个条件：一是不能接受、理解空性，在听到空性内容以后，肯定会生起恐惧心；二是已经发了菩提心或受了菩萨戒。如果对方没有发菩提心，给他讲空性使其产生了恐惧，这就只是一个罪过而不算犯戒。给发了菩提心的人宣讲远离一切戏论的大空性，使此人心里产生恐惧，继而退出大乘道，才会彻底犯戒。

发了菩提心的人会不会有退出大乘道的可能呢？还是会有。虽然发菩提心本身有非常大的功德，但刚刚发了菩提心还没有来得及修行的人，不一定有很好的正知正见，修行的境界也不高，所以未必能接受大乘空性。

佛陀传法时，也要观察众生的承受力。一般来说，越是深奥殊胜的法，众生越难以接受，因为那些观点与凡夫的常识有很大冲突，所以释迦牟尼佛在修法、听法的次第方面，要求非常严格。因为当时的大多数印度人，不能理解密法的深奥见解和修法，所以密法也没有公开。莲花生大师等人在西藏传讲密法的时候，起初也非常保守。

空性是很深奥的，因为佛教里面的空性跟我们的想法有很大冲突，我们在刚刚开始学佛、还没有经过任何学习时就去听空性，很多人转不过来，就会出问题，所以空性是不能随便讲的。

最理想的听空性法的人是什么样子的呢？就是像《入中论》里讲的那样，听到空性后生起强烈的欢喜心、汗毛竖立、眼泪直流等。对这种人讲空性，对方很快会证悟。如果还没有这样的信心，最低限度也是听了没有排斥的心态。对这两种人讲空性，都不会犯戒。

（2）心态

根本不观察对方的承受能力，不看对方是否堪为法器，粗心大意、不择场合，而欲以轻率的心态宣讲空性。

但是，大家也不要因噎废食，一看到这个戒条就再也不敢宣讲空性了。宗喀巴大师也说过，如果观察了，并认为对方能接受空性，或根据某种证据认为对方不会排斥空性，然后讲了空性，结果事与愿违，对方并不是像自己想象的那样，不但排斥空性，甚至从大乘道中退出，在这种情况下，传讲人是不会犯戒的。因为没有神通，所以无法全面掌握所有人的心态，佛也不会强人所难，要求凡夫必须要有他心通，否则就不能传法。只要自己慎重地观察了，就不会犯戒。

犯戒者宣讲的内容，主要是指《中论》《入中论》等大乘论典所讲的大空性、法无我，所有物质与非物质都是空性，远离一切戏论。

以前阿底峡尊者在西藏传法的时候，印度的两位戒律清净无染、言行如理如法的小乘修行人特意前来听法。当尊者给两位讲人无我时，他们听了欣喜若狂、连连称诺；然而，当尊者给他们讲《心经》里面的大乘空性的时候，这两个人连忙用手塞住耳朵，诚惶诚恐地恳求道："尊者请不要讲这样的法了！"阿底峡尊者对此感慨道："仅仅持守清净的戒律，是不能达到什么境界的啊！"

有些人表面看来非常令人生信，言谈举止彬彬有礼，一颦一笑中规中矩，但就是在见解上不能接受高层次的法。所以，在不观察的情况下随意宣讲大空性，就很容易犯戒。

（3）行为

自己亲自宣讲空性。

（4）结果

发了菩提心的对方，在听到空性以后产生极大的恐惧，继而退失。宣讲空性的人就会犯戒。

8. 让人从大乘佛法中退转

（1）对境

发了菩提心，至少是发了愿菩提心的人。

（2）心态

想让对方从大乘道中退出，想使对方心中的菩提心、菩萨戒都失效，怀着这样一个非常坏的动机。

（3）行为

通过语言挑拨或采用任何其他手段把对方赶出大乘道。诸如告诉对方说："你这样的人学大乘佛法，学布施、忍辱等六波罗蜜多不会成就，你干脆不要学大乘佛法了，你学小乘佛法会很快断除烦恼而成就。"只要有这样的行为，就会犯戒。

（4）结果

最终界限佛经中讲的不是非常明确，但宗喀巴大师说，应该是对方听了此人的教唆以后，认为自己业障深重，学大乘佛法肯定无望，继而从大乘道中退转，转而学小乘佛法。这样使他退转的人就会犯戒，而且罪过特别大。但如果对方没有听从自己的话，没有从大乘道中退出，则教唆者也没有彻底犯戒。

一般情况下，我们都会鼓励别人修学菩萨道，不可能让进入大乘的人退转，所以这条戒也不容易犯。

9. 令人舍弃别解脱戒

（1）对境

要具备两个条件：第一，对方已经受了不同层次的别解脱戒——在家人的居士五戒、八关斋戒以及出家人的沙弥戒、比丘戒等；第二，对方不但受了戒，而且也在如理如法地持戒。

（2）心态

不是出于其它的考虑，只是想让对方舍去别解脱戒。

（3）行为

对持别解脱戒者说：戒律清净没有用，只要发菩提心，念诵大乘佛经，所有的烦恼都会断除。这样就会犯戒。

在这段话里面有两个问题：首先，说戒律清净没有意义，这是毁谤戒律；第二，也是犯这条戒的根本原因，仅仅念诵大乘佛经，不可能清净所有烦恼。虽然念经有很大功德，也可以减少部分罪业，但要清净所有烦恼，还是需要修行。只发菩提心而不受菩萨戒，不修禅定，没有智慧，也不会清净所有罪业。学大乘佛法与持守清净的别解脱戒没有冲突。如果说话者的目的是想让对方进入大乘，那也没有必要让对方舍去别解脱戒；若这样说只是一种欺骗手段，主要目的就是想让对方舍去别解脱戒，就会犯这条戒。

（4）结果

如果对方听从劝说而舍弃别解脱戒，劝说者就会犯戒。

一般情况下，我们也许会劝学小乘的人发菩提心，修学大乘，但不会让别人舍去戒律，所以这条戒也不是很容易犯。

虽说大乘、小乘都有舍戒的说法，但在什么情况下舍戒是有条件的。小乘规定，当一个出家人在受强力逼迫或某种外力牵制等情况下，如果不舍戒，则不管想什么办法都不能防止破戒的时候，释迦牟尼佛不但允许，而且要求当事人此时应该舍戒。因为舍戒跟犯戒不一样，戒舍了，以后有机会还可以再受。除此之外，如果不是什么万不得已的原因，不允许舍戒。

而大乘佛法，则永远都不允许舍去菩提心，舍去大乘戒律。如果发了菩提心，受了菩萨戒，之后又从内心舍去菩提心与菩萨戒，戒律那时候就会消失，这是不允许的，是非常大的罪过。

大乘佛法从整体的角度不允许舍弃菩提心与菩萨戒，但为了利益众生、弘扬佛法，在必要的情况下也可以舍弃戒律中的个别条款。不但是在家人，出家人也可以为了众生的利益而舍戒。

比如说，如果一个出家人终身守持清净出家戒，对他自己的解脱很有利，但对众生却没有太大的利益，甚至是一种损失。如果这个人在舍去戒律，选择做国王或者大臣之后，绝对有把握带动整个国家的国民学佛，那就有必要舍戒。在这种情况下，假设有人劝他舍戒，去弘法利生，就不会有问题。如果没有这样的必要，只是故意令其舍弃别解脱戒，就会违犯这条戒。

10. 诽谤小乘佛法

（1）对境

包括声闻乘和缘觉乘在内的整个小乘佛法。

（2）心态

没有任何必要和价值，只是为了欺负小乘佛教或是为了自私等目的而诽谤，就会犯戒。

当然，如果有一些必要，比如本来可以学大乘佛法的人，却准备学小乘佛法的时候，在他面前表面上诽谤小乘佛法，目的是为了让他打消他原有的念头，而趋入大乘佛法，这样的心态就不会犯戒。

总之，大乘佛法的所有见解、修法、言行举止，都建立在利益众生的基础上，在这样的情况下，说什么样的话，做什么样的事，都不会犯戒。若以自私心为基础，再加上贪心、嗔心等烦恼而做出的事，就很可能会犯戒。所有的罪业，所有的犯戒，都是在自私心的基础上做出来的。所有以利他心而做的事、说的话，就不会有罪过，也不会犯戒，这是大乘佛法的重要原则。只要不违背这个原则，其它的都没有太大问题。

（3）行为

假使给对方说，你再精进努力地修学小乘佛法，也永远不可能断除烦恼得到解脱。这样就会犯戒。

犯戒的条件，应该是郑重其事地说出来的，不是开玩笑。如果只是开开玩笑，有口无心地随便说一说，还不会犯戒。

其实，无论好事坏事都是这样，如果只有一个形式，不是真正发自内心，就不会形成真实的善业或恶业。比如，我经常说要发不造作的菩提心。什么是不造作的菩提心呢？就是真心诚意发的菩提心，若是很勉强，被动、口是心非，那就是造作的，就不算真正的菩提心。

在传菩萨戒的时候，传戒的人也会询问受戒者：你们是不是为了自己的名利而受戒？

如果受戒的时候，抱着让大家觉得自己是菩萨，很了不起，或圈子里的人都受了菩萨戒，自己不受面子上过不去的心态，就不会得到菩萨戒。

不过，佛经里面也讲过，就算不是一心一意地发菩提心，而只是为了欺骗别人做个样子给别人看，这样发菩提心还是有功德。我们至少还不是在欺骗谁，只是目前菩提心还没有达到最好的标准，但我们一直在往这个方向努力。

（4）结果

对方听懂讲话者所讲的内容并持这个观点，讲话者就会彻底犯戒。本条戒与第二条戒的不同之处是：第二条戒是诽谤小乘的教法，本条戒是诽谤小乘的证法。

11. 赞扬自己、贬低他人

这条戒与中等根机的第一条是一样的，已经详细地讲过了，故不予赘述。

12. 妄说上人法

这条戒与小乘居士五戒里的妄语戒基本上是一样的，只是此处专指证悟空性方面的妄语，不包含妄语戒所包含的四禅八定、五眼六通等方面的妄语。

比如说在传法的时候，首先就讲空性，然后紧接着说，这个空性我已经证悟了，你们修的话也可以证悟；或者从侧面说，你们修我讲的空性修法一定会证悟，证悟以后就会跟我一样等。通过各种语言表明或暗示自己已经证悟了，而实际上根本没有证悟空性，完全是在撒谎，就会犯此戒。

（1）对境

所说的对象：同类的人；精神正常；能知言达意。

所讲的内容：自己已证悟空性。

（2）心态

在没有其它必要的前提下，以妒嫉心之外的其它烦恼心为基础来欺骗对方。如果是以妒嫉心赞扬自己，则不是违犯此戒，而是违犯第十一条戒。

如果真的证悟了空性，为了使其他人有信心，而在大众面前说自己证悟了空性，这是允许的，也不属于妄语。因为其中没有自私的成分，而是为了众生的利益。违犯此戒的条件：一是自己没有证悟；再者不是为了众生，而是以自私的目的说妄语故意欺骗对方。

（3）行为

以前面所述的心态说自己证悟空性的妄语。

（4）结果

与对方是否产生邪见没有关系，只要对方听见，就会犯戒。

13. 取三宝财产

这与国王五条定罪里的盗抢三宝财产有所不同，此处所指的不是去偷去抢，而是以其他方式占有三宝财产。

比如，国王手下受了菩萨戒的大臣或官吏，在国王和另一个出家人或修行人之间两舌，使其产生矛盾，致使国王处罚修行人，修行人不得已，只有盗取三宝财产用以贿赂从中挑拨、两舌的大臣或官吏，大臣或官吏如果受了贿，就会犯戒。如果大臣分一部分财产给国王，国王也受了菩萨戒的话，则国王也会犯戒。本来国王和大臣无缘无故接受三宝的财产就不如法，在这种情况下受贿就更不合理，所以会犯戒。

（1）对境

是自己和他人。他人是指一个修行人，自己是指国王手下的大臣或官吏等人。还有，这个修行人拿来给自己的贿赂一定要是三宝的财产或从三位以下的僧人的财产中偷取的。这些都是对境。

（2）心态

为了伤害修行人或是有意受贿，而有故意制造矛盾的动机。

（3）行为

通过两舌等方式而占有三宝财产。

（4）结果

当受贿的钱财到手，并认为这些东西从此属于自己，就会犯戒。处罚修行人属于犯第三条戒，取三宝的财产属于犯第一条戒，但这条戒与上述的两条不重复，因为前两者是不与取，这条戒是受贿。

14. 初学者的最后一条戒，包含了两种犯戒行为

第一种，是给僧众制定一些有害的纪律。本来佛陀已给僧众制定了很多戒律，但如果是出于必要，为了方便内部管理，除了佛的戒律以外僧众可以自行制定一些纪律。不过，制定的纪律一定要能减少烦恼，对闻思修行起促进和帮助作用。如果管理僧众的人，制定一些对闻思修行有害的纪律，就会犯戒。

（1）对境

是修行的比丘。

（2）心态

就是为了损害修行比丘。

（3）行为

制定一些对闻思修行有害、增长烦恼的纪律。使其不能闻思修行，继而产生烦恼，就会犯戒。

（4）结果

有害的纪律制定完毕。

第二种，故意将三位及以下的凡夫比丘修行者的财产转送给闻思者。

在很多佛教的寺庙中，闻思者与修行者的团队是分开的。修行人往往住在比较安静的地方，而闻思者则是很多人聚在一起。如果某些领导或寺院负责人为了伤害修行人，故而剥夺他们的收入，转发给闻思者，导致修行人因为没有生活费，就没有办法修行，而不得不离开禅定，这样就会犯戒。

（1）对境

第一，受害的修行人不能是圣者，若是圣者，就会成为僧众。第二，受害的修行人一定是三人及以下，如果是四人及以上，就是僧众。那样就变成违犯国王定罪的第一条戒了。再者，被剥夺的应该是修行人的合理收入。

（2）心态

对修行人生起嗔恨心，为了损害修行人，不愿意给他们应有的收入。其目的，就是抱着让修行人舍去禅定的不良心态。

（3）行为

把修行人的生活费或用品转给闻思的人，即使自己没有占用，也会犯戒。

（4）结果

把修行人的财物送给闻思者以后，就会犯戒。

居士一般没有管理僧众与修行人钱财的权力，故与这些事情很难有瓜葛，只有领导和寺院的管家等，才会犯这条戒。

如果详细观察，这些戒都很不容易违犯。作为正常的佛教徒，我们没有必要因为害怕无法持戒而放弃受菩萨戒的机会，那样是得不偿失的。

三、犯戒的界限

（一）烦恼的轻重

所有菩萨戒与密乘戒的毁犯，都要看烦恼严重不严重。如果不是很严重，还不算是真正的犯根本戒，而只是犯了一个支分戒。在烦恼十分粗大的时候做出违背戒条的事情，就会犯根本戒。

说具体一点儿，犯戒的心态有大、中、小三种烦恼：以大烦恼心做犯戒的事情，就会破戒；中烦恼和小烦恼不够破戒的心态，故而不会破戒。

什么是大烦恼呢？

第一，不间断。

以赞扬自己为例。所谓“不间断”，不是指在一两个小时或两三天当中不断地赞扬自己，而是从赞扬自己开始，直至最终犯戒为止，始终没有悔改心与惭愧心，还准备在需要的时候继续这样，这就叫做“不间断”。

在赞扬自己的话说完以后，具不具备严重烦恼都无关紧要，与是否犯戒已经没有关系了。如果在赞扬自己的时候，从头至尾都具备了大烦恼的四个条件，哪怕刚说完就生起惭愧心和后悔心，也已经犯了根本戒；如果在赞扬自己的过程中，说着说着忽然想到，这样会犯菩萨戒，然后立即停下来，决心再不这样，则即使其他条件都具备，也不会破根本戒。若没有这样的决心，则即使以后没有继续赞扬自己，但实际上也属于不间断。其它戒条的毁犯界限也依此类推。

第二，无惭无愧。

在佛教里面，“惭愧”二字是要分开理解的。以自己的某种承诺或戒律为因而感到羞耻，就叫做“惭”。比如说，大乘行人在做利己之事的时候，能意识到自己是受了菩萨戒的人，这样做非常不符合自己的身份和承诺，很不应该，就是“惭”。

若是担心他人的讥笑或嘲讽而感到羞愧，就叫做“愧”。

没有惭愧是所有罪恶的来源。无惭无愧的人不但会犯戒，甚至会做出五无间罪等罪业。所以，无论持戒还是忏悔，最关键的都是“惭愧”。在金刚萨埵修法的四对治力当中，最重要的也是惭愧心。

从世间道德的角度来说，惭愧心也很重要。有惭愧心的人，不需要法律的约束，自然会很自觉，绝不会做违背道德的事情，即使因一念之差而做了，也会中途停下来。

第三，犯戒过程中，不但没有惭愧心，而且洋洋得意、自以为是，就会犯戒。

第四，把犯戒行为当作功德、优点，看做应当应分、理所当然的事情。

第四个条件不仅认为是应该的，而且有心满意足的感觉，所以更为可怕。

对于所有的显密乘根本戒，要具备这四个条件才会真正破戒。

所以，虽然大乘戒律的戒条比较多，但都需要具备共同的对境等四个条件，和上述不共的四个条件，才会犯根本戒，只要稍微注意一点，守持起来也不难。如果大烦恼的四个条件中有部分不具足，就称为中等或下等的烦恼。

（二）忏悔的早晚

昼夜分六时，昼三时和夜三时。昼三时是晨朝、日中、日没；夜三时是初夜、中夜、后夜。过去的一时，等于现代的四个小时，六时即二十四小时。犯戒后不超过一时（即四小时）之内生起后悔心并励力忏悔，就不会破戒，更不用重新受戒。如果超过四小时，戒体就被毁掉了，想恢复戒体，就要先忏悔再重新受戒。

四、忏悔的方式

密宗最殊胜的忏悔方式是金刚萨埵修法，通过金刚萨埵修法来忏悔，就一定能忏悔清净。

显宗的忏罪方式，是具备四个对治力念诵《三十五佛忏悔文》。按照菩萨戒的要求，是每天昼夜六时分六次念诵。不过，若将晚上分成三等分，则半夜三更就要从床上爬起来念经，这对大多数人而言是不现实的，但最低的要求也要每天观察几次，看自己有没有犯戒。如果犯了戒，就要及时忏悔。

据藏文版《三十五佛忏悔文》的一些注解，三十五佛是忏悔方面最有威力与加持的主尊。三十五佛中的每一尊佛，经书里面都有记载。念诵其中一尊佛的名号，可以清净百万劫、几千万劫甚至几亿个大劫所造的一切罪业，这是佛说的，是有根有据的。因此，我们不要畏首畏尾、顾虑重重，认为戒律不好守就自暴自弃，干脆不受了。

如果什么戒都不守，就没有解脱的希望。作为大乘菩萨（修行人），就应该受菩萨戒。受戒以后虽然有一定的风险，但只要谨慎一点，就很难犯戒；即使犯了戒，也不是全完了，还是有办法忏悔弥补的。

释迦牟尼佛最赞叹两种人：一种是受戒以后随时随地都小心翼翼地护持戒律，使其清净无染的人；再一种是犯戒以后懂得即时忏悔的人。释迦牟尼佛知道，凡夫很难做到根本不犯戒，但犯戒以后能有惭有愧、励力忏悔、改邪归正，佛陀也称其为清净戒律者。

大乘佛法在见解、修法、行为、戒律方面，都有很多宽容的余地，如果戒律真的森严恐怖到无法纠正忏悔的地步，释迦牟尼佛也不会推荐给我们。

五、重新受戒

从小乘的角度来说，如果出家人犯了出家戒，就不能恢复，不像居士戒还可以重受。如果出家人彻底犯了根本戒，此生都不可能得阿罗汉果，因为小乘行人的目的，是为了个人解脱，是为了自己获得阿罗汉的果位。

但大乘佛法就不一样，因为它的目的不是阿罗汉的果位，而是度化一切众生。度化众生也不是一世两世的事情，是生生世世一个长远的计划。所以在大乘佛法中如果不小心犯了这些菩萨的所有的戒，忏悔了以后允许再受，大乘别解脱戒也不例外。

我们不能走两个极端：一个是认为，即使没有菩提心和出离心，只要发心守持居士戒或菩萨戒的戒条，就是在受持居士戒或菩萨戒；另一个是觉得，既然没有出离心和菩提心，受戒也不会得戒，我就干脆不受戒，因为受了也没有任何意义。即使没有得戒，守持这些戒条，也是有善根的，所以还是应该尽力守持。

别解脱戒、菩萨戒与密乘戒的层次不同，越是上层的戒，持守的功德越是有所增加，违犯的罪业也会越严重。菩萨戒比别解脱戒高一层，功德也就高一筹，相应的犯戒罪过也更严重，所以一定要小心。

守持密乘戒的难度就更大了，因为密宗有很多特殊的观点，比如“万法是佛的坛城”“轮回是涅槃”“烦恼即菩提”等，除了上等根基或是具有超凡智慧的人以外，很多初学者不易理解，所以很容易犯戒！破坏大乘戒律的头号大敌，是自私心；破坏密乘戒的罪魁祸首，是缺乏清净见。

六、当前普遍存在的问题

很多人念过受菩萨戒的仪轨，但真正得到菩萨戒的人不一定很多。

密乘戒也是这样。密乘戒的受戒方式是灌顶，很多人也灌过顶，但真正得到灌顶、得到密乘戒的人也不多。以前西藏佛法兴盛的时候，大家都非常重视、珍惜密乘的灌顶和修法。那时传密法很严谨，对传法者和听法者都有严格的要求。一旦灌顶受戒，绝大多数人会真正得戒。现在双方都很随便，某些人连灌顶的仪式和过程都一问三不知还要给别人灌顶，而接受灌顶者也是糊里糊涂，这样灌顶，受灌顶者就不可能得到灌顶和密乘戒。

比如说，如果把居士五戒的要求给读者讲得清清楚楚，然后要求读者受五戒，恐怕除了一些老年人，大多数人不敢答应。但如果谁要灌顶，恐怕没有几个人会考虑自己该不该灌这个顶，自己能不能守住密乘戒。越是上层的灌顶就越随意，像居士戒之类的基础戒律，我们反倒是小心翼翼，不敢越雷池一步，这些都是颠倒的做法。

七、衔接今生来世菩提心的桥梁

（一）今生来世

以前很多神经科学家认为，大脑的某些部位出问题以后，精神就会出现大大小小的问题，所以就将大脑与精神划等号，认为精神是大脑的产物。但越来越多的事实证明，实际情况并非如此，事到如今，包括获得诺贝尔奖的神经科学家 都不承认这种说法，而持有与佛教一致的观点：人的精神不是从肉体产生的，所以也不是大脑的产物，但肉体与精神还是有着一定的关系。

密宗特别强调这一点。密宗认为，人有四个脉轮，分别位于肚脐、胸口、喉咙和头顶。头顶的脉轮又有五百个细微脉轮分支，甚至还可以继续细分。每一个脉轮都有不同的作用，它们是思维的工具。如果把精神比喻成一个人，大脑和大脑里的脉就像是计算机或其他工具。人依靠工具完成工作，精神通过大脑完成工作。

在众生死亡并转世投胎到另一个身体之后，整个身体包括大脑都发生了很大的变化。因为精神与大脑有一定的关系，肉体反反复复地更换，有可能会让精神上的一些东西逐渐消失，菩提心也不例外。即使今生有了初步的菩提心，但换一个身体后，就可能会消失。

（二）延续菩提心的窍诀

我们不但要考虑今生怎样培养菩提心，还要考虑来世怎样保留和继续培养菩提心。具体的方法，是取舍“黑白八法”。黑白八法即《宝积经》里说的四黑法和四白法，一共八种念头。若行持四白法舍弃四黑法，我们的菩提心不但今生不会中断，甚至来世也可以继续。

第一，“四黑法”的第一个，是欺骗应供。

---

[1] 此处指两位科学家：一位是查尔斯·斯科特·谢灵顿（Charles Scott Sherrington），英国科学家，他和埃德加·阿德里安一起由于“关于神回经功能方面的发现”而获得1932年诺贝尔生理学或医学奖；另一位是约翰·卡鲁·埃克尔斯爵士（Sir John Carew Eccles），澳大利亚神经生理学家，1963年因在突触研究方面取得进展而获得诺贝尔生理学或医学奖。

应该供养和尊敬的对象，叫做“应供”。这里指自己的根本上师，传戒的戒和尚，以及其他的大乘善知识等。故意欺骗他们，是让我们失去菩提心的因素，所以一定要小心。

第二，令别人对不应该后悔的事生后悔心。

当然，如果是令造罪的人对罪过产生追悔之心，让对方改过迁善，则不属于“黑法”。此处所指的，是让别人对自己的善行或修行产生后悔心。比如，为了坑害对方而对他说“你受戒的方法没有对”或“给你传戒的上师不对”等，从而让对方悔恨不已：我以为得了戒，结果却没有，我不应该受戒，等等。这就是“四黑法”之二。

但平时聊天的时候，无意中使对方对自己以前的修法、受戒等产生后悔心，还不在此之列，因为是无意而不是故意的。即使是故意，也要看发心。假如对方依止了一个所谓的上师，但这个人并不是具相善知识，如果他继续跟着这个人，可能不但不能解脱，还会造很多恶业，甚至有堕地狱的危险。在那种情况下，给对方讲讲他上师的过失，让他产生一些后悔心，也没有问题，因为动机是纯善的。

第三，毁谤圣者。

这里的圣者，是指准确进入大乘道，并具有菩萨戒的人。

如果在毁谤时，具备中等根机的第一条戒（贬低他人）中所讲的所有条件，则不但属于四黑法，而且会犯根本戒；倘若不具备那些条件，则毁谤圣者就是四黑法之一。

第四，以狡诈手段欺骗众生。

佛经中讲到，无论采用任何手段，包括做生意短斤少两、欺买欺卖等，只要是因为自私的原因而欺骗众生，都属于黑法。

发菩提心的大乘菩萨，理应诚心诚意、公正无私地对待任何生命，这是菩萨的原则。为了自己而欺骗众生，就违背了大乘修行人的原则。即使没有破根本戒，也在阿赖耶识里播下了不好的种子，若没有忏悔清净，以后就会逐渐成熟，同时，在自私大行其道的内心，利益众生的菩提心也就没有空间了。

“四白法”的第一个，是不故意说任何妄语。

这里不是指居士戒里的妄语，而是指大大小小的所有妄语。但如果说妄语是为了利益众生，则不会犯戒。

现在有些人已经撒谎成性了，在根本没有必要的时候也会撒谎。大家一定要注意，不要把撒谎不当一回事，即使在无意当中说了妄语也要忏悔清净。

第二，对所有菩萨都要有等同佛陀一样的导师的概念，并赞扬其功德。

引导我们的上师叫做导师，所有菩萨都是度化众生的导师，我们应该对所有真正的菩萨心存导师之想。

作为凡夫，很难单凭外表来衡量、判断谁是不是菩萨。外表做得非常好，内心不一定有菩提心；外表非常糟糕，也有可能是成就者，是菩萨。所以，在没有必要的情况下，我们不能毁谤任何人，而应尽量以清净心看待所有人。我们不能仅凭表面的行为，就随意蔑视、诋毁对方，这样有可能会犯诋毁菩萨的恶业。

第三，不以狡诈之心欺骗众生，对任何一个生命都以诚相待。

第四，说服自己的所化众生、信徒或学生修学大乘佛法。

佛教不会采取强制性的手段来传播弘扬自己，但每个佛教徒理应各司其职，根据自己的力量影响周围人。以服务的心态去帮助、感化对方，尽量使更多的人能沐浴到佛法的解脱甘霖。佛教的宗旨，就是以自己的智慧和慈悲服务于所有生命。

大乘佛法的中心思想就是度众生。所谓度众生，不是仅仅让他们吃饱穿暖就可以了，而是要让每个生命都明白生死轮回的痛苦以及解脱的道理。

如果平时说得天花乱坠，要为度化众生而发誓成佛，打坐的时候也发心要度化一切众生，但落实到实际行动上却没有任何动静，这样学大乘佛法就毫无意义了。

八、生命的终极意义

从长远的角度来说，金钱、名声、地位可以没有，但菩提心、菩萨戒不能没有。因为菩萨戒、菩提心不仅是自己人生的全部保险，而且也是其他所有众生永不过期的保险。平时生活中，我们会买很多保险：养老保险、医疗保险、飞行保险等，但是所有这些都是临时的保险，而并非长远的保险。如何面对岌岌可危的境况？下一世，再下一世自己将奔赴何方？这就要依靠菩提心、菩萨戒了。

如果没有菩提心，这一辈子就没有多大意义，即使银行里有再多的存款，开再高级的车，住再豪华的房子都没有用。因为这些都不是恒常永久的，都是随时会溜走的身外之物。因此，我们最需要的就是菩提心。

不知大家有没有在未来一年或两年当中一定要把菩提心修出来的决心。如果现在还没有什么打算或计划，临终时一定依然如此，不会有什么收获，那就很遗憾了。有这么好的机会不珍惜，不修菩提心，就浪费了大好的人生。因此，今生一定要当一个称职的修行人，无论出家还是在家，都必须修菩提心和出离心。

总有一天我们也会面临死亡，只是时间的早晚问题。与其那时候去央求其他人来做临终关怀，不如自己提早关怀自己的临终。现在就要有所准备，即使是年轻人，也不能决定自己的生死，所以修行才是头等大事啊！

第五章 饶益有情戒

一、总义

很多学大乘佛法的人会去学《入菩萨行论》。《入菩萨行论》是所有大乘关于菩提心的论典当中，最殊胜、最有价值而且最完整的一部论典。学完以后，基本上关于菩提心的修法、菩萨戒等相关知识都懂得了。在《普贤上师言教》等许多大乘论典当中，也介绍了菩提心的修法。

但如果没有实修菩提心，那么即使把《入菩萨行论》等论典从头到尾全部背下来，菩提心在我们日常生活当中所起的作用还是微乎其微。

菩提心有两种：愿菩提心和行菩提心。还没有真正的行动，只是有一种心愿：为了度化一切众生，我一定要成佛，叫愿菩提心。有了愿菩提心以后，就可以称为菩萨了。

因为每个人慈悲心的力度都不一样，所以愿菩提心也有三种不同的层次。

第一，最殊胜的发心，是牧童似的菩提心。

牧童一般会让牛羊走在前面，自己则跟在牛羊后面。此种发心的人大悲心非常强烈，根本不关心自己成不成佛，一心一意地想让轮回中的一切众生成佛。发誓当所有众生成佛以后，自己才成佛。虽然自己留在后面不成佛，也不一定有缘度化轮回众生，但在强烈的大悲心生起以后，会生起这种殊胜的心愿——众生没有成佛之前，自己不成佛。

当然，这种心愿其实并不会实现。就像释迦牟尼佛当年也发心：只要轮回当中有一个众生存在，我就不成佛，而要竭力去度化未成佛的众生。但释迦牟尼佛却提前成佛了，并利益了更多的众生。因为殊胜大悲心的力度很强，所以会让他快速成佛。这是自然规律，就算他不想成佛也没有办法，因为成佛的因缘已经成熟了。

第二，船夫似的菩提心。

开船的船夫最后会与乘客一起到达彼岸。同样，有些人会发愿：我既不愿意走到众生前面，也不愿意留到众生后面，我要与所有众生一起成佛。

这个愿望也不可能实现，因为轮回当中的众生无边无际，无论怎样去度，永远都有未度的众生存在。佛菩萨每一瞬间都在度化无量众生，仍然无法度完所有众生。尽管如此，我们仍然要迎难而上，发誓度尽无边无际的众生，即使能力有限，也尽力而为，能度多少度多少，总有众生被我们度化，这也证明了菩萨心愿的不可思议、广大无比。

第三，国王似的菩提心。

就像国王是自己先拥有王权之后，再利用手中的权势去帮助、护持民众一样，这种菩萨是发愿自己先成佛，然后再去度化所有众生，这个愿望是可以实现的。

这三种不同的菩提心，都不是发心度一部分众生，也不是发心能度多少就度多少，而是度尽所有众生。这样的决心和勇气来自于大悲心。

无论是在家人、出家人、富人、穷人、有地位的人、没有地位的人，只要具备其中任何一种菩提心，从此就可以称为菩萨。我们不能认为，菩萨是神仙或是念经念得多与受戒纤尘不染的人，其实只要有了上述菩提心的人，就是菩萨。

我们一定要争取即生证悟，实在不能即生证悟，至少也要修成出离心和菩提心，这样就有了非常好的基础。如果当了一辈子的佛教徒，却连出离心与菩提心都没有，那这一生就算是白活了。

菩萨戒与居士戒、出家戒等小乘佛教的别解脱戒不一样。小乘戒受持的时间，是尽形寿——从守戒之日到今生死亡之间，而不是生生世世。一旦死亡，戒体就自动消失。菩萨戒的受持时间则是从受戒之日乃至成佛之间，即使死亡，菩萨戒也不会消失。依靠菩萨戒的引发力，下辈子就有可能会投生到有大乘佛法的地方，并找到具德的大乘善知识。即使没有找到善知识或大乘佛法，菩萨戒也会发挥作用，让具戒者自然而然就具备大悲心与菩提心。

关于这一点，过去也有很多公案。有些学小乘佛教的修行人，虽然他所处的环境是小乘佛教的环境，传法的上师是宣讲小乘佛教的上师，接触的道友也是修持小乘佛教的。但这种人却具有与生俱来的慈悲心与菩提心。如果我们即生好好修持菩提心，以后的生生世世也一定会越来越好。

过去的上师们说过：我们虽然在这一生当中没有修出真实无伪的标准菩提心，只有造作的相似菩提心。即便如此，我们下一世也能度化像整个世界的人这么多的众生，这就是菩提心的力量。

菩提心对我们来说太重要了，所以藏地有些大乘上师会在一生当中宣讲几百次《入行论》。可以说，在某种程度上，菩提心是万能的。从消除罪障的角度来说，在菩提心生起的一瞬间，我们从无始以来所造的五无间罪等罄竹难书的罪业，都有可能被连根拔除。就算没有彻底消灭罪业，也不会让我们堕地狱太久，蒙受不可堪忍的痛苦；从积累资粮的角度来说，只要菩提心一生起，就能积攒无量的资粮。正如《入中论》所说："声闻中佛能王生，诸佛复从菩萨生，大悲心与无二慧，菩提心是佛子因。"如果没有菩提心，世上不会有任何一尊佛。只有发了菩提心，才能最终成佛。即使是八地菩萨，如果没有菩提心，就会永远安住于禅定状态而出不来，这样也就不能成佛。因为八地菩萨断除了所有的我执，他的禅定境界非常寂静，没有任何障碍的，一旦他进入禅定状态，如果没有菩提心，八地菩萨的修行就会从此间断，再不能往上发展。即便是成佛以后，假使佛没有菩提心，则佛陀度化众生的事业也会间断。就像阿罗汉一样，证悟了空性，断除了贪、嗔、痴、我慢，却不会度众生，所以菩提心与菩萨戒非常重要。

戒律要保持清净，也只能依靠菩提心。阿底峡尊者的一位弟子曾问阿底峡尊者：该怎样清净戒律？阿底峡回答说：有菩提心就能清净戒律。我们都是修学大乘佛法的人，修学大乘佛法一定要修学菩提心；真正修起了菩提心以后，就应该受菩萨戒，并且不能犯菩萨戒。

菩萨戒有三种：摄律仪戒、摄善法戒、饶益有情戒。

摄律仪戒中，包含了居士五戒，出家人的沙弥（尼）戒、比丘（尼）戒，以及按照龙树菩萨仪轨所讲的十八条或二十条根本戒，或无著菩萨所讲的四条根本戒（详见《慧灯之光（叁）》之“如何自受菩萨戒”）。大乘佛教、小乘佛教与世间法，以发心来判断。有菩提心的人去受别解脱戒，则别解脱戒也会成为菩萨戒。如果没有菩提心，只有出离心，则其受的别解脱戒就是小乘的戒；如果连出离心都没有，只是为了享受人天福报而去受戒，则只能称为人天佛法。

二、正义

此处要介绍的，是饶益有情戒，即利益众生的戒。

饶益有情戒有十一条，发了菩提心的人如果有能力去做这十一条，却故意不去做，就会犯戒，只是罪过并没有违反十八条或二十条根本戒那么严重，但也会犯一个细微的戒。

（一）帮助众生

有两种需要帮助的对象：

第一，需要被帮助做事情的。凡是比较有意义的事情，菩萨就应该去帮助。有意义与没有意义的界限是：间接或直接对众生有利，就叫做有意义；间接或直接对众生有害，或者是对众生没有利益，就叫做无利、没有意义。

第二，需要被帮助救苦的。帮助病人、残疾人、精神病患者等，比如看到众生生病了，就去买药给对方吃，或带对方去看病，去医院当义工照顾病人；看到动物生病了，如果有能力，就把动物送到兽医院治病等。

虽然一个普通人做不出什么惊天动地的事情，但若能以伟大的菩提心作为基础，点点滴滴地做一些事情，也能成为大乘利众之沧海一粟。

但是，帮助众生不能以闻思修作为代价。如果放弃闻思修，去帮助众生做一些不是很重要的事情。虽然表面上看来是在帮助众生，是在做一件好事，但是实际上却放弃了更重要的利生之事，从长远来看，这是得不偿失，对众生没有太大帮助。其实，真正发了菩提心的人的闻思修，就是在利益众生。

但是，除了闻思修行的时间以外，如果还有时间去帮助他众，却因为懒惰而不去帮助他人，就会犯戒。

人类从有史以来到现在，其他任何一种文化与思想体系当中，都没产生和出现过菩提心这样的思想。在大乘佛法里，行为的伟大与否，好坏之别，是以利益众生为判断标准，对众生越有利，就越伟大。

（二）教化众生

教化众生，即教给众生各种方法。具体有两种：第一，是教授出世间的方法。比如闻思的方法、修出离心和菩提心的方法、修禅定和证悟空性的方法等。第二，是教授世间的生活和工作方面的方法。比如说，假如有人在做一些对众生没有什么伤害的生意时，经常出问题，被搞得焦头烂额、狼狈不堪，如果我们很清楚他的问题出在哪里，也有能力帮助他，就要给他出主意，并设法帮助他。如果把别人的困难不当一回事，不愿施以援手，就会犯戒。因为这种行为已经与我们当初发的菩提心有一点冲突了。

（三）报恩

世间人也会说：滴水之恩，当涌泉相报。凡是对自己有恩的众生，都应该报恩。报恩有两种：一种是对不求回报的对境报恩；一种是对希望得到回报的对象报恩。在菩提心基础上的报恩，与世俗伦理道德中讲的报恩有所不同：世间的报恩，多数是带有礼尚往来，我敬你一尺、你回我一丈的想法，或认为某人对自己好是理所当然的，因此不需要自己报恩等想法；菩提心所摄持的报恩，是不求回报的，而且无论对方是否要求回报，都一视同仁、知恩报恩。

本来众生都曾经是自己的母亲，对自己恩重如山，因此我们理应对一切众生发菩提心。哪怕众生的微小恩德，也要尽力报答。若能养成这样的习惯，对我们菩提心的成长会很有帮助。

（四）救灾

灾难包括自然的灾害和人为的灾难。在发生地震、水灾、干旱等各种灾害时，大乘佛教徒应该带头去救灾。作为佛教徒，在大灾大难来临的时候，做一些力所能及的事情是情理所在。能去灾区直接救援就决不推辞，即使不能去现场，也可以通过捐款等各种方式来帮助受灾众生。大乘佛法一直都在强调利益众生，如果仅说不做，那就是虚伪。

俗话说：磨刀不误砍柴工。佛教徒也应该重视自己的修行，具有一定能力的时候，再去度化众生、帮助众生，则利益众生的力度更大、效果更好，也是很有效的途径。

打一个比方，假如东门着火了，井水在西门，自己又在城中心。若要救火，就必须先赶往西门去打水。如果慌不择路，两手空空地去往东门，虽然似乎是在赶往火灾现场救急，但实际上根本起不到作用。而看似南辕北辙地前往西门，才真正是明智之举。

帮助众生也必须具备一定的能力、条件与工具。

（五）消除精神痛苦

精神痛苦指因失去亲人、失去财产、失恋、失业等引起的焦虑、抑郁等各种精神疾病，现代人非常需要这方面的帮助。在这个问题上，佛教将来能起到很大的作用。大乘佛教徒在遇到精神病患者的时候，应该去帮助他们。在大乘佛法里，也有很多真正能解决心理疾苦的方法，能有效地帮助对方缓解各种精神上的痛苦。因此，佛教徒，尤其是学大乘佛法的人，应该带头去消弭众生的心理重负。

（六）扶贫

根据自己的经济条件，尽量去帮助那些穷困潦倒、一贫如洗的人。这也是六波罗蜜多当中的布施度。金钱的价值是解决贫穷的痛苦。而舍不得用、舍不得给的金钱等于不存在。有机会帮助穷人是很荣幸的，得到帮助的人也会很高兴的。菩萨需要的就是让众生高兴，这就够了。

（七）给予依处

如果有人想依止自己，来求学或寻求帮助，而且是诚心的，就应该允许对方依靠、依止，但不能有任何自私心。依止以后，一定要给他创造学习和修行的条件，也要想方设法为对方解决生活问题。如果不能做到，则不让对方依止也可以。

（八）随顺众生

如果有人为了表示好感，而诚心诚意地送给自己一点吃的、喝的等小心意，或因为喜欢和自己在一起，而邀约自己聊天、吃饭等，在没有什么不便或不会对对方不利的情况下，就应该随顺对方，接受对方的好意，经常与对方保持来往，吃吃饭、聊聊天。并通过这种方法让对方行菩萨道、走解脱路。

大乘佛教徒在随顺众生的过程中，若发现因自己的言行举止而给对方造成痛苦或不开心的时候，应如此观察：以此痛苦或不开心能否令此人改邪归正或断恶行善，如果不能，就应随顺众生，而不能使其痛苦；若能令其改邪归正或断恶行善，就不能随顺众生，因为这样才能最终利益对方。如果发现，自己随顺众生的行为，虽然能让对方暂时幸福开心，但最终却于其有害的话，也不能随顺。以此类推，就能知道随顺与不随顺的尺度。

现在很多学佛的人就不懂得随顺，因为自己吃素，就要求全家都必须吃素，所以经常在家里闹出矛盾，搞得全家都不愉快。其实，我们也可以随顺家人，吃三净肉或肉边菜，然后逐渐地引导对方取舍因果。但不能为了随顺家人，就去杀鸡、杀鱼、吃海鲜，这是原则性的问题，因此不能让步。从大乘佛法的角度来讲，诸如性质恶劣的杀、盗、淫、妄、酒等行为，会对众生构成极大伤害，因此不能毫无原则地随顺。除了这类事情以外，还是尽力随缘。在没有必要的情况下，不随顺众生是不对的。

佛教要与时俱进，佛教徒也应该融入社会，把修行与工作，学佛与家庭的关系协调好，不要搞得冲突四起，这样佛教才能有发展空间。我们不能因为学佛就与社会格格不入，这样就没人敢学佛了。虽然从菩提心当中产生的一些行为会显得与众不同，但在没有必要的时候，我们的外表应该跟大家一样。佛教修行与生活不矛盾，但也要注意协调关系，融入生活。

（九）赞叹入正道者的功德

看到别人有信心、布施、戒定慧和闻思修等功德的时候，要赞叹和鼓励，以令对方高兴、精进。当然，如果赞叹会导致对方产生傲慢等不良情绪，就可以不赞叹。

凡夫的性格或习气就是喜欢讲自己的功德，而不喜欢讲别人的功德。即使明明看到了，也避而不谈。佛教，尤其是大乘佛教提倡要学会赞叹、宣扬别人的功德，隐藏、淡化自己的功德。

（十）挽救入邪道者

在众生造恶业的时候，应该想办法挽救对方，令对方转变。在保证自己没有自私和嗔恨心的情况下，可以以慈悲心根据犯罪的轻重适当地予以批评或惩罚，但前提是为了对方好，哪怕仅有一点自私，所谓的批评与惩罚就会成为罪业，所以是不允许的。

如果见到别人造恶，却不愿得罪人，充当好好先生，让对方继续干坏事，就是放弃众生，如果这样，就会犯戒。

（十一）用神通度化众生

一般情况下，佛陀不允许宣讲、示现神通，但在必要的情况下，可以用神通度众生。假如对方看到自己示现神通之后，会对自己言听计从，继而断恶从善，此时若除了利益众生之外没有其它理由，就应该示现神通去度化对方。假使有神通而不示现，就会犯戒。当然，如果没有神通，则不示现也不会犯戒。

《百业经》当中，有很多这样的故事：有些很野蛮的国王、军官，在杀害一些阿罗汉的时候，无论怎样劝告都拒不听从、一意孤行，阿罗汉一示现神通，他们当即跪下来磕头求饶、悉心忏悔，并从此成为虔诚的佛教徒。这就是示现神通的好处。

以上十一条戒，为饶益有情戒。除了其中最后一条以外，其他十条我们普通人也都可以做到。发了菩提心以后，利益众生就是我们的工作，不需要媒体的宣传、他人的夸赞、将来的回报，它就像吃饭一样是一件稀松平常的事。有菩提心作为基础，我们做的任何利益众生的事情，才能真正利益到众生。我们的人生才真正是伟大、光荣、有意义的。

第六章　如何自受菩萨戒

在没有传戒上师的情况下，自己如何受菩萨戒呢？下面就来谈谈这个问题。

一、受菩萨戒的必经次第

目前在内地有“三坛大戒”之说，其中就包括了菩萨戒的传授。同样，在藏地也有受菩萨戒的仪轨，我们每天在讲课或放生时念诵的受菩萨戒仪轨就是其一。

但只念仪轨是否就可以得到菩萨戒呢？这是相当困难的！因为在受菩萨戒以前，必须先修菩提心，也就是在加行修法中讲过的菩提心修法。在没有菩提心的基础上念诵受菩萨戒的仪轨，是不能真正得到菩萨戒的。如同在没有出离心的基础上受居士戒，也不能得到真正的别解脱戒一样——能得到的只是一个戒体，而这个戒体与外道的戒体别无二致，它并不是佛教所特有的别解脱戒。也就是说，必须具备了出离心，才能得到佛教特有的别解脱戒。再说，如果受居士戒时，没有断除杀盗淫妄的决心，只是徒具形式地念了仪轨，则连与外道相同的戒体都无法得到，更遑论得到佛教的别解脱戒了。同理，要得到完整的菩萨戒，就必须要有菩提心。

如果没有得受完整的菩萨戒，是否能接受密乘戒呢？往昔许多藏地的高僧大德对此皆持否定态度。所以，三戒——别解脱戒、菩萨戒、密乘戒中，前前皆是后后的基础，没有前面的基础，就无法得到后面的戒体。菩萨戒对大乘佛教而言，不论显、密，都自有其重要性。但要得到菩萨戒，就要能生起真正的菩提心；要生起菩提心，就必须先修四无量心，不然菩提心也很难生起。

如果已经有了菩提心，为何还要受菩萨戒呢？其原因是：如果不受菩萨戒的话，菩提心就无法变成戒体；如果不是戒体，菩提心就只是一个发心而已，谈不上是大乘的菩萨戒。所以，仅有菩提心是不够的，必须通过仪轨受戒，才能得到真正的菩萨戒。

反之，要是没有菩提心做基础，就算重复念诵受菩萨戒仪轨成千上万遍，也无法得到真正的戒体。在我们佛学院听课时，都要先念受菩萨戒的仪轨。凡是在大乘佛法的仪轨或修法前面，都有或长或短的发菩提心与受菩萨戒的偈子，但如果只是嘴上念，而没有生起菩提心，就得不到戒体。因此，戒体是很有讲究的。

就菩萨戒而言，首先是通过四无量心的修法生起世俗菩提心，再通过受菩萨戒的仪轨得到戒体。受戒时如果有上师在场当然最圆满，即使没有的话，也可以凭自己的观想与发心自受菩萨戒，如此即可得到完整的大乘戒体。但小乘所有的戒律，不论是居士戒或出家戒，都必须由善知识授予，佛像或经书都不足以胜任。

平时我们往往自以为念念仪轨就有了菩萨戒；或是参加一个仪式隆重的受戒法会，如内地的“三坛大戒”，就深信能得到菩萨戒。其实这很难说。因为是否有菩萨戒，与菩提心具备与否有很大关系。如果有菩提心，就要让菩提心变成戒体；要变成戒体，就必须通过释迦牟尼佛和菩萨所制定的特殊仪轨；一旦成了戒体，我们就正式步入了大乘解脱道，这一点是非常重要的。

小乘的别解脱戒也有先后的次序，如果没有出离心在先，而且内心深处也没有断除杀盗淫妄的决心，如此受戒也不可能有什么结果。大乘菩萨戒也是如此。所以，我们必须先进行菩提心修法的锻炼。当无造作的世俗菩提心生起后，再去受菩萨戒，否则，如果在此以前受戒，就不会有任何结果。

虽然我们自以为是具有菩萨戒的大乘修行人，但没有菩提心是绝不会有菩萨戒的。所以，请大家扪心自问，自己是否具备菩提心，在这一点上的次第绝不能错乱。

下面简单谈谈受菩萨戒的方法。华智仁波切所造的受菩萨戒仪轨广为宁玛巴修行人所用，我们平时念的仪轨，就是其中较为关键的一部分。其他的教派，如格鲁巴传承也有受菩萨戒的仪轨，但它们基本上是一样的。

二、预备工作

首先要选择该受几条戒律。就像受居士戒时，要选择受五条戒还是只受其中的两条或三条戒一样，受菩萨戒也有三种选择。上等根机的人可受比较广的二十条；中等根机的人可受四条戒，但因为每一条又可分为两支，所以总共是八条戒；下等根机的人可以只受一条——这条戒是释迦牟尼佛为一位国王特别宣说的，但并不是受这条戒的人都必须是国王，佛陀当时只是考虑到国王公务繁忙、时间有限的情况而制定了这条戒，所以，在时间、能力等不允许的条件下，每个人都可以受持这条戒。这条戒并不涉及行菩提心，只是一个愿菩提心。戒条的要求，就是在内心深处要有一个坚定不移的决心——从现在起为了度化一切众生而誓愿成佛！有了这个决心，就是最简单、最起码的一条戒，再加上发誓纵遇命难也不舍弃度众生的决心，就是愿菩提心的戒体。

发心与戒体该如何区别呢？前者——为了度化众生而誓愿成佛是发心；后者——发誓绝不舍弃度众生的决心是戒体。如果无法受八条或二十条的戒，则只受愿菩提心的戒也可以，但这是最下等的受戒。如果能生起菩提心，则八条戒或二十条戒在意义上并没有太大的不同，有的只是数量上的差别而已。作为一个大乘的修行人，要守持八条或二十条戒应该不是很难，所以，我们最好不要只受一条戒。至于究竟受八条戒还是二十条戒，则可由个人选择。

三、正式受菩萨戒

（一）修七支供

一旦完成了前期的预备工作，并确定好所受的戒条内容，就可以正式受戒了。

此时如能在善知识前受戒是最圆满的，如果实在没有大乘善知识，则通过自己的观想受菩萨戒也是可以的。具体方法是：在自己前面的空中，观想诸佛菩萨及善知识，至于分布方式，则可按照五加行中的皈依境来观想，因为在皈依境中，就包括了十方诸佛菩萨以及金刚上师。在非常清楚地如此观想之后，又该在观想的佛菩萨前做什么呢？首先做七支供，因为，要使自己心中能生起菩提心的话，就需要有因缘，这个因缘就是积累资粮。

以前阿底峡尊者进藏传菩萨戒时，当地的高僧大德每人手中只拿着一条小小的哈达去受戒，阿底峡尊者就说：“你们的供品太微薄了，这样是不可能生起菩提心的！”这句话就说明，如果没有积累资粮，菩提心就无法生起。

如何才能积累资粮呢？是否要发了大财才能积累资粮呢？不是。其实，最好的积累资粮的方法，就是供曼荼罗和七支供。因此，在接受菩萨戒前，先要积累资粮，而此处所讲的，主要是七支供。

在《普贤行愿品》及加行仪轨中，都有不同层次、或广或略的七支供，如果七支供修得好，就可以积累广大资粮，所以先讲讲七支供的修法。

第一支是顶礼，也就是磕头。平时顶礼时有很多不同的对境，但此处是指向诸佛菩萨及善知识顶礼。顶礼的方法以前讲过，现在只简略地说一下：顶礼时先合掌于胸口，以表示对佛菩萨的恭敬；然后合掌放在头顶发旋处，表示向佛菩萨及善知识的身顶礼，同时清净自己以身所造的杀盗等罪业；再合掌于喉间，观想向佛菩萨的语顶礼，同时清净自己以口所造的妄语或恶语等口业；接着合掌于心间，观想向佛菩萨的智慧顶礼，同时清净自己以意所造的罪业；最后五体投地，观想向佛的身、语、意、功德、事业顶礼，以清净自己阿赖耶识中非常细微的业障。

观想自身不只是一个，而是变成无数个，并且不只是自身，而是偕同无边无际的众生，同时以身语意向佛菩萨及善知识顶礼。在磕头的同时，还需口中念诵对佛菩萨及善知识的赞颂词（任何赞颂词均可），并在心中忆念佛菩萨、善知识的功德，如此即是身口意三门一致的顶礼。能这样完整地磕一个头，其功德都是不可思议的。如果没有这些观想，只是形式上作个顶礼，就没有太大的意义。

第二支是供养。平时供佛时，供品的多寡与质量要视个人的能力而定。当然供品越好，就越有功德，就越能积累资粮。如果没有条件，那么供沙石也是可以的。可是如果有能力却不尽力供养，将最好的留给自己，次等的供养佛，这样不仅不能积累资粮，还可能有忽略供养或是有贪着之心的过失。

平时供鲜花、水果就已经很好了，尤其是内地有那么好的鲜花，这在藏地根本不可能有，用这些鲜花供佛是可以积累很大资粮的。以前讲加行时已经提到过五供或八供，现在就无须重复。这是第一种供品。除了实物供品以外，还有心所观想的供品。如果心里能真实地观想，则观想的供品与实际的供品是不分轩轾的，其所能积累的资粮也是一样的。其实，三千大千世界中所有清净、美妙的物品，都可观想为供品。这是第二种供品。平时在路边看到美丽的鲜花、清净的泉水或绚丽的风景，都可以用来供佛，这是第三种供品。虽然这些东西不属于我们，但如果我们能真心诚意地以这些来供佛，也会有同样的功德。无论是自己亲手种的或是别人种的鲜花，只要是以清净心作供养，其积累资粮的效果都是同样的；反之，如果心不清净，则无论如何都不能积累资粮，所以关键在于心。

然而，是不是只要心清净，供品就无所谓了呢？倒也不是。如果心清净，供品也胜妙，这样供养的功德就很大；要是心清净，供品却不是那么好，则功德虽然还是有，但却不如前者。因此，尽管我们修行的关键在于心，可其他事项也不能忽略。譬如在上下班的路上，我们常可看到诸如鲜花等曼妙的物品，如果用来供佛，则每天都可以积累很多资粮，也不用等到发财了。

当然，平时修法只需作简单的供养就足够了，并不需要太多的供品。如果愿意作，供养就是这么简单。

第三支是忏悔罪业。忏悔的方法就是在不离四力的基础上，念诵金刚萨埵心咒等。除此之外，七支供中也有忏悔罪过的仪轨，此处不广讲忏悔，因为加行中讲过非常广的金刚萨埵修法，其他所有忏悔的修法几乎都包括在金刚萨埵的修法中，所以不再多说。

第四支是随喜。什么是随喜？一般居士的概念是拿点钱做功德就是随喜，这样虽然有随喜的意义，但并不是随喜的定义。真正的随喜，是当看到别人行善或闻思修行时，不仅心中没有嫉妒，反而生起欢喜心。也就是说，在见到他人做功德时，就如同是自己做一样地感到欣喜，这才是真正的随喜。

通常凡夫的烦恼较粗重，如果看见别人做得好，心中就不是很痛快。这种情况不仅针对世间法有，即使针对出世间法，也有可能产生这样的念头。譬如看到他人的修行或功德胜过自己时，心中就有不乐意的念头，这就是嫉妒。随喜应该是对他人的功德或善行感到高兴并赞叹，就像是自己做的一样。

随喜的重要性在于它是一个非常善巧的积累资粮的方法。譬如在西藏，有些人会从很远的地方一路磕头到拉萨。如果有一个人这样去做，而另一个人虽然没有这做，但心中却真诚地替那个人高兴，就像是自己磕头到拉萨一样，那这两个人谁的功德较大呢？其实两人都有同等的功德，这是佛说的。显然有人会对此心生怀疑，但在因果关系上，除了佛以外，没有任何人能洞悉其中的奥妙。佛如此说，我们也没有任何根据能指出这是不了义的。

可是，当我们凡夫看到佛三转法轮度化了无数众生，或看到后来的大成就者、大菩萨度化众生，从而生起欢喜心时，我们是否就会得到和佛一样的功德呢？不会的，因为我们是凡夫人。要是随喜就能得到佛所有的功德，那我们随喜之后不就成佛了吗？这显然不合理。但即便如此，我们随喜佛还是能得到相当大的功德。然而，如果是凡夫与凡夫之间互作随喜的话，就肯定能得到相同的功德。因此，平时看到一般人行善时，我们要随喜；而对佛菩萨和大、小乘成就者度化众生的功德，我们也要视其为修随喜的对境：这是积累广大资粮的方法。

第五支是请转法轮。平时遇到善知识时请求转法轮，是真实的请转法轮，这是有很大功德的，但打坐时修请转法轮，却是凭观想来做的。该如何观想呢？

首先观想自身变成无数个身体，一一到十方诸佛的刹土中，在尚未转法轮的诸佛座前请求传法，就如同释迦牟尼佛成道后七七四十九天中不传法时，梵天和帝释天请转法轮一样，继而观想诸佛也应允了我们的请求。平时打坐的观想就是这样。

虽然打坐时的观想不是真实的请转法轮，但这与打坐修随喜时不可能看到或听到别人在积累资粮，而只能通过观想来随喜是一样的，都可以由此而积累众多的资粮。

第六支是请佛不入涅槃。当释迦牟尼佛即将涅槃时，有一位居士请佛住世，佛就延长住世了三个月。同样，此处要观想自身变成无数个身体，到十方诸佛刹土中，在某些度化众生事业即将结束的佛菩萨座前祈请住世，接着观想佛菩萨也答应了继续住世。

第七支是回向。回向的方法以前讲过好多次，这次就不再讲，没有听过的人可以看书。

以上讲的是七支供。七支供在平时走路、坐车、上下班时，随时随地都可以做，并不一定要回家关上门打坐时才可行，但因为打坐时能将心静下来，所以，那时修七支供，效果会明显不同。以前我也一再地要求过，每个人起码早晚要各用一小时把心静下来认真地修行。当然，一个真正的修行人，如果能在日常生活中不离大乘菩提心、慈悲心、四无量心、七支供等修法，那么打坐时的效果就会截然不同，修行上的进步也会更快。

受菩萨戒仪轨前行中的七支供修完后，还可以供修三十七堆或三身曼荼罗，因为修曼荼罗的功德非常大。除此之外，还有一个程序是：观想我愿意为众生奉献自己的身体及我所拥有的全部财产，并将自己三世所有的善根都回向给众生。但这部分不做也可以，在七支供做完后，就可直接受戒。以上都是受菩萨戒的前期预备工作。

（二）祈祷

正式受菩萨戒时要念诵发心仪轨，首先念诵：“祈请十方一切出有坏正等觉，安住十地之菩萨大菩萨及上师金刚持垂念我！”经书中说，他们都是我发菩提心的证人。说这句话的意思，就是为了禀告诸佛菩萨及上师：我现在要在你们的座前开始发菩提心，请你们做我的证人。

（三）皈依

然后是皈依。在所有的受戒之前，都要先受皈依戒，不然就得不到戒体。皈依时念三遍：“乃至菩提果，皈依诸如来，正法菩萨众，如是亦皈依。”这四句偈颂的意思，就是皈依佛法僧。皈依的修法以前讲过，现在也不再重复。

皈依最关键的要点，就是要在内心深处有一种坚定不移的决心：从今乃至生生世世，不论遇到顺境或逆境，不论身处苦乐尊卑，我都只依止三宝，除了三宝以外，不再有其他的依处。真正的皈依，就是要在心中如此发誓。

（四）正式受菩萨戒

接着就是正式发菩提心的修法，此处的两个偈子“如昔诸善逝，先发菩提心，复此循序住，菩萨诸学处。如是为利生，我发菩提心，复于诸学处，次第勤修学”是最重要的，也要念三遍。

“如昔诸善逝，先发菩提心”这两句是指愿菩提心，意思是说，如同往昔十方诸佛，譬如释迦牟尼佛，在其未成道前是如何发世俗菩提心的。

所谓愿菩提心，就是在心里发愿：我从现在起，要为度化所有众生而誓愿成佛。只是在心中发了这样的誓愿，而并未付诸任何行动，就是愿菩提心。

“复此循序住，菩萨诸学处”这两句是指行菩提心，意思是说，他们是如何按照次第来修学菩萨的行为，修持行菩提心的。行菩提心的意思，是不仅要在心中发愿，更要有实际的行动。

所谓次第，是指什么呢？就是各人根据自己的能力去修学，如受菩萨戒时，自己选择受八条或二十条戒就是次第。下等根机的人不可能受上等根机的戒体，因此，最下等根机的人先受一条戒，等能力足够之时再受八条戒，然后再受二十条戒，如此一步步地往上走，就是循序的意思。并不是要求每个人都要立刻守持所有的戒，而且当下便能行持菩萨所有的行为。而是能做的先做，不能做的等有能力时再说，次第就是这个意思。

归纳以上四句，前两句说的是愿菩提心，后两句说的是行菩提心。这四句的意思就是说：如同往昔诸佛那样发愿，并依次第修学菩萨的行为。

后四句大致的意思就是：三世诸佛如何发愿菩提心和行菩提心，我也以他们为榜样而如是发心。

“如是为利生，我发菩提心”的意思是说：为了利益众生，我也同样地发愿菩提心。譬如，《释迦牟尼佛传记》中描述佛在入门前是如何发心的，我也就如何发心。

“复于诸学处，次第勤修学”的意思是说：我要根据自己的能力，循序渐进地修学菩萨的行为。总而言之，就是从今以后要朝这个方向走，能做的先做，现在不能做的，留待以后再看，如此一步步地学习菩萨的行为。譬如六度也是有顺序的：布施—持戒—忍辱—精进—禅定—智慧。布施应该是每个人都做得到的，即使不能受戒的人，也做得到。如果暂时还不能持戒，就只作布施，不用持戒，等能持戒时再受戒；能持戒的人，不一定能忍辱，所以要等能力足够时，再行忍辱；然后是精进、禅定、智慧，就这样一步步地去做。

受菩萨戒的仪轨有两种：中观派与唯识宗。虽然两派的词句有些不同，但其内容都是一样的。所有中观派的受戒仪轨，包括华智仁波切的广的仪轨在内，其中最根本、最关键的就是这八句，其他仪轨只是在前后的供养与回向等处有所不同而已。我们几乎天天都在念这八句，但念归念，我们心中可发过誓、下过决心吗？如果下了决心，则反复念三遍这个仪轨，就可以得到菩萨戒。

在具备菩提心的基础上，第三遍仪轨念完的同时，就得到了菩萨戒。其实很多戒律都是在念完第三遍仪轨时得到的。但如果没有菩提心，则无论念多少遍仪轨，都得不到菩萨戒。

之后，观想前面的佛菩萨说“此乃方便”。自己则说“善哉！”

（五）自他欢喜，发愿回向

接下来是随喜，分自他两部分。首先要让自己生起欢喜心，仪轨中，“今生吾获福，善得此人身，复生佛家族，今成如来子。尔后我当为，宜乎家族业，慎莫染污此，无垢尊贵种。犹如目盲人，垃圾中获宝，生此菩提心，如是我何幸！”是自生喜的偈子，这些都是《入菩萨行论》中的词，广的意思可参考各种《入菩萨行论》的注释。

接下来的四句，是让其他众生生起欢喜心：“今于一切怙主前，恳请众生为贵宾，宴飨成佛及余乐，愿天非天皆欢喜！”为什么要让其他众生也生起欢喜心呢？其目的是要告诉他们，我为了你们已经发誓成佛，成佛后我会将所有世出世间的利乐布施给你们，因此你们应该生起欢喜心。

如果没有发菩提心，或是发心后又退失了菩提心，就违背了这四句的内容，也就等于欺骗了所有众生，这个罪过是很大的。经书中说，一个出家人如果舍戒或还俗，他顶多是欺骗了五到十个人而已，因为受出家戒时最多有十位比丘在场。可是在受菩萨戒时，不仅观想了三世诸佛菩萨及善知识，还向众生宣布自己已发誓受菩萨戒，受戒后很快就会成佛，成佛后会带给他们所有的利乐。如果后来退转了菩提心，就欺骗了诸佛菩萨、善知识及所有众生，因此罪过相当大。

接下来就是发愿："胜宝菩提心，未生者愿生，已生愿不退，日日其增上；愿不舍觉心，委身菩提行；诸佛恒提携，断尽诸魔业；愿菩萨如愿，成办众生利；愿有情悉得，怙主慈护念；愿众生得乐，诸恶趣永尽；愿登地菩萨，彼愿皆成就。"这一段是受完菩萨戒后的发愿。在回向之后，受持菩萨戒的仪轨就可以说是结束了。

四、学习菩萨的学处

受持菩萨戒之后，立刻要做的，就是广学菩萨的学处。不论是选择受多少条戒，受完戒出座后，立即就要去学习自己选择的那些戒条。如果受菩萨戒后不马上学习戒律，就有可能在不知不觉中犯戒。菩萨戒的戒本，简单的有宁玛巴的《三戒论》，目前已有汉文本；较广、较详细的，则有宗喀巴大师所著的《菩萨戒品释》，这本书也已有汉文本。所以，要进一步了解菩萨戒的戒条，就可从这两本书着手，之后才知道该如何规范自己的行为，什么是可行或不可行的。了解后就要开始真正去实践菩萨的行为。

什么是菩萨的行为呢？从刚开始发心到最后成佛之前，也就是十地以下所有菩萨的行为，均可归纳为六种，或称六度。从布施到智慧，包含了所有菩萨的行为。真正开始行持时，从闻思的角度而言，最好能学习《入菩萨行论》，然后学《集学论》，此二者都是寂天菩萨的著作，也都有汉文版本。当学过较略的经论后，就应该学习这两部论典。如果还要学得更多，就要参阅《大藏经》中佛所说的大乘经典。如不能学习更多的经论，则看完《入菩萨行论》与《集学论》以后，也足以了解菩萨的所有行为。要是这些都无法学的话，则绝对要学《三戒论》与宗喀巴大师的《菩萨戒品释》。在学完以后，就要按部就班、点点滴滴地去做，这才是所谓的学法。学大乘佛法，也才能真正地走上大乘解脱道，这一点非常重要。

菩萨戒可以反复、天天受，虽然戒体只有一个，但每受一次都自有其功德。居士戒或出家戒则不然，除非是破了戒，否则受过一次后就不必再受，因为多次受戒也不会得到更多利益，而菩萨戒却是受得越多越好，每天都可以受。这些是极为重要的，真要学习大乘佛法，就必须如此才行。

所谓学法修行，就是佛、大乘菩萨及标准的善知识们如何教导，我们就如何去做。虽然现在有各种各样的教法及传法方式，有的不需要学加行，有的不需要修正行，但这些都是个人的行为，不能作为修学大乘佛法的纲要。现在有些居士的基础不仅不扎实，而且根本就是十分糟糕，如果照他们目前自以为是的修行方法持续下去，则终有一天连其对佛法的信心都会完全崩溃。所以，如果真要学大乘佛法，就要走佛菩萨所公认的路，而不是个别人所指的路。

由于目前一般人都没有受过系统的佛学教育，也没有人不用学天生就会走大乘的路，所以在学法方面出现一些不如法的地方，也是在所难免的。但只要能沿着佛菩萨及善知识们所指定的路去走，就能进入大乘佛法的正途，就是真正的修行人。

第七章　每日受菩萨戒之仪轨

祈请安住十方之诸佛出有坏，安住十地之菩萨大菩萨及上师金刚持垂念我：（诵一遍）

（皈依）

乃至菩提果，皈依诸如来，

正法菩萨众，如是亦皈依。（诵三遍）

（正式发心）

如昔诸善逝，先发菩提心，

复此循序住，菩萨诸学处。

如是为利生，我发菩提心，

复于诸学处，次第勤修学。（诵三遍）

（自随喜）

今生吾获福，善得此人身，

复生佛家族，今成如来子。

尔后我当为，宜乎家族业，

慎莫染污此，无垢尊贵种。

犹如目盲人，垃圾中获宝，

生此菩提心，如是我何幸！

（使他随喜）

今于一切怙主前，恳请众生为贵宾，

宴飨成佛及余乐，愿天非天皆欢喜！

（发愿）

胜宝菩提心，未生者愿生，

已生愿不退，日日其增上；

愿不舍觉心，委身菩提行；

诸佛恒提携，断尽诸魔业；

愿菩萨如愿，成办众生利；

愿有情悉得，怙主慈护念；

愿众生得乐，诸恶趣永尽；

愿登地菩萨，彼愿皆成就。（诵一遍）

“祈请安住”等一句乃垂念佛菩萨作发心之证人，复次“乃至菩提”等四句是皈依词，复次“如昔”等八句为正式发菩提心之词。次“今生”等十二句是自己随喜生菩提心，“今于”等四句是使他随喜发菩提心，“胜宝菩提心”等十六句是发愿词。

大圆满龙钦心髓前行讲义中发心修法终！

第八章　密乘十四条根本戒

（准备或已经接受密法灌顶者，一定要学习此《密乘十四条根本戒》；不曾且不打算接受密法灌顶者，请勿阅读下文！）

密宗的见解与修法，有各种各样的分类。比如，宁玛派的修法就分为玛哈瑜伽、阿努瑜伽和阿底瑜伽三种不同的瑜伽。其他派别又有其各自的分类方式。但不论何种教派、何种分类，所有藏密教派一致承认，十四条根本戒是所有无上密宗共同的誓言。无论曾得受过何种无上密宗的灌顶，都必须守持该戒律。

当然，在此十四条戒律的基础上，不同的灌顶又有不同的戒律。大圆满有大圆满特有的戒律，大幻化网有大幻化网特有的戒律，时轮金刚有时轮金刚特有的戒律。无论其他戒律如何，所有的戒律都是以此戒为前提的。上次我们根据荣森班智达的观点，讲了入密的五个次第，其中有两条都与戒律有关：第一是入于坛城而接受灌顶，第二是受戒。此处再次重申一遍有关受戒与护持戒律的问题。

现在在很多地方，灌顶极其风靡盛行，无论国内国外都是如此。不管哪里有灌顶，都会招来许多欣然而至的信众。但令人遗憾的是，在灌顶之时却往往没有强调密乘戒，接受灌顶者也从未考虑过在灌顶之后还需要付出什么的问题。虽然灌顶有不可思议的重大意义，但是，如果草率地接受灌顶，之后又不严格护持戒律，就会造成极大的危害。所以，灌顶的结果也是有利有害的。因此，讲闻密乘戒至关重要。

首先，无论在接受什么灌顶之前，都应当对与所接受的灌顶相应的戒律了然于心，反复权衡掂量，看自己是否能守护；如果有困难，就应考虑是否该知难而退。比如大幻化网有五条根本戒与十条支分戒，如果在了解之后，认为自己不能做到，就不要接受该灌顶。居士戒与密乘戒相比，其后果并不是那么严重，但我们在接受居士戒时都要慎重地作出选择，对于密乘戒，我们就更应该谨小慎微。

目前在内地存在的严重问题就是：不但在灌顶之前不去了解灌顶的要求，在灌顶之后也不去过问。这样做的结果，不但可能使自己枉费心机，而且有可能使灌顶的危害远远大于其利益。因为，如果对密乘戒一窍不通，就极可能失犯密乘戒，如果失犯密乘戒而不知忏悔，其后果也是让人触目惊心的。

别解脱戒、菩萨戒与密乘戒相比，虽然违犯别解脱戒过失很大，但与菩萨戒相比，就显得微不足道；如果违背菩萨戒，虽然也有极大过咎，但与密乘戒相比，也不足挂齿。密乘戒是三戒当中最严厉的戒律，所以决不能掉以轻心，一定要学习密乘戒，并严格护持以绝后患。

尽管如此，但密乘戒确实也有其不可比拟的优越性。比如说：如果违犯别解脱的根本戒，从小乘的观点而言，就无法恢复；但从大乘的角度来说，在发菩提心的基础上，就完全可以恢复。如果违犯了菩萨戒，也可以在上师三宝前重新接受；而密乘戒不但可以在上师三宝前重新接受，而且可以自己观想佛菩萨以及佛的坛城，在所观想的对境前忏悔并接受灌顶，以弥补或者恢复密乘戒戒体。

涉及犯戒，最忌讳的就是两个问题：第一是犯戒；第二是不忏悔。佛在小乘的经典中也讲过，有两种人是值得赞叹的：第一是根本不犯戒的人；第二是勇于忏悔的人。无论针对哪种戒律，都是这样的。但是，在最后的结果上，这两种人虽然都可以不堕地狱，但在成就的速度上却有着天壤之别。犯戒越多、所犯的戒条越严重，离成佛的距离也就越遥远。所以我们还是应当郑重其事，防患于未然。

如果严守密乘戒，其功德也是无法衡量的。入密者不必经历大乘显宗所说的三大阿僧祇劫的漫长时光，在即生当中就有可能获得普贤王如来的果位。就像坐飞机一样，虽然价格很高，还有严格的安全检查等一系列的要求，而且一旦飞机失事，从高空上摔下来也只有死路一条，但乘坐飞机的速度，却是其他交通工具所望尘莫及的。密乘戒也是这样。如果犯戒而不忏悔还净，必然堕入不得超升之机的金刚地狱。所以，如果不学密乘戒而盲目地接受灌顶，是极其可怕的。

现在很多居士认为，只要参加了灌顶仪式，就理所当然地得到了灌顶，其实不一定。当然，在这种无知的情况下，没有得到灌顶更好。如果得到了灌顶，却对密乘戒一无所知，结果也就可想而知了。因此，不论接受别解脱戒、菩萨戒还是密乘戒，都应当事先了解其学处，这才是理智的做法。下面对十四条戒律分别进行说明。

一、诋毁上师

这是十四条戒律中最严重的。首先，我们应当了解什么是上师。关于上师的概念，有些不同的提法。在很多密宗的论典中讲了六种上师："一般引导、誓言灌顶师，酬忏师与令解心续师，以及窍诀、传承六上师。"其中，引导师为引入法门的上师，誓言灌顶师为赐授灌顶的上师，酬忏师为忏悔罪业的上师，令解心续师为传授密乘续部的上师，窍诀传授师为传授修法窍诀的上师，一般传承上师为稍得法恩的诸大善知识。在大幻化网等续部的解释中也讲了这六种上师，但并没有说诋毁六种上师都会有相同的后果。而各种观点的不同也正在于此。宁玛派虽然承认对此六种上师都不能诋毁，但并没有明确地说，诋毁这六种上师中任何一种，都会违犯此戒。

有的上师认为，诋毁这六种上师中任何一种，都有可能会违犯根本戒。他们的理论根据来自于第六条根本戒，即诋毁自他宗派。这里的"自"指自宗，"他"指显宗。他们认为，既然诋毁显宗的法都会犯戒，则诋毁显宗的上师也应该会犯戒。所以，这些上师认为，诋毁六种上师中的任何一种，都有可能会违犯此戒。这种说法虽然有一定的道理，但其理论依据并不是很充分。

另一种观点是以某些印度的大成就者和宗喀巴大师为代表的观点。他们认为，诋毁六种上师中的任何一种，虽然有很大罪过，但不会都犯根本戒。此戒所指的上师，是指赐予灌顶、讲解密宗续部与窍诀的三恩德上师。

因此，归纳各大观点的共同之处，可以得出结论——诋毁三恩德上师是肯定犯戒的。在很多经论中之所以单独列出三恩德上师，至少说明诋毁这三种上师的后果比诋毁其他上师更为严重。

不论观点如何，显宗的《律经》在遇到此类问题时，都是以最保守的要求为准绳的。所以，我们在这个问题上，也应参照最严格的要求执行，即不毁谤所有的上师，包括显宗的上师，这是最安全的方法。如果毁谤了任何上师，都应以违犯根本戒的要求来进行忏悔。在戒律方面，千万不要随意、轻率，还是越保守越好。

对这些上师有何种行为就算犯戒呢？关于这一点，经论上比较明确，所以也就没有争执，大家的观点都是一致的。所谓诋毁，是指无论从世间的角度认为上师人品不好、没有学问等，还是从出世间的角度认为上师戒律不清净、没有智慧、没有禅定力等，认为自己已经超胜于上师。犯戒的限度就是，认为自己该得到的法已经到手，从此以后可以不再理会、恭敬上师，并打算与上师一刀两断。最严重的是以嗔恨心诋毁上师、轻侮上师，扰乱其心。违犯这条戒律不一定需要身语的行为，只要心中产生了念头，就算是犯戒。其他戒条不一定这样要求。

还有一种情况就是，虽然认为上师是有功德、有修证的，但是对我不公平，或者某些地方做得不尽如人意，在上师让自己做某些事情的时候，自己不想做，继而产生嗔恨心等。如果有这样的看法，虽然没有犯根本戒，但还是有一定的过失。在这种情况下，即使你精勤修习，并获得了一定的成就，也会因此而间断的。所以应该翻然悔悟，励力忏悔。我们都知道，金刚道友之间有嗔恨心都是很严重的，更何况是对境极其严厉的上师呢？大家在这个问题上，一定要防微杜渐，千万不要做出让自己追悔莫及的事情。

所以，为了预防犯戒，密宗三番五次地提醒大家，一定要在依止上师之前，再三地进行观察，以防止出现严重的后果。即使在显宗方面，虽然要求不是这么高，但最好还是采取谨慎的态度。在已经建立师徒关系以后，无论出现什么情况，无论上师如何显现，我们都只能看上师的功德，而不能观察其过失与不足。这也是目前内地所存在的最严重的问题。

现在有很多缺乏智慧的人，一听说哪里有灌顶，就蜂拥而往，根本不去了解赐授灌顶上师的背景及人品。等到灌顶过后，很快发现上师的种种毛病，就不计后果地进行毁谤。该观察的时候如盲似聋，不该观察的时候却睁大双眼、吹毛求疵，就是颠倒的行为。这些都是缺乏常识、缺乏教育的缘故。所以，讲授密乘戒刻不容缓，势在必行。

无论哪一种戒律，犯戒的人必须精神正常。如果精神不正常，即使身口等做出违犯戒律的事，但因为心里没有这样的想法，就不算犯戒。

二、违如来教

①此戒条必须建立在违背三种戒律（别解脱戒、菩萨戒、密乘戒）的基础之上，违背其他经书上的内容不能归于此戒条。②必须是明知自己所做的行为会违犯戒律。③必须是以毫无顾忌的轻视心态违越这些戒律，才算违背此戒。比如在违犯盗戒及酒戒时，如果明知偷盗不对，却满不在乎地认为，偷盗又有什么了不起，犯戒并不值得大惊小怪；或者认为，虽然佛陀在小乘经典中规定不能喝酒，但喝酒也不会阻碍解脱道，所以喝酒也是情理之中的

事等。有这样的轻视心理，就算违背此戒条。如果没有轻视之心，比如，有人在想喝酒的时候，心想：虽然喝酒是不对的，但是酒的魅力实在是太大了，我实在抵挡不住诱惑，真是很惭愧。如果以这样的心态喝酒，虽然违犯了别解脱戒，却没有违犯此戒条。但是，如果有轻视的念头，即使是别解脱戒中最轻微的戒条，比如过午不食，如果认为此戒并不可怕，继而胆大妄为，就犯此戒条。

三、嗔恨道友

宁玛派的观点认为：凡是入密乘者，都称之为金刚道友，都是犯戒的对境；而对在同一上师前接受灌顶的道友犯戒，其结果就更为严重。但是，作为道友必须具备密乘戒，如果对方已经失去密乘戒，就不属于金刚道友。

怎样做就算是犯戒呢？如果仅仅有嗔恨心，但是并没有打骂的行为，是不会犯根本戒的。但在嗔恨心的前提下，只要有打骂中的任何一种行为，都算犯戒。这里所指的骂，必须是在对方已经听见，并且了知自己在遭受辱骂的条件下；如果对方没有听见，比如耳朵失聪，也不算是犯根本戒。别解脱戒中也有类似的规定，比如犯妄语戒，也必须是对方能够听见，如果对方听不见，也不算犯戒。

如果没有嗔恨心，只是出于利益对方的目的，就像母亲打儿子一样地打骂道友，就不算犯戒。

因此，犯戒的界限是：①对境为密乘道友；②对方具有密乘戒；③明知对方是密乘道友及具有密乘戒；④在嗔恨心的摄持下，并具备打骂的行为；⑤如果骂对方，必须对方能听见并听懂。如果其中一个条件不具备，虽然有过失，但不算犯根本戒。

四、舍弃慈心

此戒条犯戒的对境为任何一个众生，而不是指所有的众生。也就是说哪怕仅仅是对一个众生舍弃慈心，都应当算犯戒。我们也知道，要对所有的众生都舍弃慈心是很难的。无论多么凶狠恶毒的人，都会有慈悲的对象，比如自己的父母、子女等。所以，这里指的是任何一个众生。这条戒是比较容易违犯的。不能驾驭自心的凡人，只要一冒火，在丧失理智的情况下，就会犯此戒条。

怎样算是舍弃慈心呢？如果发愿，即使我有朝一日能够度化他，能够利益他，也对他置之不理；或者是希望某一个众生远离一切快乐，恒时遭受痛苦，有这样的嗔恨心态就算舍弃慈心。平时吵架、打架，虽然会有暂时的嗔恨心，但不一定会这样发愿，只有极其下劣凶狠的人，才会有这种念头。

犯戒的界限有两条：①对方是任何一个生命；②不需要任何行为，只要有这样的发心就足够了。

小乘的经典中认为，生起一念贪心，其罪过远远超过一百个嗔恨心。因为他们认为，别解脱戒所禁止的杀生、偷盗、邪淫等的根源，多数来自于贪心，而不是嗔心。大乘菩萨戒却认为，以一念嗔心所做出的行为，其罪过远远超过一百个贪心所摄持的行为。因为大乘的根本就是菩提心，而嗔恨心是与菩提心直接相违的。所以，在大乘中，嗔恨心是十分可怕的弥天大罪。

违犯这条戒的同时，也违犯了菩萨的根本戒。修学过大乘佛法的人，比如闻听过《入菩萨行论》或者菩提心修法、四无量心修法的人，自己如果有一些体会，一般不会违犯这条戒。如果有这样的想法，其后果是不堪设想的，我们一定要杜绝这种念头。

五、舍菩提心

胜义菩提心是不可能舍弃的，所以这里所指的菩提心，是世俗菩提心。具体地说，也就是愿行菩提心中的愿菩提心。因为，虽然舍弃了行菩提心，比如布施、持戒、忍辱等，但如果心中仍有为度化众生而成佛的想法，就不会犯此根本戒。但是，如果舍弃了为度化众生成佛的念头，就像一张纸被烧毁后上面的字迹都荡然无存一样，所有的一切修持、一切努力，都随着这个念头的失去而土崩瓦解。如果因为懒惰或者遭受欺侮，比如自己本来一心一意地利益他人，却遭到他人的恶意中伤，就有可能万念俱灰地认为：度化众生太难了，我还是洁身自好、明哲保身、自己修行自己成就吧。如果有了这种念头，就违犯了此根本戒。

在大乘中并不忌讳盗、淫、妄等行为，在经书中有很多与此有关的公案。如果纯粹是为了他人，不含有丝毫的自私自利心，就可以在这些方面有一些开许。《普贤上师言教》中也多次提到过类似的例子。行为上的犯戒并不可怕，最可怕的是自私心，如果心里藏着自私心，一心只为自己打算，那么大乘佛法的根源就已经从根本上断绝了。舍弃愿菩提心来自于自私心，自私心越严重，就越可能放弃愿菩提心。

我执并不是最可怕的，在有了凡夫的我执以后，如果能发誓——我就是要去度化众生，我就是要去利益众生，无论我具有多大的能力，我现在就要去做——这就是很好的，所以我执并不可怕。如果隐藏在精进修五加行、努力放牛背后的目的，不是为了众生得到安乐，只是为了一己私利，为了今生来世的善报。这种发心，在大乘佛教中就像毒品一样可怕。无论这种念头出现于何处，与其相关的一切闻思修行都会被染污殆尽。本来生起愿菩提心就不是容易的事，需要付出很大的艰辛，如果好不容易生起愿菩提心，却因此而化为乌有，才真是让人痛心疾首的遗憾之事。

违犯这条戒的同时，也违犯了菩萨戒。如果因为一念之差，而同时违犯两种戒是愚不可及的。我们要知道，如果舍弃了愿菩提心，就如同磁盘被格式化后所有的信息都不复存在一样，自己通过多年的闻思修行所建立的一切功德，都会随之而彻底坍塌、尽付东流。所以，一旦有舍弃菩提心的苗头产生，就一定要毫不留情地将其掐断，万万不可铸成大错。

六、诋毁宗派

也就是诋毁自他宗派。关于这里所指的对境，也有不同的说法：一种说法认为自宗是指佛教，他宗是指外道，也就是说，即使毁谤外道也算违犯此戒；另一种说法认为，自宗是指密宗，他宗是指显宗，在自他宗派中，不包括外道。这两种说法中的第二种是正确的。

由此可见，此戒的对境，是指自声闻道至大圆满，所有大小乘的佛法，但不包括外道。

关于外道，经书中也讲过，众生的根器是千差万别、参差不齐的，趋入解脱的途径也是五花八门的。我们不能控制别人的信仰，强迫所有的人通通都来学佛教、学密宗。所以，如果没有度化他众的必要，是不能任意毁谤践踏其他宗教的。这虽然不是犯根本戒，但却有着极大的危害。比如，如果在修密法的同时毁谤外道，本来可以在极短的时间内，比如一两年内获得成就，却因为随意毁谤外道，而使解脱的时间一再拖延，十年、二十年，甚至拖至后世。

什么样的行为就可以称为诋毁呢？如果对某个教派具有嗔恨心，或毫无根据地信口雌黄，说某教派的教理不是佛所宣讲的，比如认为某部经典不是佛宣说的等。当然，如果你有确凿的、有说服力的证据，可以证明你的看法，那么站在实事求是的角度上，说出你的观点倒也无妨。但是，如果随意言说诸如密宗并非佛所宣说之类的语言，即使他没有灌顶，没有趋入密宗，不会犯密乘戒，但也有很大过失。如果有了密乘戒，就无疑已经犯戒了。

诋毁他宗是否需要对方听见呢？有人认为，可能需要对方听见；但在这一点上，我们没有看到明确的根据。所以，无论在对方是否能听见的场合，我们都应当注意，不可诋毁其他宗派。绝对不可谤法，否则后果不堪设想。

论典是否属于对境的范畴呢？如果是正确的论典，比如《中论》《入菩萨行论》等，虽然属于论典，但其真正的含义与佛所说的没有差别，如果随意毁谤这些论典，说其见解是一派胡言等，也违犯此戒。如果只是开玩笑，则不会违犯此戒。对整个经论没有信心是不犯戒的，只要没有诋毁的行为就可以。显、密、净、禅都是正法，绝不可诋毁。

在犯此戒的同时，也犯了谤法的严重罪业，也就是同时有两条罪业降临在自己的相续中。大家务必要规行矩步，三思而行，切忌毁谤佛法。这是第六条根本戒。

七、泄露秘密

所谓秘密，是指其他不了解密乘见解的人不能接受的，密宗不共同的观点、修法、行为。这样的做法并不是指密宗有什么不可告人的缺陷和错误，害怕被他人了知。而是因为众生的根机是不同的，在时机没有成熟的时候，向某些人透露密宗的一些超胜其他宗派的不共见解，反而会导致他人的反感。

木秀于林，风必摧之。古往今来的历史也说明了这一点。一些深奥的法门在刚刚传播于世时，往往会遭受他人的误解。比如大乘佛法刚刚出世的时候，一些声闻道见识浅薄的比丘就竭力反对，认为大乘教法完全是标新立异，根本不是佛所宣说的；内地的禅宗刚刚诞生的时候，也是四面楚歌，众多的抱残守缺者都认为其见解纯粹是故弄玄虚；同样，在密宗刚刚出生于世的时候，也曾面临过个别显宗修行人的反对。在藏地也是一样的：中观应成派、时轮金刚、大圆满法刚刚流传于世的时候，都遭到过不同程度的风霜雨雪，面临过重重的艰难险阻。

“夏虫不可以语冰”，这正说明，由于这些新诞生的法具有不可比拟的独到超凡之处，才会高深莫测，让一般的孤陋寡闻、因循守旧者难以接受。但是，随着时间的推移，大家对这些教法慢慢了解以后，就会开始认同这些教法，也就对这些见解行为习以为常了。现在，有很多曾被大家争论不休的教派，在冲破种种障碍之后，都被公众所认可了。但是这都必须经历一段过程。所以，他人的不认可，不但不能证明法本身的缺陷，反而往往是因为其本身的殊胜性所导致的。因此，在与其根机不相应的情况下，就应该保密，不能随意向不明真相的人透露密宗的甚深见解与修法，这样就可以避免让这些人造谤法的罪业。反之，泄露秘密就会带来严重的后果。

如果没有遵守密宗的要求而泄露了秘密，就会犯此戒条。那么，泄露秘密的对境包括哪几种人呢？①没有得过任何灌顶的人。②如果泄露秘密之后，因不能接受深奥的观点，而有可能产生邪见的人。③虽然得受过灌顶，但只得过宝瓶灌顶的人——只能为其传授相应的生起次第修法，类似圆满次第、大圆满的修法就不能为其传授。④失毁密乘根本戒却不愿忏悔的人。当然，如果失坏了密乘戒，却愿意诚心忏悔的人，不在此范围内。

另外，在以下六个条件都具备的情况下，才会违犯此戒：①泄露秘密的对方必须是以上所讲的四种人之一。②对方必须生起邪见。③明知对方会生起邪见。如果因为自己事先没有料到对方会生起邪见，而对方却生起了邪见，也不会犯此戒。④对方必须听懂。⑤没有特殊需要。比如，传法对象中的大多数，都能严护戒律、依教奉行，只是个别人的根机还不太相应，在此情况下，为了大多数人的利益，也可以考虑针对多数人而传授密法。⑥所泄露的内容必须属于密法不共同的观点、修法等。比如大圆满前行中的人身难得、寿命无常等，不属于不共同的观点，如果他人对此生起邪见，就不算犯戒。

我们都没有他心通，不能对他人的想法洞若观火，只有通过别人的表情来判断对方是否已生起了邪见。这条戒虽然不是很容易毁犯，但是，如果随意对毫无密法基础的人讲说甚深见解，也有可能会犯此戒条。大家还是应当引起足够的重视。

八、诋毁五蕴

密宗认为，身体是五方佛的坛城，一切都是清净的。如果有人认为，身体是不清净的、是无常的，不可能是五方佛的坛城，在这种情况下，就会诋毁五蕴。戒律中认为，燃指供佛、绝食、过午不食等都违犯此戒。但这并不意味着我们不能守持八关斋戒，不能以手指供佛。为了佛法、为了修法而承受苦行，密宗也是极力赞叹的。密宗也有不净观的修法、无常的修法。

虽然这些表面上看起来有一些矛盾，但根本的问题在于，如果持这样的态度——五蕴的本体虽然是五方佛的坛城，但在凡夫的境界中却是由肮脏的血、肉、骨骼、皮肤、脓液等组成的；虽然这只是一种幻觉，但从眼、耳、鼻、舌所感受到的现象角度来看，的确是无常、是不清净的，修不净观和苦行也是佛说的方便，不会犯密乘戒。

但是，如果认为从胜义谛（究竟、实相）的角度来观察，身体也不可能是佛的坛城，这种观点肯定是不了义的，是佛陀针对某些人的根机而言的，事实并非如此。这种想法已经与密宗的根本观点背道而驰了，在此基础上诋毁五蕴，摧残身体，则犯此戒。有关此戒的界限，在有些经书上讲得不是很明确，只是片面地宣讲苦行、自杀是犯密乘戒，但自杀是否一定犯密乘根本戒呢？不一定。如果认为身体不是佛的坛城，在此基础上自杀，则违犯密乘戒。如果只是因为一时想不开而自杀，虽然有罪过，具备了杀死一个人的一半的罪过（因为不是杀他人，而是杀自己，所以不具备杀一个人的完整罪过），但与犯密乘根本戒毫无瓜葛，所以没有犯失此戒。这是第八条根本戒。

九、于法生疑

这条戒律与第八条有相似之处。犯戒的对境也就是外境自身所摄诸法。密宗认为，无论外境还是自身，都是本来清净的，是佛的坛城，所谓五蕴也就是五方佛。如果认为从胜义谛的角度来观察，诸法也不可能是佛的坛城，这是佛为了度化某些众生而采用的权巧之说，实际上并非如此。即使对密乘观点持怀疑态度，也算是犯戒。

所谓怀疑包括两种情形，因明中是这样划分的：比如说，有为法是无常。针对这个立宗，进而产生两种怀疑。①有为法是无常吗？也许是。②有为法是无常吗？可能不是。如果对密乘的观点产生第二种怀疑，就会犯戒。在学密法之前，很多人对密乘的观点根本不懂，也就谈不上犯戒，只是在了解密乘的观点之后，继而生起怀疑，则违犯此戒。在没有精通密乘的观点之前，如果认为，虽然我现在对密乘的理论不能理解，但这是佛的观点，既然是佛的观点，就应该是正确的，在将来闻思了密乘的经典以后，我会慢慢明白的，就不会犯戒。只有在过分相信自己五根的前提下，将自己所感受的幻觉执为万法的本来面目，随意解释佛的本意，排斥密乘的见解，则必然犯戒。此为第九条根本戒。

十、不度恶者

此戒条犯戒的对境即恶毒者，包括“三宝上师怨敌二，破誓退密反抗者，入聚会列害众生，成具誓敌唯造罪，以及三恶趣众十”。对于这十种有情，如果具备了度化的能力、条件，却没有付诸实施，就算犯戒。像我们这些一般的凡人，根本没有度化他众的能力，佛也不会勉为其难，强迫我们去度化，所以，这不是针对我们而言的。

但也并不是说我们绝对不会犯此戒条。对于伤害金刚上师、毁灭佛法、伤害很多众生的人，我们虽然没有能力度化，但必须在表面上远离他们，也就是说在身语方面不能亲近他们。当然，心里还是应该发菩提心。在菩萨的境界中，虽然这些人造作了种种恶业，但并不是敌人，而是可怜的大恩父母。所以，决不能从心底里舍弃慈悲。如果不但没有度化，而且在外表上也与他们十分亲近，发表面上（身语）的慈悲心，则为犯戒。

有一点需要强调的是，如果是为了保护佛法和众生的利益，使他们改邪归正，而与这类人有身语方面的接触，则没有罪过。

此戒有两个层次：其一是针对具备降伏能力的成就者而言，如果没有度化恶毒者，则为犯戒；其二是针对普通的学密者，如果对十种恶毒者在表面上也与他们融洽相处，亲密无间，发表面上（身语）的慈悲心，则为犯戒。这是第十条根本戒。

十一、揣度正法

此戒条犯戒的对境为空性。前面所讲的第九条的对境是本净光明，是从现象的角度而言的。这里所讲的空性，是与中观应成派，或与般若波罗蜜多所抉择的空性比较接近的大空性。如果以普通的逻辑，即因明中所讲的逻辑，去推导远离一切戏论、不可思、不可言的大空性，最后得出结论——所谓的空性，并不是远离一切戏论的，而是像小乘所抉择的无我，或者中观自续派前期所抉择的单空等——则犯此戒。这并不是要求我们必须精通或者证悟远离一切戏论的大空性，如果不懂则不会犯戒。这是第十一条根本戒。

十二、令信士厌

即遮止他人的信心。犯戒的对境是对三宝，特别是对密法具有信心的人。

如果当事人通过一些手段，比如口中言说不中听的语言、以身体奋力殴打等来侮辱他人，以达到阻碍他人信心的目的，使其心生厌烦，退失信心，离密乘道，则犯此戒。

违犯此戒必须具备四个条件：①对境为有信心的众生。②必须是为了阻碍信仰，令其退失信心而故意采取手段。如果没有动机，只是在无意间使他人对大乘法等生起厌恶，不算犯戒。③仅仅有发心不会犯戒，必须有身语的行为。④他人退失信心的结果已经成立。

正常的学佛者一般不会犯此戒，但是，因为教派之间的争斗，偏袒之心极为增盛的人有可能会违犯此戒，所以还是应该引起重视。这是第十二条根本戒。

十三、不受圣物

所谓圣物，即誓言物。誓言物有两种：①受用誓言物；②使用的誓言物，如铃、杵、天灵盖等法器。如果认为受用誓言物极为肮脏，或者认为使用铃、杵、手印等是多此一举，实际上并不需要，只需修行即可，在此念头摄持下而拒绝誓言物，就会犯戒。

像酒、肉等饮食受用，在修证没有达到一定境界、能力有限的情况下，绝不能肆无忌惮地饮用和食用。会供的时候，对待酒类，只需用手指沾在酒里，然后涂在嘴唇上；对待肉类，也只需吞服像苍蝇腿的体积一般大小的肉。虽然从世人的角度来说，这谈不上是喝酒吃肉，但却足以表示已经接受誓言物。即使密宗，也非常反对随意享用誓言物。像铃、杵、天灵盖等法器，作为密法修行人，平时可以供在供桌上。即使没有这些法器，只要你没有拒绝的态度，也不算犯戒。

密宗所特有的甘露丸，虽然是用各种药材制成，但其中也包含了受用誓言物的成分，包括莲花生大师等持明者的甘露。一般人在特定的时间，比如会供时接受甘露丸，就可以表示接受受用誓言物，也就不会犯此戒条。

誓言物的接受方式是随接受人的具体情况而定的。有两种人可以不正式接受誓言物：第一种是初学者，即还没有能力接受誓言物的人，对他们就不必强求；第二种是修行已臻顶峰阶段的修行人，在他的境界中，肉和甘露与糖、水果等都是等同一味，没有分别的，既然如此，就没有必要接受誓言物。而处于两者之间的修行人，就应该接受誓言物。

之所以要接受誓言物，其目的是为了强行推翻我们从无始以来所建立的清净与不清净的分别念，通过此举接受本来平等的观念，对修行能起到促进的作用，最后达到证悟大平等的目的。作为初学者，因为接触不到诸法的本来面目，根本无法了知万法的本性。但是，如果执著于自己的感官，认为受用誓言物不仅仅从现象而言，其本体也是不清净的，就已经与密宗的观点大相径庭，所以就会犯戒。这是第十三条根本戒。

十四、诋毁女性

犯戒的对境是所有的女性。因为，在末法时代，以各种身份度化众生的度母、空行母等比比皆是。与男性相比，女性所占的比例更大。在任何场合，都有可能出现空行母的化身。如果随意毁谤整个女性，就有可能在不经意间毁谤了金刚亥母、白度母、作明佛母等佛的化身。

当满足了以下四个条件时，即为违犯了第十四条根本戒：①对方必须是所有女性。虽然只是毁谤一个女性，但必须建立在指责所有女性过失的前提下。②具有言说过失的动机。③毁谤的内容是所有女性的过失。④对方必须听见。

此十四条根本戒是密宗最基础的戒律，凡是密法的修行人，都必须对此戒律恪守不渝，以如临深渊、如履薄冰的态度，小心翼翼地护持此戒。如果违犯，就应当悬崖勒马，尽快忏悔。虽然忏悔的方法五花八门，但金刚萨埵的修法是最普遍、最殊胜的。借助于该修法，在具备四力的情况下，洗心革面，悔过自新，就能将功折罪。无论犯了多么大的罪业，都能彻底忏悔清净。这也是密宗超胜之处的具体体现。

要学习密宗，必须接受约束，当然，你所获得的回报也是不可估量的。

第九章　密乘大幻化网之誓言

(已得受密法灌顶者，或准备接受密法灌顶者，方能阅读此文。)

一、总述

密乘十四条根本戒与八条支分戒，是所有无上密宗，即所有内密的共同誓言。任何一位修学密宗的人都必须遵守该誓言，所以大家务必要清楚地掌握每一戒条的具体界限。

此处所讲的密乘戒，是大幻化网的戒律。很多人都知道，宁玛派的修法可分为玛哈瑜伽、阿努瑜伽和阿底瑜伽三种不同的瑜伽，其中最基础的续部是玛哈瑜伽。玛哈瑜伽分为十八大续部。如同中观六论的根本是《中论》一样，十八大续部的根本续就是《大幻化网》。也就是说，所有玛哈瑜伽的内容，都包含在《大幻化网》当中。因此，《大幻化网》也属于宁玛派的续部之一。

《大幻化网》的戒律，包括五条根本戒与十条支分戒，一共十五条戒。如果能够严格护持这十五条戒律，就可以算是清净持守了密乘戒。虽然在这十五条戒律之上，还有阿努瑜伽与大圆满的不共戒律，但主要的戒律，在十四条根本戒与本文所讲的五条根本戒中已经涵盖。所以，我们今天就继续宣讲大幻化网的戒律。在十四条根本戒的基础上，再加上大幻化网的戒律，则所有密乘的戒律就基本上介绍得比较全面了。如果能不违背这些戒律，就应该算得上是一个值得称道的密乘行人。

密宗戒律所涉及的范围较广，就连别解脱戒与菩萨戒也含摄在此范围之内。归纳而言，密乘戒包含三个层次：第一是共同的戒律；第二是不共的戒律；第三是特殊的戒律。

共同的戒律是指别解脱戒以及菩萨戒；不共的戒律为类似十四条根本戒、五条根本戒之类的戒律；特殊的戒律是指在修持一些特殊修法的过程中，所必须严格行持的戒律。我们今天所讲的内容，就属于不共戒律的范畴。

受持三种戒体的层次，是因人而异的。我们可以根据自己的实际情况作出选择，能够受持出家戒就受持出家戒，退而求其次，还可以受居士戒。在别解脱戒的基础上，再受持菩萨戒。至于受持菩萨戒的程度，也可以进行选择。利根者可以受持要求较高、戒条较多的二十条菩萨戒；如果自身的情况不允许，中等根机的人可受持四条戒，由于其中每条戒都可以分为两部分，所以也可以说是八条戒；不能接受行菩提心的下等根机者，就只需受持愿菩提心即可。在菩萨戒的基础上，才可以受持密乘戒。

别解脱戒及菩萨戒属于显宗与密宗、大乘和小乘共同的戒律，虽然密乘行人也应该守持这些戒律，但在密乘不共的五条或十四条戒律中，不会出现遮止杀盗淫妄的戒条，因为这两种戒不属于不共或者特殊的戒律。

受戒的时候，有两种方法：一种是先受别解脱戒，然后受菩萨戒，最后受密乘戒。三种戒体受持的时间有先后之别，受持的仪轨也各不相同。另一种是在获得密宗灌顶的时候。因为密宗的戒律已经包含了受持别解脱戒与菩萨戒的意义，所以在灌顶时，也就同时得到了其他两种戒体。其中最可取、最稳妥、最有把握的，还是第一种方法，即按照先后次第，从别解脱戒开始，一步一步由浅入深地受戒。

如果得到了密宗的灌顶，并严谨持守密乘戒，即使没有修持生起次第或圆满次第等修法，也会在十六世之内得到解脱。如果能在严守三昧耶戒的基础上，一丝不苟地遵照上师言教进行修持，则能起到如虎添翼之效，在即生、中阴或者下一世就能得到解脱。但是如果失毁了密乘戒，并且拒不忏悔，就不但与解脱无缘，而且更会惨堕金刚地狱。在金刚地狱中所承受的痛苦，是显宗所描述的任何地狱之苦都远远不及的。

然而密乘戒有一个优点，就是在第一次如理如法地得受灌顶之后，如果有意或无意地破了戒，随后又想挽救破戒的过失，则即使没有上师在身旁，自己也可以再次以观想本尊、观想金刚上师的方式恢复戒体。

现在有些修行人完全忽略了戒律以及出离心、菩提心的修法，而只对本尊修法、生起次第修法、气脉明点修法以及大圆满的观明点等修法情有独钟。其实，如果不打好基础，成就这些修法的机会离我们就还有十万八千里。即使我们夜以继日地修持，也无法真实受益。

要想走解脱道，修学真正的密宗，就必须从出离心、菩提心入手，出离心与菩提心的培养方法，就是外加行与内加行的修法。现在有些居士问：我的上师开许我不修加行，应该不用修吧？我觉得，这个开许等于是开许你不用解脱了！在基础打牢之后，就可接受灌顶，灌顶之后，最重要的就是严守密乘戒。如果在修行过程中犯失了密乘戒，就需要立即忏悔并重新受戒。

本来在此之后也可以修持生圆次第，但现代人所面临的诱惑太多，整日汲汲于名利，辛辛苦苦、忙忙碌碌，内心杂念纷飞，烦恼极其粗重，在这种无法令人专心致志地精进修法的年代，想通过复杂的生圆次第修法来解决问题，无异于杯水车薪，是很难从根本上断尽轮回之根的。因此，对我们这些浊世众生而言，就需要一种针对性强、简单易行、力量强大、能够轻而易举地化解我执的修法。这种殊胜修法，就是大圆满的修法。

当然，也不一定所有人都是大圆满的根机。如果不是的话，修持大圆满也不一定能受益。决定根机高低的标准是什么呢？就是信心。如果对大圆满有强烈的希求、渴望之情，十分希望能修持大圆满法并最终获得大圆满的成就，就应当是大圆满的根机。

但是，无论修持大圆满还是其他密法，严持戒律都是首要之务。如果不守持戒律，则所有成就的希望都将化为泡影。为了令大家能进一步意识到密乘戒的重要性，下面再从另一个侧面来宣说密乘戒，让大家耳熟能详，从而起到警示提醒的效果。

得到密乘戒的途径，就是灌顶。但是，目前包括藏地在内的很多地方，于灌顶方面都存在着一些问题，尤其是在内地，其现状就更为糟糕。虽然这些问题以前我们已经反复强调过，但为了引起更多人的关注，这里还是有必要再重申一遍。

在当今的不少地方，灌顶的上师比比皆是，灌顶的机会多如牛毛，大家都对灌顶充满了兴趣。但是，很多人却将与灌顶紧密相连的密乘戒忽略了。接受灌顶的人只知道自己得到了灌顶，至于往后必须守持的戒律，却一概不知。所谓的学密成了一种形式，能得到密宗实际利益的人也就屈指可数了。

第一个问题出现在灌顶之时。接受灌顶的人并不懂得如何得到灌顶、授灌顶者是否具有灌顶的资格以及自己是否具备接受灌顶的条件，却盲目地接受了灌顶。在这样的前提下学密，也就不会获得什么收获与进步。第二个问题，是接受灌顶的人在得到灌顶之后，却不注重密乘戒，仍然我行我素，明明已经犯失了密乘戒，自己却浑然不知。虽然世人喜欢用“不知者不为过”来开脱自己的过咎，但因果报应却是不留情面的。

之所以会出现这些问题，是因为在内地缺乏密法方面的系统教育，以及传播密法的方法不当。目前内地的所谓密法，无非就是灌顶、加持摸顶、请宝瓶、做火供、做会供等，但这些是否是真正的密法很难判别。因为这些原因，致使不少显宗的高僧大德对密法抱持负面的看法。一方面是由于这些法师并没有真正领会到密法的实质含义，另一方面则与密法在内地的弘扬方式欠妥有关。

这些问题的出现，并不代表密法本身有问题，而是修学密法的人没有按照正规的要求去做。要消除这些后遗症的危害，就需要为已经得到灌顶，却又茫然无措的人们补课，使他们能通过各种方式来及时弥补。这是宣讲密乘戒的第一个目的。

第二个目的，也是为了加强这方面的知识教育，事先晓以利害，使有意修学密宗的人能引以为戒，防患于未然，从而有助于自己的修行。

由此可见，推广和弘扬密法知识是势在必行的。以上宣说了传讲密乘戒的意义。下面介绍大幻化网三昧耶戒的具体内容。

二、大幻化网誓言的主要内容

大幻化网的戒律包括五条根本戒与十条支分戒，总共为十五条戒。

（一）五条根本戒

1. 恭敬上师

十四条根本戒中的第一条也是恭敬上师。二者的要求是完全相同的。宁玛派的很多续部中都一再强调，密宗大大小小的一切成就，都纤悉无遗地依赖于金刚上师的加持。能否从金刚上师处获得成就，完全取决于自己的信心。如果没有信心，那么即使金刚上师是真正的佛陀或者金刚持，我们也无法获得任何加持和成就。

多年以来，在修学密法的过程中，我们也深深地体会到，如果没有上师的加持和窍诀，即使精通了显、密的诸大论典，学富五车、素养深厚，也不一定有任何实际上的价值。

譬如，我依止法王如意宝以后，在五明佛学院待了二十年，其间也学了五部大论等不少经论，勉强可以算得上是有点儿知识，可这也只不过是懂得了书面上的理论而已，在具体问题上应该如何应对，还必须依靠上师。除了金刚上师的加持与窍诀之外，我们所学的书本知识在关键时刻是无法起作用的，也是很难令我们获得解脱的。对此我们有过无数次的深切感受。

在跟随上师的日子里，我们时时刻刻都能感受到来自上师的阳光雨露般的关怀。每当遇到困难或者挫折的时候，金刚上师的加持更是无处不在。正是因为上师的加持，才使无数人在修心的旅途上能战胜如狂风暴雨般的袭击，解决纷繁棘手的问题，渡过不可逾越的难关。

如果没有上师的加持和窍诀，无论是修行，还是弘法利生事业，都不可能有什么大成就。只有在学习理论知识的基础上，加上金刚上师的加持，才能使我们体会到佛法最深奥的含义。因此，不仅麦彭仁波切等前辈高僧大德为我们再三强调了上师的重要性，我们在实际的修行过程中，也能真切地体会到这些道理的真实性。所以，在密宗的所有修法中，都特别注重对上师的信心。

修学密法就是这样的，首先必须找到一位非常标准的金刚上师，之后就必须生起与之相当的信心。只有将二者结合在一起，才能品尝出密宗的味道，体味出密法的意义。在不具备信心的前提下学密，就只能是徒有其名的一种形式而已。所以，能够对上师怀有坚如磐石般的信心，在修学密法上是非常重要的。

此处的所谓上师，包括在宁玛巴续部中所提到的六种上师：①引导师，即引导我们跨入佛门的上师，比如传授皈依戒、居士戒、出家戒的上师等；②讲解续部师，即传授密法的上师；③窍诀传授师，是指不仅讲解一般密法，而且为自己传授修行次第等密宗精华的上师；④酬忏师，即在犯密乘戒以后，向其忏悔罪业的上师；⑤誓言灌顶师；⑥一般传承师，是指除了上述五种上师之外，使自己稍得法恩的善知识，即于其前得受过显宗四句以上佛法的上师。

在舍弃其中任何一种上师是否犯失根本戒的问题上，密宗较具影响力的诸位高僧大德所持的观点略有不同。关于这一点，在以前讲十四条根本戒的时候已经讲过。

但灌顶、讲解密宗续部以及讲授密宗修行窍诀的三大恩师绝对是犯戒的对境，如果对这三大恩师存有不恭、舍弃之心，就必然犯戒。在这一点上，各位前辈的说法都是不谋而合的。至于其他三种上师，迄今为止，我没有看到任何两位上师的观点是完全一致的例子。

对其他三种上师应持的态度，以前我也讲过。有位上师认为："密乘十四条根本戒中的第七条——'诋毁他宗'中的所谓自他宗，就是以显、密作为划分界限的。其中的所谓自宗，就是指密宗；而所谓他宗，是指显宗。既然显宗的法都不能随意毁谤，那么显宗的上师也必须得到应有的恭敬，如果不恭敬这些上师，就应当会犯戒。"他的这种说法是很有道理的。所以，我们还是应当以最保守的方式来对待一切上师。

多年以来，我们也是这样做的。比如说，在密法方面，除了法王如意宝邀请一些上师来为我们灌顶，或者传授一些重要传承以外，我从来没有接受过其他的灌顶，所以也没有更多的上师。仅有的几位上师，都是法王指定安排的。如今，我拥有的灌顶和传承已经足够，所以将来也不打算再去接受新的灌顶。时至今日，这些上师多已离世，仍在世的已所剩无几，所以对我来说，在此方面应该没有太大的问题。

在显宗方面，早期学院中的很多道友相互之间都得到过一些传承。因为这些原因，我们现在还是将这些道友视同密宗上师一样地恭敬对待。虽然没有时刻不离左右地尽心承侍依止，但心里却十分小心谨慎，时刻提醒自己至少不能出现不恭敬或伤害对方的行为。你们如果能这样做，就很保险了。千万不要因为对方是显宗师父就恣意妄为，以至于在无意当中失毁了密乘戒。在所有的密乘戒中，犯失这条戒的后果是最严重的，因此我们一定要加以重视。

怎样做算是不恭敬呢？这与曾经所说的界限是一样的。也就是说，犯此戒条不一定需要身语的行为，只要心中产生以下念头：“自己该得到的法已经到手，从此以后就无须假求于上师，不必再依止恭敬上师”，就算是舍弃金刚上师。不需要身体行为上的打骂，只要产生这样的念头就会犯戒，如果还有行为相配合，其后果就更为严重。正因为在这一点上的要求十分严格，所以密法中极度强调在依止之前必须观察上师。

但令人遗憾的是，目前在内地，时常会发生这样的情况。很多人不经过观察就去接受灌顶，上师灌顶完毕，前脚才刚离开，弟子们就开始肆意毁谤上师，到处宣扬上师的过失，这是非常可怕的。但这种所谓的灌顶，有可能接受灌顶的人根本就没有得到。因为若授予灌顶之人不具备灌顶的条件，或者得受灌顶的人也不具备得受灌顶的资格，在这种情况下，就很有可能没有得到灌顶。如果没有得到，那当然是再好不过的事；如果得到了灌顶，又因为无知而诋毁上师，就会犯根本戒。

有关依止上师的细节要求，在已经翻译成汉文的无垢光尊者所著的《大圆满心性休息大疏》，以及《普贤上师言教》中讲得十分详细，大家一定要认真阅读，每个密乘弟子都要对作为金刚上师所必备的条件，及正确依止金刚上师的方法了如指掌，以免发生令自己追悔莫及的事情。

虽然在《大幻化网》中，恭敬上师的这条戒律位于第二，但因为这条戒是最重要的，违犯此戒的后果也是最严重的，为了引起大家足够的重视，此处将其提至第一。

2. 不舍无上

所谓“无上”，是指密法的见解或者密宗所证悟的境界。因为这种境界是大小乘、内外密等佛法的最高境界，是一切诸法的究竟实相，所以称之为“无上”。

对没有开悟的人来说，这就是一个很模糊的概念。简单地说，它包括两层含义：第一，是中观宗在《中论》《入中论》中所讲的空性，以及我们以前在开示“人无我、法无我”等时，用简单通俗的语言所描述抉择的空性见解；第二，是以《涅槃经》为代表的第三转法轮的精髓——如来藏，即心的本性光明。

虽然在讲的时候，二者是各自分开的，但实际上它们却是互为一体、密不可分的。二转法轮所诠释的空性，与三转法轮所诠释的光明二者相结合，就是密宗的境界。这些境界虽然在显宗的经典里也有提及，但却是比较模糊、比较隐讳的，而在密宗里却讲得很透彻、很清晰。无论如何，密宗的境界并没有超越显宗的内容，都隶属于二、三转法轮的范围。以上内容，是从胜义谛的角度而言的“无上”。

从世俗谛的角度来说，密宗的“无上”，就是“一切万法都是佛的坛城”之见解。在这个层面上，密宗的见解与显宗的观点出现了较大的分歧。小乘认为，一切万法是痛苦、无常、无我、空性等；唯识宗执持万法唯心的见解；中观派认为一切万法都是缘起空性。密宗这种“有悖常理”的观点，就很难令各方接受。

虽然现在以我们的肉眼来直接观察，看不出万法都是佛的坛城。眼前的一切，均是由烦恼炽盛的众生与不清净的山河大地组成的，而在佛的境界中，这些显现无异于如同极乐世界一般的清净之法，通过生起次第以及托嘎（超越）的修法，就可以现量看到、感觉到这一切就是清净的坛城。然而这是将来的事情，从目前的情况来看，这一境界离我们还有相当长的一段距离。但无论多么遥远，我们也应当了知万法的本性就是这样。以上是密宗世俗谛角度的“无上”。

这里所说的胜义谛和世俗谛，是从密宗的角度来区分，与以前所讲的中观胜义谛和世俗谛的内涵是不相同的。这里所说的“无上”，就是指密宗胜义谛和世俗谛的最高境界，如果舍弃了无上，就算是犯戒。

怎样算是舍弃无上呢？其实，无上与我们的心是无法割裂的，所以我们不可能真正舍弃无上。如果有“密宗虽然讲过诸法的本性是光明、是佛的坛城，但这些只是为了度化某些众生，为了让他们放弃一些执著或者烦恼的方便而已，是不究竟、不了义的说法；只有我们的肉眼所见的，才是最真实、最准确的，诸法的真实本性不可能是佛的坛城，不可能是光明清净的”这样的想法，就是舍弃无上，这是极其严重的过失。

凡夫的傲慢心是非常强烈的，很多人都习惯于以自我为中心，用自己的五根，也就是五种感觉器官来抉择一切。认为自己不能感觉到的，就肯定是不正确的。但这些器官所分辨、判断出的结论，只能在我们的日常生活中充当权威，在深奥的层次中是站不住脚的，它不能说明任何问题。所以，我们必须放下一切我慢，尽力守护此戒。

如何护持此条戒律呢？从今以后，无论自己是否证悟，或是否能够理解密宗的境界，都应当时刻提醒自己：“纵然我现在还不能证悟、理解或体会这些境界，但这些都是佛亲口所说的，也是无数的高僧大德以自己的亲身经历向我们证明过的，所以肯定自有其道理，只是我目前的根机以及修行还有所欠缺，才不能体会、领悟到这些，但总有一天，我会领悟到这一切。”至少应该有这样的态度，才算是不犯戒。所以，即使没有证悟空性，也不算是犯此密乘戒。是否违犯的界限，是以对密宗境界所持有的态度来区分的。

在十四条根本戒中也包含了这条戒的内容，只是没有单独列出而已。

3. 不间断密咒及手印

所谓“密咒”，包含了很多内涵，但一般是指我们平时所念诵的本尊心咒等；“手印”一词的含义也极为丰富，但一般就是指用手所做的手印。

所谓“不间断”，有三种层次。上等的，是在每一个日日夜夜中，时时刻刻都不间断密咒手印；中等的，是在每月的初八、初十、十五、二十五、二十八、二十九、三十等殊胜日里，行持念咒及做手印；最低的层次，间断也不能超过一个季度，如果超过一个季度，就算是犯戒。尽管书上是这样讲的，但犯戒的真正界限应当是，如有从今以后不再念诵密咒和不做手印的想法，才是犯戒；如没有这些念头，只是因为时间来不及，或者因为匆忙而忘记了，也应该没有犯根本戒。但书上认为，只要超过了一季度或者两个月，就是犯戒。所以，我们也不能去违背这条戒规。可能每日坚持有一定难度，但要求在一季度中不间断密咒和手印应当是不过分的。

有人可能会有这样的担心：自己曾经得到过很多灌顶，每个灌顶的主尊心咒都要求念诵，还是有一定的困难。在这种情况下，我们可以将所有的密咒归为一体，用一个密咒来代替所有密咒。这样一来，只要不间断一个本尊心咒和手印，就可以视同不间断所有心咒。如果连一个本尊的心咒都不念诵，就会犯根本戒。

以上是关于第三条根本戒的说明，这条戒一般不容易违犯。

4. 慈愍已入正道者

这条戒的主要内容，是要求金刚道友之间要和睦友爱。虽然违犯此戒的后果不如舍弃金刚上师严重，但这条戒极易犯失，所以也很重要，我们必须加以重视。

此处所谓的“正道”，就是指密法。凡是学密的人，无论是在宁玛派门下，还是在格鲁派门下，只要是密乘弟子，都是金刚道友。虽然经书上说过，因为一切众生都被如来藏所摄，故都是道友，但犯此戒的界限，则是以是否得受灌顶作为衡量的标准。

在同一上师前得受灌顶，或在同一坛城中得受灌顶的道友之间犯失密乘戒，其果报更为严重。

所谓“在同一上师前得受灌顶”的概念，我们可以用一个例子来说明。比如，某一道友在法王如意宝处得受了大幻化网的灌顶，而另一位道友在法王如意宝座下得受过时轮金刚的灌顶，虽然二者得受灌顶的坛城不同，但因为是在同一上师座前得到的灌顶，所以就像是同父的兄弟姐妹一般。

所谓“在同一坛城中得受灌顶”，我们也可以用一个例子来说明。比如，某一道友在法王如意宝座前得受了时轮金刚的灌顶，而另一位道友又在另一位上师座前得受了时轮金刚的灌顶，虽然二者得受灌顶的上师不同，但因为是在同一坛城前得到的灌顶，所以就像是同母的兄弟姐妹一般。因此，在这些金刚道友之间，就更应当注意团结，以礼相待。

犯此戒条并不需要是这么密切的金刚道友，只要是学密的道友，都属于此戒条的对境。这条戒很容易违犯，大家要予以足够的重视。

现在内地金刚道友之间的情况十分令人担忧。在有些城市，金刚道友之间四分五裂，形成了杂七杂八的很多派别。有的派别是以格鲁、宁玛等教派作为划分标准；有的是以同一教派的不同传承，比如宁玛派内部所分成的白玉派、竹钦派等作为划分标准；也有的是以不同的上师作为划分标准。大家各行其是、水火不容，派与派之间互相轻视、争长论短，都认为自己所学的法、自己所跟随的上师是最好的，对其他派别的法与上师都不屑一顾。

某些大德到这些地方去传法或者组织放生，也不得不面临一些尴尬局面：如果住在这一派的人家里，另一派的人就会不高兴；如果在这一派安排的地点传法，另一派的人就拒绝参加；如果跟这一派的人去组织放生，另一派的人就立刻退出……经常讲一些不利于团结的无聊话，从而导致金刚道友之间产生矛盾甚至分裂。这种各立山头的做法是十分愚蠢而又幼稚的，金刚道友之间必须杜绝这种想法和行为。我们非常希望佛法或藏传佛教在内地能健康地发展，正确地引导人们的思想，解除人们心中的烦恼、压力、忧虑和无知，进而引人走向幸福、光明；而不希望给人们带来没有必要的争论和烦恼。

怎样做就算是犯戒呢？此处的界限与以前所讲的完全一致。首先必须具有嗔恨心，这是很重要的一个条件。如果没有嗔恨心，只是出于利益对方的考量，就像父母打孩子一样地与道友发生争吵，或者说一些不中听的话，就不算犯戒。但是，如果是在以自私心所摄持的世俗嗔恨心的基础上，只要具备打骂中的任何一种行为，并且自己所骂的言语对方已经听见，就算犯戒。仅仅具备嗔恨心，却没有打骂的行为，是不会犯根本戒的。这些界限与《密宗十四条根本戒》所讲的一样，具体细节大家可以参看以前的《慧灯之光》。

大家务必注意，这条戒是很容易违犯的。只要以嗔恨心摄持，与密乘道友之间发生吵架的行为，就会犯此密乘戒。众所周知，类似吵架这种事情是随处可见的，但在金刚道友之间却必须防止这种情况的发生。如果不懂戒条的要求，还情有可原，现在大家对这些界限都已经十分清楚，如果还明知故犯，就于理不容了。因此，我们一定要时刻检点自己的言谈举止，小心谨慎，安分守己，千万不要做出一失足成千古恨的事情来。

5. 对非法器保守秘密

此戒的主要宗旨，就是不能对非法器宣说秘密。

这里所说的秘密，可以分为十种。其中前四种属于永恒的秘密，也就是永远都需要保守的秘密；第五至第八种则属于临时的秘密，这种秘密有时间限制，超过一定的时点，就不需要再保密。

第九种秘密，称为“应密”，也就是通过思维抉择出的应当保守的秘密。比如，在发现金刚上师、金刚兄弟的过失等之时，以自己的智慧去思考后得出结论：如果将这些说出来，就会让人产生没有必要的误会，并使对方生起邪见，所以不能随意宣说。这种秘密，就属于应密。第十种秘密，称为“委托密”，即他人委托自己的所修本尊的名称等秘密。这里所说的“他人”，是指金刚上师与金刚道友。只要他们嘱咐自己不要外传，自己就切记不可外传。以上内容，就是违犯此戒所涉及的十种秘密。

这些秘密不能对什么人宣讲呢？就是尚未获得灌顶，或者对密法有成见的人等。如果对方因此而对密法生起邪见，就算犯密乘戒。如果在自己泄露一切万法都是本来清净的佛的坛城等秘密之后，对方并没有因此而惊疑，继而使信心动摇，也没有生起一丝一毫的邪见，就不算犯根本戒。

四种永恒秘密中的第一种，就是前面已经讲过的密宗见解。

对于胜义谛方面诸法本性为空性光明的见解，修学大乘的人一般不会生起邪见，因为显宗经典中涉及这一内容的教证比较翔实。

在世俗谛方面，密宗认为，一切万法都是本来清净的。一切众生，包括一位正在行持杀盗淫妄恶业的人，其本性当下就是佛，可如果不能当下证悟，便只能是一名烦恼深重的凡夫。

对此观点，很多修学显宗的人是难以理解的。虽然对于“放下屠刀，立地成佛”的说法，他们已经习以为常了，可如果将一位高举屠刀的恶棍认定为佛，他们却会惊得目瞪口呆，继而提出异议：这样说来，地狱的众生岂不也都成了佛吗？……对于这些见解，他们认为是愚蠢之至、荒谬之极的。所以，密宗在世俗谛方面的见解，就不能口无遮拦地向其他人随意公开，除了得受过灌顶、正在修持密法的金刚道友以外。

第二种永恒秘密，就是密宗的行为。修持密宗，有可能会做出一些常人无法理解的行为。为了防止对方产生邪见，这些行为的内容，对已经得受过灌顶，却没有完全理解其内在含义的人，也不能够泄露。只有在他们逐渐了解适应之后，才能有次第地向他们逐步透露。

第三种永恒秘密，就是本尊的名字和本尊像。

第四种永恒秘密，就是修行的瑞相。也就是在修行过程中，可能会出现的一些验相。

后面这两种秘密，是对任何人都不能讲的，即使对方是金刚道友，也应当三缄其口。密宗甚至认为，如果自己的金刚上师不善于保密，自己担心将这些秘密向其表白，他可能会在上课或者聊天的时候向其他人泄露，也可以对金刚上师保守这些秘密。不是因为金刚上师不能听到这些秘密，而是因为他可能会告诉别人。如果别人知道这些秘密，自己的修行就不会有进展，就会停滞不前。当然，如果上师性格严谨，能够严守秘密，则告诉上师也无妨，因为他是金刚上师。但对金刚道友，就千万不要讲出自己本尊的名字、身形以及修行过程中出现的各种现象。

内地很多居士对这个话题都非常感兴趣，经常乐此不疲地聚在一起谈论这些内容。比如自己梦见身色庄严的佛菩萨，见到奇异的光芒，或者见到一个美丽的天人等，说得手舞足蹈，天花乱坠。

在这里要提醒大家：如果看到的是幻觉，那就只不过是一种无利无害的现象而已。在这种情况下，不能去执著它，也没有必要向他人炫耀，让它自生自灭便可。如果真正是修行的瑞相，就更不能向除了上师以外的任何人透露。讲出这些内容，会对自己的修行造成障碍，使自己的修行受损。若是为了欺骗别人，而胡说自己见到了本尊、空行母等，因为是在撒谎，则有可能犯妄语戒；若是实情，则切切不可外传。虽然这样讲出去，对整个密法不会构成损害，但却会成为自己修行的绊脚石。

学佛就必须脚踏实地，不要随意向他人夸耀外道所津津乐道的诸如看到光、看到彩虹、感觉到气流等之类的所谓感受，讲出来不但没有任何益处，反而会自招其损。

以上四种秘密，是没有时间限制的永恒秘密。

关于临时的四种秘密，我们可以用一个比方来说明。比如，如果某人准备与三四位伙伴到山上去闭关一个月修习本尊的话，其修行的地点、时间、在同一坛城中共同修行的同伴，以及修行时所用的供品及法器，这四个内容都属于应当保密的范围，在闭关没有完毕之前，不能向他人透露。一个月的闭关结束之后，就不需要再保密了。

针对这一规定，荣森班智达认为，在密法已经为世人所接受并普遍公开的时代，泄露这些秘密也不成其为问题。可是密宗早期的传播不是很普及，世人对密法都心存戒备，在那种环境中，就应当保密。

在修行的时候，最好还是保守秘密，否则可能会带来人与非人的扰乱与障碍。所以，这四个内容在定期的修行没有完成之前，最好不要公开。

以上四种，属于临时的秘密。

第九种秘密前面已经讲过，就是可能会因引起人们的误会而对佛法、金刚上师、金刚道友不利，或者会给众生带来损失的种种自己认为应该保密的内容。

第十种秘密为委托密，是由金刚上师或金刚道友特意嘱托应当保密的事情。

以上十种秘密中无论哪一种都不能向未得灌顶的人；失坏誓言又不愿意忏悔的人；以前修习密法后来又退出的人；不信密法的人；以及不信因果、不信轮回的人透露。如果任意透露，对方一旦生起邪见，自己就犯失了根本戒。即使对方没有生起邪见，自己也会犯支分戒，此戒条与十四条根本戒中第七条的规定是相似的。

这些秘密并不意味着密宗里有什么问题，只是为了让人们慢慢地适应密法，在不伤害众生的前提下传播密法。因为密宗有一些显宗所没有的内容，而只听过显宗的人，就不一定能接受，就像禅宗刚到中国时和有些新的科学理论刚刚出来时，很多人不接受一样。

以上内容是《大幻化网》的五条根本戒，在《大幻化网》的颂词中说过，这五条戒包含了所有的密乘戒以及别解脱戒，任何人只要能清净护持这五条戒，就密宗而言，便算是戒律清净。但于此之上的大圆满戒律中却认为，这五条戒只包含了《大幻化网》以下的所有三昧耶戒。

以上介绍了根本戒的内容，下面讲支分戒。

（二）十条支分戒

支分戒分为两组，每一组有五条戒。其中，第一组为不舍五毒，第二组为不舍五甘露。

1. 不舍五毒

所谓五毒，就是指贪、嗔、痴、慢、嫉五种烦恼。

所谓“不舍”，应当这样理解：小乘认为，贪嗔痴等五毒，是实实在在的、必须断除的烦恼；而菩萨乘认为，贪嗔痴等五毒，不一定是必须断除的烦恼，如果有菩提心的摄持，以菩提心为前提或者助缘，就可以将烦恼转为道用；密宗的境界是很高的，它认为，实际上根本就不存在贪嗔痴慢嫉，所谓的贪嗔痴慢嫉，一旦证悟的话，就是佛的智慧，所以不需要舍弃。

当然，从凡夫的角度而言，绝不能说五毒是佛的智慧，但证悟之后，在佛菩萨的境界中，这一切就是佛的智慧。

在实际操作中应当如何行持呢？虽然通过我们修行境界的逐步提升，最终能真真切切地感悟到万法的原貌就是佛的智慧，但如果修行达不到这一层次，就永远不能体会或者触及这种境界。我们现在还没有达到这么高的境界，因此就必须先断除烦恼。以贪心为例，密宗也允许修持不净观，这种见解虽然与万法皆为佛之坛城的观点相违，但在尚未达至该境界之前，也可以用显宗不净观的修法来对治贪心，而不能信口雌黄地说出贪嗔痴应当存在，因为那都是佛的智慧，修持不净观纯粹是愚蠢之举等之类的话。

因此，请大家不要误解，这里的意思并不是说现在就不必断除烦恼，而只是将证悟之后如拨云见日般豁然开朗的境界稍作描述而已。

2. 不舍五甘露

五甘露的内容大家都知道。为什么要接受五甘露呢？因为这是密宗特有的、用以快速破除众生执著的一种方便。显宗推翻原有执著所采用的是循序渐进的保守方式，而为了能更快捷地达到这一目的，针对具有一定密宗见解、修行基础以及承受能力的人，就有接受五甘露的要求，使其亲身体会到一切万法皆为平等，所谓清净与不清净只是心的执著这一真理。这也就是前面所说的密宗特有的行为之一。但是，密宗也极力反对强迫初入密道的弟子接受五甘露的做法。

针对这一戒条，在实际行持中应当如何处理呢？无垢光尊者等上师在论著中说过，在没有达到一定境界之前，首先可以享用以前辈成就者的甘露做成的甘露丸。现在的很多甘露丸中都含有少量的这些成分，如果服用这些甘露，就不算违犯此戒。如果没有这样的甘露丸，则可以在每日或者殊胜日吃饭的时候，将食用的饭菜等食品观想成五肉五甘露，这样做也可以算是接受五肉五甘露。

这十条支分戒比较容易守持，而根本戒的守持难度相对而言较大。如果违犯了支分戒，虽说有很大过失，但与犯失根本戒相比就微不足道了。如果破失了根本戒，并拒绝忏悔，就会对今生来世造成极大的危害，并使修行的功德受到破坏，甚至全盘毁灭，这是相当可怕的，所以称之为根本戒。而破失支分戒，只会因破戒的严重程度而使修行功德受到不同层次的破坏，但却不会受到根本性的毁灭，所以称之为支分戒。

三、结语

以上简单地介绍了《大幻化网》的根本戒与支分戒，作为学密的人，即使将来没有学到大圆满、生起次第等修法，也没有太大的问题，但必须要遵守密乘的戒律，最好不要违犯。如果在迫不得已或故意的情况下破戒，就必须快速忏悔与恢复，这一点尤其重要。

有的人对此满不在乎，随意违犯戒律，之后又不励力忏悔，这是最危险的。这样不但会使长劫的修行善根付之一炬，而且等待他们的也将是万世不得超升的金刚地狱。

很多人在法王如意宝座前得受过灌顶，无论灌顶之时观想是否清楚，以殊胜上师不可思议的加持力，一定能使我们所有人都得到灌顶，这一点毋庸置疑。剩下的事，就是护持戒律了。如果在得到灌顶之后犯了戒，密乘戒的优点就是，如找不到任何上师，通过观想金刚上师，就可以在上师座前重新接受灌顶。至于接受灌顶的方法，在《普贤上师言教》中“上师瑜伽修法”的最后，就有领受灌顶的相关内容，通过这一方法，即可恢复密乘戒。

小乘别解脱戒在这一点上是无能为力的，因为它没有破戒后的恢复方法。密乘戒超胜于其他戒种的长处之一，就是具有殊胜的忏悔与恢复方式。

如果能够清净持守密乘戒，即使今生不能得到解脱，在不久的将来，也必然会获得成就。这是作为正量士夫的佛陀亲口所说的。佛陀是绝对不会打妄语的，而我们也有充分的证据来证明这一点。

水可载舟，也可覆舟。密乘戒可以使我们快速成就金刚持的果位，也可以将我们打入惨不忍睹的金刚地狱。主动权掌握在我们自己手中，何去何从，任你选择！

第十章 犯失密乘戒的界限与忏悔清净的方法

在讲密乘戒的时候曾经提到过，密乘戒的优点，就是在犯戒之后可以不断地重新恢复。恢复的时候，也不一定需要上师在场，只需通过观想，便可恢复戒体。

一、犯戒的界限

在宣说恢复的方法之前，首先讲一下犯失根本戒的界限。因为，无论是犯别解脱戒、菩萨戒还是密乘戒的根本戒，都必须具备一些条件，在不具备所有条件的情况下，就不算犯根本戒。

密乘十四条根本戒的违犯界限，以前已经讲得十分清楚。而大幻化网五条根本戒的界限，有些与十四条根本戒的相应戒条是相同的，至于存在差异的地方，在宣讲五条根本戒的时候，也已经讲过，今天再讲一下这两种戒的共同界限。

经书中有四条或者七条界限的两种说法，下面分别进行讲述。

（一）四条界限

1. 对境

几乎每条戒的犯戒对境都是不一样的，比如，舍弃上师的对境就是上师，嗔恨道友的犯戒对境就是金刚道友，等等。

怎样算是不具备犯戒对境呢？以嗔恨道友为例。假设两个人以嗔恨心吵架或者打架，如果两位当事人都得过密乘戒，并且在吵架的当下也具有密乘戒，就具备了犯戒对境；如果其中一个人从来没有灌过顶，或者是曾经灌过顶，属于密乘弟子，但在吵架之前，却因犯戒而失毁了戒体，并且还没有恢复，其戒体已经不复存在，这样就不具备犯戒对境。因为此人与其他没有学密的普通人完全相同，所以不能作为犯戒的对境。密乘弟子与其吵架或打架虽然会违反密乘根本戒以下某些比较严重的支分戒条，但却不会犯失密乘根本戒。

同样，如果舍弃的对象不属于六种上师或善知识之一，就不会犯失根本戒。举一反三，其他戒条的犯戒对境也可以依此类推。

2. 动机或思想

这里所说的动机，首先要以精神是否正常为分界点。在经续中规定，违犯包括别解脱戒、菩萨戒以及密乘戒在内的所有戒条的人，必须是精神正常的人。如果精神失常，丧失了取舍之心，则无论如何也不会犯戒。因为做出该行为的人意识已经失控，头脑中根本没有犯戒的概念，并不是故意去违犯戒条的。还有一种情况，就是虽然没有出现精神不正常的症状，却因为出现了一些错觉，产生了一些误会，从而导致犯戒行为的发生，但当事人的本意却并非如此，在这种情况下，也不会犯戒。其次，要以是否有意为准绳。所有的犯戒，都必须在当事人故意而为的前提下才能成立，如果是在无意间不知不觉地做出了犯戒行为，则即使当事人的精神状态没有问题，也不算是犯戒。

由此可知，纵使精神不正常的人以嗔恨心去打骂金刚道友，并且辱骂的内容对方已经听见，但因为其精神已经颠倒错乱，所以就不会犯戒。

3. 行为

这里所说的“行为”，不包括意识上的行为，而是特指身语的行为（多数的戒条都要求具备身语的行为，但也有少数只需要起心动念就会犯戒，其差别见于十四条根本戒和五条根本戒）。

以嗔恨金刚道友为例，如果具备了非常严重的嗔恨心，但却不具备打骂的行为，就不会犯根本戒。同样，在十四条根本戒当中有些是需要肢体行为或者言语为前提的，如果不具备，虽然会有过失，但却不会彻底犯根本戒。

但有一些戒条却不需要身语的行为，譬如十四条根本戒中的第四条舍弃慈心，以及第五条舍弃菩提心，就不需要行动，只要在心里有了“我再也不去为了度化众生而发誓成佛”的念头；或者在看到众生遭受痛苦的时候，心里反而幸灾乐祸；或者在心里默默发愿，无论此人多么苦不堪忍，即使我有帮助他化解的方法，也一定袖手旁观，决不出手襄助。如果有了以上的这些念头，即使阳奉阴违，并没有在言语中表达出来，或者在身体行为上有什么表示，也算犯失根本戒。

但类似诋毁宗派，或者诋毁女性之类的戒条，就需要以语言表达为前提，要违反这些戒条，就必须有言说的行为，否则，就不会犯根本戒。

4. 结果

以偷盗为例，假设某人有偷盗的行为，却不具备所盗窃的物品已经彻底属于自己的想法，则虽然有一些罪过，但不会犯根本戒。其他戒条也是一样。如果没有最终犯戒的结果，没有完整的犯戒过程，也就是说没有做到底，就不会犯根本戒。

十四条根本戒与五条根本戒中每一个戒条的要求都是不一样的，如果这些犯戒的条件全部具备，就是彻彻底底的犯戒。

另外，经书中也有七个条件的说法，下面简要地进行介绍。

（二）七条界限

（1）犯戒能否最终成立，观待于当事人的犯戒行为是否被强烈的贪心或者嗔恨心等烦恼所摄持。所有的大乘戒条都认为，如果做出了杀盗淫妄等行为，但不具备贪嗔之念，就不会犯戒。大乘菩萨最忌讳、最反对、最讨厌的，就是自私心。如果犯戒行为是以自私心为中心所引发的，就属于犯戒。如果所作所为的发心是为了利益众生，就不一定会犯戒。说得透彻一点，如果没有丝毫的自私心，而完完全全是以大悲为出发点，为了对方自身的利益，就不但不会犯戒，反而有很大功德。关于这一点，在经书中有很多公案，想必你们每个人都可以举出一些例证，所以此处也不必赘述。

（2）犯戒能否最终成立，还取决于当事人是否清醒地了知对境。此条的要求与前面所讲相同，故无需重复。

（3）如果戒条要求具备身体的行为，以嗔恨道友为例，则在打金刚道友的行为结束之时，就会犯戒；如果戒条要求具备言说的行为，则要求对方必须听见，在对方的耳根接收到该信息的当下，就算犯戒。

（4）如果属于意识行为的犯戒，其犯戒的界限一般是指，假使将一昼夜的二十四小时划分为六等分，则其中每一等分或者阶段为四小时，如果在一个阶段，也就是四小时之内，当事人对自己的行为产生了悔改之心，已经决意痛改前非，就不会彻底破戒。但是，如果超过四小时，却始终没有悔改之意，反而视若儿戏，甚至引以为荣，就会犯戒。

（5）如果发生了犯戒行为，且在四小时之内没有进行对治，则会犯戒。还有一点就是，所有的犯戒，都要求当事人必须精神正常，并且是存心有意而为。

（6）如果在事发当下，当事人不仅没有后悔心，甚至还存在着满足的快意，且符合以上条件，就肯定会犯戒。

请大家注意，这里所说的后悔心，不是指事后的后悔，而是指犯戒当下的后悔。譬如，当下生起后悔心，立即放弃犯戒的行为。

（7）每一种戒条都有特定的忏悔时间界限，如果超过这一时间点，就再也无力挽回犯戒的事实。这时除了励力恢复，便别无他途，否则，就只有在无数个来世中抱恨终生了。

与四条标准不同的是，在犯戒之时，以上的七条标准不一定要完全具备。比如，第三条身语犯戒界限与第四条意识犯戒界限的要求就不可能同时具备。但无论是四条还是七条标准，只是划分方式不同而已，其内在含义并没有太大差别。如果具备了相应的所有条件，其犯戒的程度就会十分严重。

综上所述，三戒中的每一戒条都有各自的细微条件，如果不具备所有细节，则虽然有罪过，却不会犯根本戒。如果我们能够详细地掌握每一戒条的所有界限，能够精确地把握犯戒的尺度，就能更便于取舍，以免因无知而铸成大错。

以上宣说了犯戒的细微界限，下面讲述忏悔以及恢复的方法。

二、忏悔清净的方法

清净破戒罪过主要有四种方法：以证悟空性的智慧来清净；以禅定的能力来清净；以世俗菩提心的能力来清净；以伟大的行为来清净。

（一）以证悟空性的智慧来清净

这是最殊胜的清净方式。证悟空性的人通过修习空性，不但可以彻底地清净违反三戒的所有罪业，甚至可以消灭罪业的习气和种子。

但是，这种方式却是凡人所无法企及的，我想这应当离我们还有一定的距离。当然，这只是我管窥蠡测，以自己的狭隘之见来衡量你们的境界。这种无凭无据评价他人的做法是佛陀所不允许的，也许你们当中有的人已经证悟到很高的境界了。但无论如何，我在这里只是针对一般情况而言。对于修行层次较低的人来说，虽然证悟空性的方式极其殊胜，但却是远水救不了近火。

（二）以禅定的能力来清净

这是我们一般凡夫都有希望做到的、简便有效的一种法门。

密宗有很多清净罪业的修持方法，但我们不用去求取其他纷繁复杂的修法，金刚萨埵修法就是最殊胜、最典型的禅定忏悔方法。观想金刚萨埵主尊，观想百字明降下甘露，甘露充满自己的身体，使自己的罪障被彻底清净等，都是以观想，即以禅定来清净罪障的最佳良方。

阿底峡尊者也曾经说过：虽然密乘的戒条要求比较高，也比较容易违犯，但密乘也有非常具体、不同寻常、针对性极强、对治力超胜的忏悔方法。

金刚萨埵也有广中略的各种修法：法王如意宝有金刚萨埵的略修法，麦彭仁波切还有更简略的金刚萨埵修法，较复杂的就是五加行中的金刚萨埵修法。我们可以根据自己的情况进行选择。

所有清净罪障的修法，都必须具备四种对治力：

第一为依止力，即指忏悔罪业所依止的对境。修金刚萨埵的时候，金刚萨埵是依止力；修菩提心时，菩提心是依止力；修空性时，空性就是依止力。

第二为破恶力，即后悔心，也就是必须要对以前所犯的罪业生起强烈的追悔之意，这是非常重要的。如果没有后悔心，念诵百字明虽然可以从一定程度上减少罪业，但却很难使其彻底清净。

第三为恢复力，即要有发誓从今以后改过自新、绝不再犯的决心。如果没有这样的决心，所言所行依然如故，就只能减轻罪业，而不能彻底消除罪业，这也是十分关键的。

第四为对治力，为了清净罪业所做的任何一种善事，包括念金刚萨埵咒、磕头、放生等，都统称为对治力。

无论依照哪一种方式来清净罪障，都必须具备以上四种对治力。虽然我们没有能力以其他禅定方式来忏悔罪业，但广中略的各种金刚萨埵修法就是简便易行、首屈一指的禅定忏悔方式。在具备四对治力的前提下，念诵十万遍百字明，就保证能清净无始以来的所有罪业。这是佛在金刚密乘的续部中说过的、了义的最终之义，不是为了度化、引导个别众生而采取的权巧方便之说。

佛陀在密乘续部中还说过，哪怕只念诵十万遍金刚萨埵心咒“嗡班匝尔萨埵吽”，也可以清净乃至犯失密乘根本戒在内的所有罪障。但在佛陀住世的时候，世人的烦恼并不是十分深重，所以十万遍就已经足够；而在众生烦恼罪孽深重的五浊恶世，要想彻底清净罪业，就需要念诵四倍的数量，即四十万遍。因为这个要求并不是很难，所以法王如意宝在每年的金刚萨埵法会期间，都要求大家要诚心竭力地念诵四十万遍金刚萨埵心咒。

按照这个道理来推论，末法时期的人也应该念诵四十万遍百字明，但因为百字明音节较多，念诵时间太长，要想完成四十万遍具有一定难度，所以就没有这样严格要求。即便如此，如果能够认认真真地念诵十万遍百字明，也肯定能清净包括没有受戒之前造作杀盗淫妄的罪业，以及受戒之后犯失密乘戒在内的所有罪业。

本来，违犯别解脱戒的罪业与犯失菩萨戒的罪业相比，属于疥癣之疾；而犯失菩萨戒的罪业与失毁密乘戒的罪业相比，又只能算是皮毛之伤。犯失密乘戒的罪业，远远超过了违犯别解脱戒的罪业。但即使罪业如此严重，通过这一方式，也可以将犯失密乘戒的罪业彻底清净，至于违犯其他戒种的罪业就更是不言而喻了。这并不是我在信口雌黄，而是佛在续部中亲口所说的，我们有充分的教证可以证明这一点。

所以，如果有犯失戒条的情况，也不必失望甚至绝望，我们应当相信，通过金刚萨埵修法是完全可以清净所有罪业的。

虽然以禅定清净罪业的方法有很多种，但这里只简单地介绍了金刚萨埵修法的重要性及殊胜意义，具体的修法大家可以参照有关法本。

（三）以世俗菩提心的能力来清净

菩提心是万能的，只要有了菩提心，无论是想积累资粮、忏悔罪业，还是走解脱道等，都是唾手可得之事；反之，如果缺少了菩提心，即使千方百计地集资忏障，绞尽脑汁地寻求解脱，其力量都是极其微弱的。

《入菩萨行论》中讲过："菩提心如末劫火，刹那能毁诸重罪。"这句话的意思是说，一旦具备了世俗菩提心，所有的罪业都可以在一刹那间彻底清净无余。

所以，具有无伪菩提心的人如果犯失了密乘戒，不要伤心失望，而应该鼓励自己：虽然犯失了密乘戒，但我必须重新站起来，因为我是发愿度化众生的人，即使犯了戒，也不能放弃我的目标。无论前面有何等艰难险阻，无论将来会承受怎样的果报，我还是要继续向前，义无反顾地投入到弘法利生的事业当中。这样一来，则即使没有以专门的方式来清净罪业，也可以自然而然地清净包括犯失密乘戒在内的所有罪业。菩提心是攻无不克、战无不胜的武器，是包治百病、起死回生的灵丹妙药，我们万万不要将其束之高阁，而应当随时随地加以利用。当然，如果能在此基础上，再加上忏悔的修法，就更是再好不过了。

至于菩提心的修法，在《普贤上师言教》以及无垢光尊者的《大圆满心性休息大疏》中已经讲得十分清楚透彻，而藏传佛教包括格鲁派、萨迦派等在内的公认的菩提心修法，在《慧灯之光》中也作了比较详尽的介绍，大家可以参照实修。总而言之，菩提心是所向披靡的、最有力的对治力，虽然我们并不排斥金刚萨埵之类的忏悔方式，但菩提心修法就足以替代一切忏罪方法，这一点是千真万确的。

（四）以伟大的行为来清净

所谓伟大的行为，主要是度化众生，就是指无论自己的能力大小，皆能心甘情愿、全力以赴、勇往直前地投入到利益众生的事业当中。虽然身为凡夫，但如果能实实在在、点点滴滴地去做，那么在利益众生的同时，也可以清净自己的罪业。

例如，布施就是很好的清净罪业之方，无论是财产布施、法布施，还是无畏布施，都能够清净犯失密乘戒的罪业。虽然很多佛教徒不具备为他人传法的条件，但在放生的时候为所放众生念诵咒语或者佛的名号，也是一种法布施。因为我们念咒的目的，不是为了从这些众生那里得到任何回报，而完全是为了利益这些生命，所以没有自私心，这就是十分清净的法布施。佛在经书中讲过，所有的布施当中，最殊胜、最上等的是无畏布施；所有的持戒当中，最殊胜、最上等的是不伤害众生。因此，作为无畏布施的放生，是十分有意义的。

除此之外，还有四种伟大事业：在没有自私心、不是为了获取利润、不带有商业化成分的前提下，建立医院，救护病人；修建学校，宣传佛法，或者教授作为佛法基础的语言文字；设立佛事活动的道场，用于公众念佛共修；为他人提供闭关的场所，或者以饮食资具供养闭关修行人。以上四种行为都属于可以清净罪业的伟大行为。

另外，修建佛塔、做小佛塔（即擦擦像）、做火供、磕头、七支供等，也属于伟大的行为之一。有一点值得注意的是，火供以及会供是有很高要求的，必须具有一定的禅定以及生圆次第的能力。在所有前提条件具备的情况下，做火供以及会供的确可以清净很多罪障。但是，目前很多地方比较流行的，仅仅是将很多食物堆积在一起，或者扔到火中进行焚烧的所谓会供或火供，并不是真正意义上的会供和火供，只能算是一种已经变味的表面形式而已。

经书中还专门提到了放生，可见放生也是十分有力的忏罪之法。但是，我们千万不要抱着为了清净自己罪业的目的去放生，而是要为了解决这些众生临时的痛苦（无畏布施的目的）与究竟的安乐（法布施的目的），去积极放生。如果仅仅为了自己，虽然也有一定功德，但因为动机不纯正，反而会事倍功半、收效甚微。

释迦牟尼佛从发心到成道之间，从来没有考虑过自己的利益，一切的所作所为都是为了众生去付出、去奉献，但却在利益众生的同时，也解决了自己的生老病死的问题。

我们从无始以来到如今，从未考虑过众生的利益，所有的言行都是为了自己的幸福，时至今日，仍然一无所获，甚至连主宰自己上升下堕的权力都无法掌握。由此可见，为满足私欲所花费的工夫根本没有任何价值。只有不考虑自己，单纯是为了众生而做的努力，才可以圆满地解决自己的问题。

另外，听闻佛法也是伟大的行为之一。无论是否听懂，只要坐在听法者的行列中听闻甚深妙法，都具有很大功德。

同样，为听法的人提供闻法场所、住宿之地、生活资具，刻印经书（这里所说的经书，包括大、小乘的所有经典），以及思维四谛、中观等在内的佛理，都属于伟大行为的范畴。

以上所介绍的清净罪业方法，是宁玛巴的一代高僧荣森班智达将密宗续部中所提及的相关内容汇集整理而成的。我只介绍了其中起点不高、易于实施的部分，还有很多其他方法，要求必须有生起次第与圆满次第的基础，作为初学道的修行人，即使依样画葫芦地去做，也不一定会起到很好的效果，所以就暂时没有为大家宣讲。

在前面所介绍的方法中，菩提心修法与金刚萨埵修法是很容易掌握的，能否以此清净自己的罪业，主要取决于自己的精进程度；空性修法离我们还有一定的距离，但在加行圆满之后，我们也可以慢慢地进行尝试；至于伟大的行为，虽然有些需要一定的经济基础，但也有不需要钱就能做到的方法，所以不一定要以钱为前提，也就是说，能否清净罪业的关键，并不在于身外之物，而是取决于个人内在的修行。特别是放生，我们每一年都有很多机会，大家也在积极地参与，如果能够调正发心，就一定能清净从无始以来所积累的不可思议之罪障。

以上讲了很多清净罪业的方法，如果能将上述善法一一付诸实践，当然是绝佳之事，可是也不一定要全部都做，只要能够将其中的一种方法做得尽善尽美，就足以达到清净所有罪业的效果。但只要是善事，肯定是多多益善的，在可能的情况下，我们还是应当尽力而为。

三、结语

佛陀曾经说过，有两种人是他所赞叹的对象：第一种是戒律清净无瑕，即根本不犯戒的人；第二种是虽然犯戒，却没有掉以轻心，而是及时忏悔、勇于忏悔，并想方设法进行恢复的人。

阿底峡尊者曾经说过：我从未犯过别解脱戒，菩萨戒却会偶有所犯，而犯密乘戒的次数却很多。阿底峡尊者本身是佛的化身，不可能犯密乘戒，他这样说的目的，就是为了强调三戒的层次，令后人在受持密乘戒之前慎重地考虑：如果有足够的信心能够守持密乘戒体，才可以受戒；如果守持戒体尚有困难，就应知难而退，先受持难度不大的戒种，在机缘成熟之后，再受持密乘戒。

但是，阿底峡尊者接着又说，虽然我犯过戒，但却没有发生过与罪业共住超过一昼夜的情况。这句话的意思是说，无论犯失任何一种戒律，阿底峡尊者都在二十四小时之内进行了彻底忏悔。

不犯戒是很难的，但如果能在犯戒之后认认真真地对待、郑重其事地忏悔，就可以恢复戒体，所以，佛陀所说的两种人都能获得解脱。当然，从未犯戒与犯戒之后进行忏悔的两种人，在解脱时间等方面是截然不同的，所以，我们还是应当防意如城，束身自爱，将一切可能导致破戒的苗芽消灭于尚未萌生之际。

如果犯了戒，就要立刻忏悔。知错能改，善莫大焉。即使我们不能保证自身戒体的纤尘不染，至少也不能讳疾忌医，拒绝忏悔。如果任随罪业蔓延滋长下去，等到病入膏肓之际，恐怕就回天乏术了。菩提心与金刚萨埵修法是既容易修持，又极其有力的忏悔方法，通过这些方法，就必定能清净我们的罪障。主动权掌握在我们自己手中，是心存侥幸、依然故我，以致最终无可救药，还是悬崖勒马、亡羊补牢，相信有智慧的人都会作出明智的选择。

前言

长期以来，我国财产税法一直置于税法学研究的边缘地带，其理论及应用研究都存在一定局限性。于是，笔者申请了上海市哲学社会科学规划课题——“公平社会财富视阈下的财产税法体系化研究”。在本课题的研究过程中，恰逢党的十八届三中全会作出了《关于全面深化改革若干重大问题的决定》(以下简称《决定》)。《决定》提出：财政是国家治理的基础和重要支柱，科学的财税体制是优化资源配置、维护市场统一、促进社会公平、实现国家长治久安的制度保障。《决定》同时指出，深化税收制度改革，完善地方税体系，逐步提高直接税比重。在我国，财产税大多归属于地方税。因此，《决定》还指出，加快房地产税立法并适时推进改革。为了符合《决定》精神，本书进行了反复修改，时至今日才勉强奉献于读者。

税收是伴随私有制和国家而产生的。最早被承认私有的是牲畜、农具、土地等财产，财产税便成为最早的税收，亦即财产课税的前提条件之一就是产权清晰。本书始终围绕这一前提，并按照历史论、价值论、机制论、制度论和应用论的顺序，对财产税法体系的历史沿革、功能价值、运行机制等进行循序渐进的论证。应该看到，公有制低级发展阶段的运作形式，与私有制经济的原理存在许多共通之处，西方发达国家对财产税法体系的理论研究与实践应用所总结出的基本特征及经验为我们提供了有益借鉴。但我们与私有制国家毕竟有根本区别，加上历史沿袭因素和思想意识、文化背景、法律根源的差异，其移植及本土化的实现还需要在实践探索基础上进行深入的理论研究。因此，在比较中外财产税法体系的同时，我们全面分析中国财产税法体系的现状及问题；在借鉴国外财产税法制建设成功经验的基础上，更多地考虑所受国家性质、社会制度、经济体制的制约因素，使我国财产税法体系具有自身的特点，以期充分发挥公平分配社会财富的功能。本书的主要内容如下：

第一，财产税法体系的历史考察。财产税作为最古老的税收，由原始落后的简单税制，发展成为先进的现代税法体系，与社会经济发展进程、私有制的发展、国家职能的变化以及税法原则理论的发展密切相关。梳理各国财产税法体系形成和发展的历史，不难发现曾作为国家主要收入的财产税，进入现代社会后在整个税收收入中的比重有所下降，但仍在筹集地方收入、公平分配财富、优化资源配置方面，具有其他税法体系无法取代的功能。而且，在不同时期不同国家，这些功能发挥的侧重点、效果不尽相同。早期重视其财政收入功能，现代国家则倾向于公平分配功能。

第二，财产税法社会功能的理论分析。在对财产税法进行类型化分析的基础上，从财产税的资本税性质、法律体系与财政分权理论、地方政府的支出和管理责任等，论证财产税法的社会功能；同时揭示财产税法功能之间存在内在逻辑一致和相辅相成的关系。财政功能是基础，社会功能和经济功能的发挥需要以财政功能的充分实现为先决条件；社会功能和经济功能体现了财产税法“平等、自由、公平与效率”更高的价值目标，为财政功能提供了良好的经济和社会环境，也有利于其充分实现。

第三，财产税法与所得税法、流转税法的协调与配合。贫富差距产生的原因有三个：收入、消费、财产。在我国，对奢侈品征收较高的消费税，运用所得税法，特别是个人所得税法调节社会收入，唯独最有决定意义的财产，却没有真正意义上的财产税。结果不仅影响了中等收入阶层的消费扩张，而且促成高收入阶层将现金转为财富来避税。因此，解决贫富差距问题，应着眼于整个税法体系的建设，综合运用各种税收手段，建立多环节、多税种、立体式的税法调控机制。

第四，财产税法正当性与局限性的认识冲突与制度整合。财产税法的正当性与局限性的认识冲突，其实是理论与实施效果的冲突。财产课税将少数人过于集中的财富收归国家，再将这部分税收用于改善社会公共设施，投入社会公益福利事业，让全社会受益。但由于动产的隐匿性、比例税率的累退性，评估制度不规范等，财产税被误认为有失公平。可以通过税种设置、税率设计、课征方式、征收管理等制度的完善予以整合。

第五，我国财产税法体系的现状与改革分析。在计划经济体制下，农副产品统购统销，城市实行八级工资制。没有私有财产，自然缺少财产税的税源，财产税法体系不健全；况且，调节分配秩序的初次分配与调节收入差距的再分配一并解决，财产税法的功能没有发挥的空间。社会主义市场经济体制建立后，经济快速发展，社会财富不断增长，财产税有了较多税源，为财产税法体系的建立提供了可能；尤其是《宪法》增加了保护私人财产权的条款，《物权法》对私有财产保护制度作了创新，为财产税法体系的完善奠定了法制基础。强化财产税法体系公平分配社会财富的功能不仅必要，且有可能。

本书的具体分工是：第一章由李润青撰写，第二章由欧阳天健撰写，第三章由陈少英撰写，第四章由赵菁、姚婷婷、姜亚萍撰写，第五章由张威撰写，第六章由王一骁撰写，第七章由施佳艳、张旭光撰写，第八章由吴晓璐、钱蒙微撰写；全书由陈少英修改、统稿。

本书欲顺应社会基础的变迁，针对现实中急待解决的社会分配不公平问题，探寻财产税法介入分配领域经济上的合理性与法律上的正当性，整合冲突的法律制度安排，并进行体系化建构，以回应社会经济生活对法制建设和法学理论发展的现实要求。然而，由于作者的水平有限，留下了诸多遗憾。例如，财产税收入有限，在税法体系中处于辅助地位；纳税人遵从度较差，征管可获信息的程度较低；税收博弈会降低调控实效，征收财产税不当会伤及私人财产权。如此等等，都需要从理论和制度上进一步深入研究，恳请读者多多提出宝贵意见。

陈少英

2018 年 2 月于华政园

目　录
CONTENTS

CHAPTER 01 >>

第一章 西方财产税法律制度的历史源流

在漫长的社会发展史上，财产税是西方国家最主要的收入来源。最早的财产税是农具税和牲畜税，随着城市的出现和快速的发展，房产税逐渐代替了土地税，形成了较为完善的不动产税体系。其后，随着资本主义工商业的快速发展，私人资本快速积累、不动产的大量出现，社会贫富分化日益严重，对财产课税从一般财产税发展到遗产税及赠与税。近现代以来，随着商品课税的盛行和所得税的发展，财产税作为主要财政收入的地位和作用开始下降，但仍是一些国家及地方政府的主要收入来源。

第一节 财产税的起源与变革

一、关于财产税的表述

财产税的课税对象自然是财产。因此，要研究财产税，有必要先明确什么是财产。根据《大英百科全书》的解释："财产（property）是权利的集合，并经常带有强烈的私人财产权（individual ownership）的色彩。在法律里，这一名词常用作表示人与人之间在物上的一系列法律关系。物可以是有形的，如土地或商品；或者无形的，如股票或债券、专利或著作权。”① 这是英美法系对财产的定义。笔者认为，一般来说客观存在的、能带来或转换为经济价值的“物”均可以称作财产。而财产税，则是“针对土地和建筑征收的税种。在一些国家如美国，对于商业活动和农具商品也征收财产税。有时，财产税还及于汽车、珠宝、家具以及债权、抵押和股权等无形财产的所有人。财产税的税基为总资产的价值而非减去负债的净资产”。② 由此，我们可以给财产税下一个定义：财产税是对纳税人拥有或支配的总财产课征的一类税的总称。财产税是对财产本身而不是财产带来的收益征税，不考虑财产本身含有的负债。并且财产税不是一个单一的税种，而是针对财产的一系列税种的总称，其有不同的收税方式、具体课税对象以及税收名称。在不同的国家，对于同一税种往往也有不同的名称。但总地说来，财产税包括一般财产税和个别财产税。一般财产税是将土地、房屋等不动产和其他各种财产合并在一起，就纳税人某一时点的所有财产课征，可分为财产保有税、财产转让税和不动产收益税；个别财产税是相对于一般财产税而言的，它不是将所有的财产捆绑在一起综合课征，而是按不同财产分别课征，包括土地税、房产税、遗产税、机动车辆购置税等。在西方，对于财产税的分类不似大陆法系有一套严谨的体系，而是一般

---

① property, an object of legal rights, which embraces possessions or wealth collectively, frequently with strong connotations of individual ownership. In law the term refers to the complex of jural relationships between and among persons with respect to things. The things may be tangible, such as land or goods, or intangible, such as stocks and bonds, a patent, or a copyright. “property.” Encyclopaedia Britannica. Encyclopaedia Britannica Online Academic Edition. Encyclopaedia Britannica Inc., 2014. Web. 14 Mar. 2014. <http://www.britannica.com/EBchecked/topic/479008/property>.

② property tax, levy that is imposed primarily upon land and buildings. In some countries, including the United States, the tax is also imposed on business and farm equipment and inventories. Sometimes the tax extends to automobiles, jewelry, and furniture and even to such intangibles as bonds, mortgages, and shares of stock that represent claims on, or ownership of, tangible wealth. The amount payable is based not on a person's or a company's total net wealth but on gross value without regard to debts. “property tax.” Encyclopaedia Britannica. Encyclopaedia Britannica Online Academic Edition. Encyclopaedia Britannica Inc., 2014. Web. 16 Mar. 2014. <http://www.britannica.com/EBchecked/topic/479067/property-tax>.

分为房产税（real property tax）、个人财产税（personal property tax）以及无形财产税（intangible property tax）。

二、财产税的历史沿革

（一）财产税的起源——奴隶制时期

财产税的历史非常悠久。目前最早关于财产税的记载是在公元前6000多年的两河流域，记录在如今伊拉克境内的古城拉格什（Lagash）所挖掘出来的泥板之上。当时的国王创设了一种名为“bala”的税收系统，“bala”的意思是“轮流”。税收官们每月仅对城邦的某一个区域征税，循环往复，从而可以将烦琐的征税工作打碎。在拉格什，财产税的负担是很轻的，但是当国家出现危机或者战争的时候，税率可能高达居民财产（基本上是食物）的1/10。在古代，人们普遍都很贫穷，住的地方也是破屋子，没有什么个人财产，因而财产税主要以土地和土地上的农作物为课税对象。在拉格什还有这样一则谚语，“上帝也好，国王也罢，遇到税官都害怕”。①

5000多年前的古埃及，有过一段辉煌的历史，并延续了数千年。那时，财产税的课税对象主要是庄稼、牛羊、油、啤酒和土地。大约100个人当中有一个人受过教育，他们也被称作“文人”（scribes）。他们中的有一些人是当地的税收官。税收官对辖区内土地的归属以及面积都有详细的记载，每一年或半年对辖区内的牛羊数量和粮食产量进行统计。如果纳税人没有按时缴税，将被带至法院进行即刻判决。在古埃及，通用的税率是所有农作物的10%。②

在古希腊时期，也曾有针对土地征收的“六一税”。亚里士多德在《雅典政制》里写道：“他们的政治体制都掌握在少数人手中，尤其是穷人，他们的妻子和儿女都为富人所奴役，他们被称作附庸（Pelatae）和六一汉（Hectemori）。因为他们正是按照这样的地租耕种富人的土地。所有的土地都

---

① You can have a Lord, you can have a King, but the man to fear is the tax assessor.

② Richard Henry Carlson, A Brief History of Property Tax, *Fair and Equitable*, February 2005, Page 3.

控制在少数人手中；如果他们无力支付地租，他们自己和他们的孩子都将失去自由。”① 对于“六一税”，有学者认为是拥有土地的贵族集团（eupatrid）通过地方宗教组织对下层农民征收的实物税，出于对神的信奉，雅典人将土地收成的1/6上交给贵族。后来执政官梭伦上台以后，颁布了著名的“解负令”，其中措施之一就是清除农民土地上的“六一税”，打破了贵族统治阶层对于土地的控制，在此基础上进一步确定了公民的土地所有权。

从公元前200年至公元300年，罗马的财产税主要来自于土地、房屋、牲畜、树木、葡萄藤以及其他私人财产。在罗马共和国早期，财产税的税率仅为财产（包括土地、房屋以及农作物、牲畜等私人财产）价值的1%。战争期间，这一税率升为3%。值得一提的是，在恺撒大帝当权期间，由于担心人民未尽全力从事生产活动，恺撒对税收体系进行了调整，其中的一个改进就是对土地税的修正。他为农业生产划定了一个门槛，如果一个农民足够勤奋，其农作物的产出量超出了这一门槛，他仍然可以按照这一门槛缴纳税收。经济激励和土地的充分利用是恺撒经济政策的核心。

在财产税的形成初期，财产税以土地和房屋这样的不动产为主，但也包括了几乎所有的个人财产。一般认为，征收财产税的前提是财产私有，然而，在某些地区如希腊，像“六一税”这样的土地税却并不以土地的所有权为前提。古代财产税的征收，主要是出于征税成本的考虑。因为财产容易被发现，而拥有财产的数量也大致与个人的收入水平成正比。它是一种成本较低的、可靠的税收，因而在商品经济并不发达的古代被广泛运用。

（二）财产税的发展——封建制时期

1. 什一税

11世纪时，戈黛瓦夫人（Lady Godiva）裸身骑白马穿越英格兰的考文垂，来抗议对其夫君的财产征税，后来她的夫君获得了减税。当时的英格兰，虽然人头税已经非常普及，但是土地税却已经存在了数百年——领主和国王

---

① 黄洋：《古代希腊土地私有制的确立与城邦制度的形成》，载《复旦学报》（社会科学版）1995年第1期。

是土地的主人，所有的农民以租金的方式缴纳岁贡。如果当年收成非常好，那么税金会更高。农民将收成的1/10交给领主，领主再将其中一部分上缴国库。此外，由于中世纪是一个崇尚宗教信仰的时代，10～12世纪，农民还要额外向当地教会缴纳收成的1/10，或者相当于收成1/10的劳动力，称“什一税”（tithe）。《圣经》利未记（Leviticus）记载：“地上所有的，无论是地上的种子还是树上的果子，十分之一是耶和华的，是归给耶和华为圣的。凡牛群羊群中，一切从杖下经过的，每第十只要归耶和华为圣。”① 实际上，什一税一开始仅仅是教徒出于对上帝的感激而自愿上缴的一种“回馈”，根据《圣经》创世纪（Genesis）28：20－22记载：“雅各许愿说，神若与我同在，在我所行的路上保佑我，又给我食物吃，衣服穿，使我平平安安地回到我父亲的家，我就必以耶和华为我的神。我所立为柱子的石头也必作神的殿，凡你所赐给我的，我必将十分之一献给你。”② 然而，后来，教会将圣经中的记载写入教会法，将其变为强制性的什一税。教会按照自然法的思想，将什一税视为上帝的旨意，这一做法随后波及了整个欧洲。③ 之后，随着宗教改革及法国大革命，政府和教会逐渐分立，强制性的什一税也逐渐被废除。

“什一税”在英美法系的另一个国家——美国的发展具有阶段性。在殖民时期早期，法国及西班牙在殖民地会向被殖民国家征收强制性什一税以支持本国天主教堂的建设。同样，在英国殖民时期，美国也曾强制征收什一税，以支持英格兰教堂的发展。在脱离英国殖民后，美国人民对教堂的捐赠大多出于自愿，对于捐赠的数额也没有强制性的要求。尽管如此，现在大多数的

---

① And every tenth part of the land, of the seed planted, or of the fruit of trees, is holy to the Lord. And a tenth part of the herd and of the flock, whatever goes under the rod of the valuer, will be holy to the Lord. http://www.o-bible.com/cgibin/ob.cgi? version = hgb&version = kjv&version = bbe&cv = kjv&book = Lev&chapter = 27.

② Then Jacob took an oath, and said, If God will be with me, and keep me safe on my journey, and give me food and clothing to put on, so that I come again to my father's house in peace, then I will take the Lord to be my God, and this stone which I have put up for a pillar will be God's house: and of all you give me, I will give a tenth part to you.

③ 载 http://www.catholicherald.com/stories/Straight-Answers-Are-We-Required-to-Tithe, 6707, 最后访问日期：2014年3月16日。

天主教徒仍然信奉约翰·班扬的观点："There was a man, some called him mad, the more he gave, the more he had."

2. 土地税

1066年以后，征服者威廉（William the Conqueror）创设了一种早期的土地税。城镇官员将每一位居民拥有的土地登记在册，包括每一块土地的大小以及它的价值。每一个城镇都有这样一本记录了每个居民所拥有的财产以及应缴纳的财产税的小册子，这一册子也被称作"末日审判书"，这一名称流传了几百年。即使是现在，英国的一些居民仍然将税收记录称作"末日审判书"。1212年，国王约翰被迫签署了《自由大宪章》（Magna Carta），里面对国王的征税权进行了限制，这一文件被视作英国税收法定主义的源泉。至16世纪，国王的土地和房产也被纳入征税范围。1689年，《权利法案》签署了一部法律，规定未经议会同意国王不得征税。1290年以后，个人财产税对穷人免税，同样免税的还有教堂，以及特定的物品，如骑士的盔甲和商人的资产。城市居民的个人财产税税率约为10%，农村居民为15%。此时，财产税的税基为个人财产的粗略估算，因此税基往往低于财产的实际价值。此外，由于很多人将自己的财产隐匿或者转移，因此个人财产税很难征收和管理。这一做法在有钱人当中更加普遍，他们将财产在多个居所之间进行转移，以达到避税的目的。

3. 烟囱税/窗户税

1662~1689年，英格兰从法国引进了一种名为"烟囱税"（hearth tax）的税种，亦称"壁炉税"。烟囱税的历史可以追溯到拜占庭帝国时期，尼斯普鲁斯（Nicephorus I）当政期间。14世纪，法国财政无力支付皇室的各项支出，于是以家庭为单位征收"炉灶税"（fouage），因为"fouage"一词来自拉丁文中的focagium（烟），因此炉灶税也称"烟税"。fouage用来代表一个家族或一户人家的收入。它是一种由户主承担的税收。[①] 在英国，凡是房屋中

① ［美］詹姆斯·W. 汤普逊：《中世纪晚期欧洲社会经济史》，商务印书馆1996年版，第148页。

有烟囱者，每年都要缴纳两先令。最开始的烟囱税并不区分房屋的所有者和居住者，这样一来给穷人带来了很大的负担，后来经过修改，烟囱税仅对房屋的占用者征税。经过多次修改，烟囱税增加了很多对穷人免税的条款。①威廉·配第是烟囱税的支持者，他在《赋税论》里写道："在人们所提议的所有的累积国内消费税中，炉灶税或者烟囱税看似是最好的提议了。这仅仅是因为炉灶的建造需要一定的经济投入，所以它是最容易、最清楚、最适合反映家庭经济状况的标志。炉灶在建成后不具有移动性，不像人口那样容易流动，所以炉灶的数量很容易统计。"然而在这里，威廉·配第并未将烟囱税视作一种财产税，因为当时的烟囱税是对房屋的占用者——租客征收的。因而他认为烟囱税是一种"国内消费税"，并且"如果仅由房东来缴纳炉灶税的话，那么，这种税收的性质就不是对所有商品征收的累积国内消费税了，而成了只对一种特殊商品——房屋所征收的国内消费税了"。威廉·配第的论述中隐含了房产税的早期思想——对房屋所有者征收的一种国内消费税。即便如此，烟囱税在国内仍然受到了很大的排斥，因为经常有税收官和巡逻官以检查烟囱数量的名义随意进入居民住宅。有些居民将烟囱堵上以避免缴税，然而一旦被发现需要缴纳双倍税收。1688 年光荣革命以后，新当权的英国议会废除了烟囱税，理由是烟囱税"不仅仅是对穷人的压迫，而且是对所有人民的奴役，将每个人的居所暴露在那些以窥探为乐趣的陌生人面前"。②

同样性质的还有 1697 年开始实行的"窗户税"，以窗户的数量来确定房屋的价值。英国的窗户税是 1697 年威廉三世在位期间，政府透过制定《解决削边钱币不足法案》（Act of Making Good the Deficiency of the Clipped Money）而开征的税种，当时的用意是希望通过税收来铸造充足的钱币。窗户税最初设立时，共分两部分，第一部分是对每座楼宇划一收取固定的 2 先令税款；第二部分的税款则按楼宇窗户数目的多寡而厘订。按当初规定，一

① 载 http：//en. wikipedia. org/wiki/Hearth_ tax#History，最后访问日期：2014 年 3 月 17 日。

② Not only a great oppression to the poorer sort, but a badge of slavery upon the whole people, exposing every man's house to be entered into, and searched at pleasure, by persons unknown to him.

座楼宇凡拥有10个或以上窗户，都要缴交第二部分的税款，拥有10个至20个窗户的楼宇业主要交4先令，多于20个窗户的要交8先令。在1766年，政府修例，拥有7个或以上窗户的楼宇都要缴纳第二部分的税款，这个下限后来又于1825年上调为8个窗户；而原本第一部分的楼宇固定税率后来亦于1778年改为浮动税率，并按物业的价值征税。任何人士，凡因贫困原因而获豁免缴纳教会税（church Rate）或济贫税（poor Rate），都可免缴窗户税。一般而言，窗户税的评税工作相对于其他税项简易，房屋越大，窗户越多，业主就要相对缴纳更多的税。然而，窗户税对当时的中产阶级构成很大负担，使之相当不受欢迎，有舆论更认为此举无异于向“光和空气”征税。不少人为了减轻负担，索性将一些窗户封起。因此，时至今日，英国到处仍可见到一些窗户被封起的历史建筑。相反，对富有人家而言，房产拥有大量窗户却变相成了标榜身份及地位的手段，所以不少富家大族都爱在他们的房产多辟窗户。之后，英国舆论强烈要求政府废除窗户税，最终促使政府在1851年7月24日正式废除窗户税，取而代之的是房产税，向有住人的房屋开征。①

在财产税的发展时期，财产税的计税依据由单纯的“数量”向财产本身的价值靠近。同时，在英国出现了以烟囱的数量确定房屋价值的“烟囱税”。这一方面为财产评估制度的发展埋下了伏笔，另外一方面也反映了国家渐渐将挑选税源的注意力从土地转移到土地改良物——房屋上来。“烟囱税”不仅仅是近代“房产税”的雏形，也是真正意义上的财产税形成的标志。

（三）财产税的完善——资本主义中后期

1. 遗产税

本杰明·富兰克林曾说：“世界上只有两件事情是确定的——死亡和税收。”有意思的是，这句话里恰好包含了一个历史悠久的税种——死人税（death tax）。当然，死人税只是后世戏谑的说法，死人税的真正名字是遗产税（inheritance tax）。遗产税，是对死者遗产之受益人所征的一种税，其计

① 载http：//zh. wikipedia. org/wiki/窗税_ （英國），最后访问日期：2014年3月17日。

算标准往往依据受益人获得财产的数量以及与死者之间的亲疏关系。[①] 在一些国家，受益人已拥有的财产有时也会纳入遗产价值的计算之中。遗产税的历史可以追溯到古埃及和古罗马。2000 多年以前，罗马帝王恺撒开征了一种名为“Vicesina Hereditatium”的税种，针对遗产的继承者（近亲属除外）征收遗产税。[②] 学界普遍认为，近代遗产税首先于 1598 年的荷兰开征，其后英国、法国、德国、日本、美国等国相继开征了遗产税。

在英国，遗产税的发展分为五个阶段：legacy duty（1796）—succession duty（1853）—probate duty（1881）—estate duty（1894）—inheritance tax（1986）。[③]

1796 年，议会通过了遗产税法案（Legacy Duty Act），此时遗产税的税基特指从被继承人处继承的钱财（money）。对于近亲属，可以免征遗产税，但是除老婆和孩子之外的亲属需要根据亲疏远近缴纳遗产税。随后，这一税种的税率不断提高，纳税对象也越来越广泛。[④] 至 1815 年，除配偶外的所有继承人都需缴纳遗产税。1853 年，一个新型的税种——“succession duty”诞生，新遗产税不仅将应纳税财产扩大到房产和租赁的房产，而且填补了旧遗产税的一些法律漏洞。1881 年，“probate duty”针对所有的私人财产征收遗产税。所谓私人财产，是指不仅包括房屋以及庄园，还包括房屋内的私人财产如珠宝——这些财产往往比房屋本身更加值钱。1894 年，“estate duty”

---

① Inheritance tax, levy on the property accruing to each beneficiary of the estate of a deceased person. It is usually calculated by reference to the amount received and the relationship (if any) of the beneficiary to the deceased. In some systems the value of the property already owned by the beneficiary also enters into the calculation. “inheritance tax.” Encyclopaedia Britannica. Encyclopaedia Britannica Online Academic Edition. Encyclopaedia Britannica Inc., 2014. Web. 17 Mar. 2014. < http://www.britannica.com/EBchecked/topic/288220/inheritance-tax >.

② Darien B. Jacobson, Brian G. Raub, and Barry W. Johnson: The Estate Tax: Ninety Years and Counting, statistics of Income, June 22th 2007, Page 118.

③ 载 http://www.nationalarchives.gov.uk > Records > In-depth research guides > Deathduties 1796 - 1903: further research，最后访问日期：2014 年 3 月 20 日。

④ 载 http://en.wikipedia.org/wiki/Destruction_of_country_houses_in_20th-century_Britain，最后访问日期：2014 年 3 月 21 日。

将应税财产扩大到所有形式的财产，同时对于超过 100 万英镑的财产征收 8% 的遗产税。然而这一规定的门槛显然过高，那些虽然遗产少于 100 万英镑的人仍旧可以过着富足的生活。第二次世界大战期间，遗产税为支撑军队支出发挥了巨大的作用，遗产税的税率也一涨再涨，为规避遗产税，一些人在生前就将财产提前转移给被继承者。由于第二次世界大战期间士兵死亡人数很多，政府规定士兵的财产可以免缴遗产税。如果士兵死后无继承人或者无遗嘱的话，那么财产复归给他的父母，他的父母死后，这一财产仍需缴纳遗产税；若士兵死后留下了继承人，则无须缴纳遗产税。1975 年，遗产税被资本转移税（capital transfer tax）替代，1986 年被重新命名为遗产税“inheritance tax（IHT）”。遗产税约占英国政府税收的 0.8%，2001 年这一数字是 20 亿英镑，2011 年为 27 亿英镑。[①]

在美国，遗产税最先以印花税（stamp tax）的形式出现。1797 年，美国国会为帮海军筹集军费，制定了印花税系统。对遗嘱、遗产收据征收印花税。遗产金额在 50 ~ 100 美元的，征收 25 美分；在 100 ~ 500 美元的，征收 50 美分；对超过 500 美元的还要额外征收 1 美元。内战期间，联邦政府的财政收入主要来自公共土地，政府亟须寻求额外的税收来源。于是，1862 年的税收法案中设置了联邦遗产税。最初，遗产税仅对私人财产征税，税率按照亲疏远近逐渐递增。1864 年，内战的巨额消耗使得政府重新启用 1862 年法案，并加入了不动产遗产税——针对不动产征收的遗产税，遗产税的税率也被大幅提升。除此之外，这一税种也适用于死者生前转让的不动产，从而确立了美国历史上第一个赠与税。内战结束后，政府债务也随之免除，遗产税也于 1872 年被废除。1872 年，印花税被废除。1863 ~ 1871 年，遗产税为政府贡献了 1480 万美元。19 世纪后半叶，工业革命改变了美国的经济基础。当时的主要税种是关税和土地税，这些税收往往落在农民的身上，对于新兴的资产阶级来说却毫无影响。一些革命人士提议向富人征税，在社会上引起了一

---

① 载 http://en.wikipedia.org/wiki/Inheritance_Tax_（United_Kingdom），最后访问日期：2014 年 3 月 22 日。

场激烈的讨论。1898 年，为帮助西班牙战争筹款，政府制定了新的遗产税。与以往遗产税不同的是，这一遗产税的征税对象不是遗产受益人，而是财产本身，并为现代美国的遗产税打下了基础。随着战争的结束，这一遗产税也被废除。遗产税废除后几年，美国迎来了史上最剧烈的兼并时代——垄断资本主义时期。控股公司的出现使得财富迅速的聚集到极少数人的手中，绝对的财富导致绝对的权力，出于对财阀政治的恐惧，美国的政治运动也如火如荼地展开。一些进步人士，包括罗斯福总统，主张用遗产税以及累进所得税来消除财富上的不公。这一观点化作宪法第 16 修正案以及联邦所得税法的颁布。1916 年，美联邦正式开征遗产税，并作为一个经常性税种保留了下来，至今已经有近百年的历史。美国实行总遗产税制，也就是只向被继承人死亡时遗留的财产总额征税，税款一次性扣清，完税之后，继承人才有可能拿到遗产。美国的遗产税采用累进税率，也就是留下的遗产越多，税率就越高，上缴给政府的钱也就越多，最高能达到总遗产额的 55%。

为了保证遗产税的严格执行，美国设置了和遗产税堪称“姐妹税”的“赠与税”。通过对个人生前的财产转移进行征税，有效地堵住了某些人企图通过财产转移而逃税的道路，为征收遗产税上了道保险。不过并不是遗产总额的每一分钱都必须缴纳遗产税。遗产总值中，需要扣除被继承人生前的债务、丧葬费用、配偶继承的数额，以及捐献给慈善机构的数额之后，剩下的才是征税范围。需要强调的是，捐给慈善机构的钱是不用计入遗产税征收范围内的，这是美国政府为了鼓励富人乐善好施的一个举措。①

2. 房产税

在西方，广义的财产税其实包括三个方面，房产税（real property tax）、个人财产税（personal property tax）以及无形财产税（intangible property tax）。狭义的财产税仅指房产税，意即对土地以及土地上的房屋征收的一种税。房产税在各个国家的表述不甚相同，英国称住房财产税、美国和加拿大

① 杨楠：《美国百年遗产税》，载《时事报告》2010 年第 10 期。

称房地产税、法国按照房屋的所有和租赁分为居住税和业主税。

以英国为例，英国的房产税最早可追溯到1572年的《济贫法》。那时，教区依据租金价值征收差饷（rates），来为教区内的贫民提供救济。之后，差饷的内容几经演变。现代房产税的之前的版本是1967年建立起的普通地方税（general rate）。这是英格兰和威尔士的一种针对家庭和非家庭财产的基于出租价值征收的地方税种。撒切尔夫人于1988年进行了改革，通过《地方政府金融法》（Local Government Finance Act 1988）废除了普通地方税，规定从1990年4月1日起开始实施两个新税种——社区税（community charge）和营业房产税。其中社区税又称人头税（poll tax），按人头进行征收。但该税引起很多不满和抗议，最终于1993年被废除，并被住宅房产税（council tax）取代。对于社区税，我们这里要详细说明一下。社区税在苏格兰从1989年开始实行，在英格兰和威尔士则是从1990年开始实行。该税按人头征收，每个成年人交同样的固定数额的税收，税额由地方政府确定，税收用作地方政府基础设施和公共服务的资金。就业人口按100%交税，但学生和注册失业的人只需交20%的税费。社区税的设计初衷是要让享受类似服务的居民支付类似水平的税收，并且使地方居民更多地参与到政务中去。但实际效果是，社区税很不受欢迎。主要原因在于社区税未考虑到不同选民的支付能力，让穷人和富人缴一样的税，使改革的最大受益者是富人。而一些地方政府税收水平设得太高，也引起了很多不满。最终，撒切尔夫人迫于压力，于1990年11月辞职下台。新政府于1993年用住宅房产税取而代之。住宅房产税（council tax），又被译作市政税、地方议会税，是一个地方税种，各地地方政府根据其每年收支情况进行税额的设定。该税根据房屋在某一特定时间的评估价值进行征收，税额随房屋价值上升而增加，但有效税率却随房屋价值上升而下降。住宅房产税施行至今，并无太大变化。除了税率、物业估值会定期调整外，主要是一些免税条款等会依据现实情况进行调整。其他方面的变化包括，住宅房产税的涨幅限制由中央统一决定变为地方可自主决定；地方政府在对当地低收入居民进行住宅房产税方面的帮助方面，开始享有更大的自主权；为了加强房地产市场的流动性，释放供给，住宅房产税的空置房屋免税期被取消等。

3. 统一财产税

在整个中世纪，财产税的征收制度并没有发生很大的变化。美国在殖民地时期和建国初期，继承了欧洲的财产税制度，依然是对所有的个人财产，包括不动产和动产征税。美国是由各个邦联构成的，各个州又分为多个县，各县均有权力施行州法律。居民可以自由组建自治组织和学区来满足不同的行政管理需求，造成的结果就是政府行政大量重叠，许多行政组织位于郊区，甚至居无定所。消费税、营业税缺乏税源，所得税亦不具有可行性，正是在这个过程中，“general property tax”的理论思潮出现了。

“General”的意思是“普遍的”，“general property tax”这里可以翻译为“统一财产税”。该理论认为国家应该对一切财产（包括所有的动产和不动产，有形资产和无形资产）都按照完全一样的比例进行征税。个人以财产价值为计税依据，按照同样的比例交税，从而体现人人平等的精神，而且其数额又足以满足地方政府提供各种公共服务之需，因而也就不用再交其他税了。这种思想把所有财产都统一进来，把所有税收都统一进来，把税率都统一，因此可以称为“统一财产税”。

这种思想因为与美国“人人平等”的立国思想契合得非常好，因而在当时得到了推行，尤其是对于美国东部边境的州来说，当地的居民受杰克逊的平等思想影响很深，对联邦集权政府缺乏信任，倾向于由地方征税官征收统一财产税。同时，由于财产，尤其是不动产，具有不可移动性，其价值又是被普遍认可的，因而在当时的社会背景下成为地方政府的有力财源。“统一财产税”由地方选出的征税官负责征收，征税官负责评估财产价值、计算税率及税额，并将收缴的税收上缴政府。伊利诺伊州最先于1818年将规定对所有财产按同一税率征税的统一条款写入宪法，此后密苏里州在1820年、田纳西州在1834年也将此条款写入州宪法。到了19世纪末，美国共有23个州宪法包含了对所有财产依照其价值按同等税率征税的条款。另一些州虽然没有规定统一税率，但也规定对所有财产都要征税。然而，在实行了若干年后，这个美好的带有强烈政治色彩的税种最终还是失败了。

第一，因为“统一财产税”的支持者无法区分作为法律术语的“财产”与作为经济概念的“财富”之间的区别。在一个简单的自然经济环境里，财富包括不动产及有形动产，如土地、房屋、机器和牲畜，财富和财产没有本质区别，对财产/财富的绝对所有权是财产税的征税前提。随着商品经济的发展，财富的范围被扩大了，包括股票、债券、票据和抵押在内的金融工具的出现极大地丰富了财产的内涵，所有权的外延也被拓宽，所有权不再是绝对的，并且财产的所有权人极可能分散在世界各地。地方税官在面对如此复杂的财产及所有权体系时，往往缺乏必要的法律依据、专业技能以及行政资源。

第二，因为征税官的职业道德常常因为人情或者是私利的考虑而打折扣。征税官在对其所在辖区的居民或者其邻居的财产价值进行评估时，往往少估一些，以获得连选连任，从而导致一些收入非常高但财产较少的居民只需缴纳很少的税收。同时由于财产价值的评估过程有很强的主观性，没有客观统一的评估标准，就容易使相同的财产在各个州甚至各个县各个居民之间存在价值上的差异。根据1879年一份纽约州税收官的报告，同样的一条铁路，在一个县的路段被估作24 000美元/英里，在相邻县的路段则被估作20 000美元/英里。这种追求形式公平的征税方式，反而更容易激起人们觉得不公平的心态，总会有很多人认为自己的财产价格被评估高了，而别人的价格被评估低了。

第三，因为征税成本太高。个人之间的借贷活动几乎无法监管，每年到了财产税价值评估的时候，税官还要走进每家每户的家里清点各种资产并且评估价格。一些生产工具和有价值的物品如贵金属非常容易隐匿，就导致评估的结果与实际结果之间存在偏差。在实际操作中，为节省成本，税官往往仅对登记在册的不动产所有人征收财产税，对于没有不动产的人，则不征税，造成的结果就是不动产的所有人需要同时缴纳动产和不动产税。城市的动产尚可隐匿，而对于身处郊区的农民来说，其动产往往无处躲藏，于是就造成了城市的不动产财产税到了农村地区成为了名副其实的“统一财产税”。

第四，存在双重征税的问题。如果动产或不动产上存在抵押或者债权，一些州的做法是对于债务人给予财产税的抵扣，因为“财产税是对一个人所拥有的财产征税，而不是他所欠的财产征税”，但是这种做法往往会导致一些人为了获得抵扣而钻法律的漏洞。另一些州的做法是对于财产上的债权人和债务人同时征税，于是便造成了双重征税。

由于“统一财产税”在实行过程中的种种问题，各个州均开始对财产税进行改革。1907 年成立的全国税收协会提议开征所得税，并将一些个人动产从财产税的税基中剥离。1913 年，明尼苏达州法律将动产分为四个类别，每个类别适用不同的税率。1930 年，大萧条时期，国民收入骤降，全国各地纷纷掀起针对财产税的抗税运动。迫使各州政府大幅度削减财产税税率和出台各种减免措施，如自用房屋免征财产税。1932 年至 1933 年，十六个州出台实施了限制财产税的法律。1978 年，加利福尼亚州以全民公决的形式通过了名为“人民呼吁限制财产税”第 13 条宪法修正案，要求冻结财产评估价值和限定最高税率，并规定了两个“三分之二”：未经众参议院三分之二选票的同意，不得提高税率，未经本地区三分之二选民的同意，地方政府不得加征任何税收。①

随着现代商业活动的兴起和规范化，对以货币形式存在的个人收入和交易价格征税逐渐成为主流。这类税收的征收成本较财产税低，又无须进行价值评估。在这种情况下，财产税不仅没能变成“统一财产税”，反而从主体税种降格为居于次要地位的税收来源。财产税作为全国性税收的作用在逐渐削弱，事实上，包括克利夫兰、麦金来、罗斯福、威尔逊等总统已经开始逐渐压缩财产税的份额，并逐渐实施个人所得税和销售税等。1913 年，第 16 条宪法修正法案通过了开征不按比例分摊的直接税以及所得税，这些税收很好地避开了财产税的各项弊端，并为联邦政府提供了财源。总之，税收制度

① Glenn W. Fisher, History of Property Taxes in the United States, http//eh. net/enly clopedia/history-of-property-taves-in-the-unites/，最后访问日期：2018 年 12 月 7 日。

演变的结果，就是现实的困难战胜了美好的愿望，最终基于“统一财产税”理论的实验没有成功。“统一财产税”在美国演化成了所得税、只针对土地及其地上建筑物所征收的房产税，以及针对动产征收的个人财产税，也即今天我们所看到的现代财产税制度。

除遗产税、房产税等传统意义上的财产税以外，还从土地税延伸出了土地增值税以及耕地占用税，从印花税延伸出了契税，以及随着经济的发展和自然资源的浪费而开征的资源税、为社会保障而开征的社会保障税以及车辆买卖引申出的车辆购置税。在资本主义阶段，商品经济的发展使得财产税的税源越发扩大。政府的目光从财产本身转向了财产的保有以及财产的转移阶段，并从经济活动的各个角度寻找征税的机会，税基以及税率的制定也越来越科学。在资本主义的中后期，财产税的种类变动非常频繁，20 世纪上半叶世界政治局势的剧烈变化和战争的爆发，也使财产税一度作为政府敛财的工具。20 世纪后半叶，随着消费税、所得税、增值税等新型税种的兴起，财产税在国家税收体系中占的比例也越来越少。然而财产税作为西方国家最古老最成熟的税收体系，仍然在地方政府财政收入当中占据一席之地，起着举足轻重的作用。

三、财产税的功能演变

财产税是对私有财产征收的一个税种。无论其计税依据是财产之数量也好、财产的评估价值也罢，财产多则多征，财产少则少征，因而财产税在诞生之初就有着均衡社会财富、调节贫富差距的天然属性。17 世纪在英国开征的“窗户税”，就已经开始注重按照公民个人所有的财产数量和支付能力进行征税，保障税收的公平。威廉·配第在《赋税论》中提出了税收公平的原则。所谓公平，就是税收要对任何人、任何东西“无所偏袒”，应根据纳税人的不同能力、征收数量的不同的税收。这种观点在英国财产税的征收中得到了很好的贯彻。18 世纪开征的遗产税则更加注重人文关怀，对于不同亲疏关系的继承人按照不同的税率征税，并对近亲属如配偶、子女等设置了免税条款。在注重社会公平的美国，遗产税是调节贫富差距的重要手段。

但是，财产税公平社会财富的功能在诞生之时并未凸显，在公民社会发展的不同阶段，财产税均扮演了不同的角色，财产税的功能也随着社会的发展而逐渐演变。

在奴隶社会，由于对土地的依赖性很强，税源比较狭窄，财产税成为国家财政的重要来源，此外，统治者往往因为发动战争或者建造宫殿而对国民征收临时性的财产税，如前文中4000多年前的古埃及，法老胡夫当政时期，由于修造金字塔和战争，财政入不敷出，对财产继承人课征遗产税，直接用于军事支出。众所周知，亚历山大大帝（Alexander the Great）征服了已知世界，建立了亚历山大帝国。他不仅仅是一个军事天才，还是一个杰出的管理者。在征服波西、印度、埃及以及世界上的其他地区后，他给当地的管理者留下了详尽的财产税征收的细则。由于担心这些被征服地区会发生暴乱，他减少了当地的税收，并将征收的财产税的一半用于当地公共服务的提升，如修建水渠、道路以及港口等，另一半则上交国库。这样一来，不仅为当地的居民降低了税负，而且也减少了人民暴乱的可能性，财产税起到了提供公共服务，维护政权稳定的效果。

到中世纪，宗教的广泛传播使教会对国家的控制达到了巅峰。教会通过鼓吹《圣经》里的捐赠思想——亚伯兰（Abram）将所得拿出十分之一来给麦基洗德（Melchizedek），向农民征收“什一税”，以扩张教会的势力和影响。实际上，在雅典时期的阿提卡地区，普遍存在收获祭祀的习俗，如同所有的希腊人一样，雅典人相信神赋予他们好的收成，因此他们必须将收获的一部分敬献给神。贵族统治阶层正是利用了这样的宗教思想来为他们自身的利益服务，正如英国学者鲁兹指出的那样：“实际上，只要没有祭司组织，就没有必要缴纳比表示敬奉更多的祭礼。但是随着祭司组织的建立，随着社会组织的出现，必然要有所改革。国王或神的代表就会对祭礼的最低数量做出规定，并作为一种赋税来征收。”出于对上帝的信仰，农民亦愿意向教会缴纳一定的税赋，以在死后能够升入天堂。

随着民族国家的兴起以及资本主义因素的萌芽，资产阶级启蒙思想家出于对专制的抵制，将私有财产视为神圣不可侵犯的权利。这一时期，英国废除了人头税，因为人头税的统一征收无疑使居住在棚户区和高档住宅的居民面临着不公平的税收待遇。烟囱税以及窗户税的征收从侧面体现了政府在征收财产税的时候，越来越根据纳税人的经济能力，公平合理的分摊税负。尽管这时候的财产税体系并不完善，但是已有代表公平社会财富的财产税在胚胎里萌芽。

商品经济的发展以及私有财产权的保护使公民的经济活动和私人财产日益丰富，另外，政府也试图在经济活动之中发掘新的税源。消费税、增值税、所得税的兴起使财产税在国家税收体系中的比重越来越低，然而，财产税仍旧是地方政府的重要财政来源。现代社会，大多数国家征收房产税的目的主要有两个——增加地方财政用于提高当地的公共服务水平和调节贫富差距。例如，美国地方政府所管辖的幼儿园、学校、公共图书馆、医院、公园、公共交通以及警察、消防部门和街区维护等方面的开支，都需要靠房地产税收入来维持；新加坡征收房产税的主要目的是调节贫富差距，有些国家也以房产税作为调控房产市场的辅助政策，如韩国。

在税收的实施过程中，首要的就是要明确税收的目的。对于现代的财产税来说，这一目的就是提高地方政府的公共服务水平和调节贫富差距。“取之于民，用之于民”，税收的目的是税收内在价值的体现，对征税目的进行明确，有利于减少财产税征收的争议，增加税收收入使用的透明度，提高纳税人的积极性，同时可以有效地减少相关的税收漏洞，从而实现财产税的社会功能。

第二节　财产税产生的基础

与其他税收一样，财产税的产生与演变不仅受到经济及社会生产力的约束，而且与一国的社会形态及法律思想有着密不可分的关系。

一、经济基础——私有产权制度

（一）奴隶制时期的产权制度

1. 古希腊时期的产权制度

产权随着私有制的产生而出现。古希腊时期，人们对产权已经有了相当的认识，且早就已经意识到财产对于维持社会公平及稳定的重要性。公元前594年，梭伦当选雅典执政官后，即颁布了“解负令”，一举废除所有债务，释放了所有因负债而卖身为奴的公民。公民则根据其拥有财产的数量（一年农产品收入的总量）划分为四个等级，每一等级有其对应的政治权利和应尽义务。在雅典，普遍承认财产私有制，财产也成为政治权力的敲门砖。然而，在崇尚武力的斯巴达，公民不仅没有私有财产，而且没有家庭，妻子和孩子都是城邦或者全体公民共有的。斯巴达人相信，一个没有私有财产观念的社会可以保持高度的凝聚力和战斗力，后来，他们果然在著名的伯罗奔尼撒战争中打败了政治民主和财产私有的雅典，创造了一时的辉煌。

最早提出产权理论的是柏拉图。受斯巴达人的影响，柏拉图在《理想国》中阐述了他理想中的国家及其制度——国民被分为四个等级：金质的人是统治者；银质的人应组成军队，保卫国家，辅佐统治者；铜质的人和铁质的人组成生产阶级。在这样的社会分层里面，居统治地位的阶层（包括护国的战士）必须放弃家庭生活和私有财产，全身心的服务于公共利益。而后两个阶层的人则可以在政府的严格监管下建立家庭并拥有私有财产。这样一来，统治阶层之中的对立将不复存在，暴力、争吵、阿谀奉承的根源也不会存在，选拔出来的无产阶层就能全心全意地为国家服务。然而，由于在西西里建立理想国的失败经历，导致柏拉图在晚年所著的《法律篇》中放弃了废除家庭、让国家来承担教育孩子之责任等主张，而主张建立一个更加贴近现实的国家。[①] 他允许私有财产的存在，但平均主义的乌托邦思想仍旧延续下来，

① 吴易风、关雪凌等：《产权理论与实践》，中国人民大学出版社2010年版，第113页。

尤其是在土地的分配上面，所有的现有土地都应当是共享的，并分割成尽可能相同的小块分配给各个公民。亚里士多德接受了他的老师柏拉图关于财富分配上的极端不平等会导致社会冲突的观点，但是与柏拉图相比，亚里士多德更加尊重社会的实际情况。他否定了柏拉图提出的公共所有制主张，认为平均财产并不能平均人的欲望，而欲望的平均只能够依赖于教育。因此，废除私有制并不能从根本上解决问题。此外，亚里士多德认为，私有制不仅无法消灭，而且可以给社会带来积极的因素。他在《政治学》中写道："财产在一定意义上是共有的，但私有化应作为普遍规则；因为，当每个人都有边界确定的利益时，人们就不会相互指责，每个人都要照看他自己的财产，因此，人们将会取得更大的进步。"① 然而，无论是柏拉图还是亚里士多德，都仅仅是从政治的角度来谈论产权的本质及归属，而并未将这一讨论上升到法律。这是由于他们所处的古希腊是由具有相近的种族、宗教和文化的公民所组成的城邦和小型社会，在这样的社会背景下，政治基本上是一个习惯的问题，而不是法律的问题。因此对于柏拉图来讲，理想的社会需要正义，而正义的执行是不需要法律的。

2. 古罗马时期的产权制度

率先在法律领域讨论产权概念的，是古罗马时期的法学家。古罗马后期的法学家最先提出了绝对私有财产的概念，创设了"完全所有权"（dominium）的概念，并将其应用在了不动产和奴隶上。古罗马法学家将所有权概念定义为"对物的一般的实际主宰或潜在主宰"，实质上就是对物的完全的、绝对的支配权——所有者在法律许可的范围内可以任意使用和消耗物品。处于完全所有权之下的财产一经合法地获得，就具有永久的绝对排他性。罗马法中的"绝对所有权"概念被认为是现代大陆法系所有权观念的源泉，但此时的私有财产还没有被看作人的自然权利，仍需要服从于国家和社会的利益。

① ［古希腊］亚里士多德：《政治学》，吴寿澎译，商务印书馆1981年版，第53页。

与古罗马同一时期的日耳曼民族是英美法系产权制度的鼻祖。古代的日耳曼人长期处于狩猎和游牧为生的氏族公社阶段，因此，他们比同一时期的罗马要落后的多。日耳曼人在公元前经历了一场大迁徙，在恺撒时期开始定居下来。由于他们长期习惯了氏族公社的生活，其所处的环境非常闭塞，加之罗马发达商业的冲击，日耳曼社会的生产力十分低下，个人生存能力也很脆弱。因此，在他们进入村落社会——马尔克公社（March Community）以后，原始社会的许多习惯仍然保留下来。这一制度下，个人是团体的基本要素，由公社将土地和基本的生产资料分配给个人占有和使用，由大家共同劳动进行生产，马尔克公社是财产的所有者。在这一时期，日耳曼社会都没有分化出真正意义上的私有财产权。

（二）封建制度时期的产权制度

公元5世纪，伴随着蛮族的入侵，罗马帝国分崩离析，以私有权和契约为基础的罗马法及贯彻它的组织系统都土崩瓦解，欧洲迎来了“黑暗时代”。这一时期的英国，以土地为例，土地的所有权属于国王，国王通过保有制的方式将土地的占有和使用权分封给大小贵族，大小贵族以同样的方式分封给其他臣民，直至佃农。这种保有制往往附有种种条件，即领主在一定情况下可以对土地进行司法和管理上的实际控制，可见，“保有制是封建土地持有体制的基础，而这种土地持有体制本身又是英国土地法建立的基础”。[①] 因此，当时的英国也不存在完全意义上的私有财产权，但通过保有制度，佃农拥有了以利用土地为内容的私人财产权。另外，欧洲大陆进入了中世纪时期。中世纪（公元11~14世纪）是一个崇尚宗教的时代[②]，整个西欧在教皇的通知下进入了法学的“荒原”时期。由于当时没有固定的政府来保障人民的生命和财产安全，或规定人与人之间的法律关系，迫于战争和入侵的压力，农

---

① J. G. Riddall, *Introduction to Land Law 2nd ed.*, London, Butterworths, 1979, p. 1.

② 由于国家统治权力的分散，教会在中世纪产权制度的发展中扮演了主要的角色。类似中国西周时期的“以德配天”，“神赐的权利”成为中世纪贵族拥有政治权利和社会经济权利的道德基础。国王和领主认为，他们的统治权来自上帝的恩典而不是国民的认可。这意味着中世纪的统治者需要取得教会的支持。中世纪的法律、习俗和社会制度在很大程度上由神学家的教导所决定。

民转而投向富有的地主寻求庇护——他们把自己的土地交给地主，自己成为佃农，在西欧，庄园经济渐渐兴起。庄园成为独立的小王国并自给自足，私有财产权在庄园内部依然存在。中世纪天主教神学和哲学的集大成者托马斯·阿奎那在其著作《神学大全》里阐述了他的产权思想，他认为，人们所取得的一切都属于上帝的赐予，是上帝的子民所共有的财产。但是，他并不否定私有财产的合理性。不同于近代学者将财产看作是人的一种自然权利，阿奎那认为，按照自然法财产应该公有，而私有财产依据的是人为法。财产所有者对其财产享有绝对的所有权，但这种权利必须建立在使社会受益的基础上。因而，“私有产权并不违反自然法，它只是由人类的理性所提出的、对自然法的一项补充而已”。[①] 中世纪后期，随着教廷和世俗权力阶层之间斗争越发激烈，为保护神职人员的收入不受国王的掠夺，教会逐渐转变了对财产的态度，将财产说成是不可剥夺的权利，其本意是指教会财产，却推而广之扩大到了所有的财产。这样一种观点也被后世的自然法学家所采用，即国家的权力无论如何扩张，都不能及于国民的财产。

（三）资本主义时期的产权制度

1. 资本主义形成和巩固时期的产权制度

这一时期的产权思想是“自由主义”的自然法思想。其理论源于当时的主流经济学思想和政治学思想。中世纪后期，欧洲民族国家迅速成长，渴望消灭封建社会的分治主义和教会精神势力的垄断，带来对财富的更大关心和经济活动的加速；宗教改革运动使原来的教会势力放松了控制；自然法哲学的滥觞为理性地设计国家制度和产权规则奠定了基础；经济方面，封建主义的管理方式已经不能适应新的经济形势。[②] 在英国，随着资本主义手工业的兴起，对外贸易得到较快发展。为了保护对外贸易，英国占领了大量的殖民地，并对其进行残酷的掠夺，积累了大量的货币财富。在这种历史条件下，

① 托马斯·阿奎那：《神学大全》，商务印书馆1963年版，第142页。

② 吴易风、关雪凌等：《产权理论与实践》，中国人民大学出版社2010年版，第119页。

代表商业资产阶级利益的重商主义经济思想便应运而生。① 重商主义着眼于为资本主义原始积累提供依据，最主要的特点就是将货币（金银）视作财富的唯一形式，认为国家应当对经济进行干预，以促进对外贸易的发展以及财富的积累。显然，这里的“国家干预”实质上就是主张国家运用法律的手段确保资本家通过残酷的原始积累所得来的财富的安全。与此同时，这一时期的政治思想则是鼓吹“天赋人权”的自然法主义。它将财产、生命、自由奉为不可剥夺的天赋人权。自然法理论的第一人格劳秀斯（Grotius）指出，基本的自然权利包括三个方面：即自由、守信和私有财产的尊重。② 实质上就是主张国家用法律排除外力对资本家财富的侵犯，以维护资本家的自治领地。自然法学派的洛克（Locke）将这种自然法思想发展成为自由主义政治哲学，他指出：“他们在自然法的范围内，按照他们认为合适的办法决定他们的行动和处理他们的财产和人身，而无需得到任何人的许可或听命于任何人的意志。”因此，在本质上，两者均以扶植私有财产权，壮大商业资本势力和抵御封建残余侵害为目的。因而，这一时期的私有财产权带有浓厚的革命主义色彩。

2. 自由资本主义时期的产权制度

随着英国国民经济的发展和国内外市场的扩大，工厂手工业扩大的有限性与迅速增长的市场需求之间的矛盾日益显露，从手工业过渡到机器生产的

① 重商主义认为，金银货币是财富的唯一形态，对外贸易是财富的唯一源泉，对于政府而言，应当积极地干预经济生活，实施保护贸易的经济政策。重商主义极为重视社会财富的占有权、转让权和由此产生的对所获收益的索取权，但他们的财富概念的内涵是十分肤浅的，他们将货币与财富等同起来，因而其财产的范围是极其狭窄的。作为产权思想的萌芽阶段，重商主义的产权思想主要可以概括为：(1) 占有货币等同于拥有财富的一切财产权利，货币至高无上，货币万能；(2) 货币财产最重要的权能就是获得财富不断增值的收益权；(3) 私有财产与公有财产之间存在可转换性，同时强调国王财富的积累和国家财富的取得不得侵害私有财产和人民的利益，强调私有财产的保护。重商主义作为封建主义向资本主义快速过渡时期的重要经济思想，指出货币占有者对于其获得的财富增量有收益权以及保护私有财产权等观点，对于早期经济的发展和货币制度的改进具有一定的意义，然而这一时期的财产权观念还十分狭窄，认为只有货币才是财富，只有货币才能创造财富，而忽略了非货币财产的产权问题。

② Hugo Grotius, *On the Law of War and Peace*, Kessinger Publishing, 2004, p. 85.

要求因此更加迫切，18 世纪 60 年代，工业革命首先在棉纺工业蓬勃开展起来。[①] 但是，资本主义的发展却受到封建主义残余的严重束缚。在这种情况下，“经济自由”的呼声日益高涨。经济理论方面，亚当·斯密（Adam Smith）在这一时期提出了“市场是一只看不见的手”的著名理论，并主张越无为的政府就是越好的政府。实质上，这一理论反映了资本家对个人自由发展和对财富无限追求的欲望。与之相匹配的政治思想则是推崇“功利主义”的资产阶级自由主义，其最重要的代表人物有洛克（Locke）、边沁（Bentham）、密尔（Mill）等人，洛克是奠基人，密尔则把“功利主义”推到了最高峰。密尔对个人的自由做了最大限度的发挥，他认为：“唯一实称其名的自由，乃是按照我们自己的道路去追求我们自己的好处的自由。”[②] 实质上，“功利主义”政治思想也是对资本家贪婪物欲的放任自由，在某种意义上也是优胜劣汰、弱肉强食的自由，其结果对于弱者来说实际上不存在自由。比如说，在严格的财产权之下，自由竞争的失败者就只有被饿死的自由。[③] 因此，在本质上，两者均以资本家追求财富最大化和免受政府干预为思想内核。所以，这一时期的私有财产权思想是以追求自由与功利为目的的“神圣不可侵犯”思想。

3. 垄断资本主义时期

进入垄断资本主义以后，私有财产权思想是“财产权不可侵犯”思想。一方面，自由放任主义的经济理论已经不能解决垄断带来的问题，宣扬国家在经济发展中的特殊作用的经济思想盛行其道，以李斯特为代表创立了反对“自由放任”主义的历史学派。1933 年世界经济危机爆发后，美国总统罗斯福接受了国家干预经济的思想，通过推行国家对经济进行全面干预和调节的政策，美国克服了经济危机，国家干预理论进一步深入，并由凯恩斯推向完备。凯恩斯主义对于资本主义国家摆脱经济危机和促进经济发展确实起过重

① 吴易风、关雪凌等：《产权理论与实践》，中国人民大学出版社 2010 年版，第 123 页。

② ［英］约翰·密尔：《论自由》，程崇华译，商务印书馆 1959 年版，第 13 页。

③ 唐士其：《西方政治思想史》，北京大学出版社 2002 年版，第 246 页。

大作用，但是它仍不能解决垄断造成的固有矛盾。第二次世界大战以后资本主义世界出现了“政治、经济民主化”的倾向，经济思想方面出现了调和“自由”与“干预”的“供给学派”。这一时期的经济学思想总体上都强调“国家干预”主义在经济生活中的重要地位，并注重对个人和社会民主的维护，力求在实现国家、社会与个人利益平衡中维护资产阶级的整体利益。另一方面，政治思想则强调以维护社会利益为目标的“社会本位”和“社会福利”思想。国家在宪法中明确规定社会利益应受保障，并规定一定情况下私人利益要服从社会利益，大多数国家也都制定了类似经济法性质的社会保障法。实质上，这一时期的经济思想和政治思想在维护社会整体利益和推进民主这一目标上是一致的，与之相匹配的私有财产权思想自然就是以尊重社会利益为前提的“不可侵犯”思想。20 世纪中期以后，随着生活质量的提高，“新财产”“新财产权”的概念正在逐步取代传统财产权的概念。所谓“新财产”泛指那些来自国家政策的各种福利，因为福利权被认为是现代社会保证公民权利的基础，也被称作“新财产权”。保护新财产权就要制定禁止政府可随意回收其福利的程序性措施，美国联邦最高法院认可了“新财产权”概念，并判定福利接受者在其福利被取消之前有权获得一次听证。

二、政治基础——分封制的体制

西方封建社会（Feudalism）形成于公元 5 世纪，由于北方的日耳曼族入侵，罗马帝国崩溃，日耳曼各族军事贵族和教会首领通过国王赏赐和掠夺等途径，变成了拥有大地产的封建大地主。在当时社会混乱的情况下，许多拥有小土地的农民和小地主，向这些强有力者投靠，请求庇护，于是在庇护与被庇护者之间成立了各种契约，通过契约，原来的农民和小地主把自己的土地转给了贵族或教会，然后又从贵族或教会那里承租土地，从而成为农奴或其他形式的依附农。而贵族和教会则在自己的领地上形成封建庄园。在 5 ~ 13 世纪，西欧封建社会的国王并不是高高在上的专制君主，他没有“发达的行政官僚制度”，甚至也没有常备军。国王与诸侯的关系是封君与封臣的关系，这也是一种契约关系。国王只能在直接附属的封地和契约规定基础上享有某些权利。从国王到一般贵族，对隔级附庸的封地没有直接干涉的权力。“我的附庸的附庸，不是我的附庸。”这就是西欧分封制遵循的信条。从一般贵族地主到国王，对他的附庸，如果违背了有关权利和义务的规定，对方均可按合法依据加以抑制。总之，西欧封建君主制的特点是：（1）国王和他的臣属、附庸之间的政治关系是一种契约关系；（2）国王必须同某些形式的贵族会议共掌权力；（3）国王没有一个高度整合的行政系统，而每个封建贵族就是他自己领地内的真正统治者。①

不同于中国“普天之下，莫非王土；率土之滨，莫非王臣”的中央集权统治，西方的分封制对于君权起到较大的抑制作用，国家财富不再统一由最高统治者掌管，使私有财产在民间广泛积累。这一政治制度的产生，给财产税的征收创造了温床。

三、文化基础——私有产权理念

财产税的征税对象为财产，故财产税的产生必然需满足三个天然条件：一是国家和阶级的产生，二是私有财产的存在，三是统治阶级意识到可以对公民财产进行征税以达到某种社会功能。所以财产税的产生和演变史，即公民的财产权思想与统治阶级之间博弈的斗争史。

（一）奴隶制时期

奴隶制时期，统治阶级握有绝大部分社会财富，位于社会中下层的公民没有话语权，只能依附于上层阶级生存，财产税的演变主要依赖于统治阶级的内部改革。这时期的征税主要来自实物，如古希腊时期，针对土地征收的“六一税”。后来执政官梭伦上台以后，颁布了著名的“解负令”，其中措施之一就是清除农民土地上的“六一税”，打破了贵族统治阶层对于土地的控制，在此基础上进一步确定了公民的土地所有权。

另一个例子是古罗马。从公元前200年至公元300年，罗马的财产税主

① 姚文仪：《14世纪中期至17世纪中期中西方社会发展之比较》，载《社会科学》2006年第11期。

要来自对土地、房屋、牲畜、树木、葡萄藤以及其他私人财产。在罗马共和国早期，财产税的税率仅为财产（包括土地、房屋以及农作物、牲畜等私人财产）价值的1%。战争期间，这一税率升为3%。在恺撒大帝当权期间，由于担心人民未尽全力从事生产活动，恺撒对税收体系进行了调整，其中的一个改进就是对土地税的修正。他为农业生产划定了一个门槛，如果一个农民足够勤奋，其农作物的产出量超出了这一门槛，他仍然可以按照这一门槛缴纳税收。经济激励和土地的充分利用是恺撒经济政策的核心。

在民间，古罗马后期的法学家最先提出了绝对私有财产的概念，创设了“完全所有权”（dominium）的概念，并将其应用在了不动产和奴隶上。古罗马法学家将所有权概念定义为“对物的一般的实际主宰或潜在主宰”，实质上就是对物的完全的、绝对的支配权——所有者在法律许可的范围内可以任意使用和消耗物品。处于完全所有权之下的财产一经合法地获得，就具有永久的绝对排他性。罗马法中的“绝对所有权”概念被认为是现代大陆法系所有权观念的源泉，但此时的私有财产还没有被看作人的自然权利，仍需要服从于国家和社会的利益。

由上可见，在财产税的形成初期，由于绝大多数的私有财产集中在统治阶级和社会中上层，对于占社会绝大多数的普通民众而言，私有财产思想还很薄弱。财产税的征收往往跟随着统治阶级制定的政策和国家局势变动，不受普通民众的控制。

（二）封建时期

中世纪是一个崇尚宗教信仰的时代，教会对于传播财产私有观念起到了重大的作用。中世纪天主教神学和哲学的集大成者托马斯·阿奎那在其著作《神学大全》里阐述了他的产权思想，他认为，人们所取得的一切都属于上帝的赐予，是上帝的子民所共有的财产。但是，他并不否定私有财产的合理性。不同于近代学者将财产看作是人的一种自然权利，阿奎那认为，按照自然法财产应该公有，而私有财产依据的是人为法。财产所有者对其财产享有绝对的所有权，但这种权利必须建立在使社会受益的基础上。因而，“私有产权并不违反自然法，它只是由人类的理性所提出的、对自然法的一项补充而已”。①

中世纪后期，随着教廷和世俗权力阶层之间斗争越发激烈，为保护神职人员的收入不受国王的掠夺，教会逐渐转变了对财产的态度，将财产说成是不可剥夺的权利，其本意是指教会财产，却推而广之扩大到了所有的财产。这样一种观点也被后世的自然法学家所采用，即国家的权力无论如何扩张，都不能及于国民的财产。教会起而对抗国家公权力征收财产税的做法，虽出发点是为了保护教会财产不被掠夺，但对于后世财产神圣不可侵犯的观念起到了承上启下的作用。

（三）资本主义时期

资本主义时期是财产私有思想广泛传播的时期。资本主义初期，欧洲大陆刚从黑暗时代的封建社会苏醒，对于国家凭借暴力掠夺公民财产深恶痛绝。这一时期的政治思想是鼓吹“天赋人权”的自然法主义。它将财产、生命、自由奉为不可剥夺的天赋人权。无论是自然法理论的第一人格劳秀斯，还是洛克，均主张国家用法律排除外力对资本家财富的侵犯，以维护资本家的自治领地。在本质上，两者均以扶植私有财产权，壮大商业资本势力和抵御封建残余侵害为目的。因而，这一时期的私有财产权带有浓厚的革命主义色彩。

进入自由资本主义时期，工业革命的兴起使资本主义经济有了长足的发展，但仍旧受到封建残余的影响。这一时期私有产权的思想是推崇“功利主义”的资产阶级自由主义，其最重要的代表人物有洛克（Locke）、边沁（Bentham）、密尔（Mill）等人，洛克是奠基人，密尔则把“功利主义”推到了最高峰。这一时期的私有财产权思想是以追求自由与功利为目的的“神圣不可侵犯”思想。

垄断资本主义时期，市场秩序的失控导致了经济危机的爆发，一度在私有产权中处于劣势的国家机器不得不出面对市场进行干预。第二次世界大战

① 托马斯·阿奎那：《神学大全》，商务印书馆 1963 年版，第 142 页。

以后，资本主义世界出现了“政治、经济民主化”的倾向，经济思想方面出现了调和“自由”与“干预”的“供给学派”。这一时期的经济学思想总体上都强调“国家干预”主义在经济生活中的重要地位，并注重对个人和社会民主的维护，力求在实现国家、社会与个人利益平衡中维护资产阶级的整体利益。另外，政治思想则强调以维护社会利益为目标的“社会本位”和“社会福利”思想。国家在宪法中明确规定社会利益应受保障，并规定一定情况下私人利益要服从社会利益，大多数国家也都制定了类似经济法性质的社会保障法。实质上，这一时期的经济思想和政治思想在维护社会整体利益和推进民主这一目标上是一致的，与之相匹配的私有财产权思想自然就是以尊重社会利益为前提的“不可侵犯”思想。在资本主义发展的完善期，财产权思想最终在个人本位和国家本位中实现了平衡，财产税也不单单是对公民个人财产的掠夺，而是发挥了更加广泛的社会功能。

第三节　西方财产税的制度评析

一、财产税与私有财产权保护

在西方国家的法治进程中，私有财产权有着尤为重要的地位和影响。财产权作为公民的一项基本权利，在西方国家宪法和宪政制度中居于核心地位，是近现代民主宪政的基石。对私有财产权保护的追求，亦成为资产阶级革命的基本推动力。在西方的哲学传统中，财产权的赋予意味着人类具有占有和支配自己劳动成果的权利。对自身劳动成果具有占有、使用、支配，是维持自身生存以及维护人的自由和尊严的前提。在近代启蒙思想家看来，财产权是公民的基本权利，是与生命权、自由权并重的“天赋人权”。洛克认为，财产权是与生俱来的，不可剥夺和转让的受自然法保护、先于国家而存在的自然权利。[①] 卢梭认为，财产权正是社会契约所要解决的根本问题，“在某些方面，它甚至比自由还重要”。[②] 随着西方资本主义国家宪政运动的兴起，西方宪法对于私有财产权给予了特别的关注，具体而言，几乎所有的西方国家在宪法条文中都明确宣告私有财产权“神圣不可侵犯”，这成为西方宪政制度的重要基础。法国1789年的《人权宣言》中即宣称财产权为“一项神圣不可侵犯的权利。”1948年联合国大会通过的《世界人权宣言》中更明确将私有财产权作为人权，其第17条规定，“人人得有单独的财产权以及同他人共有财产权，任何人的财产不得任意剥夺”。

二、财产权与税收国家的形成

尽管在自然法学派看来，私有财产权在自然法学派看来是“天赋人权”，但无法否认的是，在国家成立以前，人们的权利无法得到良好的确认以及保障。事实上，一项自然权利如果无法上升为法律权利，是很难得到保障的。虽然私有财产权本身代表对物享有占有、使用、收益和处分的绝对权利，但是自然状态下的私有财产权实际上缺乏对抗他人的强制力。因此，在缺乏必要的外部强制力的情况下，私有财产权的排他性与支配性显然只是一句空话。因此，正如洛克所言，“人们联合成为国家和置身于政府管理之下的重大的和主要目的，是保护他们的财产，主权者的权力绝不容许扩张到超出公众福利的需要之外，而是必须保障每个人的财产”。[③] 社会契约论者所强调的正是国家在私有财产权保护中的主体地位。私有财产权是先于国家产生的自然权利，而国家的产生却正是基于对私有财产权保护的需要。

国家实现私有财产权的保护，就必须维持一定的物质基础。在市场经济体制下，国家不是市场的参与者，而仅仅作为市场秩序的维护者和协调者。国家不直接从事生产经营，更不能随意进行国民财富的再分配。为保证国家履行其职能所必须的物质基础，必须将国家的财政需求转移给国民财富的生

---

① ［英］洛克：《政府论》（下篇），瞿菊农译，商务印书馆1983年版，第77页。
② ［法］卢梭：《社会契约论》，何兆武译，商务印书馆1980年版，第30~31页。
③ ［英］洛克：《政府论》（下篇），瞿菊农译，商务印书馆1983年版，第77页。

产者，人民将其受国家保护的财产中的一小部分让渡给国家，以作为国家保护其财产权的对价，并将此财产让渡固定化和法定化，即以税收的形式转让其财产。“国家的收入是每个公民所付出的自己财产的一部分，以确保他所余财产的安全或快乐的享用”。①

正由于财产税乃是直接取自私人财产，私人财产价值的增值才能为税收的课税提供根本的经济来源。但物质财富首先是以公民劳动成果的形式存在的，如果公民无法控制和支配自己的劳动所得，就不愿积极创造和积累财富，而缺乏充足的财富积累的社会，便无法保证国家稳定的财源。在私有财产权未得到尊重和承认的情况下，纳税人也必然缺乏获取收入、保有私人财产和购买力的动力，这正是财产税的客观要素。同时，财产税不得及于财产的全部，否则，国家取得的收入越多，私人社会所保有的财富份额也将逐渐萎缩乃至最终消亡，将直接违背纳税人以私人财产保护为宗旨而缔结的社会契约。因而财产税的课征的合理性与正当性，应当在于私人的所有权人参与市场交易而使财产增加，只有财产增加的部分，才可以纳入国家征税权的范围，而不致于损害纳税人或社会赖以存在的基本物质资料。可以说，财产权是纳税人劳动成果的法律表征，只有在财产权得以充分尊重并保护的前提下，国家才能通过税收，抽取来自公民社会的物质财富。因此，国家对财产税的征收前提是私有财产权的存在，国家的运行越是依赖于税收，就越要提高对私有财产权的保护。②

三、现代社会财产税法治建设

（一）财产税的地位演变

如今，财产税在整个税收体系中不再处于主体地位，但仍是一国税收制度的重要组成部分。从税制发展史可知，财产税曾是各国财政收入的主要来源，随着社会经济的发展，财产税的主体地位已被所得税和商品税所取代，

① ［英］洛克：《政府论》（下篇），瞿菊农译，商务印书馆1983年版，第88页。

② 刘剑文：《走向财税法治——信念与追求》，法律出版社2009年版，第118～120页。

在全部财政收入所占的比重较小。近年来，发达国家财产课税收入占全部财政收入的10%～12%，发展中国家仅为5%～6%。[①] 在美国，财产税更被称作“文明社会最糟糕的税收”。

美国财产税已有200多年历史，各州财产税法律历经多次修订完善，征纳税的每个环节都有法可依、公开透明，但仍受到美国民众的广泛诘难和指责，更是引发了多次抗税革命，通过的立法限制导致了财产税的衰落。

第一次大规模财产税立法限制发生在1933年的经济大萧条时期。1929～1932年公众收入减少了一半，而财产税收入弹性小、税负稳定，导致财产税占纳税人收入比重大幅提高，1931年竟然高达11.3%，这引发纳税人强烈不满。美国全国有3000～4000个地方同盟发起了税收改革，导致有16个州通过财产税税收限制法案，对财产税规定税率上限并设置财产税优惠政策。同时，一些州调整了税收结构，加强销售税和所得税，减少对财产税的过度依赖。上述措施缓解了居民的财产税税收负担，到1940年财产税在纳税人收入中的比重下降到5.8%。

第二次大规模财产税立法限制发生在20世纪七八十年代的经济滞涨时期。通货膨胀导致房地产价值上涨过快，居民收入增长却停滞，而地方政府并没有随之降低税率，公众财产税负飙升，来自私人业主的财产税比重由1970年的34%升高到1978年的44%，由此引发了对财产税的收入、税率与评估价值等的全面限制。1978年第13号提案即“人民倡议限制财产税”宪法修正案在加利福尼亚州的通过，成为现代财产税限制的开始，并在美国其他州引发连锁反应，其影响力持续至今。比如，堪萨斯州在1970年实施财产税总体收入限制法案，亚拉巴马州在1972年实施了财产税总体税率限制法案，马萨诸塞州在1980年实施了“21/2法案”，卡罗来多州通过“纳税人权利法案”等。据统计，2006年美国共有34个州实行财产税税率限制；29个州对财产税收入进行一定限制；有20个州对评估价值增长也有限制规定。第

① 张学诞：《中国财产税研究》，中国市场出版社2007年版，第108～109页。

二次财产税限制立法的范围之大、手段之多可见一斑。美国地方政府财产税占其一般财政收入比重由 1927 年的 68.8% 下降至 2006 年 24.69%。近年来，美国民众对财产税改革仍争议不断，佛罗里达、佐治亚、印第安纳等一些州着手新的立法改革。为防止地方政府违背居民意愿提高财产税收入，印地安纳州的立法者将财产税征管权限由地方上移至州政府。2009 年 10 月，佛罗里达州议会通过了税收改革方案，将家庭住宅税收免征额由 2.5 万美元增加到 5 万美元，采纳“保护家园倡议”关于税收限制和减免税的建议。佐治亚州最为激进，该州通过作为宪法修正案的 GREAT 提案（Georgia's Repeal of Every Ad-Valorem Tax），主张废除财产税，提出增加销售税来取代财产税，即提高销售税税率、取消所有销售税减免项目，以增加的销售税来弥补财产税减少的税收收入。在民众普遍抱怨甚至要求废除的压力下，美国的财产税前景堪忧。

（二）财产税地位衰减的制度原因

财产税在西方国家的主要税种是房产税。以房产税为例，由于房地产的稀缺性、固定性、持久耐用和保值增值等特性，房地产税收入弹性波动很小，税基充裕稳定且呈增长趋势，能担当地方主体税种，备受地方政府的青睐。税源稳定和逆周期性是房地产税的突出优点，但从美国立法限制历史看，在经济萧条、失业增加、收入下降时房地产税仍保持稳定，违背了量能负担原则从而引发抗税运动。

另一个原因是征收成本过高。来自荷兰一项比较研究发现，财富税的管理成本占其收入的 26.4%，而所得税的管理成本仅为 4.8%，财产税的征纳成本远高于其他税费。在美国长达数十年的财产税限制立法中，纳税人联盟主张的用销售税和所得税替代财产税的主张在多个州通过议会立法，这表明联邦政府和州政府为降低财政收入的边际成本，愿意以更多的个人所得税、销售税和更高的财政赤字筹集的资金去补助地方政府削减财产税。

最后，房地产税是看得见、有形的，通常一次性付税总量大且税负明确。一般来说，税负透明能让公众和政府同时清晰地意识到以该税收筹资公共项目的成本与收益，这既可以促进政府政务公开，不断提高财政支出效率，又可以促使民众参政议政，极大地降低监督政府的成本，有助于地方自治和改善基层民主政治。但看得见的财产税很难令纳税人欣然接受，易于引起纳税人的抱怨和不满。美国民众每次发起的财产税立法限制，从现象上看虽然都因财产税负担重而引发，但以财产税融资的地方政府同时也提供了优质的公共服务。因此，高度透明的财产税作为地方公共服务的价格信号，使民众对地方公共服务“性价比”和财政收支效率十分敏感。随着财产税的增加，公众对地方政府的期望就越高，也越容易引发矛盾。①

① 唐明、李欢：《美国财产税立法限制对我国房地产税立法的启示》，载《中国财政》2015年总第688期。

CHAPTER 02 >>

第二章

中国古代财产税法律制度研究

在古代中国，由于产权制度的不明晰，长期以来并不存在真正意义上的私人财产，因此也没能建立起现代意义上的财产税法律制度。但是，中国古代的许多税种，如田赋等具备了现代财产税的雏形，并通过李斯、商鞅、王安石、张居正等改革家的改革不断完善这些制度。同时，在中国古代的思想文化长河中，也产生了许许多多与财产税有关的税收法律思想。“以史为镜，可以知兴废”，通过对我国古代财产税制度的研究，能够为我国未来财产税制度的构建奠定良好的理论基础和历史基础，有较强的现实意义。故在本章中作者将对我国古代财产税法律制度与相关思想理论做简要梳理，总结得失兴废，为后世提供镜鉴。

第一节　中国古代产权制度流变

中国自古是一个以农业立国的国家，自给自足的小农经济是中国古代社会的主要社会形态。农业以土地为生产资料，农民必须定居。因此，土地以及土地之上附着的房屋就成为农业社会中财产的主要部分。研究财产税，首先要对产权制度有较为具体的了解，若对当时的产权制度不了解，则对财产税制的研究将成为空中楼阁。中国古代的所有权观念和制度与近现代意义上的所有权观念和制度有着很大的差异，这种差异有时是本质性的。比如，中国古代社会是以“家国”为本位，而不是以个人为本位，故民事主体对物的支配权常常受到国家、宗族的限制；同时，中国古代的所有权并非纯粹意义上的私法权利，而与公法和身份有着密切的关系，① 因此要研究中国古代的财产税制度就首先要将中国古代财产所有权的观念与产权归属问题研究清楚。

一、中国古代财产权制度的发展历程

在中国古代君王统治一切，也拥有一切。在这种财产制度下，正所谓“普天之下，莫非王土；率土之滨，莫非王臣”，一切的土地和财物最终都归君王控制和支配，所有的社会成员都是君王的臣民，都必须按照君王的命令承担赋税和提供服役，人民的财产，甚至生命被任意剥夺，但却除了揭竿而起之外，几乎没有任何办法可以保卫自己的财产和生命。这样一种专制主义的财产权制度，可以用“天下王有”来概括，自秦以降，两千年来几乎没什么改变。虽然造成中国朝代更替的农民起义都直接或间接地与赋税过重有关，秦末陈胜吴广起义、唐末黄巢起义、北宋王小波起义、明末李自成起义也都曾提出过“轻贡赋”“不纳粮”等内容，但是却始终没有提出过一套完整的界定人民财产权利范围、保护人民财产权利的法律规范体系或理论体系。具体来说，我国古代的产权制度可以从以下几个方面展开论述：

（一）君王是天下财产的唯一所有人

在实行生产资料公有制的原始氏族公社时期，土地以及采摘、打猎所得等财产属于居住或占有该地区的氏族或部落组织的全体成员共同所有。这即是原始社会的土地占有形式。但是，由于生产力水平逐步提高，社会经济不

① 周子良：《近代中国所有权制度的形成》，法律出版社 2012 年版，第 23 页。

断发展，母系家族向父系家族转换，部落内部逐渐分化为几个家族，这种大家族公社，起初仍旧实行原始共产制原则，各个家族及其成员之间共同劳动、平均分配。然而，由于氏族公社转化为家族公社，氏族财产分化为家族财产，必然出现家族之间乃至家族内部个别成员之间的贫富分化。一旦分财别居的父系家族形成后，家族公社就分离为父权家族和一夫一妻制家庭的私有制形式，于是，原始公有制社会便趋于瓦解，私有制及阶级社会也由此而诞生。以土地为代表的财产就是随着社会政治经济形态的发展进化，由氏族或部落组织公有过渡到家族组织或个体家庭私有的。随着生产力的进一步发展，家族组织也开始进化为更为庞大的宗族组织，原有的血缘亲属关系纽带并未因氏族制度的瓦解而削弱或消失，相反却转化为宗族制度的形式保留下来。于是，原来的氏族或部落财产所有制便转化为宗族财产所有制。这一变化看似平常，但却与变化以前具有本质上的不同。前者属于原始公有制范畴，后者则系私有制性质。因为宗族土地所有制实际是一种以各级宗主为代表的所有制，它在本质上属于阶级社会的私有制范畴。这种宗族所有制，是先后经过原始社会时代的过渡变化，在夏、商、西周时期宗法分封制度与井田制度的发展过程中，逐步建立和完善起来的。

到了西周时期，这种“天下王有”的思想已经完全树立起来了，并在未来的三千年里没有太大的改变。秦始皇统一中国后宣称，“六合之内，皇帝之土”，“人迹所至，无不臣者。”这样的思想，虽经王朝更替，历久不衰。不仅君王世代相传，而且被知识分子和普通百姓所普遍接受，成为中国传统思想的正统。先秦的思想家，即使提倡“德政”“仁政”的孔子，强调“保民而王”；提出“民为贵、社稷次之、君为轻”的孟子，也只是强调君王要守“王道”，而丝毫没有质疑“天下王有”的专制体制。孟子就说过“尺地，莫非其有也；一民，莫非其臣也”[①]。提出“君者，舟也；庶人，水也。水则载舟，水则覆舟”[②] 的荀子，也说“贵可天子，富有天下”，并论证天子是天

① （春秋）孟轲：《孟子·公孙丑上》，中华书局2008年版，第50页。

② （战国）荀况：《荀子新注》，北京大学《荀子》注释组释，中华书局1979年版，第161页。

下的最高主人。法家则更为直接，干脆说“国者，君之车也”①。虽然，在传统文化中曾有“大道之行也，天下为公”的说法，但是这些零星的思想既没有被广为接受，更没有在社会现实中有任何反映。在中国两千余年专制历史上，“天下王有”一直主要的财产观念和财产权制度。

需要说明的是，自商鞅“废井田、开阡陌”的变法改革之后，所有土地都可以私有和买卖，由国家统一收税，有学者认为中国就建立了土地的私人所有权。其实不然，可怜的中国老百姓占有一小块土地，甚至还可以进行买卖，并不意味着他就对此拥有今天意义上的所有权或财产权，在观念上土地最高所有权一直属于君王。任何人们拥有土地完全是君王恩赐的结果，在人民对土地的所有权之上还有一层更为权威的所有权，那就是王权。这也就成为历朝历代帝王横征暴敛，通过各种手段侵占人们财产的正当性基础。历代王朝对人民财产所征收的赋税或摊派的徭役，在表面上虽说有定制，但朝廷可以随时随地加赋，“相机增减”，巧立名目，统治阶级需要多少开销，就向人民摊派多少、索取多少，既没有定额，也没有一定的课征对象，正如汉代晁错所说“急政虐赋，赋敛不时，朝令而暮改”。②

中国历代王朝以统治能力的强大程度为后盾，肆意掠夺私人的财产。官府的统治能力越强，对私人财产的控制与汲取能力就越强，使天下财产成为王朝的可欲之物。在强权统治之下，再多的私人财产也不具备现代法律意义上的财产权属性，因为任何人都没有能力对抗君王对其财产的侵害和掠夺。中国传统社会的财产权，正是这种在暴力支撑下的君王专制的财产权，而与现代意义上的私人财产权风马牛不相及。

（二）在一定程度上对人民的财产权进行保护

在这样一个“民可使由之，不可使知之”的时代里，人民的一切财产都是帝王的恩赐，但是出于维护统治阶级稳定的考量，统治者也在一定程度上注重保护人民财产权，可是这种保护力度是较为有限的。在官方立法层面，

① （战国）韩非：《韩非子译注》，黑龙江人民出版社2003年版，第575页。

② 姜江：《财产权的法理研究》，中国社会科学院2008年博士研究生毕业论文，第81页。

除了从秦汉至明清一直对“盗窃”[①] 进行严厉打击外，还有一些保护私有财产的条文，比如《唐律》“户婚”一篇中有占田过限、盗耕种公私田、妄认盗卖公私田、在官侵夺私田和盗耕人墓田等多个条文，并分对之处以举了笞、杖等多种刑事处罚。

古代中国的财产权制度十分复杂，官方立法只是对很小的一部分作出了明确的规范，留下诸多空白。更多的财产权制度，官方法采取了“非不能也，实不为也”的立法“谦抑”态度，留给民众的生活实践去补充完善。因此，在民间，财产权制度十分发达，它们不仅体现在乡约、行规等成文规范中，更多体现在涉及财产交易的契约及各种惯例当中。此外，中国古代的财产权，特别是土地产权，是十分独特的，它没有西方产权制度中一物一权、产权绝对等典型特征，而是因各种原因，形成一项财产诸多权利人共存的情形，或者说一个土地权上存在多项所有权负担，但是，源于古代中国产权制度的巧妙设计，这样的多个权利主体很少发生激烈的冲突，往往可以和谐共存。这是人多地少、资源紧张环境下形成的对财产充分利用的实践智慧，这种财产权保障机制，具有历史的特殊性。而这种民间法与其说是一种法律形式，不如说是一种约定俗成的交易习惯，并未得到官方认可，当面对统治者的掠夺时，一切都是苍白无力的。所谓“无救济者无权利”，当老百姓几乎没有任何法律武器或手段可以制约和对抗专制王权横征暴敛、巧取豪夺的时候，财产权利距离他们还很遥远。

二、产权制度是中西方财产税发展道路不同的根源

当我们将中西方古代财产税进行对比时，会发现二者的发展道路迥然相异，中国的财产税法律制度始终是中央王朝攫取财政收入的重要工具，在客观上间或会起到保护人民财产权的作用，这一制度直到20世纪上半叶的大变革后方才土崩瓦解；而西方财产税制度早在十五六世纪就随着王权的式微而

---

① 中国古代法中所说的“盗窃”并不同于现代刑法中所说的盗窃，涵盖“偷盗、抢夺、抢劫”等财产犯罪。

逐步走向现代化，逐渐兼具了组织财政收入与保护人民财产权的双重职能。之所以中西方财产税在发展过程中会出现如此差异，从根本来说，是由两国产权制度的不同所导致的。就古代中国来说，首先，“普天之下，莫非王土”是中国古代产权制度的根基。从某种层面来说，人民根本没有私有财产权，保护私有财产的思想理念很难自上而下的形成，即使偶有萌发，也会遭到统治者扼杀。在古代中国，无论是制度层面，还是思想层面，有的是“集体产权”概念，而没“私人产权”概念。所谓集体产权，上指封建君主对天下财产的名义所有权，中指以家庭、宗族为单位，对财产拥有的实际所有权，下指人民在实践中对财产拥有的不完全的所有权；在这三种财产所有权共同作用下，最直接的结果就是产权的不明确。私有财产始终处于被侵犯的威胁之下，人民不再对统治者能保护私有财产寄予幻想，且千百年来的小农意识使人民缺乏诉诸改革的意愿，这种思想根深蒂固，甚至在一定程度上影响着现代社会的税制改革，如遗产税制度的发展就为这种传统的财产观所阻滞。而西方社会则恰恰相反，随着生产力的提升，新兴资产阶级贵族成为社会的中间力量，他们拥有较强的经济地位，却由于缺乏政治身份而使得政治地位低下，因此他们有动力以推动财税体制变革的方式保护自身财产权。在这一过程中，最为引人瞩目的就是英国的《大宪章》，《大宪章》规定“一切盾金及援助金，如不基于朕之王国的一般评议会的决定，则在朕之王国内不得课征一切盾金或援助金。”这是人类历史上第一次对国王征税权做出限制，第一次在政治逻辑上把私有财产至于国王的主权之外，第一次在制度上确立了私有财产不收侵犯的原则①，是近现代西方财产税制度的肇始。在此之后，启蒙运动的兴起又为现代财产税制度的发展提供了大量理论基础，尤其是社会契约理论直接提出税收的性质是人民为了保障包括财产权在内的一系列权利而支付的对价，他们所主张的“天赋人权”中，自然地将私有财产神圣不可侵犯作为一项基本人权予以保护。可以这么说，正是有了明确的私有产权概念，西方的财产税制度才走向了近代化道路。

---

① 陈少英：《税法基本理论专题研究》，北京大学出版社2009年版，第53页。

第二节　中国古代财产税的起源与发展

财产税是一个古老的税种，在漫长的社会发展史上，财产税曾是各国最主要的税种，尤其是在以土地私有制为基础的封建社会，财产税是国家的主要税收收入。近代以降，财产税收入在税收收入总额中所占的比重有所下降，但仍然是各国现代税收体系的重要组成部分。在组织地方财政收入，调控社会财富分配等各方面都依然起着举足轻重的作用。

自公元前两千年夏王朝“任土作贡”算起，中国的财产税距今已有四千余年的历史。按照学界划分，在古代，财产税可分为一般财产税、土地税、房产税以及遗产和赠与税。① 在中国，由于社会经济背景和文化观念上的差异，在长达两千多年的封建社会中，中国并没有选择一般财产税，而是一直以土地税作为主要的税收收入，一般财产税的唯一萌芽出现在汉武帝时期，汉元狩四年，中央政府颁布算缗令，开征缗钱税，这一税赋主要针对当时的商人和手工业者开征，课税对象包括缗钱、商货、车船、房宅、牲畜、奴婢等“财产”，究其实质是一种“工商资产税”。至于遗产和赠与税，由于传统中国宗族观念的桎梏，个人财产不单单属于其所有者本身，更属于一个虚幻的“宗族”，因此并不具备开征遗产税和赠与税的理论基础，直到 1940 年 7 月 1 日，国民政府才根据两年前指定的《遗产税暂行条例》开始对遗产和赠与财产征税，因此中国古代并没有开征遗产税。综上所述，中国古代财产税主要由田赋（土地税）、房产税、工商资产税、契税以及杂税五个部分构成，在下文中，笔者将从这几个方面展开研究。

一、田赋

土地是古代中国人们所拥有的最主要的财产，是农民最基本的生存资料

① 参见张学诞：《中国财产税研究》，中国市场出版社 2007 年版，第 15～26 页。

和生产资料，农民与土地血脉相连。一部中国古代财产税史，从某种意义上来说就是一部中国土地税或称为田赋制度史。正如民国学者所说“我国久经沉浸于故步自封之农业经济社会，递嬗而影响与税制上之变化者，当甚鲜，无论课税之对象，与夫课税之方法，如相沿数千年，田赋之心态不稍变。”[①]研究田赋制度对于研究我国古代土地制度、社会治理结构的变迁都有重要意义。

（一）先秦时期

税收伴随着国家的产生而产生，而财产税在中国古代税制中最为集中的表现形式就是田赋。已有学者指出，就田赋来说，在中国五千年的历史长河中，大致经历了六次大的变化，即三代至春秋时期的贡助彻制，战国、秦、汉和两晋时期的租税制，北魏至隋唐的租调（租、庸、调）制，唐中期至明中期的两税法，明中期至清雍正年间的一条鞭法，雍正年间至民国初年的地丁银制。严格地说，一条鞭法和地丁银制是两税法的继续和完善。因此，中国赋税制度实际上是贡助彻制、租庸调制和两税法三个大的阶段，各领风骚上千年。[②]

四千多年前，大禹将部落首领的位子传给了自己的儿子启，开启了数千年家天下的大门，中国历史上第一个奴隶制国家产生了。税收和夏王朝同时诞生，史载“自虞、夏时，贡赋备矣。”[③] 孟子对夏商周三代的税赋制度有着形象、详尽的描述，“夏后氏五十而贡，殷人七十而助，周人百亩而彻，其实皆什一也。彻者，彻也；助者，藉也”。[④] 这表明，税收是伴随着国家机器的财政需要而出现的。当然，夏朝的这种“贡”还停留在税收的原始阶段，它指的是部落联盟首领在政府分散在中原各地的各个部落之后，向这些部落进行的财政征收。这些贡赋既体现了被征服部落对天子的承认，也体现了国

---

① 吴兆莘：《中国税制史》，商务印书馆1998年版，第7页。

② 陈锋：《中国古代的土地制度与田赋征收》，载《清华大学学报》（哲学社会科学版）2007年第4期。

③ （汉）司马迁：《史记·夏本纪》，岳麓书社1996年版，第8页。

④ （春秋）孟轲：《孟子·滕文公上》，中华书局2008年版，第99页。

王对他们的统治。有学者认为，这种贡赋不是自愿献纳，而是强制的、无偿的，甚至逐步实现了固定性。[①] 但是笔者对这一观点稍持异议，笔者认为，在奴隶制国家被征服部落首领所缴纳的贡赋实际上是有对价的，即换取了部落首领对他们的武装保护，由于当时生产力落后，且中原四周蛮族环伺，不依托于一个强大的武装力量，小型部落很难生存下去，因此以贡赋换取保护就成为当时各部落的唯一选择。

夏朝作为中国第一个王朝并未遗留下文字记载，现在的研究也大多是建立在后人的著述之上，其中难免有附会与臆断的成分。而商代由于有甲骨文的遗存，其相关制度的可行度较高。在商代，伴随着国家机器强化与生产力的进一步发展，奴隶主将土地分为方块田，交给自由民耕种，每户七十亩，收获归私有；同时在这七十亩田中有七亩的公田，收获量全部归统治者所有，税率为"什一"。土地的所有权归统治者，在农忙时必须替统治者耕种公田，这是力役地租，是借助于民力耕种公田的一种劳役租赋制度。[②] 商朝财产税有一特点，在于已经出现了以货币课征的现象，即以"贝"作为统计赋税的计量工具。

武王伐纣之后，在一段叫短暂的时间内实行了"助法"，到了周成王时期，执政者周公改助法为彻法，对于"彻"，史学界没有统一的说法。归纳起来，大致有如下解释：(1)"打通"，即打破公田与私田的固定界限，将一井九百亩土地平分为九块交由平民耕种，在耕作季节统一经营，至收获时才把1/10的田地划为当年的公田，其上全部农产品便成为税物。(2)"合作"，即耕种时由八家农民合作，收获时不论公田私田都计亩征收、按实际总产量征收十分之一的实物。春秋战国时期是生产力急速发展的年代，伴随着铁器牛耕的出现，使个体生产成为了可能，加之连年的战乱，使大量自由民的出现。土地制度也发生了巨大的变革，春秋后期土地开始可以自由买卖，打破了西周以来"里田不鬻"的传统，土地私有制的出现使新兴的地主阶级渴望

---

① 曾国祥主编：《税赋与国运兴衰》，中国财政经济出版社2013年版，第22页。

② 王纪平主编：《中国古代税收思想史》，中国财政经济出版社2006年版，第8页。

改变原有的税收制度。①

于是乎在公元前594年，鲁国推行了“初税亩”新政，田赋发展的第一个拐点出现了。在实行了初税亩之后自耕农除了助耕公田时要上交1/10的劳役地租外，还要按照私田出产物的1/10缴纳实物税。初税亩的出现从此改变了就的税赋制度，新税制按照田亩征收实物税，是我国财产税历史长河中的重要拐点，它加速了“井田制”的崩溃，是古代赋税制度一次革命性的变革。从此，中国的劳役地租开始向实物地租过度，新的经济发展从此出现，各诸侯国的土地和赋税制度都发生了深刻变革。这一先进的税收制度迅速被其他诸侯国的执政者所接纳，这才有了齐国的“相地而衰征”、晋国的“作爰田”、鲁国后期的“作丘甲、用田赋”和郑国的“为田洫”。这些制度的集大成者是秦国商鞅变法时期的“废井田开阡陌”，商鞅变法的核心在于承认土地私有化，并对此加以法律保障，在土地私有化的基础上鼓励耕种收取税赋，这一做法极大地加强了秦国的国力，史载“孝公用商君，制辕田、开阡陌，东雄诸侯”。②

（二）秦汉时期

秦代因袭了商鞅指定的税收制度，但却更加严苛了。老百姓被珍重的田租、口赋压的喘不过气来。具体秦代的田租、口赋税率如何，史无祥载，但既然可称“二十倍于古”③ 自然是异常的沉重。此外老百姓还要承担繁重的兵役、徭役，生活异常困顿，由于此非本书所研究之财产税范畴，兹不详述。汉代统治者汲取了秦朝灭亡的教训，在开国之初就施行了休养生息的税收政策，恢复古制，实行什一而税。

到了文帝、景帝时期，进一步降低税率至三十税一，且多次蠲免田赋。

① 参见姜江：《财产权的法理研究》，中国社会科学院2008年博士研究生毕业论文，第81页。

② （汉）班超：《汉书·地理志下》，中华书局2009年版，第2859页。

③ 这一说法出自于《汉书·食货志上》，是一种夸张的描述方式。但这也从侧面反映了秦代田赋税率之高。根据著名经济史学家钱剑夫先生的考证，秦代的田租税率为“收泰半之赋”也就是对农田粮食产出征收2/3的田租。详见钱剑夫：《秦汉赋役制度考略》，湖北人民出版社1984年版，第78页。

三十税一在汉朝遂成定例，只有在东汉初年战事吃紧时一度改为什一而税。当然，这些仅仅是常赋的税率，由于汉朝土地兼并严重，无数自耕农沦为佃农，他们还要承担繁重的地租，正如汉朝史学家荀悦所说“今汉民或百一而税，可谓鲜矣。然豪强富人。占田逾侈。输其赋太半。官收百一之税。民收太半之赋。官家之惠。优于三代。豪强之暴。酷于亡秦。”[①] 这一状况到了东汉末年、三国时期发展到了极致。

（三）魏晋南北朝

为了减轻农民负担，恢复社会生产力，曹魏政权实行了“租调制”改革，开启了后世赋税制度的新阶段。所谓租调制指的是将国家日常的税种分为田租与户调，户调即对农民家庭手工业产品按户课征的税。需要注意的是，在曹魏时期的田租制度中，统治者宣布免除除田租之外的一切刍、藁等田租附加税的征收。这个变化非同小可，因为秦汉数百年间，田赋征收除正税田租外，还要按照天幕多少征收刍、藁税，视为田租附加税的性质。[②] 曹魏时期规定除“收田租，亩四升；户出绢二匹、棉二斤”之外，“他不得擅兴发”[③]，免去了农民许多沉重的负担。

（四）隋唐时期

公元589年，隋文帝杨坚灭陈，统一全国。隋的统一，结束了魏晋南北朝以来长达360年分裂割据的动荡局面。这是政治稳定、经济发展、国力强盛的重要讯号，中国的封建社会至此走向全盛时期。在历经300余年的分裂割据后，国家的统一使社会生产迅速发展，尤其是流离失所的农民再次回归到了土地上，到了隋开皇中期，农业已经发展到了史无前例的程度，史称“隋富”，“开皇十七年，户口滋盛，中外仓库，无不盈积”[④]。由于农业的发展，使国家财政收入迅速增长，为进一步减轻民众负担，隋文帝基本废除了

---

① （汉）荀悦：《汉纪·卷八》，中华书局2005年版，第461页。
② 曾国祥主编：《税赋与国运兴衰》，中国财政经济出版社2013年版，第90页。
③ （晋）陈寿：《三国志·魏志一》，汉语大词典出版社2004年版，第9页。
④ （唐）魏征等：《隋书·帝纪一·高祖上》，中华书局1998年版，第740页。

长期以来的专卖、工商税、杂税以及各种各样的杂征，使赋税收入仅以租调徭役为主。当然，从税收体制建设的角度来看，隋文帝的新政不乏负面影响，但是这一举措顺应了社会生产力的发展，是值得后来者肯定与研究的。

唐代是中国古代一个充满创新的王朝，在税收方面也不例外。其中最值得大书特书的便是“两税法”。两税法的具体内容毋庸赘述，其中最值得注意的是与原先的租庸调制相比，两税制的课税对象发生了很大的变化，不在以“丁身”为课税对象，而“以资产为宗”，这就是说，两税法课税对象就是纳税人所拥有的资产，这里的资产主要指的就是土地。这种“以贫富为差”的税收征收方式，实际上已经具备了现代财产税所拥有的级差调节功能。在当时，贵族、官僚、地主所占有的田土多，其所承担的赋税也就更重，农民拥有的土地少，其所承担的税收也就少，这在很大程度上缓解了当时的阶级矛盾。但不幸的是，两税法只推行了两年就宣告失败了，但其合理因素却保留了下来，为后来历代所吸收。

（五）两宋时期

宋代是中国自秦始皇以来两千余年皇权专制制度时期中最为发达和繁荣的朝代，它远超汉唐，也是后来的明清两朝所不能望其项背的。在土地税收方面，宋朝也与前朝呈现出巨大的不同。在宋代以前的历代王朝，自秦汉以来均有限制土地兼并的政策。而宋代却不抑制土地兼并，即在承认土地私有的前提下，对土地兼并不加干预，对土地买卖也放任自由。土地买卖只要符合法定程序即为有效。在此情形之下，宋代的田赋沿袭了唐代杨炎所创立的两税法，向有财产的户主征收土地税，这一税收以初具现代财产税的性质，无田地的“客户”无须向国家缴纳田赋。在宋朝初年，自耕农的负担还不算太重，一般只占总收获量的5%左右，这为宋朝经济发展和繁荣奠定了基础。

但是由于严重的土地兼并活动，到了宋真宗朝，天下良田几乎全部被权贵、豪门和富商巨贾霸占。虽说历代土地兼并数见不鲜，但皆不如宋朝来的凶猛。豪强士绅利用自己在朝廷和地方上的影响力隐田漏税，到了宋仁宗朝

“天下土地赋税所不加者，十居其七。”[①] 在加之北宋后期严重的“三冗”现象，中央财政日渐吃紧，只得在正项田税之外开征各类杂税，史称“杂变之赋”，以至于“天下骚然”，每年夏收之后农民所缴纳的“夏税”中就有85%的税赋为“杂变之赋”，而正税仅占15%，在秋收之后的“秋税”中，“杂变之赋”也占到了30%之多[②]，大大加重了人民的负担。这才有了宋神宗时期的王安石变法。改革田税，是王安石变法的重点所在，史称“方田均税法”，即在重新丈量全国土地的基础之上，根据土地位置、肥瘠程度划分五等，对不同的土地确定不同的田税税率。方田均税法的推行成效显著，查清楚了豪强士绅所印尼的田土税款，在一定程度上禁绝了向佃户专家税收的不法行为，有利于税负公平，减轻农民负担，在当时起到了很大的积极作用，是顺应民意之举，这实际上沿袭了春秋时期齐国观众“相地而衰征”的税收思想。但是由于王安石的改革触犯了权贵豪强的利益，招致他们的坚决反对。元丰八年，宋神宗驾崩，保守派掌权，一夜之间尽废新法，回复旧制，王安石的变法终以失败告终。那些豪强们开始变本加厉地横征暴敛，侵夺农民田地，地价暴涨，税率骤增，最终导致大量自耕农破产沦为佃户。也最终使社会经济崩溃，内忧外患突起，北宋灭亡。到了南宋，人民生活更加困苦，虽然“两税”之下，正税没有增加多少，但是附加在土地之上的附加税却高的惊人，此外还要征收“加耗”，也就是所谓运输过程当中的损耗，单这一项就要在田税的正税之外加税七斗。在这苛政之下，人心思变，最终赵氏家族也没有能够守住这半壁江山。

（六）元明清时期

蒙古族建国之初，税制不备，完全靠早期征服战役中掠夺的财产和奴隶维持庞大的军费。到了元世祖忽必烈开国后，才逐渐形成一套完整的封建税制，但总体来说较为混乱。具体到田税而言，其最主要的特点就是对不同的地区不同的人种实行差别待遇，在南方（元朝的浙西、江东、福建、浙东、

① （元）脱脱等：《宋史·食货志上一·农田》，中华书局1977年版，第4166页。
② 吴树国：《宋代杂税演进考论》，载《郑州大学学报》（哲学社会科学版）2010年第1期。

湖光、江西行省）基本沿用南宋旧例征税，并在征税之外开征杂项以弥补财政亏空。在北方地区，则将田税分为地税与丁税两种，所谓丁税即人头税，所谓地税即根据土地肥沃情况所征之税。具体而言，僧道之地缴纳地税，不纳丁税，军户、站户也不纳丁税同时可以免除四顷的地税；对于河西中兴路（今宁夏银川）、西宁州（今青海西宁）的人户也只征地税不征丁税，其余各地、各户都同时开征丁税与地税。

由于元朝统治者的腐败，元朝只存在了不满百年就被朱元璋推翻，建立了统一的汉族地主阶级政权，国号明。明朝处于中国封建社会后期，社会生产力有了显著发展，资本主义萌芽出现。在税收层面，田赋依旧是明王朝的主要收入。为准确掌握全国土地数量，明朝立国之初就由朝廷主持稽查田土，编纂各地的《鱼鳞图册》，在册中绘画出区内的天地行装、四至以及田地种类和肥瘦等，并随时记录土地主人变更、买卖情况，这就是后世土地登记制度的雏形。在具体制度上，明朝一改前朝积习，“按亩课税、按丁征役”，也就是向土地的所有者按照土地的肥瘦情况确定不同的税率，以本年度收获情况课征田税，而劳役则按人头摊派，这样的举措是有利于生产力的发展的。但明朝田赋制度的缺点在于税率千差万别，呈现出畸轻畸重的现象，总的来说民田税轻、官田税重。在制度设计之初本来是为了保障劳苦大众的基本生计出发，但是现实却恰恰相反。民田绝大多数为大地主、大官僚占有，税轻的政策优惠落到了地主阶级头上；而官田恰恰为少数无地农民所租种，税种自然增加农民负担，造成了严重的阶级矛盾，以至于“豪民有田不赋，贫民曲输为累，民穷逃亡，故额顿减”①。

谈及明代的田税制度，张居正的“一条鞭法”改革是无法回避的，“一条鞭法”的精神实质在于化繁为简，从而减轻农民负担。一方面，每亩实际征税税赋减少，劳动人民的负担大为减轻；另一方面，由于张居正重新修订了《鱼鳞图册》，对全国土地进行认真清丈，查处了大量隐田隐户，因而尽管亩均征收粮食数量减少，但全国的田赋征收总额却未下降，反而有所上升。

① （清）谷应泰：《明史纪事本末·卷六十一》，辽宁古籍出版社2011年版，第1672页。

在减轻农民负担的同时，也增加了国家财政收入，利国利民，造就了明隆庆朝、万历朝前期的“中兴”局面。“一条鞭法”是中国田赋制度史上继唐代两税法以后的又一次重大改革。它简化了田赋的项目和征收手续，为后来清朝的“摊丁入亩”政策起了良好的铺垫和示范作用。但是，新法实施不到40年，辽东战事蜂起，各种额外加派的田赋又纷至沓来，所谓“鞭外有鞭，条外有条”，天启、崇祯年间先后加派辽饷500万两，剿饷900万两和练饷730万两，[①] 这就是田赋之上的“三饷加派”，人们不堪重负，国事风雨飘摇，明王朝最终在严重的财政危机和社会危机下走向了灭亡。

清朝是中国历史上最后一个封建王朝，在其财政收入结构上，清前期，其结构属于以天赋为主、其他收入为辅的传统模式，具体如表1所示：

表1　清前期税收收入结构比较

年份	地丁银		盐课		关税	
	岁入（万两）	比重（%）	岁入（万两）	比重（%）	岁入（万两）	比重（%）
公元1652年（顺治九年）	2126	87	212	9	100	4
公元1685年（康熙二十四年）	2727	88	276	9	120	4
公元1725年（雍正三年）	3007	86	443	13	135	4
公元1753年（乾隆十八年）	2938	72	701	17	430	11
公元1766年（乾隆三十一年）	2991	61	574	12	540	11
公元1812年（嘉庆十七年）	2953	74	579	14	481	12
公元1841年（道光二十一年）	2943	71	747	18	435	11

资料来源：何本方：《清代户部诸关初探》，载《南开学报》1984年第3期。

① 黄仁宇：《万历十五年》，生活·新知·读书三联书店2008年版，第162页。

到了清末期，田赋收入骤降，具体如表2所示：

表2　清后期税收收入结构比较

年份	地丁银		盐课		关税	
	岁入（万两）	比重（%）	岁入（万两）	比重（%）	岁入（万两）	比重（%）
公元1842年（道光二十二年）	2958	76	498	13	413	11
公元1885年（光绪十一年）	3236	48	739	11	144	22
公元1888年（光绪十四年）	3324	42	751	10	232	30
公元1894年（光绪二十年）	3267	43	673	9	225	30
公元1903年（光绪二十九年）	3719	38	130	13	305	32
公元1911年（宣统三年）	4810	27	431	26	431	23

资料来源：邓绍辉：《晚清赋税结构的演变》，载《四川师范大学学报》1997年第4期。

从上述表不难看出，田税收入在清朝前后两个时期发生了巨大的变化，这也与现代税收制度的发展趋势相吻合，是社会生产力发展的必然表现形式。具体而言，在田赋制度上，清朝发展改革较大，与前朝相比有很大的制度创新。在清军入关之初，为了发展生产，让老百姓安居乐业，清政府在明万历年版《鱼鳞图册》的基础上编制《赋役全书》，重新丈量田土，统计人口，建立了一套较为完整的田赋征收管理制度。这些措施的成效是值得肯定的，但是仍然存在百姓税收负担较重的问题。未解决这一问题，康熙五十一年（公元1712年）颁行“盛世滋生人丁永不加赋”谕令。[①] 一方面，这是为了

① 在中国古代，田税在征缴过程中往往分成两部分征收，一是地税，即根据土地肥瘦情况不同，确定不同的税负标准向土地所有者征收；二是丁银，也就是俗称的人头税，每户按人口数量缴纳税赋。从严格意义上来讲，地税是符合现代财产税标准的，而丁银则不是，但由于历朝历代均将二者合并征收，合并统计，以清朝为例，《大清会典》中所记载的田赋即包括地税与丁银两部分，二者在统计时合称地丁银。故课题组在进行研究时为了维护“田赋体系”的完整性，对地税和丁银都予以介绍。

减轻人民负担，更重要的是，到了康熙朝后期，“国帑充裕，屡岁蠲免辄至千万，而国用所需并无遗误不足之虞”。[①] 在国库充盈的背景之下，自无必要再向百姓摊派丁税，以激化阶级矛盾。到了雍正元年（公元 1723 年），山东巡抚黄炳、直隶巡抚李维钧等纷纷奏请摊丁入亩，以减轻人们负担。经过多次研究，雍正皇帝亲自下令从雍正二年起开始将丁银均摊到地亩之内，造册征收，在全国推行单一的赋税标准，即“摊丁入亩”税制改革。政令颁布后，各省陆续推进，到了雍正七年（公元 1729 年），全国各省基本完成改革，统一了税制。这样一来，合并了瞌睡依据，地丁税赋均出自于田亩，环节的简省也在最大程度上减少了官府腐败和寻租的空间，使税赋征收行为开始制度化、完善化，促进了税收公平。摊丁入亩的实质在于将拥有土地多寡作为标准确定缴纳田租的唯一标准，这在一定程度上平衡了各阶层的负担，减轻了自耕农和无田佃户的负担，相比以前的税制更加公平，缓和了阶级矛盾，有利于生产力发展。

到了清末，伴随着内忧外患的兴起，税收收入无法满足财政支出需求，加之官场的腐败，各种积习又卷土重来，百姓苦不堪言。以浙江西安县为例，有人揭露该县“自乾隆四年清丈以来，迄今百数十年，其久而必弊之势，有若胥役分洒、加减轻重、传写舛谬而莫能辨者；有若奸民以智欺愚、占田多而收税少，挽合朋比、售田少而增税多者；有若忿争之产、重售之业，欺蔽目前，久而始觉者；有若苟免差徭，惧胥吏之需索，以己之业寄于他人者；有若素封子弟不知稼穑，亲党奴仆蚕食瓜分，田去粮存而茫然不知者”。[②] 实际上，这不单单是某个县、某个省的个案，清末各省情况大同小异，反映了田赋征纳中的名实不符和逃税漏税现象的严重。同时，这也不是某一时期的特有纤细，这实际上是历代土地赋税的通病，封建地主经济时代的田赋，由

① 《清实录·康熙朝实录》，中华书局 1985 年版。转引自董建新：《论清末田赋财政地位的变迁》，载《郑州航空工业管理学院学报》（社会科学版）2011 年第 1 期。

② 刘汝：《上左季高中丞论清粮开荒书》，载葛士浚：《皇朝经世文续编》。转引自戚亚强、夏国祥：《略论晚清田赋改革思想》，载《江苏工业学院学报》2004 年第 4 期。

于自然和历史的原因，同一等则的耕田，各地的税率很不一致，且产量一经核定往往一成不变，以致田赋征收不实，加上纳税人的贵贱强弱之势各异，故土地所有者的税负极不平衡。

此外需要说明的是，在历朝历代，税收收入是不区分地税与中央税的，各项收入一律上缴国库。但是到了清末，尤其是庚子赔款数额巨大时间紧迫，清政府就将它分摊于各省，“各省既担任此钜款，不得不放手自筹，中央既负责自筹款，并不能干涉其非法，督抚自专财政，遂一发不可收拾”。[①] 田赋截留田赋附加与增派遂逐渐就成了地方的一大特权待到民国十七年南京国民政府第一次全国财政会议后，田赋不再归入国家财政，正式归入地方财政。[②] 田税至此这遂成为后世地方税的“始祖”。

二、房产税

先秦思想家管子曾经说过：“地者，政之本也，是故，地可正政也。”土地自古是经济发展最为重要的生产要素，是历代税收最主要的税基。作为土地上的附着物，房屋同样也是古代税基的重要组成部分。我国房产税的历史源远流长，最早可以追溯到西周时期的廛布，根据《周礼》记载，“掌敛廛布而入于泉府”。所谓廛，依《说文》的解释，“廛者，一亩半一家之居也”，通俗地说，廛就是住房的意思。而布，则是先秦时期的一种货币，因此廛布也就是针对住房所征收的税金。但是这边需要强调的一点是，廛布并不针对所有住房开征，而是针对商人的商铺征收。我国自古就有“行商坐贾”的说法，所谓商就是拥有自己固定店面的生意人。限于当时的税收征管水平，统治者在对他们的交易行为课税时无法准确核定他们的交易数额，于是“廛，市物邸舍，税其舍而不税物”的廛布就诞生了。这一做法一直延续到西汉时期。在西汉时期，房产税称为“赀算”，但还没有成为一个独立的税种，房屋与家庭其他财产一起合并作为计税对象，税率为6%。汉武帝为了鼓励老百姓对偷

① 胡钧：《中国财政史》，商务印书馆1920年版，第284页。

② 董建新：《论清末田赋财政地位的变迁》，载《郑州航空工业管理学院学报》（社会科学版）2011年第1期。

逃税者进行告发和举报，规定查实后举报者能获取偷税者二分之一财产。当时汉武帝开征这一税种的目的是解决国家战时的财政困难和缩小贫富差距。①

真正将房产作为独立征税对象应该肇始于唐代。② 唐朝自贞观以后，由于社会经济日渐繁荣，户口大量增加以及自由买卖盛行和土地兼并的不断扩张，均田制已无法执行。加之日后安史之乱起后，户口流亡，藩镇割据，原有的租庸调制以及完全失去了现实基础，无法继续推行。于是乎在唐德宗建中四年（公元 783 年），"两税法" 正式推行，在两税法的推行过程中，户部侍郎赵赞以充实军费为名，建议向全国征收"间架税"，以缓解日益窘迫的财政支出。所谓间架税，即近代所谓房产税。它以房屋为征税对象，规定所有房屋两架为一间，按照贵贱不同分三等计税。"上价出钱二千，中价一千，下价五百"。③ 间架税的征收过程极为严苛，据《旧唐书 · 食货志》记载，"所由吏秉算执筹，入人之庐舍而计其数。衣冠士族，或贫无他财，独守故业，坐多屋出算者，动数十万"。同时，对隐匿者鼓励告发，一旦被发现隐匿，则将面对严苛的"杖刑"，弄得老百姓"人不胜其苦"，在有些地方甚至因此发生民变。于是乎，间架税只实施了一年便在唐德宗兴元二年（公元 785 年）正月废除，终唐一代，未再征收。究其废除的原因，除了民怨极深、收入有限以外，最根本的原因还是在于唐代商品经济发展程度有限，其征管水平和资产私有化程度还不高，还未达到能以房屋税为主的财产税作为当地主导税种的地步，当时京城长安是如此，更遑论全国其他地区了，这同时也是唐朝以后，为何房产税能跻身于常赋之列征收的主要原因。

比及五代十国时期，由于连年的战乱，国家财政吃紧，房产税重新开征，据史书记载"城内店宅园圃，比来无税，顷因伪命，遂有配征"。④ 在此后的各类史料文献中，"屋税""房钱""屋租" 等词汇频繁出现，基本上在全国

① 翁礼华：《古代房产税的演变》，载《党员干部之友》2013 年第 7 期。
② 吕春：《古代房地产制度考究》，载《上海房地》2010 年第 11 期。
③（后晋）刘昫：《旧唐书 · 食货志下》，凤凰出版社 2011 年版，第 791 页。
④（宋）王钦若：《册府元龟 · 邦计部 · 税赋》，凤凰出版社 2006 年版，第 306 页。

各地都有开征。同时，通过查阅史料我们可以发现，国家屡蠲屋税[1]，说明它已经成为城市居民的沉重负担，随着屋税收到统治者的日益重视，其作为一种税制的存在已经相当完善了。

北宋年间，“宅税”已成为常赋，即为国家法律所正式规定的税种。但是当时的中央政府并没有制定统一的税率与征收标准，具体由各地地方政府制定，这就使不同地方之间相关税收制度迥异，经济较为发达的汴京、杭州与成都等通衢大邑，一户人家的房屋征收的税额高达数十贯不等，而一些经济欠发达的地方，则一般来说少征或不征。在王安石变法之后，这一现象得以改观，尤其自方田均输法实施之后，方量之法被移入城市，每亩地一般盖房八间，地方政府会根据房屋的“紧慢去处”将之评定为十级，宋徽宗政和二年（公元1112年）又于每等内各分正、次二等，从而使城郭屋税“委是上下轻重均平”[2]，由此也奠定了后世房产税稽征的基本模式。需要指出的是，宋代房产税的成熟是中国古代城乡经济形态分离的重要标志，这是宋代商品经济发展和市民阶层兴起的直接产物。到了元代，由于是异族入主中原，在经济制度方面并未有太大创新，承袭宋代继续开征房产税，成为“产钱”，并且对房屋地基大小、新旧程度等制定了统一的征收章程，按照房屋面积征收粮食或折成货币缴纳。

随着战乱的终结和统治者对社会安定的期望，房产税在明朝逐渐式微。有明一代，虽有房产税存在，但其并非一项普遍征收的税种，只有在部分城市征收，其名称也各不相同。此处以北京所征收的“房号”试举一例。房号开征于明朝初年，史载“京师居民，差役最繁，苦累尤甚。乃房号银两一项，又天下所并无，京师所独有者”。[3] 房号由京师五城兵马司按月征收，每

① 如《旧五代史》卷三十八《唐书·明宗纪》载“开成二年十月辛丑诏，应汴州城内百姓，既经惊动，宜放二年屋税。”又如《册府元龟》卷四九二《邦计部·蠲复》载“后晋天福七年九月诏免襄州城内人户今年夏秋来屋税，其城外下营处与放二年租税。”如此种种，不一一列举。

② 林立平：《唐宋时期城市税收的发展》，载《中国经济史研究》1988年第4期。

③ 《明熹宗实录·卷六十四》，转引自吕春：《古代房地产制度考究》，载《上海房地》2010年第11期。

年征收十二个月，闰年则征收十三个月，平均每间房每月征收白银四分。[①]在此正项之外，兵马司的官员还任意向老百姓摊牌火耗，中饱私囊，老百姓苦不堪言。为维持日益吃紧的军费开支，明末崇祯帝一度想将房号推行全国，但从史料记载的实际情况来看，落实得并不顺利，绝大多数地方并未实际征收，开征的地方也所得无多。但由于房号银属于新增加的额外税收，对于本已饱受赋重之苦的百姓来说，尽管税额不多，亦难以承受，在经济比较落后的地区尤其如此，这也成为农民起义爆发的原因之一。[②] 笔者认为，终明一代未能开征房产税的主要原因在于明朝商品经济发展缓慢，原有的资本主义萌芽遭到统治者扼杀，导致了无论是民间资本的富庶程度还是市民阶层的力量都无法与两宋时期相比，最终使房产税的开征成为老百姓的重负和统治者的空想。

清朝初期，出现了地方杂税大兴的局面，宛平、大兴两县有铺面行税，杭州府的仁和、钱塘有间架房税，江宁府有市廛输钞，京师有琉璃、亮瓦两厂计檩输税。[③] 后历经康雍乾三朝的整治才逐渐将这些苛捐杂税废止。顺带提及，太平天国起义时期，在其统治的部分辖区内也曾开征过房捐，具体的征收办法是以间为单位按日计征。具体数额据相关史料记载，嘉兴、桐乡每间屋每日三文，常熟则为每间屋每日七文。[④] 这一房捐自然伴随着太平天国运动的失败而消亡了。可见，当时的房产税更多的是作为纾解政府财政困难的临时性开源措施而存在。

三、工商资产税

除了田赋和房产税外，中国古代还开征过名目繁多的财产税，其中比较有代表性的是工商资产税，其在中国历史上是一个特例，是与现代财产税相

---

① 明万历年间，御史乔应甲曾上疏言“夫房号，每房一间，收银四分，此系定例。”参见（明）吕维祺：《四译馆增订馆则》卷一四《文史·优免房号》，载《续修四库全书》第749册，第632页。

② 高寿仙：《明代北京的房号税——兼及明代其他城市的几种房屋税》，载《中国史研究》2012年第3期。

③ 漆亮亮：《房产税的历史沿革》，载《涉外税务》2002年第4期。

④ 漆亮亮：《房产税的历史沿革》，载《涉外税务》2002年第4期。

比最为近似的一个古代税制。工商资产税肇始于汉武帝统治时期，在汉朝初年修生养息政策下，商品经济迅速发展，为工商税的征收奠定了物质基础，工商资产税自汉武帝时期开征以来，在以后历朝历代中较少出现，在唐朝曾出现过具有工商资产税性质的户税，但两税法实行以后户税与田赋混淆，在明代的一条鞭法中，工商资产税彻底消失。之所以工商税无法形成一套完整的税收法律制度，是因为对商人课税，充其量只是一种财政上的补充手段，有违祖制，非到不得已而不为之。虽然工商资产税在历史的长河中没有形成田赋、房产税那样大的影响，但是对于现代财产税的构筑还是有相当的借鉴作用。在此笔者将就其作简要介绍。

汉武帝时期，随着连年的对外扩张和国内矛盾的日益凸显，文景时期休养生息、清静无为的经济政策已经无法继续推行。相反，为取得财政支持，汉武帝“役费并兴”，由于农民是国家稳定的基础，汉武帝深深认识到不能对农民过度的横征暴敛，于是为寻求财政支持，汉武帝将目光落到了商人的头上。重农抑商本是自先秦以来一以贯之的政策，但由于汉朝初年恢复生产、发展经济的需要，对商人的管制逐渐放松。到了汉武帝即位时，富商巨贾已经富可敌国，所以汉武帝实行了“算缗钱”政策以加重对商人的赋役课征。如经济史学家吴慧先生所说，汉代的算缗钱实际上就是一种财产税。①

算缗钱肇始于汉元光六年（公元前129年）的“初算商车”。它是对车船所有者所课征的税收，该税的纳税义务人不单单为商人，除官吏、三老（农村负责教化、调节的德高望重的老者）、戍边将士以外的其他车船所有者都被囊括在内，但实际上考虑到当时车船的主要保有者，其实际纳税义务人还是以商人为主。算缗钱的税率是固定的，在《汉书》中颜师古注引李斐曰：“缗，丝也，以贯钱也。一贯千钱，出算二十也。”也就是一算为一百二十文钱，贫民百姓拥有力量车课税“一算”，而商人拥有一辆车则课税两算。就船舶而言，五丈以下的船舶免征，五丈以上的船舶课征一算。②

① 参见吴慧：《桑弘羊研究》，齐鲁书社1981年版，第78页。

② 参见万新亚：《汉唐两代财产税及其评价》，载《河南财政税务高等专科学校学报》2009年第6期。

“初算商车”后不久，由于财政日益困难，元狩四年，汉武帝颁布诏书宣布“初算缗钱”，“谓有储积钱者，计其缗贯而税之”。即针对商人手中积存的缗钱及货物课税。商人、手工业作坊主、高利贷者、放债取利者及囤积居奇牟利者，均被确定为课征对象。在征收方法上，首先由财产所有者根据自己的财产积存数额据实上报，官府经过查验，按率征税。课税的标准有所区别，对交易额或贷款额，税率按缗钱计算，每二千钱一算，税率6%；手工业生产者和金属冶炼者，其用来买卖或储积待卖的物品，都要折算成缗钱，每四千一算，税率为3%。凡隐匿物品不估价陈报或陈报数与实有数不相符的，除没收其缗钱财物外，还要罚犯税令者到边境服一年徭役。

算缗钱推行之后，受到商人的广泛抵制，偷逃税款现象严重。于是乎汉武帝推行“告缗”政策，鼓励人们互相揭发，一旦查证属实，告密者可得追缴税款的一半。在这样强大的打击态势下，对商人确实带来了很大的打击，加上元狩五年废三铢钱改五铢钱，使许多商贾纷纷破产。正如《金史》记载的“古无榷法，自汉以来始置盐铁酒榷均输官，以佐经费。末流至有算舟车、税间架，其征利之术固已尽矣”。“征利之术固已尽矣”寥寥数语对当时横征暴敛的形容可谓确切不移。至于算缗钱何时被废止，学界始终存在争议。按照国内以及史学界最新研究成果，算车、船、缗钱自武帝元狩五年或六年被确定为经常性税目后，作为一种财产税，至东汉末年一直未被废止。①

除了对商人和工商业者算缗以外，政府还对一般百姓课征“赀算”，也称“赀税”。赀算也具有财产税的性质，它是对老百姓所拥有的货币、田土、车马、牲畜以及奴婢等一系列动产、不动产在内的全部财产甚至衣履釜鬲等日常用品也计算在内，进行估价，然后根据财产折价后的货币总额进行征税。上述财产总价值不足万钱者不课税，万钱以上者按“赀万钱，算百二十钱”的标准课税一算（120 文钱）。② 在课征过程中，官府会令每户家长进行“自

---

① 参见杨振红：《汉代算车、船、缗钱制度新考——以〈史记·平准书〉为中心》，载《文史》2007 年第 4 期，以及文中作者所引日本学者山田胜芳的相关论述。

② （汉）荀悦：《汉纪·卷八》，中华书局 2005 年版，第 293 页。

占”，即自行统计自家财物的总价，并向官府报备，颇有点今日税收制度中“自行申报”的意味。随后官府会对“自占”进行核实，称为“评赀”。如果发现自占过程中有隐瞒不报的行为，则将处以“隐匿之罪”。这一制度一直沿袭下来，直到魏晋南北朝时期尚存。在后世国家财政不足的情况下，统治者也会运用此种手段敛财。例如，唐代安史之乱时期，军费开销剧增，唐玄宗命令豪商富户将其所有财富“五分纳一”，唐肃宗避乱于西南时，又令蜀中、江淮富商“赀富”，将其财产“十收其二”。这些税收具有临时财产税的形式，但究其本质与现代财产税相去甚远，严重阻碍了商业经济的发展。需要指出的是，算缗钱这一杀鸡取卵的做法迫使豪绅们将其拥有的巨额工商资本退出流通领域，极大地削弱了社会在生产能力，阻碍了商品交换，使这些资金进入农业生产领域，成为土地兼并的推动者，也阻塞了农村人口的城市化流动，是后世土地兼并和流民泛滥的重要原因。

四、契税

契税是指在土地、房屋权属转移时，国家按照当事人双方签订的合同（契约），以及所确定价格的一定比例，向承受土地使用权和房屋所有权的单位和个人征收的一种财产税。契税制度肇始于东晋，彼时五胡乱华，王室南渡。东晋朝廷一方面要抵御北方强敌、一方面要在东南半壁江山恢复生产，财政吃紧。据《隋书·食货志》记载，“晋自过江，凡货卖奴婢、马、牛、田宅有文券，率钱一万，输估四百入官”。这也就是说人们在买卖牛马、奴婢等货物时，根据买卖契约中所核定的价款，每1万钱交易金额课征400钱的“输估”。与其他税收相区别的是，“输估”的课税对象并非交易财产本身，而是买卖双方所签订的契约，这也就是后世“契税”这一名称的来历。契税之所以会产生，一方面，因为朝廷财政吃紧，设立新税种以组织财政收入。另一方面，百姓在订立契约时，也希望政府介入，借助政府的权威以保证商品交易的可靠性，使经过官府认证的契约在发生纠纷时有较高的证据效力，而契税自然而然成为政府所收取的对价。从这一点看来，早期的“输估”制度，颇类似于近日的公证制度。正是因为这一制度被广大人民所接受，据史书记载，输估制度“历宋、齐、梁、陈，如此为常”，契税于是从一种临时课征的税种演变为长期课征的“常赋”。

唐朝和五代时期，沿袭了东晋时按照民间交易契约征税的制度。如唐德宗建中四年（782 年），政府曾有意向交易双方抽收 5% 的“除陌钱”，只因频繁的战乱而放弃。五代后唐时期，部分地区有过“买卖庄宅，官中印契，每贯抽税契钱二十文”的现象。由此可见，自东晋“输估”至后唐“税契钱”的此类税收，已经具备了契税“依契收税”的基本特征。但从历史留存资料看，这类税收尚未与交易税有明确区分，也未形成比较完备的制度，所以自东晋至五代时期，可被视为中国契税制度的草创时期。[①]

到了两宋时期，契税制度不断完善，北宋开宝二年（公元 969 年），宋太祖下令“令民典卖田宅，输钱印契，税契限两月”，在征收契税的同时，朝廷还颁布了各类契约的格式文本，下令民间交易必须采用这种格式文本。可以这么说，北宋一朝正式开创了我国契税制度。但与其他税种相似，契税也逐步演化为朝廷攫取民间财富的工具。到了南宋孝宗时期，“大率民间市田百千，则输于官者十千七百有奇”[②]，这也就意味着契税的税率从北宋初年的 4% 跃升至南宋时期的 10.7% 左右。除正税之外，还征收许多附加税，这些附加税名目繁多，诸如定贴钱、头子钱等不一而足，这些附加税税率不定，征收不规范，常常比正税还要多。于是乎“（百姓）请买契纸、贿赂胥吏之费不与。由是人多惮费，隐不告官”，这也就是说许多百姓为了规避高额税负，在签订契约时或贿赂官员，免交税费；或私自订立“白契”，这在无形之中增加了交易风险，不利于商业的发展。此后元明清三朝都将契税作为常例征收，并实行固定税率，征收也更加规范。清代更是制定了完整的契税法律制度，在乾隆朝修订的《大清会典·户部·杂赋》中明确规定“凡民间买卖田宅，皆凭书契纳税于官，以成其质剂，曰契税……”在清朝初年，纳税人缴纳契税后，官府将在契约尾部加盖印章进行确认，称为“红契”，并在

---

① 金亮、杨大春：《中国古代契税制度探析》，载《江西社会科学》2004 年第 11 期。

② （宋）李心传：《建炎以来朝野杂记》（卷一百五十七），中华书局 1956 年版，第 2556 页。

官府留下存根，记载契约内容和缴纳的契税数额，防止官员舞弊。后来又因发生官员私下串通修改存根的做法，遂于乾隆年间改为民间自行立契，并于立契后一年内申报纳税，根据乾隆二十年户部制定的《契税则例》规定“凡民置买田房，不赴官纳税请粘契尾者，即行治罪，并追契价一半入官，仍令照例补纳正税”。纵观历朝历代契税制度的变更，目的无非两个，一是如何防止管理中饱私囊、徇私舞弊；二是如何防止百姓逋逃税款，以保障国家财政收入。但历经各朝，始终无法完全禁绝上述两种现象，这也是我们在搜寻史料时屡屡发现“白契”的原因。究其根本，是由于古代中国官僚体制的整体性腐败和与民争利的税收思想作祟。

五、杂税

在中国古代，还存在许许多多类似于现代财产税的税种。但这些税种征收时间较短，适用范围也较为有限，许多税种甚至是藩镇等地方割据政权为筹措军费而临时开征的。它们的影响较小，但对后世财产税制度的发展有一定借鉴意义，在此择其要者做一介绍。

在我国古代，禁榷制度盛行，盐、铁、酒等物品均为国家专营专卖，严禁百姓私自生产，但是由于种种原因，这些“国家垄断产品”在民间始终以半公开的形式存在。政府无力禁绝，只好对此课以重税，试图打压民间私造违禁物品。具体而言，由此产生的税赋较有代表性的有如下几种：农具税，农具长期以来由政府垄断专卖，由于专卖农具质次价高，遂从五代十国起让百姓自造，但需根据每户拥有的农具数量课征农器钱①；曲税，在中国古代的很长时间里，酒类都是由政府垄断经营的，酿酒所使用的酒曲自然也是由政府制造。在五代十国时期，政府准许百姓自制酒曲，但需以此课税，成为曲钱；牛皮税，由于牛皮是制造战甲的重要原料，政府往往对牛皮加以控制，严禁私自运输。在五代后唐、后汉等割据政权中，政府都对百姓家中所存牛皮课税，牛皮税作为附加税连同两税正项一起交纳，其目的在于禁绝百姓家

① 翁礼华：《纵横捭阖——中国财税文化透视》，中国财政经济出版社2011年版，第52页。

中私藏牛皮，这一制度到了宋朝尚存，称为“牛皮钱”。在北宋时期，更牛死亡后要将牛皮、牛筋、牛角上缴国家，后来为了方便起见，将其折成税金，即一头耕牛纳税 1500 文。

此外，我国古代还曾征收过牲畜税。牲畜税最早发源于汉武帝时期的马口钱。由于国家连年征战，战马损失严重，汉武帝元鼎五年（公元 112 年），下诏令边境人们养马，由官府借给母马，满三年后，“十马还官一驹”，即以 10% 的税率征税。此后，伴随着国家财政的日益空虚，将税基从马匹扩展到牛羊等六畜，税率为所饲养牲畜价值的 2% 。① 这一制度一直延续下来，在北魏时期的租调制度下，政府对从事畜牧业生产的牧民征“牛马调”，如北魏永兴五年（公元 413 年），北魏太宗皇帝拓跋嗣下令，西域诸州六十户出戎马一匹，泰常六年（公元 421 年）下令二十户出戎马一匹、大牛一头。到了元代，也有过民间“马牛羊百取其一”的政策。由此可以看出，牲畜税主要由游牧民族的统治者制定，且征收牲畜税的主要目的是为了补充军需，因此往往在短时间、在边境地区课征。

第三节　中国古代财产税收思想

马克思主义经典作家曾经说过：“经济关系孕育法权思想。”伴随着千百年来生产力的发展，财产税制度始终处于不断调整变化的过程中，与之相伴的也诞生了许许多多税收思想。从儒家的“什一而税”，到墨家的“劳而不伤”，再到法家的“明其法制”，各家的税收思想竞相绽放，对当时和后世的税收制度的发展在不同程度上产生了影响。总体来说，我国税收思想的发展呈现出一种“产生早、成熟快、发展缓慢”的特征。② 与财产税有关的税收思想主体框架奠定于先秦时期，以儒家学说为代表，后世对其很难再有超越。

---

① （汉）荀悦：《汉纪·卷八》，中华书局 2005 年版，第 295 页。

② 陈少英、欧阳天健：《先秦税收法律思想研究》，载《商业研究》2014 年第 10 期。

总体来说，可以归纳为如下一些思想：

一、轻税利农、重税抑商

在中国历朝历代所迸发出的主流税收思想始终是服务于统治阶级的，其许多思想的根源是企图将农民束缚在土地上。长期以来，统治者采用的是内圣外王、内法外儒的税收政策，披着儒家的外衣，实行法家的政策，其实质还是为了维护统治阶级自身的利益。思想家们普遍认为，农业是社会财富的唯一来源，国家富强之本在于农。“圣人知治国之要，故令民归心于农。”[①]“知要”就是知道治国的要领，财从地来，地靠农耕，有地不穷，有民不弱，只要“尽地力”，财富就会增加，只要“尽人力”，国家就会强大。在重视农业的同时，商人始终处于社会阶层的末端，其原因在于商业的发展在很大程度上会危及到统治阶级的利益，在他们看来，具体而言私人工商业对国家的危害有三：一是与国家争夺“山海陂泽之利”；二是与农业争夺劳动力资源，甚而使农田荒芜，威胁国本；三是私人工商业发展易形成对朝廷构成威胁的“叛乱”势力。[②] 因此，当时的统治阶级认为，只要人民都以农耕为业，对于社会上那些只说空话、投机倒把的商人加以抑制，就会保障国家财富收入的稳定。这一思想起源于战国时期，以商鞅变法为代表，商鞅主张“欲农富其国者，境内之食必贵，而不农之征必多，市利之租必重”[③] 对非农业活动的课税要既多且重，明确主张重课工商税和人头税。历朝历代的统治者都视商业为末业，主张通过重税等手段来达到限制其发展而加快农业发展的目的。具体措施是加重关市之赋，“重关市之赋，则弄恶商，商有疑惰之心”；加重酒肉之租税，“贵酒肉之价，重其租，令其十倍补”[④]，即按原价课征十倍的捐税，同时按每家游惰坐食，不务农事的人口而课征人头税。到了西汉时期，

---

① （战国）商鞅：《商君书》，中华书局2009年版，第36页。

② 参见范忠信、秦惠民、赵晓耕：《论中国古代法中重农抑商传统的成因》，载《中国人民大学学报》1996年第5期。

③ （战国）商鞅：《商君书》，中华书局2009年版，第182页。

④ 同上注，第17页。

伴随着“罢黜百家，独尊儒术”的实行，为加强中央集权，增加国家财富，晁错在其《论贵粟疏》中明确指出，中央财政不足的主要原因在于农民的劳动果实都被商贾和地主剥夺，因此需要大力发展农业，增加粮食储备，抑制商业发展，防止其与国争利，这样一来才能达到“塞下之粟必多矣”。虽然有些学者也曾提出过“关市讥而不争征，泽梁无禁”① 或者农业、工业、商业“各劝其业，乐其事，若水之趋下，日夜无休时”② 的主张，但重农抑商始终是我国千百年来税收政策的主旋律，也是税收思想家们一贯的思维逻辑。这也是中国古代税收以财产税为主，而以流转税为辅的主要原因。

二、政在节用、培养税源

财产税是以财产为课税对象的税种，因此税源的培育非常重要。早在先秦时期，培养税源的思想就已经产生了。据《左传》记载，鲁文公十三年（公元前614年），邾国的国君邾文公就曾告诫他的臣民：“苟利于民，孤之利也。天生民而树之君，以利之也，民既利矣，孤必与焉。”这可以被看作古代关于培养税源思想的最早表达。之后，以儒家学说为代表的思想家们不断对其内涵进行丰富与完善，并且从生产与消费的关系上来解释税源的培养和充足国库的道理。“生财有大道，生之者众，食之者寡；为之者疾，用之者舒；则财恒足矣”③，《大学》中的这段论述，阐明了国家财富增加的最右下办法就是增加从事生产的人数，让老百姓富足起来，这样才能培育出丰饶的财产税税源。

这一思想在历朝历代开国之初表现的尤其明显。在西汉初年的“文景之治”时期，贾谊说出了那句流传千年的名言“富者田连阡陌，贫者无立锥之地”，在这样的情形下，就需要与民生息，以轻税政策涵养水源，只有让百姓富足了，国家才能有稳定持久的收入来源；在唐代的贞观之治与开元之治时，唐太宗就提出要减轻农民负担，刺激农业生产。但是这些思想往往只能

① （春秋）孟轲：《孟子选注》，李炳英选注，人民文学出版社2005年版，第31页。
② （西汉）司马迁：《史记·货殖列传》，岳麓书社1996年版，第231页。
③ （战国）曾参：《大学》，黄山书社2005年版，第43页。

在短时间内转化为具体政策，一个政权一旦享国日久，各种土地兼并、奢靡之风就纷至沓来，培养税源一说也就成为空谈付诸东洋大海了。

三、轻徭薄赋、量能课征

量能课税是现代税法的基本原则之一，在中国古代卷帙浩繁的典籍中，我们隐约能搜寻到量能课税的身影。孔子在一次与执政者的对话中曾说道“先王制土，而抵其远迩，赋里以入，而量其有无；任夫以力，而议其老幼。于是乎有鳏、寡、孤、疾，有军旅之出则征之无则已。其岁，收田一井，出稯禾、秉刍、缶米，不是过也。先王以为足”。[①] 在这段话中，孔子借先王之口说出了自己的见解，孔子认为，税收的征缴要根据人们的能力来定夺，兵役的摊派，要考虑到应征者的年龄，这样才能保证鳏、寡、孤、疾这些弱势群体的最基本的社会保障。在后世历代，对于量能课征这一税收公平问题，诸多学者都有论述，比如明初的解缙在其写给明成祖的著名奏疏《献太平十策》中就明确提出，在田赋征收的时候应当根据农民的实际情况和田土的肥瘠课税等。上述思想一言以蔽之即“薄赋敛”，这也成为儒家税收思想的核心和未来执政者轻徭薄赋的理论渊源。

不仅仅是儒家，其余各学派的税收思想上都包含有“轻徭薄赋”的思想在内。“取之有度”是《管子》中财政收入的核心。《管子》指出：“取于民有度，用之有止，国虽小必安；取于民无度，用之不止，国虽大必危”，如果“厚藉敛于百姓，则万民懟怨”。因此他主张按负税能力负担，主张轻税，“省刑罚，薄赋敛，则民富矣”。[②]

韩非也主张薄赋敛，他指出：“今吏之所税，耕者也。……耕者则重税……而索民之疾作而少言谈，不可得也”[③]，坚决反对对农民实行重税。而且他还指出，厚赋敛将不利于国家政权的巩固。“尽民力以美宫台池，重赋敛以饰子女狗马，以娱其主而乱其心”。荀子对“取之有度”有了更深刻的

① （春秋）左丘明：《国语》，上海古籍出版社 1978 年版，第 218 页。
② （春秋）管仲：《管子简释》，齐鲁书社 1997 年版，第 104 页。
③ （战国）韩非：《韩非子译注》，黑龙江人民出版社 2003 年版，第 809 页。

认识，他不仅主张赋敛不可“伐其木、竭其源”，而且认识到税收负担和生产发展之间的关系，强调税收负担还要随生产发展适时变动，才能真正体现合理负担，他指出：“节其流，开其源，而时斟酌焉。”意味着随生产发展，税收负担可有所提高，这比单纯主张薄赋敛更进了一步。

后代经济思想家对“取之有度”和“薄赋敛”大体上是沿袭儒家轻徭薄赋的主张。唐代的李翱在《平赋书》中指出：重税不一定能增加收入夕轻税反而聚财更多，因为重税造成了“人贫”。李汪由于看到了税收与价格的关系，所以认识更加深刻，他在议论增加茶税问题时，“价高则市者稀，价贱则市者广”。因此，轻税不一定减少收入，重税也未必能大增收入，因为加重课税则使价格提高。明代的改革家张居正也主张“取之有度”，他指出：“天地生财，自有定数。取之有制，用之有节则裕；取之无制，用之不节，则乏。”清代的魏源对“取之有度”“薄赋敛”作了形象化的说明，使之更加通俗易懂。他认为赋敛重，则“使人不暇顾廉耻，则国衰。使人不敢顾家业，则国必亡。善赋民者譬植柳乎，薪其枝叶而培其本根。不善赋民者，譬则剪韭乎！日剪一畦，不罄不止”。魏源形象的论述了赋税不可侵及税本的原理，指出赋税只能象种柳树一样，薪其枝叶，培养根本，而不能像剪韭菜一样，一直剪到根部。

中国古代历史灿若星河，税赋与国运兴衰始终紧紧地联系在了一起。由于自然条件和传统文化使然，财产税始终是我国古代税收的主要组成部分，一部古代财产税收史就是一部中华文明的兴衰史，从中我们既可以看到古代文明的演进，也能为今天税收法律制度寻找经验。希望这一部分的研究能为后续研究的开展助以臂力。

CHAPTER 03 >>

第三章 宪制视阈下中国财产税法之变革

宪制意义下的私有财产先于税权而产生，私有财产者对其财产权的维护是宪制产生的动力，因此，财产税便有了“宪制之母”之称。财产税的“宪制精神”可以概括为：“人民缴纳税金，政府保障产权”。然而，中国历史上没能产生与西方相同的税收宪制理念。时至今日，我国宪法中涉税条款的数量和质量问题，是财产税乃至整个税收法制存在缺陷的深刻根源。因此，财产税法制的变革应从宪制层面考量：即以保护私人财产权并促进财富增值为变革基础，以所有征税事项均应合法为变革原则，以公平社会财富分配为变革目标，以赋予地方税收自主权为变革路径。

第一节　财产税为“宪制之母”的考察

自私有制出现和国家形成之后，税收就产生了，这时的税收就是财产税。

一、中国专制制度下财产税的性质

从中国财产税的历史演进过程来看，除了主要对土地征税，肇始于周代的“廛布”①，是对平民居住的房屋课征的房屋税；汉代元光六年（公元前129年），开征了车船税，称为算商车；东晋（317年或318年）产生了估税②，即对财产转移的课税。需要说明的是，农民向朝廷缴纳的田赋是租金还是税收，尚须认定中国的土地制度是否真正意义上的私有制。我国自夏代开始进入奴隶制社会后，在夏、商、周三个朝代，土地均归王室所有，即所谓“普天之下，莫非王土，率土之滨，莫非王臣”。当时的国王不仅是全国的最高统治者，也是全国土地的所有者。国王对其所拥有的土地，除了一部分由王室直接管理外，大部分分封给诸侯和臣属，也有一小部分授给平民耕种。为了减少政府的监督成本，提高劳动者的积极性，增加土地的收益率，获取尽可能多的财政收入，皇权政府不断地调整土地的实际所有权范围。春秋战国时代各国纷纷变法，所谓“通公私”无非是将周代的土地公有制改为实际的私人（往往是土地耕种者）占有，促进土地耕种者的积极性，以使他们缴纳更多的田赋，但直至宋代以前，土地仍然属于国家所有，授予特定者耕种，并可在一定条件下收回，表现为各朝代政府都在干预土地的占有形式（因其有所有权，故有干预权），设立了完整的田制：秦代为爰田制，汉承秦制，曹魏时是屯田制，西晋实行占田制，北魏时实行均田制，直至隋唐时代仍然是经过改进的均田制。正如学者所说，宋代以前中国的土地是国家所有制，私人最多也就拥有土地的占有权，因此田赋更多的是一种租金，宋代以后是不完全的土地私有制。因此，田赋只是类似于税收。

古代中国，为了维持大一统的王朝，需要尽可能地增加田赋收入，这就需要政府明确界定土地私有权。但传统中国既没有约束政府的力量，又因土地私有造成的土地兼并会破坏中央集权体制所需要的小农基础，往往会破坏土地私有制进程，不承认其不可侵犯性。历代王朝之初，开国皇帝们吸取前朝倾覆的教训，感于百业待兴的时局，大多通过“清静无为”“轻徭薄赋”

① “廛”，古代指平民所住的房屋，“布”为对房屋的征税，“廛布”就是对房屋征税。

② 估税分为输估和散估，输估是对交易额较大，买卖双方订有契据作为成交凭证的交易征收的税；散估是对交易额较小买卖双方不立契据的交易征收的税。

"休养生息"来涵养民力、与民休息。从盛世后期开始，大规模的征敛活动即行展开。一方面是税负沉重，另一方面是税吏苛酷，如此左右夹攻再次将纳税人卷入前朝横征暴敛的恐怖中。在苛酷的税收环境中，逃税成为一个十分自然的社会现象。当苛征赋役到了极端的地步，"纳税人暴动"（tax revolt）便发生了。法国的中国问题专家L·仰高先生发现：中国农民暴动大多是针对税赋而非佃租和高利贷。[①] 然而，暴动的结果是改朝换代，历代王朝的兴衰都走不出这个怪圈，其循环往复与自耕农的地位密切相关，以致中国专制社会延续了几千年。

二、西方宪制发展中财产税的先导

"普天之下，莫非王土"，这个口号不仅仅适用于中国古代，西方封建国王享有的财政特权并不亚于中国的皇帝。如中世纪英国，在封君封臣制度下，国王以其全国最高封君的身份征收分布在全国各地的郡包租、特别协助金、继承金、监护权和婚姻决定权带来的收入、王室森林区收益、王室采买权、征调军役和军事强买权等[②]。其中主要是王领土地收入，税收是偶然的，只起补充作用。只有在特别紧急情况或其他原因导致临时财政困难时，国王才能以一国之君主的权力向臣民征税。13～17世纪，基于社会对政府扩大职能的需要，特别是在物价上涨和战争开支不断扩大的压力下，国王以"共同利益"和"共同需要"为由，不断突破封君封臣制的束缚，寻找新的财源。欧洲各国将土地税与动产税合并，设立了一般财产税，对动产适用1/15的税率，对不动产适用1/10的税率，故又称1/50税和什一税。[③] 这一切表明，西方国家传统的以财产收入（皇室土地收入）为主要形式的财政收入结构，已

---

① 刘五书：《二十世纪三十年代中原农民负担研究》，中国财政经济出版社2003年版，第174页。

② 英国国王与封臣之间并非是一种单向的主从关系，而是建立在相互依存基础之上的双向契约关系。参见施诚：《中世纪英国史研究》，商务印书馆2010年版，第2页。

③ 由于动产课税困难，对无形财产课税更不可能，结果又由一般财产税退回到仅对土地、房屋等不动产课税。欧洲的英国、法国、意大利等国家，都经历了由土地税扩展为一般财产税，又由一般财产税退回到土地、房屋等不动产税的过程。参见施诚：《中世纪英国史研究》，商务印书馆2010年版，第3页。

不能满足政府支出需要，不得不开始大量地、经常地征税，从而导致以土地为基础的封建税收向以财产和收入为基础的税收转变。[①] 也就是说，西方国家政府从一个不依赖于纳税人财产和收入的政府，转型为一个依赖于纳税人的收入和财产的政府。

在这种情况下，若不能控制政府的征税权力，就势必对纳税人财产造成最大侵害，因此纳税人自然产生制约政府征税权力、约束政府支出的强烈要求。人类历史上最著名的三大资产阶级革命就是因纳税人抗税而爆发的。政府为了稳定地取得财政收入，往往也承认和保护纳税人的私有财产权利，同意纳税人通过国会来约束和监督自己的征税权。这样，纳税人以缴纳税款为代价，获得政府提供的秩序和权利保护，并能够监督和制约政府的征税行为，现代税收就此产生了。财产税的发展历史表明，宪制的演进是以议会争取制税权的斗争为起点的，在15世纪之前，批准纳税几乎是议会唯一的职能，议会主要就是一个纳税人的会议。为了配合纳税人控制政府征税权而产生的一系列制度，形成了西方宪制。正如达尔所指出的："统治者需要取得被统治者的同意这一理念，一开始是作为一个征税问题的主张而提出的，这一主张后来逐渐发展成为一种有关一切法律问题上的主张。"[②]

三、中西不同政体下的财产税差异

综上所述不难发现，在宪制产生前，无论中国还是西方国家，政府对财产课税都是没有任何限制的，而在宪制产生后，西方国家基于"无代表，则无课税"的议会政治确立了税收法定主义原则，政府的征税权受到了限制；而同是封建背景，中国土壤上却"长出"与西方完全不同的税收文化。究其原因，财产税通常会囿于传统，相对于西方具有不同的特点：

第一，近代以前中国漫长的专制社会从未出现过税权归属问题。与西方尊崇人的自然权利、主张人权神圣不可侵犯相反，中国封建社会居正统地位

① 盾牌钱、丹麦金和卡鲁卡奇等以土地为基础的税收由于封土制的实行而难以征收，于是国王转向动产和收入税。

② ［美］罗伯特·达尔：《民主理论的前言》，顾昕、朱丹译，上海三联书店1999年版，第25页。

的是重义轻利的儒家思想、董仲舒“三纲五常”、宋明理学的“存天理，灭人欲”。自秦始皇确立了“天下事无大小，皆决于上”的原则以来，皇权专制始终是传统政治的唯一核心。在专制、集权制度下，天下为一人之天下，王权是天下最大的产权，向谁征税、征什么税、征多少税、怎样征税，完全由皇帝说了算。而在西方传统中，私人财产独立于国王，百姓家的破房子“风能进，雨能进，国王不能进”，私有财产神圣不可侵犯是国王无法俞越的制度约束。可见，东西方的产权理念相差何止十万八千里！

第二，专制王权的官僚制度发达，政府租税不需要获得贵族的同意和协助。在中国专制制度下，国家的赋税可以不受限制地征收，苛酷的税吏可以趾高气扬地加派，中国历史上从来没有能够产生出如欧洲贵族那样一支对国王的征税决定起到抵制作用的民间力量或“市民社会”，产生出一支足以对王权滥用有效制约的神圣教会，产生出一些足以对昏君的错误决定进行否决的利益集团。当纳税人将其积累日久的反感化作推翻旧王朝的冲天怒火时，只能意味着一个旧王朝的崩溃而不能确保新的王朝不重蹈覆辙。[①]

第三，不存在纳税人或纳税人组织与官府争夺税权的斗争。同是封建背景，西方的纳税人已经意识到：财产税是对私人财产权的分割，是对天赋人权的入侵，是对个人隐私和商业秘密的渗透，喊出了“无代表则不纳税”“不出代议士不纳税”的口号，以限制国王对财产税任意的、过分的征收，将税收这种财产权的让渡放置在一个可以对纳税人的心理有一定抚慰作用的位置。而中国的纳税人，此时笼罩在“前年鬻大女，去年卖小儿，皆因官税迫，非以饥所为”的强烈厌税情绪之中。尽管如此，中国的纳税人仍对统治者或某派政治力量寄予幻想，他们喊出的典型的口号是“轻徭薄赋”“均田免赋”“三十税一”“闯王来了不纳粮”——以求得英明君主的恩赐和农民领袖的施舍。

总之，古代中国的财产税，是一种与专制、集权的政权体系密不可分的

① 参见李胜良：《税收脉络》，经济科学出版社2004年版，第22～23页。

税收形态。正是这种体制下当权者的贪得无厌和政治决策上的无所制约，使中国的财产税与西方国家的财产税存在巨大差异。由于中国传统上缺乏民主和法治理念，虽然爆发了无数次农民起义，并没有和西方社会一样形成宪法理念，诞生类似议会的机构以维护广大民众的权益，相反，每次起义都是对皇权至上原则的巩固。

第二节　财产税中“宪制精神”的诠释

税收的宪制精神即税收法定原则。该原则在确立时，最主要的还是为了限制国王征收财产税的权力，目的在于保护与人民生活息息相关的财产权。基于此，正确认识财产税的本质，对理解国家和纳税人的关系具有重要意义。

一、基于宪制理论对财产税本质的诠释

（一）社会契约理论：税收是国家与人民就其财产权交割达成的协议

近代社会契约理论肇始于格劳秀斯，但在霍布斯、洛克和卢梭的学说中成熟完善。霍布斯（1588～1679 年）是近代第一个全面阐述社会契约论的人。他吸收了古希腊先哲伊壁鸠鲁关于社会契约的思想，将政治契约与普通契约相类比，使契约成为一种法律事件：人们转让自己的权利如同售出商品一样，应当获得相应的等价补偿——国家对人民生命财产安全的保障。他指出：“主权者向人民征收的税不过是公家给予保卫平民各安生业的带甲者的薪饷。”[①] 洛克（1632～1704 年）是继霍布斯之后的社会契约论的积极倡导者之一。在洛克看来，人们彼此达成协议进入文明社会，交出了他们在自然状态下拥有的部分权利，但仍然保留了生命、自由和财产的自然权利。国家或政府的权威必须以保存人的生存、自由和财产的权利为目标，人们服从

① ［英］霍布斯：《利维坦》，黎思复、黎廷译，商务印书馆 1985 年版，第 269 页。

政府的前提就是政府能够保障他们的自由。[①] 在社会契约论者中，卢梭（1712～1778年）是最具影响的人。他认为，需要“寻找一种结合的方式，使其能以全部的力量来维护和保障每个结合者的人身和财富”。于是，人民以缔结社会契约的方式产生了这个结合——人民共同体（也就是主权者）。在社会契约之下，主权者就是公意的代表，享有制定宪法的权威以表达公意。政府只不过是主权者的执行人，负责执行法律并维持社会的和政治的自由。[②] 因此，当人民以社会契约的方式产生国家并以支付税款的方式维持其运作时，政府，不过是为纳税人提供公共产品、公共服务的工具，而政府所拥有的权力，不过是其履行“为纳税人提供充足、合格的公共产品、公共服务”这一义务的必要条件。纳税人以牺牲自己的财产为代价支撑起整个国家权力体系的运作，自然有充分的理由要求国家为自己提供高质量的服务。[③] 国家与纳税人之间在税收上是平等或对等交换关系。

（二）税收价格理论：税收是公民享受政府提供的公共产品而支付的价格

在现代市场经济条件下的西方国家，对税收本质作出比较合理解释的是新利益说，也称“税收价格论”。其基本内容是：第一，税收是公民享受政府提供的公共产品而支付的价格费用。[④] 政府取得税收后为提供各种公共服务而使用税收，满足于各社会成员个人的利益，纳税人是在为自己而纳税。

---

① ［英］洛克：《政府论》（下篇），叶启芳、霍菊农译，商务印书馆1964年版，第88、89页。

② 参见［法］卢梭：《卢梭全集》（第4集），李平沤译，商务印书馆2012年版，第98页。

③ 刘剑文、熊伟：《税法基础理论》，北京大学出版社2004年版，第78页。

④ 哈耶克指出：“在发达社会中，政府应当运用它所享有的经由征税而筹集资金的权力，并由此而为人们提供市场因种种缘故而不能提供或不能充分提供的一系列服务。”参见［英］佛里德利希·冯·哈耶克：《法律、立法、与自由》（第2、3卷），邓正来、张守东、李静冰译，中国大百科全书出版社2000年版，第332页；公共选择学派也认为，“从某种宽泛而有用的概念意义上讲，捐税也是一种由个人或团体为以集体方式提供的公共劳务所支付的‘价格’”。参见［美］詹姆斯·M.布坎南：《民主财政论》，穆怀朋译，商务印书馆1993年版，第16页；法律经济学还分析道，“税收主要是用以支衬的公用事业费。一种有效的税收应该是要求公用事业使用人支付其使用的机会成本的税收。”参见［美］理查德·A.波斯纳：《法律的经济分析》（下），蒋兆康译，中国大百科全书出版社1997年版，第625页。

这种私人为了自身消费而支付费用的现象，正是典型的市场交换行为在公共财政活动中的反映，从而税收也就具有了公共产品"价格"的性质。第二，税收价格仍然遵循"等价交换"这一市场本性。理想状态下，个人愿付的税收价格应该反映自己对公共产品真实效用的评价，如同市场上个人支付的价格反映自己对私人产品效用评价的情形一样。[①] 第三，税收价格的实现实际上是一个公共选择的过程。纳税人支付税收的目的在于获得政府提供的公共产品，税收"价格"就代表和体现了纳税人作为购买者的根本利益。作为价格支付者的纳税人对公共产品的品种、数量和质量有选择和决定的权利，相应地对于作为公共产品提供方的政府的"给付"行为，即对已经取得的税收应当如何安排使用，包括支出的总规模、项目类别及数额等，也有选择和决定的权利。这就决定了税收的征收和支出的过程实际上是一个公共选择的过程。

（三）宪制理论的诠释：人民缴纳税金，政府保障产权

1. 私有财产权是财产税的研究基础

所谓私有财产权是指所有权人对其所拥有的财产享有的，包括占有、使用、收益和处分的权利。杰斐逊曾指出：财产权是人性的必然产物，因为人生来就是业主。洛克当年提出三大自然权利就包括财产权（生命权、自由权和财产权），1789 年的法国《人权宣言》第 2 条规定："人的自然的和不可动摇的权利是平等、自由、安全和财产"。

首先，私有财产权是实现生命权的物质基础。生命权是一切权利的源泉，没有生命，谈何权利？早期人权规范把财产权作为个人实现生命权的物质基础，视财产权为生命权利的延伸，是人类自由和尊严的保障。故而财产权被赋予绝对不受限制的神圣性，民法中"所有权神圣"观念始于兹。在生存权发展到社会权形式的阶段，个人的财产权仍是其生存权实现的物质基础。所不同的是，为求生存而获得财产不以生存者履行义务为前提，反以财产所有

---

① 王柯敏、李双成主编：《迈入 21 世纪的中国经济》（第 1 辑），中国财政经济出版社 2000 年版，第 215 页。

人履行义务为前提，国家具有接受生存请求的责任。

其次，私有财产权是自由权的重要保障。个人自由的核心是个人对其财产享有独立的、排他的支配权利，这已为所有人接受，“近代政治思想一个最根本的出发点是对个人利益的保护，这一点对于即使是像霍布斯那样的被视为专制主义者的思想家来说也同样是真实的。”① 因此，私有财产权的存在是个人自治所不可少的，它既为个人的自由提供了保护，也使个人获得了自治的能力。“无数事实表明，窒息个人自由最有效的途径就是剥夺个人的财产权”。② 剥夺了私有财产权，人将失去自由，失去自由的社会将没有活力，平等、民主、公平等现代法治理念也将失去依托。

最后，私有财产权是受到同等保护的权利。财产权作为一项普遍的权利，是不分贵贱人人享有的平等的权利。在现代法治社会，财产权是宪法和法律明确规定的权利，公民不会因为性别、政治立场、宗教信仰、贫富差距等差别而在财产权的享有和财产的保护方面受到任何歧视。

2. 承认私有财产权是财产课税的前提条件

历史表明，人类的进步，社会的发展，必须保持作为个体的人的活力，发挥人的创造力。承认私有财产权体现了对公民个人追求物质利益的肯定，可以调动公民的积极性和创造性，创造出更多的财富，促进社会的发展。正如孟子所言：“有恒产者有恒心，无恒产者无恒心”——“恒产”在很大程度上是酝酿“恒心”的“原料”，个人财富的增加自然会有利于国家征税权的行使，“个人对私有经济的自由性与积极性，为租税国家之前提要件，国家一面对此加以保障，一面借此取得税收以推展国家任务”。③

中华人民共和国成立后，确切地说在1956年社会主义改造完成以后，我国长期实行一大二公的所有制结构，私人财产仅仅限于维持最低生活标准的

---

① 唐士其：《西方政治思想史》，北京大学出版社2002年版，第3页。

② 刘军宁：《共和·民主·宪政》，上海三联书店1998年版，第42页。

③ 葛克昌：《税法基本问题——财政宪法篇》，月旦出版股份有限公司1997年版，第12页。

生活资料，而这些不能成为课税的对象。[①] 在计划经济时代，财产税因缺少税源而形同虚设，“皮之不存，毛将焉附”。改革开放以后，尤其是社会主义市场经济体制建立后，我国经济快速发展，居民收入水平日益提高，社会财富不断增长，为财产税提供了较多的税源。因此，必须承认和保障纳税人的私有财产权，“藏富于民，培养税源，才是正常的办法”，[②] 由此可见，我们从排斥和否定私有财产、从消灭私有制和普及公有制，到承认私营经济等非公有制经济是社会主义公有制经济的补充、并将其定位为社会主义市场经济的重要组成部分，的确是我国在完善所有制结构和承认私有财产问题上的一次质的飞跃。

二、基于宪制思维对财产税课征的诠释

（一）限制政府的征税权

宪制意义上的私有财产权，是一种先于国家税收权利的财产权[③]。对国家而言，纳税人的私有财产能否得到宪法的保护关系到政府征税的合法性，亦即必须对政府征税权予以制约和限制。孟德斯鸠说：“一切有权力的人都容易滥用权力，这是万古不易的一条经验。”[④] 而“征税的权力事关毁灭的权力”，更是容易被滥用。因为在现代国家，“财政是国家运行的物质基础和前提，财政依赖于税收，税收为国家公权力介入私人财产权的行为，因此税收行为天生就比其他公权力行为更受宪政价值和宪法权利保障理念的束缚。”[⑤] 封建社会对国王滥用征税权力的遏制促使税收立宪的生成。可见，制约征税权力是税收立宪的传统和原始功能。而国家征税权力的无限性和公民私有财产的不可侵犯性之间的冲突，始终是国家与公民之间关系的根本问题。合理

① 刘剑文、熊伟：《税法基础理论》，北京大学出版社2004年版，第90页。

② 马寅初：《财政学与中国财政——理论与现实》（上）。转引自李刚：《税法与私法关系探源——对（私人）财产权的确认和保障》，载刘隆亨主编：《当代财税法基础理论及热点问题》，北京大学出版社2004年版，第121页。

③ 李炜光：《财产权与税收的宪政精神》，载http://www.mof.gov.cn/zhengwuxinxi/diaochayanjiu/200809/t20080908_72061.html，最后访问日期：2013年3月17日。

④ ［法］孟德斯鸠：《论法的精神》（上册），张雁深译，商务印书馆1995年版，第154页。

⑤ ［日］北野弘久：《税法学原论》，陈刚、杨建广译，中国检察出版社2000年版，第74页。

划定国家通过税收汲取公民财产权的范围，在宪法中授予和限制征税权，对于保护公民财产权，保障纳税人合法权益，规范有限政府，具有至关重要的意义。[①] 宪法作为一国的根本大法，其基本的价值目标就是通过对政府施加合法的制约来防止权力被滥用。制约政府的征税权不仅可以防止属于私人的权利和空间不断受到挤压，而且有助于解决政府本身存在的腐败问题。

（二）监督政府的用税

在市场经济条件下，政府也是理性的经济人，也有牟取私利的本能冲动。[②] 现实生活中，政府出于自身利益以很低的政治交易成本来汲取纳税人的税款，打造一个庞大的政府统治机器；由于寻租现象的存在，政府向社会成员收取的税收并不按照社会成员的意愿支出。因此，公共选择学派认为：在宪制下，首先确立一个宪法规则，这个规则对于政治家和政府官员来说是“高高在上”的，它能够在税收水平下降的情况下，遏制对已经增长起来的公共支出的持续需求（最重要的是这种财政规则必须反映和表达全体公民的价值观），使政府的财政行为由不受监控转化为“纳税人监控”，而纳税人监控是通过议会实现的。议会有权对政府要不要征税、向谁征税、征什么税、征多少税、怎样征税等重大税收问题作出决定，有权监控政府征税的实施行为，有权惩处违规的政府官员。这种规则可以消除政策制定者出于利己主义动机或集团利益对政策制定施加不利影响，又可以提高政策制定过程的透明度和政策走向与效果的可预期性。

---

① 政府征税权的滥用不仅造成对公民财产的侵害，进而影响纳税人的生活、家庭、投资等，而且也给政府本身带来不少问题：第一，征税权力不断扩张的欲求导致政府成本剧增。正如哈耶克所言：“开头微不足道，但是，如果不小心在意，税率就会很快翻倍，而且最终会到达没有人可以预见的地步，这合乎事物的本性。”政府征税本身需要成本，在其不受制约的场域中，政府成本必将随着征税权力不断扩张而攀升。第二，毫无监督的政府征税权力对经济随意干预的倾向很难自我抑制。结果，经济人或没有投资激励，或做扭曲性投资，甚至贿赂政府官员以换取税收优惠。第三，随着税收收入的增长，其支出也不断增加，最终导致入不敷出，产生财政危机。所以，限制和约束政府税收权力，使其不能随意对公民进行征税，便会减少政府腐败的可能性。同时，由于税收收入的随意增长的空间缩小，获取税收的难度加大，政府不会随意增加财政开支，财政危机产生的概率将会变小。参见毕金平：《我国税收立宪之探讨》，载《安徽大学学报》（哲学社会科学版）2007 年第 31 卷第 6 期。

② 在我国，地方政府在此方面表现得尤为明显。如为追求短期政绩而大搞形象工程。

（三）划分政府间财税权

税权是国家为实现其职能，取得财政收入，在税收立法、税款征收、税务管理等方面的权力或权利，是取得财产所有权之权。[①] 或者说是国家所享有的课征和使用税款的权力。税权配置的关键在于根据事权的不同划分并在纵向上合理配置，也即税权本质上应该是政府所拥有的与其事权相匹配的税收立法权、税收调整权和执行权等各项权力。如何将各项财政职能及相应的财政工具在各级政府之间适当分配，传统财政分权理论给出了合理性、必要性的阐释。蒂布特“用脚投票”的理论认为，各地居民面对各区管理、税收政策、信息提供和公共服务等不同的配置情况，可以自由迁徙，选择最能满足自身偏好的地区居住。这样的结果就是，地方要以提供居民最需要的公共产品来吸引民众。奥茨的实证研究结果表明，建立在中央集中提供公共产品和地方分散提供公共产品的效率比较基础上，地方为争取居民的投票和支持，会在居民的约束下更有动力。马斯格雷夫则从考察财政的三大职能出发，指出在公共产品供给效率和分配公正性的实现方面，中央和地方之间必要的分权是可行的，布坎南的“俱乐部理论”揭示了地方政府的适当规模，[②] 实际上提出了税收收益权的分配问题。种种理论都为支持一个观点，即中央和地方在资源配置和公共产品的提供方面分工是必需的，有利于发挥各自履行职能的优势。因此，许多国家根据政府间事权的不同及各种税制的特点明确划分税权并使之成为宪法的主要内容。宪法规定了税权在中央和地方政府间合理配置，将有助于地方财权和事权的统一，发挥地方政府的积极性，进而可以从国家与地方的不同层面满足（公民）纳税人的公共需求。可见，税权是一种宪法性的权力。

① 赵长庆：《论税权》，载《政法论坛》1998年第1期。

② 一个俱乐部的最佳规模就在外部不经济所产生的边际成本正好等于由于新成员分担运转成本所带来的边际节约这个点。参见［美］布坎南：《规则与成因：宪法经济学》，黄延译，中国社会科学出版社1999年版，第202页。

（四）坚持税收的平等权

1789年法国的《人权宣言》第13条规定："赋税应当在全体公民之间按其能力做平等的分摊"。[①] 这是最早在宪法性文件中规定了税收公平主义的条款。之后，在一些以所得税为主体税种的国家，其宪法都明确规定了税收的公平性问题。如在宪法中规定，平等是捐税和一切公共税收的原则基础；社会正义是税收和公共捐款的基础；应根据累进税原则征税，以实现平等和社会公正；税收制度应以保护国民经济和提高人民生活标准为原则。因此，在国家和纳税人之间，国家行使征税权时，必须坚持量能课税原则，不能将人民的生活水平降至基本尊严之下，亦即税负必须维持在一个双方都能接受的额度内。在纳税人之间，只要在一国范围内是同等的公民，就应该缴纳相同的税赋，不得利用某些政治特权来改变这一事实；税收负担在国民之间公平分配，而不分富人穷人、官员平民。此外，税收支出也应对国民一视同仁，让所有的公民公平地享受政府提供的公共产品和服务。

第三节　财产税法变革的宪制思考

从宪制的角度看，任何税法的变革都应该在宪法框架下进行，财产税法的变革自然也不例外。

一、财产税法变革的基础：保护公民私有财产权

（一）保护私有财产权是现代国家的宪法要义

私有财产权既然如此重要，自然需要用法律加以保障，其中民法是保障私有财产权的重要法律。边沁就认为："所有权与法律一起出生，一起死亡。同生共死。在法律制定之前，没有所有权而言，法律一旦消失，所有权也就

① 法国人权宣言历来被视为重要的宪法性文件，尽管法国的宪法变动频繁，但人权宣言往往被各种的宪法接纳其为宪法序言的一部分，其地位与重要性可见一斑。

不复存在。”[①] 2007 年十届人大五次会议审议并通过的《物权法》，第一次赋予私有财产受法律平等保护的地位并对私有财产保护制度进行了创新：从保护储蓄扩大到保护投资，从保护劳动收入扩大到保护财产性收入，从保护生活资料扩大到保护生产资料。[②] 但面对侵犯公民财产权的强大的政府，处于弱势地位的纳税人是不可能依靠民法获得救济的。因此，“政府一旦成立，除了通过宪法加以限制外，公民没有办法对它进行控制”。[③] 所有税收立宪的国家，都首先承认和保护公民的私有财产权。“从财产权保障的宪法制度演进历史进程来看，财产权的保障，实际上构成了近代以来世界各国宪法的核心内容之一。它不但是近代宪法、近代自由国家赖以确立的一个支点，也是近代宪法向现代宪法、近代自由国家向现代社会国家展开的一个重要基础”。[④]

早在党的十七大报告中就提出：“创造条件让更多群众拥有财产性收入。”而要实现广大群众财产性收入增长，让他们能够分享经济改革的成果，最为重要的是：首先让群众先有财产。作为广大民众基本生活手段的工资性收入在经济增长中稳步提高，使其有可能拥有财产，让“钱变财”。其次是清楚界定财产。“明确的产权制度是抵制统治者税收权力扩张的最牢固、最敏感的保护屏障”[⑤]，目前国内有的行业之所以能够在短期内把巨大的财富向少数人聚集，其实就是有人利用民众财富产权界定不清对广大群众的财富进行侵占。最后是保护公民拥有财产并获得收益的权利。为此，要从宏观上不断完善以《物权法》为基础的有关财产权的法律法规，创造一种良好的社会

① ［英］吉米·边沁：《立法理论》，李贵方等译，中国人民公安大学出版社 2004 年版，第 140 页。

② 《物权法》在第 64 条、第 65 条和第 67 条分别做出以下突破性的规定：私人对合法的收入、房屋、生活用品、生产工具、原材料等不动产和动产享有所有权；私人合法的储蓄、投资及其收益受法律的保护；私人依法可以出资设立有限责任公司、股份有限公司或者其他企业，按照约定或者出资比例享有资产收益的权利。

③ ［澳］布伦南、［美］布坎南：《宪政经济学》，冯克利等译，中国社会科学出版社 2004 年版，第 47 页。

④ 林来梵：《财产权宪法保障的比较研究》，载张庆福主编：《宪政论丛》（第 2 卷），法律出版社 1999 年版，第 36～37 页。

⑤ 全承相：《西方税收宪政主义思想制度化及其现实意义》，载《湖南社会科学》2005 年第 3 期。

氛围，让拥有财产更加具有安全感。但在政府征用公民财产过程中，确保公民财产权利和财富增值权不受侵犯，“让更多群众拥有财产性收入”的目标落到实处，只能仰仗于宪法的保障。

（二）保护私有财产权在我国宪法的辩证规定

我国《宪法》第13条第1款规定：公民的合法的私有财产不受侵犯。此规定使私有财产的地位得到作为国家根本大法的承认，使公民获得了一个不受政府随意侵扰的、个人的自由活动空间，使作为“侵权法”的税法成为“维权法”，“税法是否为‘维权法’，前提或基础全在于是否承认和保障（私人）财产所有权。”① 但任何权利的行使都应当受到公共利益的必要限制，不存在完全不受国家权力制约的私有财产。“在坚持了近代宪法所确立的私人财产不可侵犯原则的前提下，当代各国宪法规定了法律保留、公益征收和补偿等相关制度来保障私有财产权的神圣地位，”② 我国《宪法》第13条第3款也规定：“国家为了公共利益的需要，可以依照法律规定对公民的私有财产实行征收或者征用并给予补偿。”此外，我国宪法的其他条款也体现了对公民私有财产权的限制，③ 其中最重要的是第56条的规定：“中华人民共和国公民有依照法律纳税的义务。”这是现代租税国家限制公民私有财产权的主要体现，“纳税义务为私有财产及自由经济体制之代价”，④ 私有财产权事实上是国家和社会、公共领域和私人领域的基本界限。因此，《宪法》第13条和第56条规定是相辅相成的。《宪法》第56条表明税收是国家对纳税人私有财产的合法侵害，是对公民私有财产权的限制，第13条的规定表明公民依法缴税是有限度的，应当享有一定的权利；《宪法》第56条的规定既是对公

① 李刚：《国家、税收与财产所有权》，载刘剑文主编：《财税法论丛》（第4卷），法律出版社2004年版，第139～140页。

② 刘静仑：《私有财产权的宪法保障》，载胡建淼主编：《公法研究》（第2辑），商务印书馆2004年版，第233页。

③ 《宪法》第51条规定：“中华人民共和国公民在行使自由和权利的时候，不得损害国家的、社会的、集体的利益和其他公民的合法的自由和权利。”

④ 葛克昌：《税法基本问题——财政宪法篇》，月旦出版股份有限公司1997年版，第41页。

民纳税义务的确认，也是对国家征税权的限制；第 13 条的规定既是对公民私有财产权的确认，也是对私有财产权的制约。所以，《宪法》第 13 条确立的不可侵犯条款明确了私有财产权的一般前提，是对个人财产自由的原则性宣示，而《宪法》第 56 条规定的纳税义务条款是日益加深的社会事实对私人财产提出的新要求。两者相结合说明：征收财产税应当以宪法保护私有财产权为前提，如果宪法不允许人民保有私有财产，或者不保护私有财产，国家可以任意征用或毁坏，不论财产税法多么完备，最后的结果都是税源枯竭、无税可征。

二、财产税法制变革的原则：所有税收事项应合法

近年来我国开始新一轮税制改革，从增值税转型到物业税空转，从资源税改革到房产税试点，再到"营改增"或增值税扩围……但从宪制的角度看，它们都具有脱法越宪之嫌。尤其是 2011 年沪渝两地房产税改革试点严重违背了税收法定主义。

首先，从立法依据看，沪渝两市试点方案的依据是国务院 136 次常务会议。税收契约的性质要求国家的征税及用税必须基于纳税人的同意。在我国，就是有关税的征收和使用的立法都必须由人民的代议机关——人民代表大会制定。而我国宪法上并无税收的立法权专属人民代表大会的条款，只是在宪法性法律《立法法》第 8 条规定：有关税收基本制度的事项只能制定法律。而第 9 条又规定：税收事务尚未制定法律的，全国人大及其常委会可以授权国务院对其中的部分事项制定行政法规。《房产税暂行条例》就是国务院被授权制定的行政法规，待条件成熟时应及时上升为法律。《立法法》第 12 条第 2 款规定："被授权机关不得将被授予的权力转授给其他机关。"可见，国务院无权将全国人大的立法授权转授于地方政府，国务院第 136 次会议决定的转授权不应具备法律效力，上海和重庆根据国务院授权而制定的房产税暂行办法，也不应该具备法律效力。而且，按《房产税暂行条例》规定，对个人所有非营利住房免征房产税。在《房产税暂行条例》没有修改的情况下，两地试点方案却将个人非营利性住房纳入征税范围。《立法法》第 88 条规定，行政法规的效力高于地方性法规、规章。显然，两地试点办法违背了上

位法的规定，存在合法性缺陷。

其次，从立法权限看，沪渝两市政府僭越了立法权限。《立法法》第72条明确规定，“省、自治区、直辖市的人民代表大会及其常务委员会根据本行政区域的具体情况和实际需要，在不同宪法、法律、行政法规相抵触的前提下，可以制定地方性法规”。显然，省、自治区、直辖市人民政府不具制定地方性法规的主体资格，但两地试点方案均由其人民政府一手操办。

最后，从立法程序看，沪渝两市试点方案的仓促出台有悖正当的立法程序。对个人住房开征房产税，不仅是一个经济问题，更是一个政治问题，是关系到治国安邦、强国富民的重大问题。由于房产税集中体现了全社会各种利益关系和矛盾，必然引发老百姓对这一特别重大事项的关注，牵一发而动全身。因此，通过多种渠道公开吸纳民意包括举行听证会等是科学立法、民主立法的应有之义。遗憾的是，国务院136次常务会议同意试点的第二天，沪渝两市试点方案就在发布的当天即刻实行，其速度之快、效率之高堪为中国立法之最！暴露出我国某些地方政府立法的随意性与盲目性，其效果也必然会大打折扣。①

财产税较之其他税系与人民的生活更为贴切，税痛感也最强。流转税是间接税，其隐蔽性使得纳税人对税负转嫁浑然不觉。财产税与所得税一样，都是直接税，直接税容易引起人们的抗拒心理。但所得税主要是通过支付环节实行源泉扣缴方式征收，而财产税则要由纳税人从自己的净财富中直接拿出一部分缴给国家，尤其是按年一次性征收，而在每次缴纳的数额又比较大的情况下，纳税人对此的评价是“一个不得人心的税”。正如哈维·S. 罗森所说，“纳税人在缴税那一月的怒气也许会持续一年。”② 因此，“赤裸裸地”开征纳税人最为敏感的房产税，其是否具有正当性一直颇具争议。如哈耶克认为，政府不应该为促进公平的实现而试图过多地干涉或侵犯个人的财产权。

① 涂龙力：《房产税制改革试点与立法若干问题研究》，载陈少英主编：《东方财税法研究》（第3卷），法律出版社2011年版，第7页。

② ［美］哈维·S. 罗森：《财政学》，赵志耘译，中国人民大学出版社2003年版，第460页。

因此，倘税捐法或税捐之课征不单纯以获取财政收入为目的，而兼以经济、社会或文化政策之实现为目的……其制定或此种税捐之课征除应满足依法律课征之形式要件外，并应满足宪法所定的实质要件。① 这里的“宪法所定的实质要件”，系政府为实现公共利益对公民基本权利加以限制时，要适当、适度，尽可能将对公民基本权利的侵害降到最小的程度，故被称为基本权利“界限之界限”。② 在宪法学界，又将其称为比例原则。③ 总体来说，沪渝两市房产税试点方案，除了应遵循税收法定主义以外，因其具有促进公平的目标，所以还应遵循比例原则，即开征房产税带来多少公共利益，又对公民基本权利造成多大损害，两者是否合乎比例？如果公共利益甚微，对公民基本权利侵害过度，这显然不符合比例性原则；反之，就符合比例性原则。由于沪渝两市房产税试点方案事先没有进行专家论证，也没有做成本效益的预先估计，开征两年来，税款收入多少且又是如何使用的，均没有相应的预算及其信息公开。所以，侵害公民基本权利与实现公共利益目标的比例很难把握，故从比例性原则角度难以作出沪渝两市开征房产税是否具有正当性的判断，但两市方案违反税收法定主义原则在学界早已达成共识。

笔者认为，通过沪渝两市房产税试点方案的出台，应反思财产税法制乃至整个税收法制变革中存在的违宪性问题。纳税与征税的逻辑关系应当是人民先同意纳税并进行授权，然后国家才能征税；国家征税的意志以人民同意纳税的意志为前提。唯有如此，财产税的合法性才能在宪法上建立起来。“如果行政者有决定国家征税的权力，而不只限于表示同意而已的话，自由就不再存在了。因为这样的行政权力就在立法最重要的关键上成为立法性质的权力了”。④ 为此，财产税法制的变革，必须在宪法的框架下运行。

---

① 黄茂荣:《法学方法与现代税法》，北京大学出版社2011年版，第5页。

② 蒋红珍:《论比例原则——政府规制工具选择的司法评价》，法律出版社2010年版，第66页。

③ 比例原则之逻辑是侵害基本权利与公共利益之间的手段和目的的关联关系，核心体现在比例性原则上。

④ ［法］孟德斯鸠:《论法的精神》（上），张雁深译，商务印书馆1961年版，第164页。

三、财产税法制变革的定位：公平社会财富的分配

当今财产税已退居为辅助税种，但仍不失为现代税法体系中不可或缺的组成部分，尤其在各国地方税体系中具有举足轻重的作用，其原因就在于财产税自身的特点决定了它具有筹集财政收入、调节财富分配和优化资源配置的功能，这是其他税种法所无法替代的。那么，我国财产税法制变革如何定位，理论界有不同观点。有的学者认为，财产税应发挥筹集地方财政收入的功能；有的学者认为，财产税应成为调节财富分配的有力工具；还有学者提出财产税法制变革应兼顾财政收入和调节财富分配两个目标，但以何种目标为主又莫衷一是。笔者认为，从宪制的视角，财产税法变革的目标应定位在公平社会财富的分配上。其理由如下：

第一，财产税作为地方政府的主体税种，但不是因为需要其作为新的收入来源。据财政部公布的数据，2017 年全国一般公共预算收入 172 567 亿元，同比增长 7.4%。其中，中央一般公共预算收入 81 119 亿元，同比增长 7.1%；地方一般公共预算本级收入 91 448 亿元，同比增长 7.7%。[①] 按国家统计局公布的数据显示，2017 年我国国内生产总值 827 122 亿元，按可比价格计算，比上年增长 6.9%。[②] 对比这两组数据可知，无论是全国财政收入还是地方财政收入的增值速度，都远远超出 GDP 增速。多年来我国财政收入增速都远远高于 GDP 增速，说明地方财政收入不是增量不足的问题，而是增量再分配的问题。在国民财富的分配中，政府得到了更多。“征税是一种强制性手段，它使政府能够向人们要钱，但又不必相应地讲清楚当前的开支愿望，”[③] 公民没有得到切实的利益，很难自愿付出。因此，财产税法变革不仅需要开辟新的税源，若要保障地方政府的财政收入，还需通过结构性调整、

① 财政部：《2011 年公共财政收支情况》，载 http：//gks. mof. gov. cn/zhengfuxinxi/tongjishuju/201201/t20120120_ 624316. html，最后访问日期：2012 年 7 月 20 日。

② 国家统计局：《中华人民共和国 2011 年国民经济和社会发展统计公报》，载 http：//www. stats. gov. cn/tjgb/ndtjgb/qgndtjgb/t20120222_ 402786440. htm，最后访问日期：2012 年 7 月 20 日。

③ ［澳］布伦南、［法］布坎南：《宪政经济学》，冯克利等译，中国社会科学出版社 2004 年版，第 46 页。

财政转移支付。

第二，社会财富分配不公的现状，需要建立起一套有效的公平公正分配机制。在经济体制转轨过程中，不仅是个人财富不断增长的过程，也是公有产权逐渐私有化的过程。在这个过程中，如果缺乏一套公平公正的产权转化机制以及分配机制，那么非但不能够使广大群众拥有财产，创造财产性收入，而且还会在最初始的阶段就人为地制造出严重的分配不公，导致社会收入分配差距越来越大。比如，目前一些人利用手上的权力掠夺性或贪污性地先侵占国有财产后，再通过这些财产使得其收入迅速增长，而广大群众由于远离权力，其财产持有相对比重越来越少，其财产性收入自然也就越来越少。据国家统计局城调队 2000 年的一项专项调查显示，占调查比例 10% 的最低收入家庭的财产总额占全部居民财产的 1.4%，而占 10% 的最高收入家庭的财产总额占全部居民财产的 45.0%。城市居民金融资产出现了向高收入家庭集中的趋势，户均金融资产最多的 20% 家庭，拥有大约 66.4% 的城市居民家庭金融资产。财产分布的不均衡必然带来其收入差距的扩大。（这方面的最新数据没查到）① 因此，创造条件让广大群众拥有财产、拥有收入，不仅在于如何清楚地界定与保护财产权，更重要的是如何建立起一套有效的公平公正的国有财产私人化的分配机制。

第三，个人财富增长不同甚至差距悬殊，违背了宪法“人人享有平等权利”的精神。“财产权作为一项普遍的权利，是不分贵贱、人人享有的平等的权利，是每个人的合法财产受到同等保护的权利”。美国《独立宣言》的起草者杰斐逊这一充满宪制精神的精辟论述，已经被写入许多国家的宪法中。在宪制社会，公民不会因为性别、政治立场、宗教信仰、贫富差距等差别而在财产权的享有和财产的保护方面受到任何歧视。我国宪法虽然没有税收平等主义的条款，却有如下规定：“任何组织或者个人都不得有超越宪法和法律的特权”“中华人民共和国公民在法律面前一律平等”“国家尊重和保障人

① 《专家解读：如何让更多群众拥有财产性收入》，载新华网：http://news.xinhuanet.com/politics/2007-12/05/content_7204465_2.htm，最后访问日期：2013 年 3 月 17 日。

权”。税法整体秩序所体现的价值体系，须与宪法的价值体系相一致。然而，沪渝开征房产税就侵犯了公民的平等权。从试点方案看，重庆方案的征税对象主要是独栋别墅、新购的高档住房，甚至上海方案主要是对第二套及以上住房征税，这势必将“房姐”“房叔”拥有的几套、几十套甚至上百套的存量房排除在征税范围之外，造成不同房型或持房数量的纳税人之间税负不平等；试点方案还基于有无户籍，对本地居民或外地居民给予不同的税收待遇；在计税依据、税率上，两地试点方案设置的差别待遇，都有违背宪法平等权之嫌。因此，宪法上要求“人人平等”，在财产税法制变革中就必须得以贯彻和体现，不可以违背公平正义、侵犯人性尊严。

第四，地方政府干预社会财富分配，需要财产税担当劫富济贫的重任。为体现宪法的“平等权”，税法对不同的税系，具体规定了不同的原则，如流转税是“分类有选择的课税原则”，所得税是“量能课税原则”和“最低生活费不得课税原则”，财产税是“生存权财产不课税或轻课税原则”。在现代社会中，由于贫富差距逐渐拉大和对财产占有的两极分化，因此可以按照生存权保障的标准，将私人财产分为生存权性质的财产和非生存权性质的财产即投资性或投机性财产。对生存权性质财产不课税，即使课税也要轻课税；而对投资性或投机性的财产，因其占有的财产远远超过其生存权保障的需要，应课以重税。可见，“生存权财产不课税或轻课税原则”是宪法“平等权”在财产税法上的具体运用，其目的就是要发挥对社会财富的再分配功能。通俗地说，再分配就是“抽肥补瘦”，即通过税收和转移支付（包括补贴）等手段，让收入和财产从富人手中转移到穷人手中，以便在保护激励机制的前提下实现社会的公平与和谐。需要强调的是，必须重视公共服务对调整财富分配关系的重要作用。公共服务在群体间和个体间发挥着同一“起跑线”或“踏板”的重要作用，只有实现基本公共服务的最大公平，保证个人“基本能力”的平等，才能使人们真正享受追求自我价值实现的自由。为此，在基本公共服务的财政支出结构上，要更加偏重对公共基础教育、公共基本医疗及就业公共服务等对公民基本能力和素质有重要影响领域的支出，为初次分配实现公平与效率的协调创造基本条件。

四、财产税法变革的路径：赋予地方税收自主权

我国宪法规定，中央和地方的国家机构职权的划分，遵循在中央的统一领导下，充分发挥地方的主动性、积极性的原则。显然，中央据主导地位，地方受制于中央。基于此，长期以来中央与地方之间的博弈从来没有停止过。具体到中央和地方的税权在宪法上没有明确划分，我国财政体制上的过度集权与过度分权并存，导致地方政府的财政权力未能得到合理配置、有效控制和理性运作，这是地方政府巨额负债形成的制度原因。①

（一）财产税的功能与其在财政分权中的地位密不可分

1994年我国的分税制改革就没有宪法依据，现行《预算法》也只规定了财政收入的主要形式，却没有明确哪些收入归中央，哪些收入归地方，而是授权于国务院规定。国务院《关于实行分税制财政管理体制的决定》在没有对政府事权明确界定的情况下，采用税种分割法划分中央和地方的收入。行政机关划分税权造成的重大缺陷就是：中央无限将税权集中于自身，而地方税权却相当薄弱。地方政府（省级政府）的税收收入限于涉税面广、征收难度大、受益较小而征收成本较高的一些税种，如财产税。宪法税权划分缺失直接导致地方政府财力不足，造成各地经济发展水平和公共物品及服务提供的差异，进而产生公民（纳税人）对改革成果分享上的不公平。尤其县、乡两级政府履行事权所需安排的财政支出与其可支配的税收收入之间高度不对称。② 不仅如此，中央还会随意更改税收归属，侵蚀地方的税权，实践中早有先例。例如，所得税由地方税改为六四分成的共享税，证券交易印花税也由最初的地方税改为共享税后，中央的分成比例不断提高，直至中央占

---

① 周刚志：《财政分权的宪政原理——政府间财政关系之宪法比较研究》，法律出版社2010年版，第168页。

② 在中央集中了57%的财力，省级政府又集中了28%的财力后，市县乡政府只掌握15%的财力，却要承担财政支出中的大项如义务教育、生态环境、公共设施、社会保障等。参见杨建学：《宪法税条款及其在我国的完善》，载《税务与经济》2008年第1期。

97%，地方占3%。税权划分混乱、矛盾的直接结果是民生难以得到保障。

（二）财产税的缺位导致地方政府公共服务的行为扭曲

现行分税制除了财权向上集中、事权向下转移外，还有一个特点就是将国有土地有偿使用收入非正式地界定给了地方政府。在独享收入如城镇土地使用税、房产税、耕地占用税、土地增值税严重不足的情况下，土地收益成为地方政府主要的经济来源。因这些税费大部分与土地有关，故在工业化、城市化的口号下，进行旧城改造，不断扩张城市规模，发展建筑业和房地产业，以土地生财。由于土地收益是一次性的，而公共支出则是经常性的，为了解决二者的矛盾，地方政府一方面大量征用集体土地，压低地价，大搞税收竞争，过度招商，以获取更多的工商税收；另一方面与银行、开发商一起推高商业地价，致使房价居高不下，以弥补招商引资中因压低地价、税收竞争所造成的损失。在这种机制下，地方政府为扩大收益，热衷于以投资拉动经济增长，企业便成为地方政府提供公共服务的主要对象。这里，不需要像发达国家地方政府那样“看居民的脸色”，而居民也无需像发达国家居民那样以纳税人的身份，通过投票监督地方预算是否反映居民的偏好，从而导致一些地方政府大搞形象工程、兴办楼堂馆所甚至三公消费，导致地方财政入不敷出，公共服务经常处于缺位状态。可见，地方财政收入不是增量不足的问题，而是增量再分配的问题。

（三）财产税的变革应该使地方政府真正获得独立财源

近年来，中央政府集中整治土地财政和地方非法收入，地方财政再次面临短缺危机，完善地方税制，建立地方主体税种，是新一轮税制改革的必然要求。但有人认为，目前我国建立独立的地方财政的条件尚不具备。理由为，财政分权制的前提是地方政府的角色要首先转变成为地方居民提供公共服务，地方预算能够反映居民的偏好。似乎没有所谓西方式的“选举民主”，财政分权就无法真正推行。这些理由实际上是倒因为果。正是由于宪法财政分权规定的缺失，才导致现行分税制的问题。正是这些问题，才引发了地方政府之间激烈的竞争以及中央与地方之间的利益博弈。因此，必须通过修宪明确中央和地方的税权划分，或者将分税制体制法律化，即通过人大制定《财政收支划分法》和《财政转移支付法》，限定中央政府对税收归属恣意调整的权力，使地方政府在税收归属上与中央处于平等的地位；明确划分中央地方的事权范围，避免中央政府事权随意向地方转嫁。一旦主要税收来自地方居民，地方政府就自然迫使本地财政反映“居民的偏好”；居民缴税所占比重越大，居民的意愿就会反映得越强烈。这时，地方政府才能有动机转变自己的角色。具体说，就是通过财政分权，构建地方税体系，确立财产税的主导地位，改变地方财政一次性获取卖地收入为可持续地获取税收，解决土地财政与经常性公共服务支出的矛盾，从而减少地方政府对工业的依赖，缓解投资冲动与招商饥渴，以致逐步退出竞争性领域。亦即，财产税将促使地方政府的职能由生产向服务转变，不再将企业作为公共服务的主要对象，而直接为地方居民提供公共服务及社会福利并接受其监督，体现平等与民主。在当前“营改增”的情况下，为解决地方财力不足，可以考虑调整中央和地方的收入分配比例，主体税种的收入比例适当向地方倾斜，并加大转移支付的力度，增加地方政府的收入规模。

在某种意义上，宪法中是否存在涉税条款，涉税条款的质量如何，是考察一国宪法是否现代化的重要标志。我国宪法中涉税条款的数量和质量问题，是我国财产税乃至整个税收法制存在缺陷的深刻根源。因此，财产税法的变革应从宪制层面加以考量，应在宪法的框架下进行。“没有任何东西比规定国民应缴纳若干财产、应保留若干财产、更需要聪明与谨慎”。这是孟德斯鸠对我们的告诫。

CHAPTER 04 >>

第四章

中国土地税收法律制度研究

“土地是财富之母，劳动是财富之父”，土地税是税收史上最早出现的税种，历来是各个国家和地区财政收入的重要组成部分。在土地税实践中，西方国家大多将土地税归入财产税之列，土地税在贫富差距日益扩大的社会中，发挥着调节土地收益分配的重要功能。在土地公有制的中国，土地税同样也属于财产税，土地所有权与土地使用权分属于不同主体，土地使用权可转让、出售，国家将土地流转中的增值收益作为财富征收土地税，以期达到增加财政收入、管理土地资源、调节土地财富分配的目的。在我国社会贫富差距不断扩大的今天，如何发挥土地税的调节功能是一个极重要的命题。中共十八大报告明确提出深化财税体制改革，十八届三中全会审议通过的《中共中央关于全面深化改革若干重大问题的决定》也指出加快房地产税立法并适时推进改革，这里所说的房地产税，就包括了本章所要讨论的土地税。

第一节　土地税收法律制度的研究基础

一、土地课税的界定

（一）广义的土地税和狭义的土地税

土地税以土地为征收对象，是国家凭借政治权力依法从土地所有者或者使用者手中取得实物或货币的一种特殊分配活动，有广义和狭义两种范畴，广义的土地税不仅包括对土地的课税，也包括针对地上建筑物及其附属物等土地改良物的课税，比如房屋税、土地改良物税等，还包括对土地及其改良物交易行为的征税，比如土地增值税、契税、印花税等，以及对土地的不当利用行为课税的税收，如空地税、荒地税等；而狭义的土地税仅针对土地课税，即对土地实体本身及其所提供的服务课税，如地价税等，本文此处仅讨论狭义的土地税。

（二）土地租、税、费的区分

纵观世界其他国家（地区）土地制度的发展历史，政府调控土地资源的配置的方式主要有：土地批租制度和土地税收制度。我国目前在土地的管理中，既采取土地批租，又征收土地税，同时通过行政收费补充调节。在论述土地税之前，笔者认为有必要厘清土地税、租、费。

1. 土地批租制度

我国的土地批租制度是随着土地制度的变化而逐步确立的，20 世纪 80 年代以前，单位和部门主要通过划拨方式无偿使用土地，不存在土地批租的需要。改革开放以后，土地使用制度逐渐从无偿向有偿转变①，开始出现一些协议转让方式的土地批租。1987 年，深圳市借鉴香港的批租制度，大胆试

---

① 1980 年 12 月 5 日，深圳市房地产公司与香港中央建业有限公司签订了第一个客商独自营建上筑大厦协议，开创了国有土地有偿使用的先河。

点土地批租制度，并于同年年底实现了首宗住宅用地的公开拍卖，自此我国的土地批租制度引入市场机制，出现了招标、拍卖等多种出让方式。伴随土地批租制度产生的还有土地出让金制度，即土地使用者向地方政府一次性缴纳规定数额的土地租金以取得一定期限的土地使用权。

我国土地批租制度是马克思地租理论的体现。地租是一个经济学名词，是土地所有者凭借土地所有权从使用者那里所获得的报酬，是土地所有权在经济上的反映①。地租理论是西方经济学的传统理论，早在 17 世纪后期，英国的威廉·配第在其名著《赋税论》中就提出，地租是劳动产品扣除生产投入维持劳动者生活必需后的余额，其实质是剩余劳动的产物和剩余价值的真正形态。其后，马克思则在亚当·斯密的垄断地租理论和大卫·李嘉图的级差地租理论的基础上，结合劳动价值论和平均利润理论，形成了后来所谓的马克思主义的级差地租理论。马克思从事物发展的本质上揭示了地租的实质及其发展规律，认为地租是所有者权利在经济上的表现形式，是超额利润所形成的那一部分剩余价值。国家作为土地的所有者，对使用者有权收取一定的“租金”，凭借其对土地所有权的垄断性并且根据土地客观的自然条件，分别对其开征绝对地租与级差地租。在我国土地公有制度下，地租就是土地使用权的价格，即土地出让金。

2. 土地收费制度

土地收费是土地行政部门根据相关法律，在为土地占有者提供服务过程中所收取的相关费用。土地收费是政府的行政服务的补偿，具有平等性和选择性。目前我国土地收费主要有两种：一种是规费，即政府管理过程中所收取费用；另一种是使用费，即政府按照一定标准对使用公共设施主体收取的使用费，包括设施补偿费和资源补偿费。由于土地收费项目大多由各级地方政府自行制定，各地的收费项目差异性较大，下面以江苏省为例，对主要的收费项目作简要分析（见表 1）。

① 马克思：《资本论》（第 3 卷），郭大力、王亚楠译，上海三联书店 2009 年版，第 175 页。

表1　江苏省土地收费一览

收费项目	收费标准
土地使用权交易服务费	出让1~1.5元/平方米；转让2~3元/平方米；出租0.8~1.2元/平方米；抵押1000~20 000元/宗
耕地开垦费	13~20元/平方米，占用基本农田加收40%
新增建设用地土地有偿使用费	16~80元/平方米
土地闲置费	划拨方式：每年每亩3000~5000元 出让方式：工业用地，出让金15%；经营性用地及其他用地，出让金10%
土地登记费	根据主体不同制定不同的标准
土地复垦费	2000元/亩
征地补偿安置费	见《江苏省土地管理条例》《江苏省征地补偿和被征地农民基本生活保障办法》
土地证书工本费	普通证书：个人5元/本，单位10元/本；特制证书20元/本
农业重点开发建设资金	将全省分为三类区域，分别征收2400元/亩、2000元/亩、1600元/亩

表格数据来源于江苏省国土资源厅网站。

3. 土地税收制度

土地税是最古老的税种，是国家以土地为征税对象征收的一种财产税，具有筹集财政收入、调节资源配置和利益分配的功能。土地课税制度，与国家土地制度、土地政策紧密相连，与财政收入制度和政策也密切相关。在封建社会，由于封建土地私有制必定要维护地主的利益，认为土地增值部分属地主应得，不可能对其课税。到了资本主义社会，土地所有者不一定同时是资本家，加上长期盛行的民主平等思潮，冲击着土地私有制，一些国家相继进行土地制度改革，在土地税收制度方面，对地主因自然增值而得到的收益应当课税的建议也就出现了。笔者认为，对土地征税主要是基于以下理论：

（1）“涨价归公”理论

亨利·乔治在《进步与贫困》一书中，提出土地的私人占有造成了社会贫富不均，他主张全国范围内征收统一的地价税，最终实现土地归国家所有。亨利·乔治通过研究总结出社会贫富差距拉大、社会矛盾加剧的根源是增加的地租。根据亚当·斯密的理论，工资、利息和地主的地租组成了国家财富。伴随生产的发展和社会的进步，土地供给的有限性将导致地租不断上涨。在财富总量一定的情况下，地租的上涨必然会拿走了原本属于工人工资的一部分报酬，工人工资不断下降，生活水平也因此而下降，造成了贫富差距的扩大。另外，他还认为土地投机的存在造成了工业萧条周期性出现，最终将造成贫困和萧条的根源归结为不平等的土地私有制度，并提出了实现社会公平分配的途径就是将土地都收归国家所有。具体到税收制度上，他认为应当征收单一的地价税，无论土地价值是否增加，通过征税将地租都上缴国库，国家只是向地主支付合理的“土地管理费”，使地价税成为国家的唯一税收。

孙中山“平均地权”思想直接受亨利·乔治“单一税”思想的影响，并在此基础上进行了创新。孙中山首先在《同盟会宣言》中针对“平均地权”思想提出两个具体主张，即核定地价、涨价归公。辛亥革命后又提出照价征税和照价收买的主张，“平均地权”思想逐步得到完善。孙中山提出，“平均地权”的出发点在于防止少数富人对社会财富的垄断，改善人民生活，从而预防未来的社会革命。“平均地权”的具体设想主要有四方面内容：核定地价、照价征税、照价收买、涨价归公。

“平均地权”思想是一个逐渐将土地私有导向土地国有的土地改良政策，通过对土地征税和涨价归公实现国家实际占有地价，从而不断丰富国家的财政收入，并能够预防地价上涨、土地投机所引起的贫富不均现象。虽然亨利·乔治和孙中山的思想都处于土地私有的背景下，但其“涨价归公”思想对于我国的土地税收制度改革也有借鉴意义。土地涨价是社会发展的必然结果，是社会各界共同努力的功劳，是个人的“不劳而获”，所以地价的上涨部分应归于大众，使全体人民分享收益，具体做法就是兴办教育和慈善、提供社会保障、健全公共福利事业。涨价归公不仅有效避免土地垄断和兼并，还使国家掌握大部分的涨价收益，为社会发展和公共建设积累了资金。

（2）马歇尔土地价值理论

与西方经济学古典和古典早期研究中把土地作为一国财富生产手段的角度不同，新古典经济学大师马歇尔把土地本身的价值作为一国财富的构成部分，对土地价值类型进行了科学区分，指出由于供给有限性和公有价值增长等条件，土地要素将为人类提供一种“永久剩余”，而土地占有、使用者是在没有劳动和资本支出条件下获得了“永久剩余”，因此有必要通过纳税方式重新进行分配以保持社会财富的持续增长，从而在理论上解决了政府土地税收立法的合法性、合目的性等问题。伴随工业化和城市化水平持续提高，我国土地价值必将获得马歇尔意义上的巨大增长土地本身价值及其增值的社会分配问题日益重要。

马歇尔根据价值形成原因将土地价值类型区分为内在价值（原始价值）、公有价值和私有价值，把因自然因素影响而具有的价值称之为土地内在价值（原始价值），而把由土地所有者、使用者的劳动和资本性支出所创造的那部分价值称为土地私有价值。对于土地公有价值马歇尔虽未给出明确定义，却详细说明了土地公有价值产生的原因，明确指出土地公有价值不同于内在价值和私有价值，是工业发展、人口集中等社会总进步所产生外部经济的间接结果。为进一步说明土地公有价值马歇尔用灌木林地所有者在自然条件未发生变化且未付出劳动和资本情况下由于附近工业人口的增加而可能拥有很高价值的例子，形象说明了土地公有价值的内涵和产生原因。马歇尔认为与农业社会土地价值构成以农地私有价值和内在价值为主不同，在工业社会中，一国土地价值由农地价值和城市土地地基价值构成，城市土地位置价值不仅是城市土地地基价值的主要构成部分，而且是工业社会中一国土地价值的主要构成部分。土地价值尤其是城市土地价值的增长及分配制度在经济社会发展中具有举足轻重的作用因而无论是在理论上还是在实践中都应是工业社会土地税费制度及分配效应的研究重点。

对土地的共有价值征税，一定程度上也与税收是公共服务的对价契合，公共价值的产生是由于社会进步带来的，政府将这部分利益通过税收收归国有，再用于提供公共服务。

（3）社会政治功能论

社会政治功能理论是公共经济学关于土地税收的重要理论，该理论主要是从社会财富公平分配功能的角度对土地税征收的合理性进行阐述。社会政治功能理论有一个基础理论，即对负税能力分析的理论，最早是由古典经济学家魁奈提出的，他认为衡量纳税人负税能力较准确的标准应是它所拥有的不动产，土地是不动产的重要组成部分，在相同条件下，私人拥有的土地越多，他的负税能力越大。这些不动产作为永久性的财富所带来的购买力和安全感，使人民愿意将其他的收入用于消费。所以，对于代表永久性财富和较大负税能力的土地课以重税体现了税收公平原则。社会政治功能的最终目标便是均分土地财富，降低土地财富的集中度并打击不劳而获的社会现象。

土地所代表的社会财富不仅包括现期可见的存量财富，还有部分是对未来土地流通中可期待的利益，即土地收益权。如果土地权利高度集中在少数人手中，这代表社会财富和未来预期实现的财富将在个别人手中的高度垄断，社会财富分配的不公平性显而易见，对这些人课以土地税是合理的。另外，在调节社会财富分配上，以往人们都更多地关注所得税对财富流量的有效调节，往往忽视了财产税对存量财富的调节功能。哈维·S. 罗森对财产税调节财富分配的作用极为推崇，他认为财产税弥补了所得税无法调节未实现资本利润部分财富的偏差，并且符合负税能力论和利益交换理论的观点。作为财产税重要税种的土地税，其对土地收益的调节作用也是较明显的。

租税费三者间既存在相同之处，也有本质性的区别。租税费三者的联系表现在：①租税费都是价格，[①] 地租是土地的市场价格，即地价，土地税是政府凭借政治权力而获得的财政收入，而土地收费中的使用费反映了准公共产品的价格。②三者都是财政收入的构成部分，且地租和土地税都属于收入分配的范畴。③地租和土地税具有调控功能，主要功能价值在于加强土地资源管理、抑制土地投机及公平分配土地收益权。

当然，如表2所示，三者之间的诸多本质区别是很明显的，土地管理中租税费并存制度是合理及必要的。只有明确区分租税费——国家作为土地所有者收取土地租金，依法强制、无偿取得土地税收，通过提供公共服务收取费用，才能理顺租税费关系，建立起合理的土地收益分配机制。

从长期看，土地出让金有别于逐期征收的土地税，是一次性收入，加上人的有限理性和未来的不确定性，它只能有偏地反映区位、基础设施和公共服务等条件对土地收益的静态影响，随着经济社会的发展，一些地区的区位条件得到改善、基础设施和公共服务水平得以提升，进而提高了当地土地的价值及收益，这些因为社会进步带来的土地增值收益本应由全体社会成员共享但却为部分既得利益者所独占，形成了土地收益共享的二阶困境。可见，有必要建立健全受预算硬约束的土地税收制度并设计一种与区位条件、基础设施和公共服务水平动态变化相适应的税收规则作为实现土地收益分配合理化的可靠保障。[②]

中华人民共和国成立以来，土地税与房产税经历了从分离到合并再分离的历史阶段，1950年政务院发布的《全国税政实施要则》列明征收这两种税收，后又将两税合并为城市房地产税，到了20世纪80年代，国家又将城镇土地使用税独立出来，之后又开征了耕地占用税和土地增值税，经过多年的税制改革，我国的土地税收制度基本建立，但我国的土地税有待完善。

---

① 汪洋：《收费管理理论》，中国物价出版社2002年版，第35页。

② 王荣宇、谭荣：《德国土地税收制度及其改革探索的启示：基于土地收益共享的视角》，载《中国土地科学》2015年第29期。

表2 租税费的比较

	地租	土地税	土地收费
双方主体	土地所有者与土地使用者	国家与土地使用者	服务提供者与享受者
法律关系	经济关系	权利义务关系	经济关系
性质	垄断性、非强制性和有偿性	强制性、固定性和无偿性	非垄断性、非强制性、对等性
国民收入分配层次	初次分配	再分配	均不属于

（三）土地税的财产税定位

现今土地制度大概分为三类：一是土地完全私有，自由买卖土地所有权，国家从土地取得收入的方式，主要是税收。二是土地所有权属于国家所有，政府让渡土地使用权，争睹从土地取得收入的方式包括土地使用权转让费和部分税收。三是土地共有，但使用人无偿无期限使用，政府由土地所得收入极少。所以，土地税可能在实行第一类土地制度的国家开征，而不会在实施第三类土地制度的国家开征。我国之前长期实行土地国有，无偿使用，一般的土地税都不征收。从1987年起，我国开始对土地使用制度进行改革。改革的内容主要包括两方面：一是改变土地无偿使用为有偿使用；二是实行土地使用权与经营权的分离。这一改革使我国房地产业很快发展起来，这对于改善人民居住条件、合理配置土地资源、充分发挥国有土地的资产效益、改善投资环境、加快城市建设、增加财政收入等方面发挥了重要作用。

土地是财富之母，是一切财富的来源，其不可或缺性是毋庸置疑的。土地财产税是国家依据所掌握的政治权力对土地产权所有人使用土地过程中所取得土地收益进行征收的一种税。虽然中国实行土地公有制，但通过改革已经进入土地有偿使用阶段，中国的土地税仍属财产税范畴。不过，在此需要对传统意义上的“财产”概念进行扩大化地理解。从马克思的产权理论出发，土地产权是一个权利束，其中包括所有权、使用权及土地收益权等。因此，中国土地税是在土地公有制基础上，土地所有与占有可分属不同主体的制度设计下，对土地流转中产生的土地财富进行征税，从而达到调节社会财富分配、抑制土地投机、优化土地资源配置及筹集财政收入的目标。

二、房地分别征税探析

目前所提出的房地产税改革中一大问题就是是否需要分别征收房产税与土地税，目前学术界存在两种不同的观点。

（一）房地合并征税的观点

认为房地需要统一征税的学者主要是基于以下几大原因：

第一，房地产研究上的传统观点是坚持“房地一体”主义，房屋与土地在规划、建设等方面都是紧密相连，房价上涨的大部分原因都在于地价的上涨，在现实中将土地、房屋的价值区分清楚是很困难的。而房屋与土地的合并征收将基本解决我国目前财产税中存在的“差别对待”问题，提高了税务机关的工作效率。①

第二，在房地产交易的实务中，习惯将房屋与土地的价值合并计算，分开课税将造成房地产交易的程序成本，不符合税收效率的原则。

（二）房地分开征税的观点

认为房产不宜与土地合并征收的学者主要给出以下理由：

第一，所有制形式不同。土地属于公有制，所有权归国家或集体，土地使用权依法可转让；房产为私有财产，所有人具有完整的物权，并可赠与、继承。将两种不同所有制形式的征税对象放在一起，将增加征管难度，使看似简便的合并征收，实质是变成内部按不同税目分别征收的“名合实分制”。②

第二，征税对象性质不同。土地税与房屋税的征税对象具有不同的性质，土地税收一般对土地占用者征税，以土地价值为计税依据，此处的土地价值包括两类：土地原值和土地的增值。房产税则是对房屋产权所有人征税，以房产价值为计税依据，房屋价值的变化受到供求、周围环境等因素的影响。

① 钟健、邓大悦：《财产税制改革：国际借鉴与改革方向》，载《财经科学》2003年第3期。

② 各国税制比较研究课题组：《财产税制国际比较》，中国财政经济出版社1996年版，第276页。

所以，土地税和房屋税的税收政策及功能价值上是有明显区别的。

第三，房产和地产分离课税的模式，可以解决现实中客观存在的房地分离问题。如果将城镇土地使用税完全并入房产税，将造成对尚未建造房屋的土地无法征税，引发不同类型土地税收负担的不公平。由于房产税和地产税无法做到绝对统一，假如对已建房的土地征收房产税，而对未建房的土地另行征收土地税，同样会造成不同类型土地税负的不公平，所以，房归房，地归地，二者分别独立课税，应该是一种相对理想的状态。①

（三）笔者的观点

房地产税改革之前提出的物业税改革，主要是合并房地产相关税费，不过这种模式似乎已经被有关部门摒弃。根据我国房地产税收的实际情况及房地产业发展的需要，笔者赞同这种趋势，不宜将房屋和土地合并征税。

首先，我国对房产与土地课税是从不同的所有权角度出发，房产税是对房屋所有权进行课税，土地税则是对土地使用权、收益权进行课税，两者的所有权的内容是不同的。其次，两税合并征收可能抑制其功能和优势的发挥，房产税是根据保有环节房产现有价值或者是租金收入进行征税，土地税则是根据保有环节土地使用收益、流转环节土地增值收益进行计税，虽然两者均能调节贫富差距，但房产税侧重房价的“维稳”，土地税侧重土地收益的分配。唯有将两者优势互补，方能实现房地产税制设计的初衷与目标。因此，在改革房地产税收制度时，应将土地和房屋作为不同地征税对象进行征税。

三、具体税种的属性分析

根据土地使用权流转与保有环节的不同，我国现有土地税具体税种主要有三个：保有环节的城镇土地使用税，流转环节的土地增值税和耕地占用税。

（一）城镇土地使用税

城镇土地使用税对在我国国内占用国有土地的主体，按照从量计征的方式（土地面积）、依据确定的税率征收。城镇土地使用税在1984年第二次利

① 熊伟：《财政法基本问题》，北京大学出版社2012年版，第362页。

改税阶段，从城市房地产税中分离出来，1988 年正式开征城镇土地使用税。为更好进行土地管理和调控，国务院于2007 年施行修订后的《中华人民共和国城镇土地使用税暂行条例》（以下简称《城镇土地使用税暂行条例》），此次修订的地方主要是税额标准和征收范围[①]。

城镇土地使用税是针对土地占用阶段征收的税收，对调节土地收益分配、公平社会财富分配及调控土地资源的合理配置和有效使用具有重要的作用。

关于城镇土地使用税的定性，学界有三种不同的观点：一种认为属于行为税，另一种认为属于资源税，此外刘剑文[②]等学者认为应属于财产税范畴。笔者认为，城镇土地使用税主要对占有不同档次的国有土地所形成的级差收入进行征税，属于土地地租，但是基于目前我国土地出让金制度的不完善，城镇土地使用税有其存在的必要性，但应对其进行改革，从而更好发挥其调节土地收益的功能。

（二）土地增值税

土地增值税主要对转让土地使用权及建筑其上的房产所获增值额进行征税，按照四级超率累进税率进行征收。[③] 我国开征土地增值税是市场经济和房地产行业发展的必然结果，20 世纪 90 年代，伴随着土地批租制度的建立，商品房的出现，房地产业在全国范围内得到迅猛发展。[④] 在土地有限供给和人们对利益追求的冲击中，盲目地开发土地、发展房地产，造成了房地产业的投机盛行、严重影响土地管理和市场经济的发展。在此背景下，为了调控房地产市场、抑制土地投机行为和公平分配土地增值收益，国务院于1994 年1 月1 日起施行《中华人民共和国土地增值税暂行条例》（以下简称《土地增值税暂行条例》）。

就土地增值税的名称而言，似乎与增值税一样，应属于流转税行列，而

---

① 此次修改将征收范围扩大到外商投资企业和外国企业；大幅度提高了税额标准，每平方米应税土地的最低税额从每年0.2 元提高到0.6 元，最高税额标准从每年10 元提高到30 元。

② 刘剑文主编：《财政税收法》，法律出版社1997 年版，第327 页。

③ 刘隆亨主编：《财产税法》，北京大学出版社2006 年版，第150 页。

④ 刘隆亨主编：《中国税法概论》（第4 版），北京大学出版社2003 年版，第208 页。

其计税依据为转让所得的土地增值收益，好像又应属于所得税。但目前学界的权威观点认为，土地增值税对土地转让时的增值进行征税，属于财产税，土地不断增值的主要原因就是土地的供给弹性有限，而这部分收入并不是土地所有者或使用者劳动所得，基于公平原则，将这部分收入通过征税进行调节，达到调节社会贫富差距的目的。相较其他两种土地税，土地增值税的四级累进税率更好地弥补了个人所得税在财产存量方面调节的不足，能够分配不劳而获的土地增值财富。

（三）耕地占用税

耕地是农业生产的基础，保护耕地是我国农业发展中需要长期坚持的基本政策，为遏制乱占滥用耕地的势头，国家在1987年开征了耕地占用税，经历了2008年[①]的修改，至今已有二十多年的历史。耕地占用税不仅保护了耕地，还在提高土地的利用效率、强化土地管理方面发挥了重要的作用。耕地占用税处于较特殊的流转环节——农地转用环节，纳税主体是将耕地用于非农生产的企业和个人，耕地占用税是一次性征收的，按照从量计征的方式，规定了定额税率，其税收收入归地方政府所有[②]。

根据耕地占用税的概念，该税种似乎既具有行为税的特点，也具有财产税的特点。对于耕地占用税性质的认定，学术界有不同的观点：曲顺兰[③]等学者认为耕地占用税以特定行为为征税对象，体现了保护农业耕地的目的，属于行为税的范畴；席晓娟[④]等学者则认为耕地占用税主要是在调节农地转用环节的土地收益的分配问题，应属于财产税范畴。笔者认为，各种税收的开征都有其特定的背景、调控特定行为的目标，并不能因此将其归入行为税行列，对耕地占用行为的合理规制是为了更好保护我国的耕地资源，守住我国耕地18亿亩的红线。而保护耕地资源的目的与调节土地级差收入目的又有

① 国务院对《中华人民共和国耕地占用税暂行条例》进行全面修改，并于2008年1月1日起施行。

② 庞凤喜：《税收原理与中国税制》，中国财政经济出版社2008年版。

③ 曲顺兰：《中国税制》，经济科学出版社2002年版。

④ 席晓娟、徐亮：《中国现行土地税完善之法律研究》，载《社会科学家》2007年第5期。

所不同，因此，应将耕地占用税归入资源税之列。

综上所述，虽然我国土地所有制度与国外存在本质差别，但我国为调节土地收益分配所征收的土地税仍具有财产税的性质，在公平社会财富分配的目标中发挥重要作用。未来地土地税改革中应主要针对土地增值税和城镇土地使用税，而将耕地占用税纳入资源税的改革中，因此下文也主要从土地增值税与城镇土地使用税方面展开论述。

第二节　我国土地税收法律制度评析

我国房地产行业在20世纪80年代以来得到迅速发展，不仅推动了我国经济总量的快速增长，还直接影响到中国经济的稳定，与人民的利益息息相关。土地在房地产业中处于举足轻重的地位，房屋的价值不仅包括其建造的成本，还因房屋所附着土地的价值变化而变化，调节土地收益权分配是对调控房价，甚至整个房地产业的重要举措。我国土地税收在开征之初便已确定了调整土地收益权主体间利益分配的目标，但这些年却成效不大。经济迅猛发展背后是社会贫富差距的不断拉大，① 人们越来越关注如何公平分配社会财富。国外的经验告诉我们，财产税无疑是调节社会财富分配的有效手段，具体到土地收益方面便是土地税。目前，我国土地税主要适用于土地使用权流转和保有阶段，但由于土地税收法律制度存在不足，对抑制土地投机的作用不大，且难以发挥调节土地财富的作用。

一、土地税收法律制度现状分析

（一）现行土地税收在总体税收中的比重

2017年全国财政收入中的税收收入144 360亿元，同比增长10.7%；其

① 从2003年至2015年，全国居民收入基尼系数超过了国际0.4的贫富差距警戒线，2013年、2014年、2015年分别为0.473、0.469、0.462。

中土地增值税 4911 亿元，同比增长 16.6%，耕地占用税 1652 亿元，同比下降 18.6%，城镇土地使用税 2360 亿元，同比增长 4.6%。[①] 较上一税收年度，土地税收有所增长，但占全部税收的比重仍较轻。

（二）土地增值税现状分析

土地增值税的征收采四级累进税率，土地增值税收入归入地方财政，在 2007 年[②]之前土地增值税征收情况并不理想，这与当时的房地产市场发展低迷、始终有来自房地产企业或明或暗的激烈反对密切相关。1993 年到 2000 年，国家免征土地增值税。2002 年我国开始实行土地“招拍挂”制度，大大提高了土地的价格，也刺激了房地产市场的复苏，土地增值税收入也有了明显的增长。2007 年对土地增值税清算的开始，加之房地产业的快速发展，至 2010 年土地增值税一跃达到 1276 亿元，之后土地增值税始终保持较快增长（见表 3）。由于房地产开发的时间较长，有时甚至是跨区域多个项目同时进行，这使土地增值税在计算应纳税额时较复杂。而现在的征收又采取按销售额等比例的预征方式，在房价上涨之时不能及时对增值收益进行调节，对房地产市场投机行为的抑制作用收效甚小。

表 3　2007～2017 年全国土地增值税税收收入情况统计表（单位：亿元）

年份	全国税收总额	土地增值税额	比重
2007	49 442.73	402.00	0.8%
2008	54 219.62	537.10	1.0%
2009	59 514.70	719.43	1.2%
2010	73 202.00	1276.67	1.7%
2011	89 720.31	2062.51	2.3%

① 2017 年全国税收收入 144 360 亿元，同比增长 10.7%，载 http://www.shui5.cn/article/cd/118148.html，最后访问日期：2018 年 10 月 4 日。

② 2006 年，《国家税务总局关于房地产开发企业土地增值税清算管理有关问题的通知》（国税发［2006］187 号）出台。187 号文要求各地方税务局对十几年都没有清缴的土地增值税算了总账。

续表

年份	全国税收总额	土地增值税额	比重
2012	100 600. 88	2719. 00	2. 7%
2013	110 497. 00	3294. 00	3. 0%
2014	119 158. 00	3914. 00	3. 1%
2015	124 892. 00	3832. 00	3. 0%
2016	130 354. 00	4212. 00	3. 2%
2017	144 360. 00	4911. 00	3. 4%

表格数据来源：中华人民共和国财政部《税收收入情况分析》。

（三）城镇土地使用税现状分析

城镇土地使用税早在1984年工商税制改革中就已出现，只不过当时只是设立了“土地使用税”这一税种而已。1988年9月，为了加强对土地的管理、合理分配土地级差收益，国务院颁布了《中华人民共和国土地使用税暂行条例》（以下简称《土地使用暂行条例》），开始正式征收城镇土地使用税。土地使用权可有偿使用的法律一经颁布，房地产行业掀起一阵建房热潮，土地市场供不应求，土地价值不断上升，1988年规定的税额标准已无法适应当前的经济发展水平，而条例中规定的仅对内资纳税人征收也不符合公平税负原则。因此，在2006年国务院重新修订了暂行条例，并对税额标准和征税范围进行了调整，以期获得更好的调控效果。近年来城镇土地使用税稳步增长，在税收总体收入中占比也逐年增长（见图1）。但是，就目前而言，城镇土地使用税远没有达到调控房地产行业投机行为的预期，由于目前房地产市场处于房价居高不下的情形，而土地使用税额远低于房价上涨的预期，投机行为仍会继续存在，城镇土地使用税还需进一步完善。

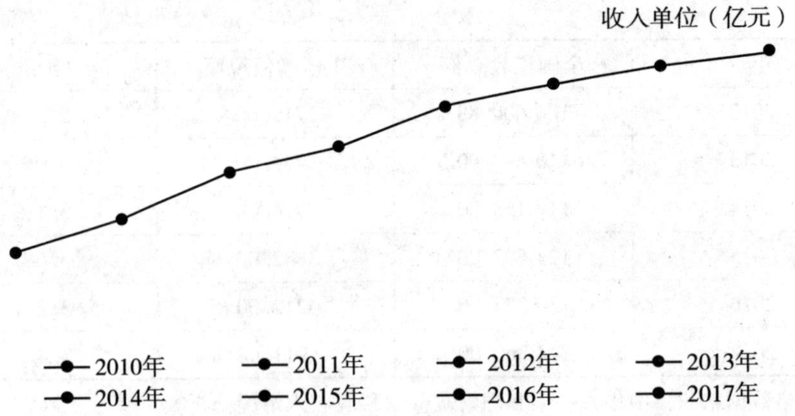

图1　中国城镇土地使用税历年收入

二、土地管理制度中租税费并存的现状

（一）租税费概念混杂、三者关系混乱

我国土地租税费体系尚未完善，存在较多弊病，租税费概念相互错位，出现了以税代租、以费代税、租税费混乱的现象，这不仅严重影响了我国土地管理制度，还极大限制了税收的调节作用，也容易产生乱收费现象。

1. 以税代租。城镇土地使用税就是混淆了租税概念的典型表现，根据《城镇土地使用税暂行条例》，其目的是管理土地级差收益分配，而根据马克思的理论，土地级差收入应归入级差地租范畴，以地租形式进行管理。从这个意义上看，城镇土地使用税混淆了税与租的概念和功能，以税收的名义发挥地租的功能。

2. 以费代税。这类情况最为典型的就是上文提到的江苏省征收的土地闲置费，这实质上是一种“罚税”，意在促进土地的合理利用，其费改税也是未来的改革趋势，大多数国家（地区）已经开征“空地税”，2018 年 2 月 27 日，九三学社中央委员会拟向全国政协十三届一次会议提交提案建议：必要时试点空置税，减少空置和“捂盘”。①

3. 以费代租。土地出让金以收费形式来表现，但本质上是城市地租的体现，是若干年地租的贴现。②

（二）租税费比例失调，租费过多过重

由于目前我国土地税制的不完善，征税范围及计税依据上都已落后于市场经济发展的需要，税收负担并不重，在地方税收收入中所占比重也不大。相反，土地出让金加上各类土地收费在房地产成本中占据较大比重，土地出让金占到20%，各类收费也占了9.45%。③ 租税费比例失调，加重了房地产开发商的负担，直接导致了开发商预期利润的减少，影响了其房地产开发的积极性和未来商品房的有效供给。而且由于开发商会将部分的土地出让金及土地收费并入房地产开发成本，成为房地产价格的组成部分，这也导致了目前房地产价格居高不下，阻碍了我国房地产市场的发展。

土地出让金归地方政府所有，拓宽了地方政府的财政收入来源，一定程度上减轻了地方财政支出的压力。但现行的土地批租制度也存在一些问题：首先，由于一次性缴纳数额较大的土地出让金大大满足了地方政府财政支出的需要，地方政府对土地批租的过度依赖性也逐渐显现，以上海为例，2015年财政收入为5519.5亿元，土地出让金达到1500.21亿元，土地出让金在地方财政收入中所占比例达27.18%。2016年全国财政收入是85 514亿元，而上半年全国土地出让金就达到了1.4万亿元。然而，土地供给毕竟是有限的，这样一次性收取的土地租金，容易造成政府注重现阶段的土地财政收益，忽视了土地财政的可持续发展。其次，目前过高的土地出让金使得房价居高不下，影响了土地资源的配置效率。最后，土地出让金属于预算外收入，由于缺乏公开和监督管理制度，在地方财政收支环节容易滋生腐败和浪费现象。

---

① 载http：//epaper.bjbusiness.com.cn/site1/bjsb/html/2018-02/28/content_392678.htm?div=-1，最后访问日期：2018年2月28日。

② 洪江：《土地税的改革方式研析》，载《税收经济研究》2014年第2期。

③ 丁芸：《中国土地资源税制优化研究》，经济科学出版社2010年版，第86页。

三、土地税收法律制度之检讨

（一）土地税收法律制度存在的问题

我国现行的土地税收法律制度主要涵盖了土地使用权保有和交易环节，土地税对我国房地产业、土地管理和土地收益分配都有一定的积极影响。但随着市场经济的不断发展，现行的土地税收制度还存在立法层级不高，缺乏统一规范；税制设计不合理，征税范围、计税依据等课税要素无法适应市场经济发展的需要；流转阶段税负较重、保有阶段税负较轻；税收征管方式落后等问题。

1. 立法层次低，缺乏统一规范

我国目前涉及土地税的几部法律都是由国务院颁布的行政法规，具体的实施办法是由地方人民政府结合地方实际需要制定的。由于我国由中央进行统一的税收立法，因此地方政府无法对具体税种进行立法活动，只能对法规内容上留有空白的地方进行填补。这一规定使地方政府能够因地制宜地征收本地区的土地税收，但存在一定的隐患：各地对同一内容的规定不一致可能影响国家相关法规权威性、规范性。我国的土地税法产生于改革开放初期，计划经济转轨时期，具有较强的政策导向性，土地税收立法整体上呈现出实体规范不完善、程序规范操作性不强的特点。

这些有关土地税的法律规范表现为“暂行条例”，这与我国土地或房地产市场的发展需求是不相适应的。通常，暂行条例适用于一些社会的紧急事项、稳定性较差的事项上，具有临时性和可变性。而法律则因其对人们产生足够的利益预期，发挥调节社会管理的功能，必须是稳定、长期的规范。我国现阶段的房地产市场与改革开放之初已完全不同：房地产市场处于稳定、有序的运作中，调控房地产业发展的宏观调控机制、其他法律机制与土地税收法律制度之间已形成相互协调的有机整体，将暂行条例变为稳定的法律已具备成熟的时机。

2. 土地税收设计不合理

（1）征税范围过窄

改革开放40年来，我国房地产业无论是在制度设计，还是产业结构上都发生了极大变化，改革之初所制定的土地税法规定的征税范围过窄，使土地税收未能成为地方税收的主要税种，调控作用效果不佳。

土地增值税的征收范围包括国有土地使用权及土地上的房产在市场上进行交易所获得的收入，即土地的增值额。然而，除了转让行为会产生土地增值收益外，其他行为也可能产生土地增值。土地增值主要有自然和人工两种形式，自然增值是由于周围的环境、基础设施条件的改善而形成的，而人工增值是由财产所有者、使用者自身的改良行为所增加的价值，自然增值属于土地占有人“不劳而获”收入。在出租房地产或将房地产作价入股的情况下，土地又因周围环境而产生了自然增值部分并不属于现行增值税征收的范围。如此，未对这些情况所产生的土地增值课税，将造成土地增值收益的流失，不符合税收公平原则。

城镇土地使用税将对除农村地区以外的国有土地作为征税对象，在《土地使用暂行条例》第6条中又对免税土地的范围进行了规定。这些限制使纳税人范围变得极小，极大限制了城镇土地使用税对使用国有土地行为的调节力度。在利益驱动下，政府及开发商将注意力转向农村，使大量的耕地被占用，严重影响我国的耕地保护政策。

（2）计税依据不合理

依据其他国家和地区开征土地税的经验，从价计征方式较符合税收效率和公平原则的，然而我国的城镇土地使用税仍按照实际占用的土地面积为标准计算应纳税额。从量计征的方式忽视了纳税人所处的地域、行业等因素的影响，无法真实反映耕地的市场价值，使税收收入无法随经济的发展而增加，缺乏弹性，最终也无法实现调节土地收益的目的。

（3）税率设置影响税收公平

税率设置不仅需考虑税收的弹性，还需考虑地区、用途等诸因素的影响，所以，土地税较完善的国家通常采用比例税率或累进税率。比例税率是在综合考虑影响税收诸要素的基础上，根据一定的比例差别所适用的税率，有利于土地资源的充分使用和提高其利用效率。与比例税率相比，累进税率通常被认为更能公平调节收入分配，充分体现了“高收入者多纳税，低收入者少纳税”的量能课税原则。

土地增值税适用超额累进税率，但所设置的税率有所偏高，造成纳税人的税收负担较重。过高的税率并没有增加税收收入，税率过高使土地开发成本增加，从而阻碍了土地的流转和正常的土地交易，使土地隐性流动增多，总量上使得国家税收收入相对减少。另外，过高税率为土地使用权的自由流转带来阻碍，土地供求关系的失衡容易引起土地价格的上涨，也将带来土地投机增多的隐患。

城镇土地使用税则采用定额税率，其缺点是显而易见的：首先，定额税率可能造成土地税收无法动态反映地价变化情况，无论土地使用人获得多少土地收益，都只需缴纳相同的土地税，而且所缴纳的税款与获得的土地收益相比往往是微不足道的，这就产生了分配不公问题。其次，城镇土地使用税税额允许在不同地区间有一定幅度的调整①，就我国房地产市场的发展而言，这一调整幅度无法反映各省市的经济发展水平的真实差距，不利于发挥税收对土地收益分配的调节功能。

3. 土地税的税负配合失当

城镇土地使用税和土地增值税是对处于保有阶段和流转阶段的国有土地进行征税。征收城镇土地使用税的目标是合理分配土地财富收益，优化土地资源配置；土地增值税设置的目的则是抑制土地投机，促进房地产市场交易的良性发展，公平分配土地增值收益。我国土地税负水平在保有和流转环节有所失衡：在占有土地时所征收的城镇土地使用税，按照纳税人占有土地面积的多少从量计征，这就造成了税源的不充足，对不良的房地产交易行为起不到遏制作用，也容易造成土地资源浪费现象，最重要的是土地收益分配的调解不力将加大社会贫富差距。而作为流转环节的土地增值税又因四级累进税率的名义税率偏高，整体税负畸重。土地在保有环节征收的税收较少，而

---

①《城镇土地使用税暂行条例条例》第5条规定城镇土地使用税纳税人根据市政建设状况，经济繁荣程度等条件确定所辖地区的适用税额幅度。

进入市场交易的土地将被征收较重的税收，这就容易造成土地市场上流转数量严重不足，土地无法发挥其作为资产要素的作用，土地闲置现象日益严重。税负呈现轻保有、重流转的现象，一方面极大地削弱了城镇土地使用税调节土地合理使用的作用，[①] 另一方面也阻碍了土地的正常流通，存在刺激土地投机的可能。

4. 对房地产市场的调控作用微弱，调节分配明显不力

对土地征税不仅能够规范土地交易行为，促进国民经济的增长，还有利于调节土地收益分配，调节社会贫富差距。但由于我国目前土地税收法律制度存在不少缺陷，很难发挥这两大方面的作用。

国家通过征收土地税收来公平分配土地收益，从而减少社会贫富之间的差距。但我国土地税中，除了土地增值税的四级累进税率调节不劳而获的土地增值财富外，其他都未能发挥分配功能。目前对收入进行调控的主要税种只有个人所得税，并且只是对个人收入的流量部分进行调控。其实，个人收入更多的是以存量的形式积累下来，即财富。社会财富的过于集中不仅会造成社会不公，从长远看，还将制约经济的发展，[②] 因此，公平社会财富分配是必要的。然而现行的土地税制没有考虑经济发展的实际情况，“轻保有，重流转”的税负特征使人们更倾向于保有房地产，而非交易流通，土地财富更加集中于少部分人手中。

另外，城镇土地使用税的从量计征方式，并由法律规定税率标准，这就造成了税额无法随经济发展水平进行及时调整，土地收益容易集中到少部分人手中，并且对房地产开发企业的投机行为影响有限。在房屋供不应求、房价高涨的市场环境下，房地产市场处于卖方市场，由于城镇土地使用税税额低于房屋预期上涨的价格，企业仍会囤地或捂盘。而且，企业可将缴纳的城镇土地使用税摊入开发成本中，最终转嫁到购房者身上，这就加剧房地产市场的泡沫。

---

① 陈宏：《完善土地增值税的一个设想》，载《税务与经济》2004 年第 1 期。

② 程瑶：《制度经济学视角下的土地财政》，载《经济体制改革》2009 年第 1 期。

（二）土地税收征管中存在的问题

1. 现行土地税收政策可操作性差

由于我国征收土地税收的时间还不长，在土地税收法律规范上还存在不少空白，后虽由国家或地方税务主管部门发布相关的规范文件，但仍存在征收程序复杂、可操作性差的缺点。如城镇土地使用税中的免税政策包含的类别过多，这样容易出现错综复杂的情况，此时税务机关是无法准确计算应纳税额。再如，计算土地增值税的法定扣除项目就是一个较复杂的问题，为保证其真实性需要逐一去核实这些项目，却又因技术难度过高而被搁置，可仅仅根据纳税人上报的财务报表来计算应缴税额又可能会让不法商人有偷漏税的机会。这就造成了税务机关征缴土地增值税过程中，难以实现足项足额征收。

2. 税务机关与其他部门间缺乏共享机制

税收征管工作需要各部门相互配合，税收工作的顺利完成建立在各部门的通力合作的基础上。土地税收工作也不例外，需要国土、房管、规划、工商、城建等多部门的大力配合，因为以上部门掌握着土地交易、流转各方面信息，通过及时有效的沟通，才能顺利完成征收工作。但现阶段，由于各个部门缺乏交流及共享机制，各自为政，只有税务机关行使征收权力。部门之间掌握重要的信息无法及时共享，造成税收信息收集的滞后，从而加大了税收征管的难度，给国家财政造成损失。

3. 土地税收征管配套制度的不完善

土地税的征收离不开土地登记制度，然而我国土地登记制度并不完善，土地管理部门在协助税务征管方面没有发挥作用，使税务机关取得税收资料信息的渠道不畅，难以及时准确掌握税源，影响征管效率的同时导致土地税源的流失。同时，土地价格评估制度的不健全也极大程度上影响了土地税收征管的效率。在可以预见的土地税改革中，根据土地市场价值计征土地税将逐步代替从量计征方式，但目前与土地税密切相关的税收评估机制并未健全。地价的定期评估制度对评估机构和评估人员提出了较高的质素要求，而现有的税务征管部门内的评估机构及人员的素质无法达到此要求。

第三节　域外土地税收法律制度考察

土地税是历史上出现最早的税收，在财产税处于重要位置，世界各国或地区由于社会制度、经济体制及土地制度的不同而采用了不同的土地税收法律制度，但地方政府通过征收土地税对土地财富进行调控，促进土地交易市场的发展。所以，对其他国家或地区的土地税收制度进行比较分析，总结其先进经验，对改革和完善有中国特色的土地税收法律制度具有重要的借鉴意义。本文笔者选取了三个土地所有制与我国公有制类似的国家（地区），即英国以及受英国影响的澳大利亚、我国香港特别行政区，以及孙中山“平均地权”思想指导下的土地税实践的代表我国台湾地区。

一、英国的土地税收法律制度

（一）英国土地税制概述

在英国的税制中，土地保有税收主要是房屋税，现行房屋税又可分为两种：住宅房屋税和营业房屋税（非住宅房屋税）。相比于其他国家，由于其将保有的土地、房屋和建筑物合并一起征收单一的财产税，英国土地保有税费制度显得较为简单，虽然其名称为房屋税，但其对房屋税的界定却与本文对土地税的界定内容完全一致。

1. 住宅房屋税

住宅房屋税是地方政府对居住用不动产保有者依据其不动产价值征收的一种税。纳税人为年满 18 岁的住房所有者或承租者。包括完全保有地产者、住房租借人、法定的房客、领有住房许可证者、居民、住房所有者六类。如果一处住房由多人所有或多人居住，则这些人为共同纳税人。但居住旅馆或住宅为卧室兼起居室（带厨房或卫生间）者以及在雇主家做家庭服务的居住者，为非纳税义务人。

课征对象为住房，包括楼房、公寓、平房、出租的房屋、可供居住的活动房屋和船只。计税的依据是住房评估价值。按照英国环境部的划分，住房价值划分为八档：40 000（含）英镑以下为 A 档、40 000 ~ 52 000 英镑为 B 档、52 000 ~ 68 000 英镑为 C 档、68 000 ~ 88 000 英镑为 D 档、88 000 ~ 120 000 英镑为 E 档、120 000 ~ 160 000 英镑为 F 档、160 000 ~ 320 000 英镑为 G 档、320 000 英镑以上为 H 档。上述八档的税率为累计税率，具体各档税率多少，环境部未作统一规定，而是由各地方政府确定。

英国住宅房屋税规定了折扣、优惠、伤残和过渡等一系列减免优惠政策。其中，折扣包含三种：一是对只有一处住房，且居住者中只有一位是成年人，可享受住房价值额 1/4 的税收折扣；二是有二处住房，且居住者中只有一位是成年人，可享受住房价值额 1/2 的税收折扣；三是对学生、医士、学土、受培训的年轻人以及人头税豁免者，免除住房税，并规定某一成年人与医士居住在一起，可享受住房价值额 1/4 的税收折扣。

住宅房屋税优惠最高可达 100%。没有收入支持或低收入的纳税人，获得多少优惠取决于纳税人收入、储蓄和个人境况。符合优惠条件的纳税人，应在征税之前向地方政府提出申请。已获得住房福利和社区优惠的纳税人，则不必再提出申请。

对于某些伤残者因特殊情况而需要更大减免的，在征税时，可以通过降低其住房价值应纳税档次的形式给予适当减税、免税照顾。但如果其住房价值属于第一档的，不能享受减免。

2. 营业房屋税

营业房屋税，也就是非住宅房屋税，是指地方政府按不动产在规定日期的市场租金，对非住宅房屋的所有人征收的一种税。

课税对象为非居住使用的房屋，如企业法人营业用房屋、其他法人和个人营业用房屋。计税依据不动产的市场年租金扣除修缮费后年净价值。这一租金是由专门评估机构估定，一般每 5 年评估一次。实行全国统一税率，由英国财政部逐年核定或变更，法律规定税率提高幅度不得超过全国平均通货膨胀指数，当前税率为 41.6%。

按规定，营业房屋税也有一些减免政策。如对工业、运输业的空置房屋免税；农业用房免税；慈善机构拥有房屋免征 80% 税额；其他房屋空置超过 3 个月的，减半征税。地方政府有决定非盈利团体和机构减免权，也有权扩大减免范围，但减免税额的 25% 将由地方政府承担。

3. 土地增值税

英国政府还征收一定的土地增值税，但按照英国增值税免税规定，对于一般转让、产权转让或让渡有关土地的权益，或让渡占有土地的特许权实行免税，土地增值税仅体现在假日出租场地、停放车辆、野营、娱乐活动场地，或钓鱼、伐木、停放飞机或船只的场地，以及提供展览会会址等方面，也就是说，土地增值税的比例是较小的。

（二）英国土地税收法律制度的评价

英国的土地税制具有极高的透明度，完善合理的税制体系极大地刺激了土地供给，较好地防止了土地低效利用。在英国当前征收的这些税种中，只有保有环节的房屋税（住房房屋税和营业房屋税）为地方税种，其他均属中央税，这是由英国集权政体决定的高度集中税收管理体制的体现。在特点方面，虽然英国是土地公有制为主的国家控制市场模式，能够交易的只是一定时限内的土地使用权，并不是土地产权的全部内容，但由于实际上 90% 左右的土地使用权为私人所有，这又体现出英国土地具有较高的私有制成分。具体讲，其主要具有如下主要特点：

1. 侧重土地保有环节征税

判断一个税制结构中的主体环节，不能简单从税种的分布来得出结论，而从税收负担（或税收收入）的比重的角度来判断显得更具有合理性。在英国土地税制中，虽然保有环节仅征收房屋税（包括住房房屋税和营业房屋税）这一财产性质的税种，但由于其征收的范围较广，税基较宽，税率也较高，如营业房屋税的税率高达 34%，最终形成的税收收入占全国总税收收入的 31.2%。

2. 税制总体简化、高效、合理，征收方法简单、方便

英国各级政府的财政收入均对土地税制具有较大的依赖性，对营业性房屋税实行全国统一税率，同时征收方法的简单、方便，体现出了英国土地税制较其他国家更具有合理性。

3. 土地税制效率原则有利于实现分配效益

英国土地税制充分贯彻市场经济原则，保护私有产权，注重以“无形之手”引导土地市场发展，根据市场调节生产，既避免干扰经济的正常运行，力图保证土地税的中性概念；同时又较好地贯彻了低税、减税原则，有力地刺激了房地产业的发展。

二、澳大利亚的土地税收法律制度

（一）澳大利亚的土地税收法律制度

澳大利亚实行的税收制度是中央与地方三级课税的分税制度，土地税则是地方政府的主要税收收入。澳大利亚的地价税是针对土地保有阶段所征的土地税。地价税的征税范围包括空置的土地，住宅、经营和生产用地以及从政府租来的土地①，纳税人为土地所有权人。澳大利亚也规定了相应的免税政策，居民住房用地、农业用地及一些涉及公共福利事业的土地都属于免税土地。地价税是以素地的市场价值为标准计算应纳税额，并且在土地公开交易前需要进行土地估价。一般情况下，土地市场价值取决于土地用途，由评估部门根据基准日的市场交易评估出最可能实现的土地价格。为更好调控土地市场的发展，地方政府也可采取其他核定地价的方法，即土地的应税价值取得是包括核定当年在内的三个税收年度的平均价值。地价税的税率由地方议会决定，税率一般设置为累进税率，即超额累进税率。

在土地转让环节则设置土地转让税，是在土地所有权有偿转让时，对其所得或土地增值进行征税。与地价税相比，土地转让税主要有两大特征：一是计税依据是土地的市场价格与转让土地所获收入中较高者；二是适用累进

① 徐文娟：《澳大利亚土地税制的启示》，载《上海房地》2010 年第 1 期。

税率，税基增加带动税额的增多。

（二）澳大利亚土地税收法律制度的评价

澳大利亚的土地税收在调节社会财富分配、合理配置土地资源及增加财政收入方面都取得了成功。地方政府通过征收土地税达到推动土地市场发展的目的，利用土地税调控社会财富的分配，实现税收公平。土地税计税依据的变革，以土地价值计征税额，不仅能有效调控土地交易中价格形成机制，通过评估机制的不断完善，还能降低土地评估成本，提高土地税的征收效率。

三、我国香港特别行政区土地税收法律制度

我国改革开放初期的土地使用权有偿转让制度就是依据我国香港地区的土地批租制度而来的，我国香港地区的土地税收制度对于内地土地税改革完善具有重要的意义。我国香港地区有关土地税收的法律法规都是建立在土地批租制度基础上的，土地批租就是政府通过各种方式，在规定时间内将土地使用权出让或授予土地的使用主体。土地使用者通常被称为业主，而其所获得的权利被称为业主权或业权。我国香港地区涉及土地的税收中较有借鉴意义的是物业税和差饷。

（一）物业税

物业税属于直接税，主要由业主来承担，物业税的征税对象是用于出租的物业，但不包括作特殊用途使用的教堂、寺庙、农用地和公益用地①。物业税的计税依据是应评税净值，且需免除已缴纳的差饷和20%的修理开支等免税额，应评税净值就是获取物业使用权的对价，我国香港地区以租金作为计算纳税额的标准。物业税的标准税率从2004年的15%微调至16%，按年缴纳。物业税的征收主体是我国香港税务征管部门，而对物业租金的评估是由税务征管机关与物业估价部门共同完成的。

（二）差饷

差饷是一种间接税，其实质是地税或土地税。差饷是一种源自英国的税

① 陈颂东：《香港不动产税制及其借鉴》，载《山西财政税务专科学校学报》2008年第10期。

种，香港在19世纪40年代中期就已开征差饷，之后又制定《差饷条例》。早期差饷称为“警捐”，主要的征税对象是香港范围内的拥有房地产的业主。

物业所有者和占用者都是差饷的纳税主体，差饷依据物业的土地价值、房产价值或物业租值为标准计算应纳税额的。物业所要缴纳的差饷数额是一个评估价值，是由政府物业估价部门在规定时限内进行评估的。差饷需每一年都重新评定，记载在册的应课差饷租值更新为最新的市场租金，这样能够保证征收差饷的公正性。差饷的税率标准每年都需重新公布，先由政府根据经济发展实际进行调整，后经权力机关的批准后向社会公布。

（三）香港土地税收法律制度的评价

物业税和差饷，是政府税收收入的重要源泉，保证了政府在城市管理中的投入。差饷的开征使得业主的持有成本的增加，绝大多数物业主会都尽可能避免房屋闲置，减轻持有负担。因此，差饷有效减少了房屋空置率，增加了物业的供给量，提高社会财富配置效率，另外，差饷作为政府的重要杠杆，促使房地产业健康发展。香港地域面积狭小，人口稠密，香港的土地可谓是“寸土寸金”。因此，香港的房地产市场发展迅速，房地产价格波动也比较剧烈，差饷这一经济杠杆经常被用来调节房地产价格的波动，并取得一定成效。物业税则是调控房地产市场的另一杠杆。物业税使房地产的保有成本变大，有效调控了房地产行业的盲目投入的增长比例，有利于防止房价的泡沫化；同时土地税种的简化，从价计征的合理性，有利于降低房地产开发成本，引导房地产市场的规范运行。

四、我国台湾地区土地税收法律制度

（一）我国台湾地区土地税制概述

我国台湾地区的土地税制是建立在孙中山“平均地权”思想的基础上，后发展成四大纲领：核定地价、照价征税、照价收买、涨价归公。土地税收基本属于地方税，主要包括地价税、土地增值税（见表4）。

对土地所有人征收的主要税种是地价税，它在整个土地税收制度中处于重要地位。地价税按土地价格征收，计税价格原则上是由土地所有人自行申报的地价，但最终以政府的公告地价为准；地价税只针对已核定价值的土地进行征收，拥有土地的主体是纳税义务人；地价税适用六级累进税率，在税率上针对不同用途土地设计相应的优惠政策。此外，土地税中设置了空地税，该税具有一定的惩罚性，对超过规定期限又没有使用的土地征税，从而调节土地分配，提高土地利用效率。

土地增值税是对所有转移土地权属的土地所有人，就其土地涨价部分所征收的税收。征税对象为土地权属转移而发生的增值额，采取三级累进税率。纳税人包括有偿转移的原所有权人、无偿转移的土地受让人、在土地上设定典权的出典人。两种税收在征税标准上是不同的：地价税是按照申报或公布的土地价值进行征收，以三年为一周期进行更新；而土地增值税则是按照政府公布的土地现有价值进行征税，每年都会对增值进行更新。

表 4　我国台湾地区土地税收的主要税种的计税依据及税率介绍

税种	计税依据	名义税率
地价税	按每一土地所有权人在同一直辖市或县（市）的申报地价总额为计税依据	1. 实行六级累进税率，分别为 10‰、15‰、25‰、35‰、45‰、55‰ 2. 自用住宅用地地价税率按 2‰课征
土地增值税	土地增值部分价值	土地增值税实行以涨价比率为基础的三级累进税率，即 40%、50%、60%

（二）我国台湾地区土地税制的特点

1. 以地价税为核心的土地税收体系

地价税是为实现孙中山“平均地权”思想而专门设立的从价计征的土地税种，它占我国台湾地区土地税收的比重极大，是整个土地税收体系的核心。由于我国台湾地区实行土地私有制度，私人土地作为财产受到政府的保护，土地所有人或受益人相应地向政府支付对价（地税），这也就是税法上的“受益说”。

2. 房地分开征税

我国台湾地区实行的是“房地分离”主义，征收土地税时明确区别房屋与地产，对房产征收的是房屋税。这主要是受“平均地权”理论的影响，[①]该理论认为，土地为自然所赐，而房产是人类通过自身努力所创造的财富，两者性质不同，应当课以不同的税种。对于产生自然增值的土地，属于人类的“不劳而获”，应课以重税，并将增值收益收归公有；而房产则是人们的勤劳所得，是对土地资源的利用，为鼓励人们开发和利用土地，应对其课以轻税。

3. 以土地价值为标准

我国台湾地区的土地税收都是以地价为计税依据的，土地税能否发挥其组织财政收入、调控土地收入的关键就在于土地价格能否正确反映市场价格，确定科学合理的税率结构。土地税收经过多年的实践，已形成了较完善的土地价值评估制度——由政府公告地价和土地现值，这样不仅统一了土地税收的征税标准，也提高了税务征管的效率。

（三）我国台湾地区土地税收法律制度的评价

我国台湾地区的土地税收法律制度在整个税收体系和宏观经济体系中都占据了重要位置，我国台湾地区的土地税是地方税收收入的重要来源，对社会与经济建设起到很大作用。土地税收制度承载实现“平均地权”理想的重要使命，尤其对土地增值税更是寄予厚望。土地税与土地增值税均采用累进税率，个人占有土地越多，土地价格越高或土地增值越大的，税率越高，所要缴纳的土地税收也越多，从而将集中于少部分人的土地收益重新进行分配，体现了财产税劫富济贫的作用。同时，土地税收入绝大部分都用于公共事业，体现了“涨价归公”的思想。另外，实践证明土地税收制度的建立完善，不仅推动了土地市场的发展，运用土地税收上的减免政策，还有利于促进我国台湾地区工业化的发展。

五、域外土地税收法律制度的经验借鉴

1. 土地税制模式总结

随着人类对土地占有、开发、使用和转移活动的不断深入，对于土地相

---

① 叶少群：《台湾土地税对大陆土地税制建设的启示》，载《发展研究》2006年第11期。

关环节课税的土地税收也在不断发展中，各国政府借助土地税收的经济杠杆作用，设立完整的税收体系。以期达到土地管理、调节土地收益分配的目的。在世界范围内，土地税制存在较多模式，根据课税对象的不同，可将土地税制分为四类：

一是将土地视为纳税人财产的一部分，征收一般财产税，如美国。

二是将土地、房屋、建筑物及其他固定资产统一归入不动产范畴征收不动产税，如加拿大、日本等。

三是将土地和房屋合并征收房地产税，如新加坡、英国。

四是单独将土地或房屋作为征税对象，如韩国征收的综合土地税。

土地税收立法普遍受到各国（地区）政府的重视，各国（地区）在多年的立法实践中均建立起一整套完整、规范的税法体系。我国台湾地区土地税经过统一立法，具有较高的权威性，这些规定将土地市场的各个环节都纳入了土地税收规范体系中，有助于我国台湾地区土地政策的施行。

2. 土地税收结构总结

由于税收制度的核心是税负公平，政府在制定土地税收法律制度时均秉承了“宽税基、少税种、低税率”原则。宽税基是要求除了特定条件及公共利益需要的免税规定外，所有土地或土地增值都要征税；少税种是要求精简有关土地的税种，在避免重复征税同时，还提高了征收效率；低税率则是要求税率设置较低。

各国（地区）的土地税按所处的不同阶段——取得、保有及流转进行征税。在取得阶段，因取得方式的不同可区别为两种：可将获得土地产权无须支付任何对价，对这一过程可征收赠与税、继承税和遗产税；土地交易过程中出让方交付土地，而受让方则支付对价获得土地的产权，土地税就是针对交易过程中出让所获收益进行征税。土地保有环节的土地税设置方式在各个国家（地区）间有所不同，有些国家（地区）是将这一环节的土地税收独立作为一种税，另外一些则是将土地与其他财产一起征收。土地转让环节，由于土地增值收益的存在，各国家和地区都相应地设置了税种进行调节，大多数国家和地区把这一过程中产生的收益作为土地产权所有人的财产收益，对其征收所得税；而我国台湾地区、韩国、意大利等则针对土地收益开征独立的土地增值税进行征收。

从税负的分布来看，各国（地区）较重视对土地保有阶段的征税，而土地权属取得、转让阶段的税收相对较少。这样的税负分布结构不仅增加了土地的流动性，有助于土地供求关系的平衡，有效抑制了土地闲置和土地投机，提高了土地的利用效率。此外，对保有阶段存量土地财富的征收重税，有利于调节土地财富过度集中的现象，从而达到公平社会财富分配的效果。美国在土地开发环节征税较少，政府还制定了一系列的税收优惠政策；而购买之后的土地保有者则需要按年缴纳房地产税，且只存在对住宅实行各种减免和抵扣。英国土地税收制度的设计就体现了"轻流转重保有"的思想，土地保有的税收成本比转让土地、房产的税收成本高出许多。较高的保有税额也促使土地使占有人通过经营方式不断获取土地收益，土地闲置的现象在英国是十分少见的。

3. 土地税收要素总结

（1）纳税人

在实行土地私有制的国家和地区，土地税的纳税人为土地所有者；在土地公有的国家和地区，土地的使用者或占用者则成为纳税人。纳税人根据法律属性的不同分为自然人和法人，其中居民纳税人需要对其国内外的全部土地缴纳土地税，非居民纳税人仅就国内的土地缴纳土地税。

（2）征税对象

土地税的征税对象是土地，也可能是土地增值额，土地一般是涵盖全国所有的土地，但是在一些国家仅针对城镇的土地征税。各国和地区的土地税均有免税土地的规定，一般都是符合公共利益需要。免税土地主要有以下几种：①本国政府和外国政府机构办公用房所占土地；②慈善宗教等非营利性社会公益事业团体办公用房所占土地；③科研学术机构、公立学校所占土地。除此之外，还普遍对农业用地实行减免税政策。

（3）计税依据

从世界范围来看，土地税一般采取从价计征的方式征税[①]。土地税的计税依据随着社会制度、经济体制的变迁，逐步由以土地面积、产量为计税依据发展为现代的以土地价格或价值为计税依据。19 世纪 70 年代的加拿大最先开始按照从价计征的方式征收土地税，之后其他国家和地区也陆续采用这一标准征收土地税。按照土地价值计征土地税有三大优点：一是增加了土地税收的弹性，土地价值具有一定弹性，随着市场经济的发展、房地产市场价值的上涨，土地价值随之上涨，土地税的收入也将相应增加。二是符合税收公平原则，因为土地价值可以反映纳税义务人的纳税能力。三是具有持久稳定性，这种计价方式将农业生产水平也纳入土地税征税依据的考虑范围，是量能课税原则的具体体现，因此更能适应土地税收法律制度的发展。

从价计征的关键在于对土地价值的确定，目前对土地价值的确定主要有以下几种：

第一，市场价值，即土地在土地市场交易中所能取得的价值。在市场经济发达、土地交易市场较活跃、土地税制较完备的国家和地区，一般都以市场价值为计税依据。

第二，租金价值，即土地的年租金，并区分为总租金价值和净租金价值。[②] 若土地用于出租，按实际收取租金计算；若是自用土地，可按同类型、水平的出租土地的租金加以确定。土地租赁业务较发达的国家和地区一般采用租金价值作为计税依据。比较典型的就是我国香港地区的物业税和差饷。

第三，素地价值，即土地本身的自然价值，扣除附着于土地上的各类设施的附加价值。

在各国家和地区对土地价值确定的实践中，少数国家和地区是采用单一地价确定方式，如英国、爱尔兰是以净租金价值为计税依据；菲律宾是以土

---

① 目前仍有少数国家和地区还保留部分从量（土地面积）计征的方式征收土地税，如新西兰。

② 两者的主要区别是土地维护等费用由谁负担，总租金价值的维护费由土地出租者负担，净租金价值的土地维护费由土地承租者负担。

地市场价值为计税依据。大多数国家和地区将几种地价确定方式综合使用，如澳大利亚采用市场价值、租金价值和素地价值三种方式，马来西亚则是采用市场价值和土地改良价值进行计价。发达国家和地区对于土地价格的评估都形成了较完备的估价体制。大多数以土地价值为计税依据的国家和地区都建立了完善的土地产权登记制度，设立专门的地值估价机构。在美国，土地价值一般是由专业机构进行评估；在我国台湾地区，土地价值是由地方政府进行评估，在规定时间内公布现值或地价；新西兰则针对土地价值评估制定了相关的法律法规。

（4）税率

土地税的税率在不同国家与地区间存在差异性：具有地区差别的比例税率、累进税率和定额税率。一般而言，美国、日本等国适用比例税率，而发展中国家则实行累进税率设计土地税制。

将各个国家和地区土地税率的设置情况进行总结，影响税率设置的因素有如下几种：

第一，根据土地所在的地区不同、经济发展情况、土地开发程度的不同，设置不同税率。

第二，依据使用土地方式的不同来设置税率。我国台湾地区在设计地价税时，按照土地使用方式和土地价格的差异，分别采取三种不同的税率：首先，制定基础地价，对未超出的土地部分征收10%的基本税率；多于基础地价的土地征收税率为累进税率的数倍；另外，对风景名胜所占土地，设计了10%的特殊税率。

第三，为减少浪费土地的现象，对空地一般征收重税。对闲置土地或空地课征较高税率，有利于提高土地的配置效率。

第四，土地税费关系总结。纵观各国家和地区的土地税收发展史，土地税收都在土地税费关系中处于主导地位，境外土地税收的重要特征之一是“明税、少费”。

收费一般缺乏效率，因此在房地产行业，政府一般对土地收取极低费用，占房地产价值的比重仅为2%。[①] 境外有关土地收费项目的具体名称各不相同，但通过总结可以得出两种主要的收费项目：规费和使用费。规费是行政管理机构为管理主体设置某项权利、为特定对象进行服务而由权利、服务获取者支付的费用；使用费则具有补偿性质，收取的对象为因政府建设、改善公共设施而直接受益的群体，体现了“谁受益，谁缴费”的原则。另外，西方很多国家将土地的规费和使用费列入地方预算中，并规定了使用范围和途径。若存在未列入预算的规费和使用费，政府一般也会规定其特殊的用途。这与我国租税费混乱、比例严重失衡的现状恰恰相反，可以作为我国租税费体制改革的借鉴。

4. 税收征管体制总结

（1）土地税权的划分

实行分税制的国家和地区大多将土地税的征收管理权限归于地方政府，由于土地税收的征税对象——土地的位置固定，在较长时间内是不会发生税基转移的，同时土地税税源分散、征税面较广，土地税由地方政府进行征收具有现实可行性，且有利于减少征税成本、实现税收征管的高效率。

（2）土地登记和评估制度

境外经验表明，土地税收法律制度的完善离不开规范的土地登记制度和完善的土地评估制度的建立。土地评估制度的完善与否，关系到计税依据是否与经济发展相适应，保证课税地价的正确性与可靠性，为地方政府征收土地税提供了科学的依据。规范的土地登记制度，能够全面、准确把握土地的占有、转让情况，防止土地投机行为所带来的土地税的隐匿虚设，提高税务机关的征管效率，是土地税收得以有效实施的保障。为此，大多数征收土地税的国家和地区都设有专门土地登记和评估机构，并配备了专业人员，以提高土地估价的质量。同时税务机关积极收集有关纳税人以及土地市场的信息，加强与其他行政职能部门间的协调配合，强化征收管理。

---

① 丁芸：《中国土地资源税制优化研究》，经济科学出版社2010年版，第86页。

各国家和地区在实际征收中采用的土地估价方法包括市场售价比较法、收入法和成本法及CAMA（计算机辅助批量评价技术）。同时，地方政府还在税务部门内专门设立财产评估机构，英国专门设置了资本税收办公室和地产估价局，为政府管理房地产市场行为提供服务、咨询和建议，它是目前世界上最大的地产管理机构。

土地评估机制的另一重要组成——估价人员对土地评估制度的建立与完善有十分重要的意义。由于各国家和地区间的国情和土地税收法律制度的不同，土地估价人员与政府间的关系也存在多样性。日本政府曾承担计算征地价格服务的任务，英国有民间和官方两种性质的估价师，税务部门和纳税人可进行选择；韩国土地评价师与政府间属于委托关系，主要是对各类地价进行调查评估；新加坡的土地评价师则属于公职人员，直接编入财政部。对于土地估价师资格的取得，各国家和地区都有较严格的规定：要求经过系统的高等教育，具有相关的专业知识及丰富的经验，并通过资格考试。为保证估价人员具有良好道德素质，有关机构还制定相关制度和规则，估价人员及估价机构需在政府专门机构处办理登记之后方能开业。

第四节　我国土地税收法律制度的完善

一、合理分配土地保有环节和流转环节的税负

境外土地税收法律制度的实践中，土地税税负结构均呈现“重保有，轻流转”的特点。“重保有，轻流转”的税负设计保障了政府财政收入的稳定和充足。在土地保有环节，无论土地是否进行流转、是否取得增值收益，在合理税率的前提下，政府对存量土地征税总能获得充足的土地税收入。而在税率既定时，土地转让环节的土地税收入取决于土地转让额。由于土地转让额不稳定性，土地转让环节的土地税无法为政府提供稳定、充分的土地税收入。另外，“重保有，轻流转”的税负设计符合税收公平和效率的原则。针

对占有土地者，提高其所需缴纳税收的税率，对于土地交易方则需降低其所需纳税的税率，有助于土地在市场上的流动，减少了土地的闲置率，激励了土地交易，抑制了土地财富的日益垄断，促进了土地市场的良性发展。

二、土地租税费体制的改革

目前我国土地交易中出现种种问题：土地资源效率低下，土地财富日益集中到少部分人手中，影响到社会公平与稳定。而混乱的租税费体系是造成财富过度集中的原因之一。因此，改革土地税收法律制度的同时，需进行土地租税费体制的改革。根据各国家和地区在租税费体制改革上的经验，改革的基本原则是“明租、正税、少费”，即明确地租的内涵，明确收取地租；明确土地税收在土地租税费关系中的主体地位；设置较少收费项目，取消不合理收费。

根据“明租、正税、少费”原则，改革现有体制需要从地租、土地税和土地收费三方面进行，接下来主要从改革土地出让金制度和规范土地收费两方面介绍改革方案。

1. 改革土地出让金制度

随着我国市场经济的发展，土地制度改革的不断加深，土地批租制的弊端日益显现出来，因此，改革土地批租制度是十分必要的，改革的主要措施是将现存的土地出让金制度改为年租金制度。土地出让金按年收取有利于形成持续稳定的财政收入来源，房地产市场的发展带动地价不断飙升，在现在的土地出让金制度下，由于未来几十年土地预期收益无法确定，往往会出现土地出让价与土地出让期内实际价值的偏离，使国有土地的收益不断流失。而土地年租制以年为时间单位适时调整土地租金价格，使地租价格和土地价值保持一致性。另外，采用土地年租制有利于抑制土地投机与腐败，对抑制部分地方政府“以地生财”和盲目征地行为也有一定的作用。

同时，土地出让金作为理论上的地租只是绝对地租，而级差地租在我国是由城镇土地使用税来进行调节的，有必要厘清概念，使级差地租回归土地出让金制度，进一步完善城镇土地使用税，以使其真正承担保有环节土地税的功能。

2. 规范土地收费

（1）需要清理与土地有关的乱收费、乱摊派项目。保留与废除土地收费项目的标准主要有以下几点，应当在此基础上对土地收费进行清理：

首先，收费事项的属性，如果政府提供的是纯公共产品，则符合税收的基本理论，应该进行征税；如果政府提供的准公共产品，应以收费形式解决。

其次，收费的目的，合理收费的目的是补偿提供服务所消耗的成本；如果是为了积累公共投资，而以收费名义向特定公民征收，就是不合理收费。

再次，收费是否存在重复，同一事情上只存在一种费用。

最后，缴费人是否为收费事项的服务对象。

（2）要将那些合理但属于地租、土地税性质的收费项目，变为地租或税收。如现存的“土地闲置费”具有税收的一般特征，应当归入税的范围，并以税收的标准进行管理和征收。另外，还有一些合理的收费项目其实质是市场配置中商品的等价交换，应将其改为价格管理。

（3）将清理后剩下的完全属于政府管理的合理收费项目进行规范整理，形成完善的收费体系。同时，应将收费项目纳入财政预算，明确收费用途和收费权限，在政府未提供服务的情况下不收取任何费用。

三、土地税具体税种的制度设计

我国未来的土地税收制度要以土地税负的公平分配为核心，优化土地税收规则设计，推进土地收益共享。不同的土地税收规则的分配效应各异，对此，土地税收的规则设计要注重公平，使产权人都能承担与之获得的土地收益相适应的土地税负，从而充分发挥土地税收的再分配功能，调节过高土地收益、保障弱势群体福利，促成土地收益共享的新格局。① 通过科学合理设置课税对象、计税依据、和税率等来体现不动产价值构成和增值的多种要素对土

① 王荣宇、谭荣：《德国土地税收制度及其改革探索的启示：基于土地收益共享的视角》，载《中国土地科学》2015 年第 29 期。

地收益分配的影响，进而实现不同区位不动产的产权人、基础设施及公共服务的受益者与非受益者等主体之间的税负公平分配，为土地收益共享奠定基础。①

（一）土地增值税

1. 适当扩大征收范围

土地增值税的增值额应当包括房地产保有阶段所产生的收益，这样能够减少征管中出现的偷税现象。② 土地增值税的征收范围应在原有基础上进行扩大，除对土地使用权交易所产生的增值需要征税，将土地使用权租赁出去或占有阶段产生的增值也应征税。在整个社会经济的发展过程中都会产生土地增值额，并非只发生在土地流转环节，所以土地增值的存在不以土地使用权是否进入流转环节为前提。这样有利于将所有“不劳而获”的土地增值收益在全社会进行公平分配，实现税收公平原则。

在扩大征税范围时，首先应准确区分不同性质的土地增值额——土地的自然增值、开发增值和因公共基础设施完善的增值。国家有权对土地的自然增值收益进行征税，但首次转让开发土地所获土地收益，不列入土地增值税的征收范围，这主要是出于激励房地产企业的投资和加快城市改造的原因，对于其他情况下的开发增值都应征税。政府基础设施的投资所引起的土地增值应课以土地增值税，这是对政府提供公共产品的对价。另外，目前房地产交易市场上大量存在的“投资性房地产”，将其持有期间的增值收益纳入征税范围。这不仅增加了财政收入，对于那些以投机为目的购买商品者来说，也增加了他们的保有成本，起到抑制房地产投机的作用。

2. 适当调整税率

现行土地增值税适用四级累进税率，各级税率设置偏高，直接增加了土地开发成本，应当考虑适当下调税率：累进税率仍区分为四个档次，降低最高名义税率的同时，相应调整其他三档税率，从而降低税收负担。根据境外

① 王荣宇、谭荣：《德国土地税收制度及其改革探索的启示：基于土地收益共享的视角》，载《中国土地科学》2015 年第 29 期。

② 陈多长：《中国土地税制的缺陷与改革的设想》，载《中国房地产》2001 年第 8 期。

土地增值税的实践，政府对居民将长期居住的房产进行交易的不征收土地增值税，对不用于居住的房产投资行为一般课以重税，从而促进房地产市场的健康发展。因此，在下调税率的基础上，可将持有年限作为税率考虑因素，对以投资为目的的房产占有应当课以重税。

（二）城镇土地使用税

关于城镇土地使用税，其在本质上属于地租性质，在征收上又与房产税存在重复征税之嫌，虽然城镇土地使用税在多方面都不适应当前房地产市场的发展，但作为土地使用权保有环节的唯一土地税，城镇土地使用税有其存在的价值和改革的空间。

1. 适用从价计征的计税依据

之所以城镇土地使用税不适应房地产市场的发展、无法发挥其功能效用，很大程度上与从量计征的计税方式有关。按照所占有的国有土地面积的多少计算纳税额，将导致城镇土地使用税对土地价格的敏感性减弱，且影响了调控土地收益的效果。应将其计税依据变为按占用土地价格计征，引入市场机制，完善土地价格动态评估机制。这样不仅可以提高城镇土地使用税的总量，而且土地价格的敏感性也使土地收入的差别性在不同纳税主体间显现，为调节土地受益分配提供科学依据。

2. 扩大征税范围

征税范围不仅限于城镇土地，农地也应纳入其中，当然，对于农村土地，应当考虑农村收益水平低、负担重的客观现实，规定较低的税率予以照顾。征税范围的扩大既是我国城乡一体化发展的需要，又有利于进一步规范农村收益分配关系。

3. 差别税率

目前城镇土地使用税规定的是定额税率，虽在2006年调整时有所上升，但整体而言，城镇土地使用税税率水平仍旧偏低。由于城镇土地使用税税收负担整体较低，用地主体的成本并未受到较大影响，纳税主体的“税痛感”并不强烈，因而刺激了土地投机。同时，税率过低容易造成税源流失，减少了地方财政收入。而大部分国家和地区在土地税率设置上会选择差别性税率，这有助于实现土地税调控功能。因此，中国城镇土地使用税的税率设置上也应遵循差别性原则，税率的设计上将土地位置和土地用途作为差别标准，土地位置标准可调节收入分配，而土地用途标准可优化土地使用结构。

四、土地税收法律制度征管的完善

（一）建立健全土地税收征管的配套措施

首先建立健全土地评估、评价制度。从价计征的计税方式的实现，离不开完整和成熟的土地估价体系，从而保证税收征管的高效。面对不断变化的土地市场，定期进行土地评估是十分必要的，这对评估机构和评估人员都有较高的要求。我们在完善现有土地评估制度的同时，需要完善现行法律有关土地评估的相关规定、成立专门机构和培养专业评估人员。根据发达国家的先进经验，评估机构和专业评估人员不仅可成立于税务机关内，还应鼓励社会中介机构的参与。此外，通过制定法律、制度规章进一步加强对评估机构、评估人员的行为规范，使其明确法律责任，防止评估过程中的权钱交易和腐败滋生，使之客观真实地反映评估的价值[①]。

（二）建立部门间的协作平台

土地税收征管对象繁杂，单靠税务主管部门是无法高效率完成征管工作的。税务机关需要与相关部门通力协作，建立良好的征税环境。首先，在完善信息登记的基础上，政府部门间信息共享的责任在法律上进行明确规定，使部门间配合有章可循，有法可依。其次，税务机关实现与多部门间的信息共享，在日常工作联系的基础上实现计算机联网，使有关部门资料得到有效利用，从而增加税务机关所获取的计税依据的准确性，防止纳税人转移税基。最后，与中介机构的合作也是完善征管机制的重要步骤，有助于大力推动税务代理制度的发展。

---

① 高彦彬：《设立过渡性农税的必要性及可行性方案选择》，载《东北大学学报》（社会科学版）2006 年第 5 期。

CHAPTER 05 >>

第五章

中国房产税法律制度研究

房产税是财产税体系中最重要的税种之一。学术界对房产税的立法目标有着不同的观点，其中一些定位上的偏差影响着房产税的出台以及具体制度的设计，进而最终影响到未来的实施效果。通过对房产税立法目标的观点进行辨析，可以明确，我国房产税立法应坚持以规范地方财政收入为主、宏观调控为辅的立法目标。房产税作为直接税有较为强烈的税痛感，虽然自改革开放以来我国经济得到快速发展，但广泛征收房产税的经济基础尚不完全具备。在目前的经济条件下，房产税试点的税制设计依然存在税基较窄、免税面积较大、税率偏低、计税依据不科学等问题，应在坚持量能课税与生存权保障的原则下予以完善。

第一节　房产税的性质

房产从居住的角度看，属于消费品的一种，从保有的角度看，属于财产的一种。作为消费品的房产，可以成为商品税的征税对象。威廉·配第在其《赋税论》一书中就曾将炉税、烟囱税等早期房产税视为消费税，其观点反映了早期的房产税思想。然而作为社会存量财产的房产，则是财产税的征税对象。

一、房产消费的特殊性

"衣食住行"，房产对应着住房消费。然而，房产、车辆，尤其是房产，与普通的消费品，例如食物、服装、生活用品等不同，普通消费品大都价值较低，且具有即时消费性。而房产价值高昂，不仅仅可以居住，更可以保值增值，再名贵的奢侈品的价值，都不能与房产相提并论。房子除了遮风挡雨，还可以附着学区、户籍，与房产拥有者的教育、医疗等社会福利息息相关。房产因其所依附的建设用地使用权的价值，从而具有稀缺性，尤其是中心城市的房产，并不因其被长久居住、房龄渐老而贬值，相反，其价值不断攀升。房产也具有成熟的交易市场，易于流通，全国大小城市的房地产交易市场随处可见。房产亦易于出租，具有强烈的财产属性。消费属性与财产属性并存，且在大部分情况下其财产属性甚至更为强烈。即便是正在居住使用的房产，也可以通过"民宿"等途径享受其财产收益。

二、房产属性的异化

习近平主席在十九大报告中明确提出，"房子是用来住的，不是用来炒的"。这一提议道出了广大人民的诉求，但也反映了我国目前房产已经不单纯是用来遮风避雨的场所。房产是最引人注目的个人财产之一，也是对财产和财产性收入的不均等贡献最大的个人财产，其地位可谓是举足轻重。中国2006年至2017年全国个人可投资资产总体规模中，投资性不动产净值位居第二位，仅次于现金及存款，高于资本市场产品、银行理财产品、保险产品、境外投资及其他境内投资产品。① 房地产的投资回报率也一直未让人失望。虽然2014年年底进入"降准降息"周期后，政府对房地产投资监管趋于宽

① 《2017中国私人财富报告》，载 http：//www.cmbchina.com/privatebank/PrivateBankInfo.aspx?guid=1ee0c4f0-f7f1-4554-b2ba-6320521e677b，最后访问日期：2018年10月3日。

松，以“去库存”为主基调出台了一系列刺激政策。但2016年上半年，一线沿海城市房价的快速上涨带动二线热点城市价格走高，商品房销售金额和销售面积均创新高，房地产投资性比例增加。2014~2016年，投资性不动产年均复合增长率由2012~2014年的8%回升至30%。[①]《2018年胡润全球富豪榜》公布，163位大中华地区房地产富豪登榜。房地产行业成为主要的大中华区富豪“制造机”。2013年、2014年、2015年、2017年及2018年里，房地产行业均是大中华地区上榜富豪最多的行业（2016年则为排名第二的行业）。[②]伴随着财产积累的快速增长，一方面，财产性收入比重上升；另一方面，财产性收入对居民总收入差距的贡献率不断增长。2016年，全国大中城市房价又一次疯狂上涨，大量投资者从房价中获得巨额财富。房子成为了我国社会财富分配的重要手段，没有房子的人被远远甩出财富的大门之外。

三、房产税与消费税

威廉·配第虽然将炉税和烟囱税列为累积消费税，但并不否认房产的财产属性。其在《赋税论》一书中表述道：“人们应当按照从公共安宁中所分享到的好处和利益，即按照他们的财产或财富，缴纳公共经费，这是任何人都承认的。不过，财富有两种，一种是实际的，另一种是潜在的。一个人是不是真正实际上富有，要看他在吃、喝、穿、戴方面，或在其他方面实际得到的享受如何而定。”可见，财产与消费品其实是一枚硬币的两面。财产之所以被称之为财产，因其可以作为生产或生活资料，其间凝聚着无差异的人类劳动，可以为人类创造价值，即为人类所消费。是故，威廉·配第认为，真正消费了作为消费品的财产的人才是财产的受益者，而非拥有或支配财产的人，也即被消费的财产才是实际的，没有被消费的是潜在的。

---

① 《2017中国私人财富报告》，载 http://www.cmbchina.com/privatebank/PrivateBankInfo.aspx?guid=1ee0c4f0-f7f1-4554-b2ba-6320521e677b，最后访问日期：2018年10月3日。

② 《全球富豪榜：中国地产商的狂欢》，载 http://house.hexun.com/2018-03-01/192528528.html，最后访问日期：2018年10月3日。

本书在第一章中已对财产的范畴作出论述，并对财产税的概念作出界定，即财产税是对纳税人拥有或支配的总财产课征的一类税的总称。根据该定义，房产为房产所有者或占有者实际拥有或支配的财产，对房产所课征的税收，为财产税类下的一个具体税种。财产税与消费税的区别，就经济角度而言，将财产作为征税对象，其税源是以往年度积累的资金，换言之，财产税是对国民收入的积累征税。因此，也被称作存量税，其最大的特点是课税对象的非流动性。商品税以流通中的房产为征税对象，以货币资金流量为税源，因而与对社会存量财富征收的财产税不同。作为消费税征税对象的房产，一般都会在流通领域进行一次或多次交易，其计税依据通常为房产的交易价值；而作为财产税课税对象的房产，通常处于保有阶段，其计税依据一般是市场评估价。① 财产税以社会存量财富为征税对象。因财产是纳税人富裕程度的重要标志，故对财产征税一般具有累进性的特点。因其直接向社会存量财富保有者课征，由于财产处于保有阶段而非流通阶段，课税时点与财产最后作为商品流通至购买者时有一定的时间差，税负不易转嫁。再者，财产税一般实行累进税率，这样高税率承担者就更难以将其所承担之税负转移至他人，故财产税具有优于消费税的公平社会财富调节功能。我国房产税的法律性质应定位为财产税。

威廉·配第在财政收支学说方面的主要贡献是，为了反对封建税收体制，他提出了对财政收支应进行总体分析的创见。② 其在《赋税论》一书中，并未对财产税进行论述。大概因为财产税的课征其实应以产权为基础，现代意义上的财产税建立在现代私有产权的基础上，《赋税论》成书于1662年，现代产权理论于20世纪方由科斯提出。囿于时代的局限性，威廉·配第时期的税法体系并不完善，另外，当时的炉税、烟囱税对租客征收，故将其归入国内消费税无可厚非。

---

① 谷成：《对进一步完善房产税的探讨》，载《价格理论与实践》2011年第2期。

② 席克正：《从威廉·配第到大卫·李嘉图的古典学派财政学说》，载《财经研究》1986年第9期。

四、国内外房产税的征收

从我国房产税的征收情况看，最早规定我国房产税的为《房产税暂行条例》，该条例规定，房产税在城市、县城、建制镇和工矿区征收，由产权所有人缴纳。产权属于全民所有的，由经营管理的单位缴纳。产权出典的，由承典人缴纳。产权所有人、承典人不在房产所在地的，或者产权未确定及租典纠纷未解决的，由房产代管人或者使用人缴纳。房产税依照房产原值一次减除10%至30%后的余值计算缴纳。具体减除幅度，由省、自治区、直辖市人民政府规定。没有房产原值作为依据的，由房产所在地税务机关参考同类房产核定。房产出租的，以房产租金收入为房产税的计税。房产税的税率，依照房产余值计算缴纳的，税率为1.2%；依照房产租金收入计算缴纳的，税率12%。对个人所有非营业用的房产免征房产税。《房产税暂行条例》制定于1986年，中华人民共和国成立后，在高度集中的计划经济体制下，农副产品统购统销，没有私有财产，自然缺少财产税的税源，财产税法体系不健全；况且，调节分配秩序的初次分配与调节收入差距的再分配一并解决，财产税法的功能没有发挥的空间。改革开放以后，尤其是社会主义市场经济体制建立后，我国经济快速发展，居民收入水平日益提高，社会财富不断增长。财产税有了更多的税源，为财产税法体系的建立提供了更多的可能。第九届全国人民代表大会第二次会议通过的宪法修正案将《宪法》第11条修改为："在法律规定范围内的个体经济、私营经济等非公有制经济，是社会主义市场经济的重要组成部分。国家保护个体经济、私营经济等非公有制经济的合法的权利和利益。"十届人大五次会议审议并通过的《物权法》，第一次赋予私有财产受法律平等保护的地位并对私有财产保护制度进行了创新：从保护储蓄扩大到保护投资，从保护劳动收入扩大到保护财产性收入，从保护生活资料扩大到保护生产资料。《宪法》和《物权法》为财产税法体系的完善奠定了坚实的法制基础，也为之后个人住房房产税的试点奠定了基础。由此看来，房产税的开征与居民财产数量与产权保护息息相关，更能发挥房产税的积极功能。

从世界主要国家征收房地产税的情况来看，大多也将其归入财产税类。美国是房地产税收制度较为完善的国家之一，美国在房地产保有环节征收的是不动产税，划归为财产税类。其计税依据是房地产评估值的一定比例，各州因其实际情况不同而有所差异（在20%～100%不等）。美国在税务部门内部专门设立了财产管理处和财产评估办公室作为财产评估机构。当事人对于评估价值有争议的，可以逐级向评估机构、州仲裁委、联邦税务法院进行申诉。目前，美国的全部州均征收不动产税，各州和地方政府的税率略有不同，在0.8%～3%不等，但大部分地区采用1.5%左右的税率，该税率会随着预算和税基的变化情况而不断调整。此外，为了保护弱势群体利益，部分州针对低收入的老年人、残疾人和退伍军人制定了免税政策，如加利福尼亚州规定残疾退伍军人可免除最高额为15万美元的房产税。[①] 韩国对土地、建筑物和住宅普遍征收财产税，其财产税的课税依据是市价标准额。韩国对于土地和建筑物采取了课税标准逐年提升的办法。2006年执行市价标准额的55%，自2007年开始在55%的基础上每年提高5%，到2015年提升至市价标准额的100%；对于住宅，2006年和2007年执行市价标准额的50%，自2008年起在50%的基础上每年提高5%，到2017年提升至市价标准额的100%。财产税在不同的课税对象之间也采取不同的税率，土地根据其价值实行0.2%～5%的超额累进税率；普通住宅按价累进征收，实行0.15%～0.5%的税率；娱乐场所及高档住宅税率均为4%。[②] 新加坡的房地产税主要是物业税，该税是对所有房产征收的一种财产税。新加坡以房屋用途不同分别计算物业税。自住房产的房产税率是4%，非自住房产的税率（如房屋出租者）是10%。从2011年开始，新加坡当局对房产税进行了改革，制度更加注重于保护弱势群体利益：房屋年值低于6000新加坡元的，免征房产税；房屋年值在6000至2.4万新加坡元的，只对6000新加坡元以上部分征收4%的税；房屋

---

① 卫德佳、唐国峰：《我国房地产业税制改革热点问题分析》，载《河南社会科学》2015年第9期。

② 同上注。

年值超过2.4万新加坡元，超过的部分要缴纳6%的房产税。提高免征点到6000新加坡元这一举措，有利于保护低收入者利益，调节社会收入差距。[①]此外，瑞士的不动产税，按照不动产税务评估值的0.5%～1%进行征收；西班牙不动产税的征收额度为税务评估价值（该评估值通常小于市值的50%）的3%；意大利的不动产税同样以税务评估值作为税基，税率为0.4%～0.7%。[②] 由上述数据可以看出，这些发达国家通常将房产税列为财产税类，尽管对部分房产或部分特定人群有减免政策，但大部分房产仍需缴纳房产税，房产税依据房产的评估价值按照特定比例征收，纳税人通常是房产的所有权人，为在房产保有环节征收，其征税目的显然并非为了抑制房产消费，故而，就本质上而言，房产税是财产税体系中的重要税种。我国个人住房房产税改革，不应偏离其财产税属性。

第二节　房产税的立法目标

从房产税的产生和发展来看，各国房产税的目标包括推动土地政策型、增加财政收入型、土地政策与财政收入混合型。我国学界对于房产税的立法目标亦许多解读，主要包括：通过清理、取消所有不合理、不合法的收费，将属于地价的收费归入地价中，把具有税收性质的收费转为税收；将征收环节后移，由开发建设、交易环节承担的税收改为由保有和使用的单位和个人承担，适当扩大税基，公平税负，可使地方政府分享土地增值带来的收益，获得长期稳定的收入来源；加强对房地产业的调控，抑制房价上涨，规范房地产交易行为，促进房地产市场稳定。那么，规范的房产税是否应该或者能够承载这些功能？是否通过房产税就能解决我国目前房地产业、住房市场和

① 卫德佳、唐国峰：《我国房地产业税制改革热点问题分析》，载《河南社会科学》2015年第9期。

② 同上注。

住房政策中面临的所有问题？对此，笔者仅就上述主要观点的可行性予以辨析。

一、各国房产税立法目标之主要类型

房产税作为财产税的一种，与其他税种相比，价值目标层面的特征极为鲜明。房产税是对财产的存量征税。我国现行财产税一般是对财产的流转征税，大多是税费一次性征收。这种征税方式虽然能减轻税务机关监控的压力，但其不公平的弊端显而易见。房产税对财产存量征税的特征是其公平税负立法目标的具体体现。房产税的征收对象具有地域性。以不动产作为课税对象涉及辖区内每一个纳税人的切身利益。不动产的贬值、升值与当地经济社会发展以及道路交通和环境保护等基础设施建设密切相关，在价值创造上同样具有地方属性。房地产税收入具有可靠性。能给地方政府提供稳定的收入来源，这个特征奠定了房地产税作为地方性主力税种的地位。此外，房地产税征收管理具有高难性，从房地产税的产生和发展来看，根据各国征收房地产税的目标可以将其分为三种类型：一是推动土地政策型，这一类型的代表国家主要为法国、韩国。它们征税的目标在于通过对土地保有阶段的征税，提高土地占有者的持有成本，从而加速土地的流转和有效利用，预防和制止土地投机的行为。二是增加财政收入型，这类的代表国家主要为美国和加拿大。三是土地政策与财政收入混合型。对于世界上其他大多数国家而言，土地资源还是非常匮乏的，土地市场的调节作用是十分必要和重要的。因此，在各国房地产税制演变过程中，逐渐形成了混合型的房地产税制，既立足于调节房地产市场的流转，又强调为地方政府带来稳定收入的功能，这类的代表国家主要为日本。日本的固定资产税是一种比较先进的具有财产税性质的房地产税，其既可以限制土地投机性交易、促进土地资源的有效利用，又充当起市町村地方政府的主要收入来源，是一种综合性、多目标的财产税，这对于确立我国房产税的征收目标具有非常重要的借鉴意义。①

① 陈少英：《论我国物业税的立法目标》，载《华东政法大学学报》2011 年第 1 期。

二、我国房产税立法目标之选择

（一）抑制房价以降低住宅消费的目标

房产税对房价的抑制表现在通过增加税收，提高房地产保有阶段的成本，从而减少对房地产的需求，进而降低房地产价格上涨的水平。这里，主要是对需求方的调节，呈现出间接性、滞后性的特点。房产税减少房地产资源闲置、浪费，有利于促使房产进入租赁或流通市场，提高房地产市场的供给量。房产税通过对居民财富和收入的二次分配，将其用于保障性住房建设，对房地产价格上涨也有一定的抑制作用。但如果把房产税作为政府干预房地产市场的工具，房产税法律制度就需要随着房地产市场的周期循环和短期波动而不断调整，其税基、税率、减免范围等构成要素一年之内需变化多次，这是难以想象的。所以，房产税的开征不会对房价造成特别大的正负影响，因为房产税是从成本的角度影响价格，而推动房地产价格上涨的因素是多方面的："居民收入增加，提高了购买力；城镇化步伐加快，引起了对住宅需求的增加；可用土地资源的减少，导致土地价格的上涨；房地产投机，推动房地产价格上涨；其他因素包括改善住房条件、人口增加和政府政策改变等。"① 从房价运行规律来看，这些因素有时并存，有时此消彼涨。从长期来看，随着经济的不断发展，房地产价格应趋向于不断上升的趋势。

（二）抑制房产闲置以打击房产投机的目标

房产保有环节不征税，不仅会导致房产闲置，还会引发相关投机或出于投机目的的囤积行为，导致房地产资源向少数人手里集中，而需求者难以获得或不能获得该资源，导致房地产资源配置格局畸形化。房产税是一种因持有房地产而付出的代价，人们会在代价和受益之间进行权衡。由于保有成本增加，相应减少了房产的内在价值，降低了房产保值增值的能力，从而影响人们的心理预期。当纳税人不愿或无力承担房产税时，其可能将房产转移，从而使闲置房产减少，房产投机行为减少，市场上可用的房产资源增多。特

① 石坚：《论我国房地产税制改革的目标与途径》，载《涉外税务》2007 年第 7 期。

别是在房产资源较为紧缺的情况下，其对房产存量资源的配置格局的改变有一定作用。所以，房产税在一定程度上能够抑制房地产投资和投机需求，使不合理需求减少。但是，仍然有两个问题值得关注。第一，由于只是对房地产保有征税，则源于土地交易环节和房地产开发环节的投机行为将被排除在打击范围之外。第二，打击房地产投机其实有很多现成的房地产税收手段，如严格征收土地增值税或房地产增值税。也可以借鉴西方国家的经验，在房地产转让环节征收资本利得税，就房地产转让过程中的净收益部分征税。为什么一定要通过房产税实现上述目标呢？

（三）解决房地产市场结构性矛盾以提高资源合理配置的目标

我国很多地区中低档住宅供应不足、高档住宅供应量过大的结构性矛盾非常突出。但房产税作为解决这一问题的手段存在两个问题。第一，房产税通过增加住宅持有成本、降低住宅需求的办法来抑制高档住宅的市场供给是一种间接性手段。其实，抑制高档住宅供给在我国有非常有效的手段，如限制高档住宅的土地供应、限定开发住宅的档次等。政府可以利用土地出让合同对土地利用方式、规划设计条件、开发进度等进行约定；也可以对开发高档住宅项目征收歧视性企业所得税等。[①] 第二，房产税能否抑制高档住宅需求，主要取决于税率设计。房产税是一种累进税，即意味着中低档住宅持有者的税收负担反而较高收入者重，而只有在累进税率场合才可以达到有效增加高档住宅持有成本、抑制消费的目的。但从国际经验来看，累进税率的住宅财产税由于社会阻力巨大并未成为主流税制。在我国，房产税采用累进税率以解决房地产市场结构性矛盾能否顺利实现殊值怀疑。

综上所述，我国是在经济处于扩张和房地产投资过热时期提出房产税改革的，因而大多数学者主张房产税的立法目标为宏观经济型。这种目标定位过于强调房产税的政策性功能，忽视了房产税所具有的获得财政收入和调节财富分配的主要功能，并且混淆了政府与市场在房地产资源配置和调控中的

① 陈多长：《房地产税收论》，中国市场出版社2005年版，第329页。

作用方式和效应。[①] 从房产税的起源以及国际经验来看，开征房产税的主要目标：一是为了重新分配社会财富、缓解社会财富分配不均；二是为了筹集地方财政收入。最终目标则是为地方居民提供公共产品或服务。从这个意义上说，房产税其实是一种地方政府公共服务的价格。由此可见，对存量财富课税并不以降低房地产价格、引导资源配置为主要目标。我国舆论界所宣传的房产税具有调控房地产市场，遏制盲目投资和投机行为，抑制房价大幅上涨等课税目标实际是对房产税国际经验的误读。

三、我国房产税立法目标之确立理由

税法发展到今天，其价值目标已趋于多元化。成功的税收立法应协调好多元化的立法目标。尤其对于我国这样一个有着中央集权的悠久历史，又实行了多年高度集中的计划经济的国家来说，这无疑是一重大课题。笔者认为，在我国社会转型过程中，培植完备的市场竞争环境是重中之重。在此背景下，房产税立法目标应坚持以地方财政收入型为主，宏观调控型为辅。[②]

（一）国外立法目标的借鉴

房产税具有税源的非流动性、课征的直接受益性、对地方的较强依附性、收入的相对稳定性以及对经济发展的适度弹性等特征，进而使其成为各国地方政府的主力税源。从大多数市场经济比较发达的国家的实践看，仅财产税中的房产税就占整个税收收入的10%，占地方政府税收收入的75%，占地方政府收入的50%。在美国，财产税一开始就是州和地方政府的税收，是各地方政府财政资金的支柱性来源。一般要占地方财政收入的50%～80%，其中主要来源于对房地产的征税，约占财产税收入的75%，其中来自居民住宅的约占50%，来自于企业房地产的约占25%。20世纪90年代后，美国州政府税收逐渐退出了房地产领域，基本上将全部房地产税留给地方政府，地方政府财政收入中约有85%～90%来自于房地产税。这样就将地方政府的事权和

---

① 刘明慧：《物业税功能定位与税制要素设计》，载《税务研究》2009年第10期。

② 陈少英：《论我国物业税的立法目标》，载《华东政法大学学报》2011年第1期。

财权有效地结合起来，一方面有利于提高地方政府征收房地产税的积极性，另一方面有利于扩大地方政府基础设施和公用事业的投资规模，从而形成税收收入的良性循环。目前，在中欧、东欧的转轨国家中，财产税已被确定为分权化进程中新产生的地方政府重要的收入来源，对财产税的强调和改革已经列入这些国家的议事日程。与此同时，“财产税是发展中国家最为重要的地方税种”。一些学者通过对20世纪70年代和20世纪90年代40个发展中国家的案例分析表明，财产税占地方税收总额的40%。①

（二）中国经济现实的诉求

我国从1994年分税制改革以来，中央与地方的财政收入比重有了明显的变化，仅就1993年与1994年的对比来看，地方财政收入所占的比重由78%下降到44.3%。近年来地方财政收入所占比重也一直处于50%以下的水平。根据国家统计局2016年中国统计年鉴，2016年财政预算收入中，税收收入130 360.73亿元，其中中央65 669.04亿元，地方64 691.69亿元。与此同时，财政支出中2016年地方财政支出的比重达到了85%。② 由此可见，分税制改革后，地方财政收支不平衡的矛盾并未得到改变。首先，地方财政收支剪刀差的长期存在，强化了地方政府积极开辟可自主支配收入来源的动力，而增加土地出让收入便成为地方政府增收的主要途径。从全国情况看，土地出让收入占财政收入的比重也很高。2016年国有土地使用权出让金收入为35 639.69亿元，而全国的公共预算收入约为16万亿元，土地出让收入占财政收入的比重约为22%。③ 但地方政府这种“卖地”收入是不可持续的，地方财政对土地出让收入普遍依赖的局面必然需要改变。因此，房产税的立法目标不可避免地包含了改善地方财政收支不平衡，使之成为地方财政可持续收入来源的诉求。其次，地方政府从土地上获得的收入主要是土地出让金的

① 参见张青等：《物业税研究》，中国财政经济出版社2006年版，第11～13页。

② 《中国统计年鉴2016》，载国家统计局网：http：//www.stats.gov.cn/tjsj/ndsj/2017/indexch.htm，最后访问日期：2018年2月21日。

③ 同上注。

一次性收入，缺乏稳定性，这在一定程度上加剧了地方政府的短期行为。房产税的征收除了有助于开拓我国地方政府自主财政收入来源，缓解基层财政困境，也有助于改变地方政府投资过度的激励机制，加强公众监督，促进政府转变为公共服务的提供者。房产税实际上把土地出让金一次性收入的一部分变成了长期现金流，增强了政府收入的长期性，有利于激励地方政府作决策时更长远地看问题，减少短期行为。再次，我国正处于加速城市化的阶段，城市化必然带来房地产业的大发展，这意味着房产税的税基在不断扩大。随着我国人均收入跃过1000美元大关，房地产成为消费升级新的热点，这必将推动城市不动产膨胀式的积聚，为房产税提供源源不断的税源。而且，城市交通、文化等基础设施建设的飞跃发展，必将使房地产存量和增量产生不断的升值效应，大大提高房产税的含金量，在税基不变的情况下使税收收入不断增长。正因为房产税具有广阔的收入前景，它必将对地方政府产生巨大的激励作用。最后，最适合人类居住的地方需要具备自然环境好、基础设施好、社会治安好、教育质量好、公共秩序好、文化氛围好等要素，这些都要求地方政府做好社会管理和公共服务。如果开征房产税，一方面该税收的收入与居住环境挂钩，公共服务越好，房价就越高，税收收入也就越多，可以激励地方政府加强社会管理，改善居住环境；另一方面也有利于民众监督政府的政绩，有利于改善目前以工业发展为中心的政府导向，使政府职能向公众服务转变。

（三）宏观调控目标之兼顾

规范的房产税，其立法目标就是实现地方财政收入，以向本辖区的居民提供物美价廉的公共产品和服务。但房产税是一个地方公共财政账户，该账户的“加”来自于纳税人财产“减”的部分；该账户的“减”主要表现为地方公共福利的“加”。通过一“减”一“加”，房产税在实现地方财政收入目标的同时，自然兼顾起调节贫富差距的目标。在目前我国贫富差距非常严重的情况下，房产税是平衡贫富、促进社会公平的重要手段。房产税的税负与纳税人拥有的财产呈现出正相关的关系。同时，房产税还与经济发展水平正相关。由于经济发展，不动产价值增加，房产税会随着不动产价值的增加而增加。在平衡由这种原因而导致的贫富差距上，房产税优于所得税。[①] 房产税从社会财富的存量平衡上缩小贫富差距。社会财富的表现形式有流量和存量两种形式。相对于流量而言，存量对贫富差距影响更大。房产税的征收，导致不动产价值的无形减值，是财富的减少，是一种减法。鉴于房产税可能给居民造成额外的税收负担，为平衡贫富差距，大多数国家在房产税具体制度设计上，均不约而同地采取了对低收入和弱势群体的财产进行保护的做法，如房产价值低于起征点的无须缴纳物业税。同时，对于低收入、年老体弱、残疾人等群体适用不同程度的减免规定。总之，我国房产税立法应以规范地方政府财政收入为目标，同时又要不失时机地把握它所蕴含的宏观调控的功能。

第三节　我国征收房地产税的现实条件分析

房产税作为直接税，拥有较为强烈的税痛感。因此，房产税作为地方主体税种，应成为受益税。在以房产税作为地方主体税种的视阈下，量能课税不再是主要的课税原则。近年来，房产税法社会功能的发挥受到来自财产税课征理论变迁的挑战。由于在经济生活中，财产税实质上与所得税形成重复征税，并且在法定评估技术上存在争议，因此，德国等一些经济发达国家已开始对于是否适宜课征财产税提出质疑，而对财产税课征的理论基础，也由量能课税原则转为对价或填补原则，即“关于土地税及事业税之课征的正当性，不再建立在财产孳息较诸劳务收入有较大之负税能力，所以得先对之课征财产税，而后就其税后孳息再课征所得税的观点上，而改从不动产之开发或用益会产生负面外部性的观点，论述有必要将该外部性所产生的社会

① 傅光明：《论中国物业税的理论基础和目标模式》，载《财政研究》2008年第5期。

成本，透过财产税或房地产保有税等的课征予以内部化”。也有观点认为，那种通过所得税和财产税对收入分配不公进行调节、进而增进社会福利的看法，是一种被误读的、过时的理论。现代财税理论已不认为税收能够再没有福利损失或以较小的福利损失代价下实现对收入分配不公的调节。如若上述观点得以成立，则课征房产税的主要目的将仅限于弥补地方政府用以支付为开发土地、外围道路兴修等地方基础设施建设所付出的对价，其税基本质更接近中性。①

既然房产税的开征应以实现地方财政收入为主要目标，就要求房产税有较为广泛的征税范围，鉴于地方税受益税的特性，房产税的开征也应更着重于横向公平。例如，英国住房财产税对居住房屋课税，包括楼房、平房、公寓、活动房屋和可供住宅用的船只。纳税人不仅包括住宅所有者，也包括承租人。而税收减免措施为：仅对学生、学徒居住房屋免税；只有一处住房且居住者中只有一位是成年人，可减征25%税额；有两处以上住房，居住者只有一位成年人的，可减征50%税额；伤残人住房，可降低其住房价值应税级次，给予减免照顾；无收入者或低收入者可申请房屋税优惠。由此，在英国，出于房地产税作为地方税主体税种和受益税的考虑，并没有首套房或者特定人均居住面积免税的规定。②

近年来，我国以广州为首的部分城市推出“租售同权”的规定，以期逐步使租房居民在基本公共服务方面与买房居民享有同等待遇。因房地产税收的用途为地方政府提供本地区公共服务水平，故而，在租房居民与买房居民享受同等公共服务的前提下，二者为该公共服务支付同等的对价并不违背公平原则。就这一角度而言，英国将承租人列为纳税人的政策不无合理之处。我国“租售同权”政策的推行，也为向承租人征收房地产税奠定了基础。至于我国征收房地产税的经济基础，笔者作以下分析：

---

① 刘剑文：《论房地产税法的功能定位》，载《社会科学文摘》2016年第1期。

② 杨继瑞、马永坤：《房产税征收对区域经济的影响——以成都市新都区为例》，西南财经大学出版社2015年版，第23页。

一、我国的房价收入比

一般来说，房产税是按法定税率对房屋的价值课税，“房价收入比”乘以税率即房产税占收入的比率。由于所得被最为广泛地运用于经济能力的衡量方面，[①] 故而，可以通过考察不同阶层的房价收入比来考察房产税的纵向公平问题。

1. 自有住房的房价收入比

由于房地产税为地方税，故我们选取上海的房价收入比数据作为代表来对自有住房的房价收入比进行分析。张鑫、吴欢在《基于房价收入比的梯度住房政策体系研究》一文中，以上海统计局发布的2010年户均人口、平均房价和调整后的人均可支配收入为原始数据，分别选取50平米（一室）、90平米（二室或三室）、120平米（三室或以上）的房型计算不同收入群体的房价收入比，得出：

表1　选择不同面积新房时的房价收入比

指标	低收入户	中低收入户	中等收入户	中高收入户	高收入户
人均收入	15 746	23 958	32 981	45 656	90 574
户均收入	3. 08	2. 95	2. 90	2. 82	2. 75
家庭收入	48 479. 68	70 676. 10	95 644. 32	128 749. 92	249 079. 19
平均房价	14 123	14 123	14 123	14 123	14 123
PIR（50 ㎡）	14. 56	9. 99	7. 38	5. 48	2. 84
PIR（70 ㎡）	20. 38	13. 99	10. 34	7. 68	3. 97
PIR（90 ㎡）	26. 21	17. 98	13. 29	9. 87	5. 10
PIR（120 ㎡）	34. 95	23. 98	17. 72	13. 16	6. 80

2010年至现今的2016年，随着房价的增长速度远远超过居民收入增长速度，房价收入不断攀升，各不同收入阶层的人群之间财富收入比差距也将

① 理查德·A. 马斯格雷夫、佩吉·B. 马斯格雷夫：《财政理论与实践》（第5版），邓子基、邓力平译，中国财政经济出版社2003年版，第245页。

更为巨大。根据国家统计局口径的数据，2016年前三季度，城镇居民人均可支配收入比上年（名义）增长7.8%，比2015年全年名义增幅收窄了0.4个百分点；新建商品住宅价格增长为13.9%，增幅比2015年扩大4.8个百分点，房价涨幅出现较为明显的攀升。本报告中房价收入比的“户型面积”指标，统一按照100平方米计算（与全国城镇家庭平均住房面积相近）。根据房价收入比计算公式，得出2016年前三季度全国商品住宅房价收入比为7.6，与2015年的7.2相比，房价收入比上升明显。从房价收入比的绝对水平看，已经略微高出6~7的合理区间。房价收入比的上行主要是受2016年春节后，伴随着各项去库存政策和货币宽松政策的支持，一线城市、重点二线城市和部分三线城市楼市迅速回暖，导致房价明显攀升，与此同时，居民收入增幅却远小于房价增幅的影响。①

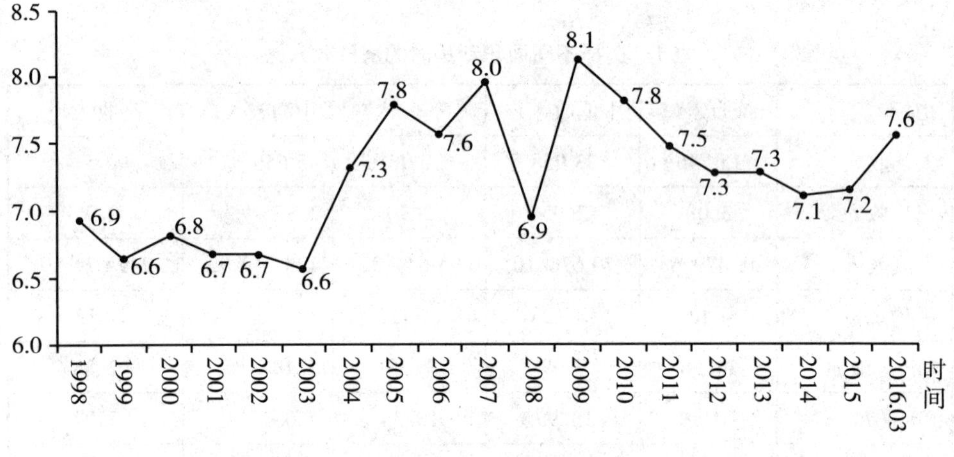

图1　1998~2016年前三季度全国商品住宅房价收入比走势

根据图1数据可见，即便低收入者选择面积较小的房子，高收入者选择面积较大的房子。将家庭收入按由贫到富排列作为横坐标，“房价收入比”作为纵坐标，绘制自有住房的房价收入比曲线。因为自有住房是典型的必需

① 《45个城市房价收入比出炉，深圳最大》，载搜狐财经：http：//business.sohu.com/20161122/n473854096.shtml，最后访问日期：2016年12月9日。

品，所以我们会发现在拥有自有住房的城镇居民中，自住房的房价收入比曲线是朝右下方倾斜的（见图2）。

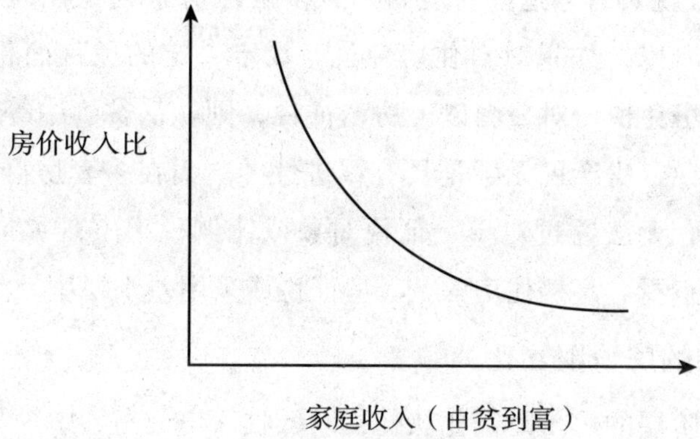

图2　房价收入与家庭收入变化

由此可见，如果单纯地对自住房全部征税，将导致税收的累进性，加剧社会贫富差距，无法兼顾房地产税法公平社会财富的功能。

2. 拥有多套住房家庭的房价收入比

对于中等收入水平以上的家庭，往往会考虑住房的投资，故而会出现拥有多套住房的情况。这种情况下，住房投资是收入的增函数和投资渠道的减函数，当收入超过中等水平时，出现了住房投资行为，房价收入比随之出现上升；到高收入水平阶段，随投资渠道的增加，房价收入比下降。因而，“房价收入比曲线”呈倒U形（见图3）。

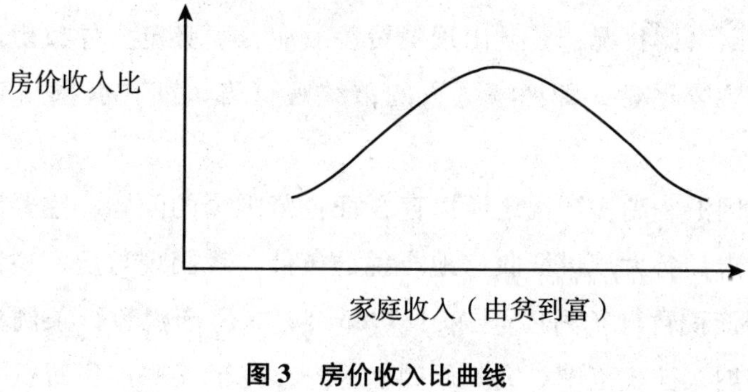

图3　房价收入比曲线

故而，若按房价收入比来衡量，缺乏投资渠道的中高收入者税负最重。

根据上文对房价收入比的分析可知，就我国目前的情况看，对自住房屋（首套房）的征税具有累退性，但因拥有多套住房家庭往往为中等收入水平以上的家庭，所以，如果对自住房免税，设定一定的免税面积或免税价值，或对普通自住房免税，对二套以上房产征税，则就从贫到中等和从中等到富这两个群体来说，房产税无疑是具有累进性的。而在多套房群体内部，从房价收入比来看，无法通过对单一征税对象或比例税率实现纵向公平。故而，应尝试对属于别墅、高档住房的首套房征税或采用差别税率。

二、我国的房价财富比

不同收入阶层的房价财富比状况，以低收入户最高，中等收入阶层次之，而最高收入阶层最低。原因在于，低收入者的财富基数比较小，房子成为其主要的财产，而随着收入的增高，财富形式多样化，财产性收入来源也很多，由于其财富基数比较大，所以出租房屋收入在财产性收入中的占比相对较低。至于低收入者，其很可能没有房子，故而有可能房价财富比也比较低。概括而言，因收入与财富呈正相关的关系，故而房价财富比的相关情况与房价收入比呈现一定的相似性。由这一结论可知，如果想达到公平社会财富的结果，房产税在税制设计的过程中还是应当注意免税措施的采取和差别税率的设置，在征税范围上要侧重于投资性房产和高档或大面积的自住房，而对普通自住房实行一些免税政策。自住房产从某种意义上说是消费品，如果不注重对自住房的免税，可能会导致消费税效应，基于我国目前各类收入人群的房价收入比和房价财富比状况，一旦出现消费税效应，则必定会导致房产税的贫富差距调节出现累退性，即西蒙等人的传统观点将可能在我国得到现实中的印证。

目前我国沪、渝房产税之所以存在征税范围窄的问题，主要原因就在于我国目前并未具备大规模征收房地产税的条件。我国现行房产税制度的主要依据是《房产税暂行条例》，颁布于1986年。《房产税暂行条例》并未将居民生活用房纳入征税范围。究其原因，首先，在于《房产税暂行条例》颁布时，我国人民生活水平还不高，居民收入除了消费之外，也几乎没有什么积蓄，更没有像目前这样大量囤积不动产的现象出现，居民像样的不动产也还很少，没有开征财产税的经济基础。其次，从现实的制度基础来看，与我国原有的宪法为纲的法律体系所体现的关于个人私有财产的所有权原则及其规定有关，我国过去是不允许私人财产存在的，城镇居民的住房来源基本上是国家和集体分配提供的，所以个人基本上不是财产税纳税人。[①] 最后，从调节社会财富的视角看，我国当初也并不存在开征财产税来公平社会财富的必要。根据美国纽约大学沃尔夫（Wolff）的研究成果，直到 1995 年，中国城镇家庭的财产分配还是相对均等的。[②] 事实上，自我国房产税产生以来，我国就没有开征房产税的社会经济基础。我国房产税的雏形产生于西周时期，《周礼》中有“掌敛廛布于泉府”的记载。[③] 但学者认为，因其主要对土地征收，故并非真正意义上的房产税。[④] 唐时，间架税单独以房屋为征税对象，开直接对房屋征税之先河，被学者称为房产税在我国真正的起源。[⑤] 但由于未设免税机制，侵犯了居民生存权财产，开征一年多即被迫停止，遂成为一个短命的税种。其后五代时期还设有屋税。宋元明三朝，间架税停征。清时地方杂税大兴，有很多实为房产税，但并未得到中央首肯。清末的房捐章程，亦是在其颁布两年后，为应付庚子赔款而不得不实施。纵观我国古代近代历史，其实并没有哪一个时刻具备开征房产税的税源基础。即便是新中国成立之后，1972 年城市房地产税合并至工商税，盖因税源不足之故。近十几年来，我国城镇化率逐步提高，不少居民进城买房，与此同时，房价也保持了持续十几年的高速增长，且房价的涨幅远远超过居民收入增幅。房产在居住属性之外同时具备了显著的投资属性，房产在使得一部分人暴富的同时也使

---

① 沈玉平：《财产税类的改革及其政策选择》，载《财经论丛》2005 年第 11 期。

② 转引自高培勇主编：《收入分配：经济学界如是说》，经济科学出版社 2002 年版，第 249 页。

③ 漆亮亮：《房产税的历史沿革》，载《涉外税务》2002 年第 4 期。

④ 同上注。

⑤ [英] 理查德琼斯：《论财富的分配和税赋的来源》，于树生译，商务印书馆 1994 年版，第 1 页。

未及早买房的刚性需求人群举全家之力尚不足以凑足首付，对普通百姓而言，房价收入比越来越高，买房已经成为难以承受的负担，房子也成为普通家庭的主要财富。房价的增长进一步扩大了社会贫富差距。因此，我国虽然自改革开放以来经济得到快速发展，但广泛征收房产税的经济基础尚不具备。

在我国目前的经济条件下，上海和重庆的房产税试点措施具备以下共同特征：一是征税方向以新增购房为主，除去重庆的独栋商品住宅以外，其他存量住房均未纳入征税范围，并且即便重庆将存量独栋商品住宅纳入了征税范围，在免税面积的设置上也比新购独栋商品住宅享有更多的优惠。二是执行了差别化税率，上海设置了二级比例税率，重庆设置了三级。三是免税面积设置得均比较大。上海的免税面积为人均60平方米，重庆为100平方米，部分别墅180平方米，并且，与上海不同的是，重庆的免税面积并不合并征收，而仅仅对应税住房征收，这将致使重庆的免税范围比上海更大。四是暂以交易价值作为征税依据，上海在交易价格的基础上打了个折，重庆没有折扣待遇。五是对外来需求控制的比较严格，而对本地居民比较宽松。六是从征税期限来看，均按年计征。七是房产税收入都用于对低收入者得住房供应。上海是用于保障性住房建设，重庆是用于公租房的建设和维护。

当然，沪、渝的房地产试点措施，除了有不能大规模征收房产税的原因之外，在我国现行经济条件和社会需求下仍具有其不足之处：首先，在征税对象方面，上海的试点方案采取严格的“新老划断”措施，对所有的存量商品住房，不论是否高档，统统不征税，并且，对本地居民家庭的首套房，统统不征税；重庆的试点方案采取的是不严格的“新老划断”政策，在独栋商品住宅这块开了道口，对独栋商品住宅，不论是否新购，均课以房产税；不过，相较于上海而言，重庆房产税征税对象的最大特点还是体现在其“高端”路线上，对重庆本地居民家庭，无论其有多少套普通住房，无论是否新购，都不纳税，只有当其新购房产被列为高档住房或其所拥有的住房为别墅（还必须是独栋的）时，才需要缴纳房产税。由此可见，上海方案对个人拥有的存量住房基本没有征收房产税；而重庆方案总体来讲征税范围更窄，只限于独栋住宅和高档住宅，仅独栋住宅涉及存量房。[①] 是故有学者戏称重庆试点所征之税为“豪宅税”，上海为“增量税”。[②] 其次，计税依据不合理。沪、渝两地所征房产税均以房产之交易价格为依据确定房产税。这种原值计税方法不科学的理由在于：其一，房产作为一种商品，在市场经济条件下，其价值随着供求关系的发展不断变化。其二，房产本身有一个折旧的过程，原值的计税方法无疑忽视了这一变化。其三，房产交易价格的决定者只有买卖双方当事人，就很大程度上而言，并不具有客观性。只要买卖双方当事人达成一致，就可签订阴阳合同，从而达到避税的效果。而这一效果的出现，或多或少地便会降低房产税公平社会财富的效果。尽管重庆在其试点方案中规定的要求有关部门要配合征收机关应用房地产评估技术建立存量住房交易价格比对系统，对各类存量个人住房进行评估，并作为计税参考值，对存量住房交易价明显偏低且无正当理由的，按计税参考值计税的方法可以在一定程度上抑制避税行为，但依然无法解决房产交易价格与市场价值相背离的问题。众所周知，我国房地产行业在最近 10 年内取得了巨大的发展，成为国家支柱行业之一，房价也随之水涨船高，交易价格已难以反映住房的真实价值。再次，房产税税率过低。从税法的本身机制来说，一种税要充分发挥其各种职能作用，征税范围和税率是关键。[③] 重庆的税率是 0.5% ~1.2%，上海的税率为0.4% ~0.6%。事实上由于上海的房产税在市场交易价的基础上打了 7 折，故而其实际税率只有 0.28% ~0.42%。上海、重庆的税率偏低和目前房产税政策还只是处于试点阶段也有很大关系，税率设计之初，要考虑纳税人的承受能力、减少操作阻力。但由于当前试点阶段对征税对象的要求比较严格，故房产税纳税人一般为富裕阶层，因而过低的税率设置会致使房产税功能的发挥不明显。从国际上来看，美国大部分地区房产税税率在 1.5% 左

① 刘慧芳：《关于深化我国房产税改革的思考》，载《经济参考研究》2013 年第 11 期。
② 安体富、葛静：《关于房产税改革的若干问题探讨》，载《经济参考研究》2012 年第 45 期。
③ 郭月梅：《房产税的现实评估及推广路径》，载《税务研究》2012 年 10 月期。

右，日本的税率在 1.4% ~2.1% 。[1] 最后，免税范围设置不当。免税面积设置不当主要表现为三个方面，其一，重庆在对独栋商品住宅设置免税范围时，将作了“新老划定”的区分，在试点之前就拥有的独栋商品住宅，免税面积为 180 平方米，新购的独栋商品住宅，免税面积为 100 平方米。作这一区分，大概是出于法不溯及既往的考虑，也可以理解为是对纳税人权利保护的一个方面。然而税法是法不溯及既往原则适用的例外，这一区分表面上是对纳税人权利的保护，实则导致了税收的不公平，对那些住着别墅已经很久的人，一直没有缴纳房产税，而今到了开征房产税的时候，却要给予他们更多的免税面积，这无疑与作为税法基本原则之一的税收公平原则是背道而驰的，既如此，便也无法为公平社会财富添砖加瓦。因而，本书认为，扩大对存量别墅的免税面积，是毫无必要的。其二，上海的房产税免税面积不只是针对应税房产，而是将不征税的首套房也纳入计算范围，但由于首套房无论如何又是不征税的，这就导致了一个问题：以上海均为三口之家的三个家庭 A、B 为例，假设三者面对的当期房价均为 P：（1）A 家庭原来拥有 50 平方米住房，新购 210 平方米住房。家庭的全部住房面积为 360 平方米人均 120 平方米，远超过 60 平方米标准，应缴纳税额为（150 + 210 − 180） × P × 70% × 0.6% = 0.756P。（2）B 家庭原来拥有 250 平方米住房后购入 110 平方米住房，由于原来的住房已超过人均 60 平方米的限额，故第二套住房按规定应全部纳税即应纳税额为 110 × P × 70% × 0.6% = 0.462P。由此可见，A、B 家庭最终拥有的住房面积相同，但经过计算，B 家庭比 A 家庭少纳了 0.294 个单位的税额，未能充分体现公平原则。其三，免税面积过大。以上海市为例，以前文假设为条件，假如还有一 C 家庭。C 家庭原来拥有一套 50 平方米的房子新购一套 120 平方米的房子将两套住房合并后该家庭的全部住房面积为 170 平方米，人均 56.6 平方米，其新购住房不用缴纳房产税。若上海新购住房者以 C 家庭模式居多即新购住房均为小户型且家庭拥有的全部住房面积不超过 180 平方米则会出现大部分新房免税的情形。重庆的情况则更甚，不同

---

① 郭月梅：《房产税的现实评估及推广路径》，载《税务研究》2012 年 10 月期。

于上海，重庆在计算免税面积时，仅将应税住房纳入计算范围，这致使重庆的免税范围比上海更大。

表 2　沪、渝房产税主要内容对比

	上海	重庆
征税对象	本市居民家庭新购二套以上住房； 非本市居民新购住房	个人拥有的独栋商品住宅； 个人新购的高档住房； 同时无户籍、无企业、无工作的个人新购的普通住房
计税依据	市场交易价的 70%	房产交易价
适用税率	适用税率暂定为 0.6%。 每平方米市场交易价格低于上年度新建商品住房平均销售价格 2 倍（含 2 倍）的，税率暂减为 0.4%	独栋商品住宅和高档住房建筑面积交易单价在上两年主城九区新建商品住房成交建筑面积均价 3 倍以下的住房，税率为 0.5%；3 倍（含 3 倍）至 4 倍的，税率为 1%；4 倍（含 4 倍）以上的税率为 1.2%。 同时无户籍、无企业、无工作的个人新购普通住房，税率为 0.5%
税收减免	新购二套及以上住房的，合并计算的家庭全部住房面积人均不超过 60 平方米的，其新购的住房暂免征收房产税	纳税人已有的独栋商品住宅，免税面积为 180 平方米；新购的独栋商品住宅、高档住房，免税面积为 100 平方米
收入用途	保障性住房建设等方面	公租房的建设与维护
征收期限	按年计征	按年计征

第四节　我国房地产税法律制度的构建

房产税虽然在理论上能够促进分配正义，但其实然效果很大程度上取决于税制的科学性与精密性。这要求我们在制度设计时将调节分配作为一个目标导向，合理安排税基、税率、扣除项目等课税要素。[①] 因此，房产税规范地方财政收入为主、兼顾宏观调控的双重目标，要求在税制设计时坚持以受益原则为主，但仍然兼顾量能课税、生存权财产保护为原则确定具体的征税范围以及进行合理的税率设置。

一、立法目标导向

（一）“能力负担说”抑或“受益说”

量能课税，顾名思义，即指应确定一个总的财政收入，而每个纳税者应按他的纳税能力纳税。依量能课税原则，税收立法者须在不同之纳税人之间，加以比较衡量其租税负担能力有无异同，也就是立法者在选择税捐客体时，需以纳税义务人之支付能力作为指针。[②]

量能课税原则的起源可追溯至16世纪，并在当时已有众多支持者，包括大量的思想家，如卢梭、塞伊、约翰·斯图亚特·穆勒。[③] 量能课税，最早是从公平原则中引申而来的，是对公平原则的具体化。在西方，对公平分配的不同回答，形成了“受益说”与“负担能力说”两种不同传统。“受益说”以亚当·斯密为代表，以交易理论和相对价格理论为基础。依据“受益说”理论，公民依从国家获得的利益为依据确定其所应缴纳的税款数额，所以也被称之为“受益者付费说”。“负担能力说”以约翰·穆勒、瓦格纳和马斯格雷夫为代表，认为税赋平等的实质不在于利益交换的平等性，而在于纳税义务对每一具体纳税人的负担平等。[④]

从公平社会财富的视角来看，“受益说”把税收视为公共服务的对价，这一观点在处理政府和纳税人的关系时，也必然要求政府依据纳税人缴纳税收的多少来为其提供服务。按照该说，那些在心智和身体上存在缺陷最需要

---

① 刘建文：《房产税改革正当性的五维构建》，载《法学研究》2014年第2期。

② 葛克昌：《税法基本问题》，北京大学出版社2004年版，第122页。

③ ［美］理查德·A. 马斯格雷夫、佩吉·B. 马斯格雷夫：《财政理论与实践》，邓子基、邓力平译校，中国财政经济出版社2003年版，第235页。

④ 许多奇：《论税法量能平等负担原则》，载《中国法学》2013年第5期。

政府保护的人，应当缴纳最大份额的对价，这显然与分配正义相悖，分配的正义在于纠正不平等和不公正，而非承认和加剧分配中的不公。因而，“受益说”并不能为政府通过税收进行社会财富再分配提供指导。“能力负担说”以纳税人的纳税能力为标准来决定税负在不同纳税人之间的分配。根据塞利格曼提出的确定纳税人纳税能力的客观标准，在以量能课税为原则征税时，要充分考虑税款在居民收入、消费或财产中所占的比例，以实现税收课征的累进性，而税收最终是否能够达到公平社会财富的效果，与税收的征收是否能够实现税负归宿的累进性息息相关。因而，在以构建地方主体税种为征收房地产税立法目的且兼顾公平社会财富等宏观调控功能的当下，应当以受益说为主，但仍然兼顾量能课税为原则确定具体的征税范围以及进行合理的税率设置。

（二）生存权财产不课税原则

生存权财产，即满足居民基本生活需要的财产。之所以要在研究房产税法律制度的建立和完善措施时提出这一原则，是因为房产是具有一定特殊性的财产。有些财产，如金银首饰、名人字画等，就不会涉及生存权保障的问题。然而，对房产而言，其既可以是奢侈品，也可以是生活必需品，既可以用来投资，也可以用来消费。而正是由于房产用途的多元性，所以房产税才具有公平社会财富的可行性。然而，任何事物都可能是一把“双刃剑”，房产税特殊的税收禀赋使其可以“劫富济贫”，也就可以使其能够误伤到贫者。回顾我国房产税课征之历史，唐德宗四年开征的最早的真正意义上的房产税——间架税，就是一个短命的税种，究其原因，就是对不考虑纳税人生存权财产的保护，在没有税源基础的情况下强行开征，完全没有考虑到底层大众的承受能力，故而导致民不聊生，以致“不税尔间架”成了农民起义的口号之一。由上述历史教训可见，纳税人生存权财产保护，是房产税这一具有较大杀伤力的税种课征的前提。

强调对纳税人生存权的保护，也是量能课税原则的客观要求。葛克昌教授在论述量能课税时指出，从负担能力标准来看，在选择对所得或财产课税时，由于要斟酌纳税义务人个人条件，如生存保障、扶养义务理论应运而生。[①] 日本著名税法学家北野宏久提出要将质的量能课税与量的量能课税相结合，要根据生存权性质的财产（一定的住宅用地和住宅、农业用地和农用工具、一定的中小企业主的经营用地和经营场所、一定的小公司的股份等）、资本性财产（大企业的经营用地等）以及投机性财产（作为商品的土地、拥有的企业的土地、别墅土地等）在宪法上的价值作不同的税负分担。因为这些财产在宪法上有不同的价值，所以税负能力也不同。这一要求也将被纳入对课税对象在质的方面的税负能力的评价中。

二、税收要素的确定

（一）征税对象

在我国之前的试点措施中，无论上海还是重庆，对普通首套房都是免税的。虽然从法定税收归宿上来看，对自住房所征收的房产税将呈现出累退性，会增加以自住房为其主要家庭财产的低收入家庭的负担，无法起到公平社会财富的作用。相反，对普通首套房产免税，而对二套以上房产征税，则刚好可以对低收入群体与高收入群体之间的社会财富进行调节，是实现我国税收公平和坚持量能课税原则的需要、是保护生存权财产的需要，也是实现房产税公平社会财富目的的需要。然而，两地房产税试点调节贫富差距的目标在很大程度上可以说根本没有实现。尽管渝版房产税对别墅等高档住宅的征税和沪版对多套新购住宅的征税，本身就是将高收入者的财富集中到政府手中，再由政府进行财富再分配的过程，尤其是用于保障性住房和公共租赁房的建设，会起到“抽肥补瘦”的效果，但由于征税范围过窄，很多税款较少，所以即便将所有房产税收入均用于保障性住房和公租房建设，也不过是杯水车薪，无法真正起到调节贫富差距的效果。更为重要的是，前文已经分析，我国房地产税收的主要目标应为构建地方主体税种，以目前的房地产税收收入水平，根本不足以达到该目标。

---

① 葛克昌：《税法基本问题》，北京大学出版社2004年版，第122页。

表3　上海房产税收入情况（2008～2016年）

年份	2008	2009	2010	2011	2012	2013	2014	2015	2016
房产税收入	522 231	628 950	623 008	73 652	925 594	930 531	999 503	1 238 128	1 344 010

资料来源：上海市税务局网站。①

根据表3数据可知，2011年1月28日上海市房产税试点前后，其房产税收入并没有太大变化。作为房产税之重要部分的个人自住用房房产税，本应在房产税总收入中占据绝大部分比重，但现实却是其收入微乎其微。这直接反映出我国房产税的征税面积之小，征税力度之欠缺。至于重庆房产税收入，则比上海更少。原重庆市财政局局长刘伟称，重庆的房产税征收对象主要针对的是独栋别墅等高端物业，征收面不到10%，旨在遏制高端物业消费。②故而，扩大房产税的征税面，是我国房产税改革的方向所在。

就税法与民法的关系角度而言，因税收法律事实以民事关系为基础，诸多构成要件紧密连接于民法。故立法机关在选择房地产税的征税对象时，应特别注意民法和税法的特殊关系。但税法作为独立的法律部门，并不全然服从于民法。税法看待征税对象时，以货币为计量单位，强调诸种、诸个所有物在市场经济中所体现出的同质的财产价值，聚焦于主体因此财产价值集合而具有的经济给付能力。概言之，纳税义务人承担的税负是“无对象的、货币性的债务总和”。而民法强调的是具体而独立的法律关系，如一个具体而独立的所有物权。当立法机关选择房地产税征税对象时，就应将纳税人拥有的包括住房在内的全部房产看作一个统一的财产整体，以此整体性财产集合为征税对象，聚焦于纳税主体就此财产整体而具有的经济给付能力。此处强调的是诸种、诸个房产在保有环节共同体现的静态财产价值，不应依房产类

---

①《税收收入》，载 http://www.csj.sh.gov.cn/pub/xxgk/sstj/，最后访问日期：2014年4月14日。

②《2011年重庆房产税税收收入统计情况分析》，载 http://www.chinairn.com/doc/70310/709428.html，最后访问日期：2014年4月14日。

型、购买先后、面积差异、单价高低等标准而设置特殊客体。[①]

1. 将存量房纳入征税范围

如上文分析，若要达到增加财政收入，使房地产税成为地方主体税种，首要的就是要合理扩大征税范围，就理论上而言，应当将辖区内所有房屋都纳入房地产税的征税对象。但根据我国目前大多数居民生活并不十分富裕，且城市新居民尤其是一二线城市买房往往举全家几代人之力方才付齐首付，贷款余额往往占据房产价值的大部分的现实，对这部分人的房产征税，会加重本就强烈的税痛感，故我国目前不宜对所有首套房产征收房地产税。为实现房地产税的累进性，现阶段对征税范围的扩大应当合理。

选择性地对首套房征税。对于首套房为别墅或高档住房的，直接纳入征税范围，高档住房的确定方法，可以根据房产之面积与房产之每平米价格综合评估确定。对于首套房为普通住房的，有三种处理方法：①对纳税人为普通住房的第一套房产免于征税；②将纳税人全部房产的面积加总，计算出该纳税人家庭的人均居住面积，然后确定免于征税的人均居住面积，对超过这一标准的房产价值进行课税；③将纳税人全部房产的价值加总，计算出该纳税人家庭的人均住房价值，然后确定免于征税的人均住房价值，对超出这一标准的房产价值进行课税。这三种措施都着眼于公平社会财富，但对政府的征管能力要求很高。特别应该强调的是第一种办法，现在理论界和实务部门比较倾向于采用这种手段，但事实上它比后者面临着更大的挑战。挑战之一是如何界定第一套住房，尤其是当纳税人有多套价值不等、面积大小各异的房产时，第一套住房的界定将会直接影响到纳税人税收负担的轻重变化。挑战之二是容易产生避税行为。因为房产税是以家庭为单位征收，因此只要假离婚便可达到避税的目的。我们知道，任何成功的避税，都可以使税收的立法目的在这一具体应税行为上落空。然而，这一方法最大的弊端并不在于上文所述。对于满足衣食住行中住的需求而言，一套房其实已经足够。即便是

① 刘志鑫：《论房产税征税对象选择与税收减免》，载《清华法学》2014 年第 5 期。

普通住房，也可分为大面积普通住房和小户型。不同的房型对应着不同的收入群体。将首套普通住房“一视同仁”地排除出征税范围，其实相当于放弃了这一大好的调节社会财富差距的机会，更不利于增加财政收入。现今处于炒房盛行的阶段，故而很多的高收入阶层都热衷于炒房，使其房屋价值在财富总值中所占比例较大，房产套数也较多。但从长远来看，一个正常的家庭，其实只需一套住房就可满足其住房需求，因而，当房产投资不再盛行时，富人对房产的投资就会减少，甚至不对房产进行投资。这时候，很可能即使是富豪，其也只拥有一套住房，只不过这套住房相较于一般住房而言面积特别大而已。而对于大面积超大面积首套房，以上海和重庆目前的试点政策却无法对其进行税收调控。甚至可以说，在当前的试点政策下，如果富人趋向于进行房产税税收筹划，便可能采取这种方法。因为上海对这种住房无论如何都是不纳税的，而重庆只考虑房产均价，并不考虑房产总价值。因此，本书认为，我国现阶段的个人住房房产税，对首套普通住房不宜采取第一种政策，在第二第三种免税方法之间，本书倾向于支持第二种观点，因为每个不同的城市，每个城市不同的地段，其房产价值差距是非常大的。如文章第三章所指出，沪、渝试点过程中对房产的免税面积设置得并不很恰当，我们在以后的改革过程当中应当适当降低免税面积，另外，在对第二套及以上住房课税时，适当借鉴上海的做法，将首套房也纳入免税面积的计算。

2. 以全国范围为视角计算住房数量

目前我国的房产税试点，都是在一个城市甚至是一个城市的主城区内进行，居民拥有的住房数量的确定，也是按照其在一个城市中的住房数量确定。举一个简单的例子，一个在重庆工作的上海人，在上海新购了一套住房后，又在重庆新购了一套住房，那么根据上海和重庆的试点政策，无论是在上海还是在重庆新购的住房都是首套房，都是不征税的，这其实是极不公平的。现今的中国，购房行为与囤房行为早已不局限于购房者户籍所在的城市，中国地大物博，不同的地区、不同的城市有不同的风景，中国的高收入者和富裕阶层，往往在多个城市有多套房产，或为临时居住，或为待价而沽。因而，从全国范围来计算住房套数，是极为必要的。

（二）税率

法定税率的确定决定了可税房产将以多大的比例被征税和税收负担将怎样在纳税人之间进行分配。由于房价收入比和房价财富比都呈倒 U 形曲线，因此，如果房产税采取比例税率，将致使其调控效果呈现累退性，无法实现公平社会财富的目标。另外，由于建筑物的需求是有弹性的，所以房产税可能会出现税收转嫁。在我国目前房价不断攀升的现实国情下，购房者的议价能力显然不如卖房者。这就会导致这样一种情形：炒房的富人在将其所炒的房子转售给不富裕的购房者时，顺带将其所承担的房产税也一并转移了。很显然，这一情形的出现将会使我们调节社会财富的愿望落空。因而，单一的比例税率对于现阶段将公平社会财富作为其目标之一的房产税而言，是不适合的。

从公平的角度考虑，要区分纳税人的居住用房产和营业用房产，对两类性质不同的房产按不同的税率进行征税。其原因在于，经营性房产的纳税人比非经营性房产的纳税人具有更强的支付能力。一般认为，累进税率较比例税率更能体现纵向公平，在此我国的房产税可以借鉴韩国，以评估价值作为税基，将纳税人的所有房地产评估值加总，扣除一定的减免额后，根据超额累进税率计算应纳税额。实行超额累进税率的房产税，符合量能纳税原则，税收有弹性，有利于调节收入再分配。由于累进税率计算复杂，征税成本较高，若累进级距过多过高，对纳税人的负面影响大。本着“简税制”的原则，累进级次不宜过多，三级或四级就可以，级距应较高。① 另外，对于别墅、高档住房等，建议与普通住房分开，实行相对较高的税率，以更好地达到调节贫富差距的效果。

从国外立法经验来看，英格兰的住房财产税以房产的评估价值为计税依

① 邓菊秋、龚秀国：《对我国物业税税率设计的思考》，载《税务研究》2008 年第 4 期。

据，房产的评估由政府主导，评估机构也不外聘，而是在政府国内税收局下设置专门的房屋估价机构，由其负责房产的评估工作。一般来说，评估周期为5年。根据房屋估价机构对应税住房价值的评估结果，英国政府将应税房产划分为A~H共8个不同价值等级。各地方政府按当年的预算开支情况以及从其可获得的非房产税收入的具体数额来确定住房财产税的税率，各等级住宅的纳税额根据每年的实际情况会有所波动，在不同地区，每个等级的需缴纳的具体税款是不同的（表4以英格兰为例）。

表4　英格兰地区居住性住房地产价值分级标准及财产税评估级次

分级	英格兰房屋价值（英镑）	税收乘数	房屋数量比/%
A	<40 000	6/9	25
B	40 000~52 000	7/9	20
C	52 000~68 000	8/9	22
D	68 000~88 000	1	15
E	88 000~120 000	11/9	9
F	120 000~160 000	13/9	5
G	160 000~320 000	15/9	4
H	>320 000	2	1

（三）计税依据

我国1986年《房产税暂行条例》以房产原值的70%为计税依据，上海和重庆的房产税试点也以房产原值为计税依据。由于沪、渝房产税试点基本对增量房征税，故而其应税房产的房产原值基本还可以反映住房的真正价值。然而，为达到公平社会财富的目的，个人住房房产税的征税范围势必会扩大，从增量房扩大到存量房，由于很多存量房年代已久，且我国房地产市场一路高歌，房产的原有价值已难以反映房产的真正价值。如果还以房产原值为计税依据，则势必会使房产税对早已囤积了大量住房的富人的调控力度有所削弱。借鉴国际经验，将房产税设计与资产增值联系起来，按照房产的现时评估价值而非原值计税，以适应富人投资房产较普遍，不少人拥有数套房产并坐享其增值收益的实际情况，才能真正确保对高收入者的税收调节，缩小居民贫富差距。①

（四）配套制度

为使房产税公平社会财富的作用能够得到有效发挥，建立健全房产税征收所需的各项配套制度尤为重要。首先，要建立全国联网的房产信息管理系统，使房产数量的确定能够在全国范围内进行，贯彻量能课税的思想，真正实现住房套数多、价值大者多纳税，住房套数少，价值低者少纳税。同时，利用计算机技术和卫星定位技术做好房产的财政地籍管理，以提高征管效率。其次，建立健全房地产评估制度。就一方面而言，要按照房产的现时评估价值而非原值计税，将房产税设计与资产增值联系起来，就要建立健全我国的房产税评估制度。政府要建立相对完善的房产评估机构，培训和雇用具备房产评估能力的专业人员。在操作上，要根据具体情况的需要选择合适的房产评估方法。在制度上，政府要根据现实需要和评估能力规定评估频率。就另一方面而言，科学的评估制度的建立，可以使房产税的征收更加透明，有利于防范乱征税的现象，避免由于征税的不科学而造成对低收入或贫穷者可以不应当课征的税收的现象。最后，是要建立惩罚机制，对于那些拒绝缴纳或无力缴纳房产税的纳税义务人，要有相应的处理措施。惩罚机制可以从多方面设立，首先可采取传统的方法，对迟延纳税者加征滞纳金。其次可沿袭重庆的做法，将纳税人欠缴个人住房房产税的相关情况纳入个人征信系统管理。最后是加强纳税服务，对在房产税征收过程中出现的纠纷和诉讼给予妥善的解决。

① 李娇、向为民：《房产税收入分配效应的实证检验》，载《当代财经》2013年第12期。

CHAPTER 06 >>

第六章

契税法律制度研究

契税是我国历史最为悠久的税种之一，属于财产转移阶段课征的财产税。契税的税制较为简单，现行《契税暂行条例》及其《契税暂行条例细则》（本章内简称《条例》《细则》）颁布于1997年，制度内容十分简洁。但正由于契税是承袭历史传统课征的税制简单的税种，法律长期忽视了对其原理和基本要件的探究，以致在《条例》和《细则》中隐藏了一系列法律规则间的相互冲突，难以形成完整自洽的契税法律体系。这其中，最为核心的法律问题是如何理解契税的征税对象和纳税期限。本章聚焦于这两个核心要件，运用法教义学的方法从历史、体系、目的等多个维度展开探讨，力求寻找到一条实现契税法律体系协调的路径。

第一节 契税法律体系的内部冲突

一、契税法律体系冲突的外在表现

（一）契税法律体系

体系的存在是冲突形成的逻辑前提。“法律规定间乃有牵一发而动全身的现象。这是指局部条文的变更可能影响到全体；其他条文的解释因此受到影响或必须做配套的修正。此即法律之体系性。"① 概念、类型和体系是法学为实现合理化和从事有效的科学验证而引进现代自然科学方法的产物，② 体系性因而成为法律的重要特征之一，就成文法而言，具体表现为法条之间的"连锁关系"③。

契税是在转移土地、房屋权属时由承受人缴纳的一个税种，契税法律制度之渊源包括《条例》《细则》及财政部、国税总局颁布的一系列关涉契税的部门规章以及规范性文件，这些法律渊源中的制度组成了一个契税法律体系，涵盖了契税实体法律制度和契税程序法律制度，具体又包含纳税主体、征税范围、计税依据、税率、税收优惠、纳税期限、纳税地点、纳税环节、保全措施、违法处理等法律规则，这些共同构成了笔者所称的"契税法律体系"。这一体系相对契税法律制度整体而言具有内部性，所谓"内部"，是有别于本节第三部分将述及的相对宏观或中观的法律体系而言的，即契税法律制度自成体系的同时，不能与税收法律制度整体的体系及我国法制体系不相容，而在该等中观或宏观体系中，与契税相关的外在于其自身的税法及私法制度，存在于契税的"外部体系"中。

（二）形成体系冲突的规则梳理

《条例》缺少对契税征税对象内涵的概括式规定，仅在第 1 条规定，"在中华人民共和国境内转移土地、房屋权属，承受的单位和个人为契税的纳税人，应当依照本条例的规定缴纳契税"。根据本条文义，可以将契税征税对象理解为"转移土地、房屋权属"，结合第 2 条的列举及《细则》第 8 条对"视同土地使用权转让、房屋买卖或者房屋赠与"的规定，其具体范围包括国有土地使用权出让，土地使用权转让，房屋买卖、赠与、交换，以房屋土地权属出资、抵债，以获奖方式承受房屋土地权属，预购或预付集资建房等。

① 黄茂荣：《法学方法与现代民法》，法律出版社 2007 年版，第 616 页。
② 参见黄茂荣：《法学方法与现代民法》，法律出版社 2007 年版，第 509 页。
③ 杨仁寿：《法学方法论》，中国政法大学出版社 2013 年版，第 143 页。

同时，《条例》第 8 条规定，“契税的纳税义务发生时间，为纳税人签订土地、房屋权属转移合同的当天，或者纳税人取得其他具有土地、房屋权属转移合同性质凭证的当天”，结合纳税义务发生时间即征税对象成就时间的原理，理论上可以到推出，契税的征税对象，即《条例》第 1 条所称“转移土地、房屋权属”，是指转移不动产权属的合同行为。在其他规范性文件中，亦有规定可以作证该推导，如国税函［2007］645 号规定，无论是否取得了土地使用权属证书，无论是否办理了土地使用权属证书变更登记手续，只要土地使用者享有占有、使用、收益或处分该土地的权利，且有合同等证据表明其实质转让了土地并取得了相应的经济利益，即应缴纳契税。

但在其他相关规章、规范性文件中，契税之债是否成立，似乎又更加关注不动产权属变动是否已经完成。如国税函［2002］622 号规定，“对交易双方已签订房屋买卖合同，但由于各种原因最终未能完成交易的，如购房者已按规定缴纳契税，在办理期房退房手续后，对其已纳契税款应予以退还”；国税函［2008］438 号规定，“法院判决撤销房屋所有权证后，已纳契税款应予退还”；财税［2011］32 号文规定，“未办理房屋权属变更登记前退房的，退还已纳契税；在办理房屋权属变更登记后退房的，不予退还已纳契税”，均关注不动产登记是否变更。此外，对国税函［2007］645 号关注“实质转让土地的经济利益即应纳税”的规定，财税［2012］82 号文、财税［2018］17 号文分别结合因增资导致增资股东对持有不动产的公司的股权比例扩大和因股权转让导致目标公司持有的不动产权属随之间接转让的特殊情形，亦有相反规定：“单位、个人以房屋、土地以外的资产增资，相应扩大其在被投资公司的股权持有比例，无论被投资公司是否变更工商登记，其房屋、土地权属不发生转移，不征收契税”“在股权（股份）转让中，单位、个人承受公司股权（股份），公司土地、房屋权属不发生转移，不征收契税”。

前述以不动产权属是否变更登记决定契税之债是否成立的观点，虽然见诸法律效力层级较低的规章、规范性文件，但由于《条例》本身并未明确规定以合同行为为契税征税对象，仅是理论导出的推论，且前述规章、规范性文件也未直接否定《条例》第8条对纳税义务发生时间的规定，而是在认可纳税义务发生的既成事实的前提下，就是否可以退税做出规定，因此，不宜简单以“下位法抵触上位法无效”为由忽视之，而应当承认，该等矛盾是契税法律制度存在内部体系冲突的表现。

（三）体系冲突的现实影响

期房预售是当下房地产市场商品房销售的主流模式，根据《条例》第8条关于纳税义务发生时间的前述规定，于商品房预售中，契税之债在预售合同订立之日即宣告成立，而买受人不得不在实际取得房屋、办理不动产登记前数年先行履行纳税义务，这显然难以被广大纳税人的朴素法律价值观念接受，尽管《条例》已颁行20余年，但税收遵从度一直不高。实践中，因未及时履行纳税义务而在办理房屋产权登记之时才被税务机关告知补缴税款、加征滞纳金者甚多；又由于我国税收征管法设定的滞纳金责任畸重，执法实践普遍不认可“滞纳金不得高于本金”的原则，给纳税人带来了沉重负担。

在这一背景下，纳税人出于减轻自身法律责任的目的，开始关注并利用前述契税法律制度的内部体系冲突主张《条例》第8条之规定与契税法律体系相抵触，由此引发的复议、诉讼案件不在少数。也由于前述内部体系冲突的客观存在，司法机关难以对此类案件给出更加合法合理的回应，法院判决或裁定多支持税务机关的滞纳金主张，即便极少数不支持的判例，其理由也仅是从行政程序瑕疵入手的，如在徐州（2013）鼓行初字第3号案件中，主审法官认为，税务局未尽告知义务而课征滞纳金系属违法。穷尽相关可检索判例，尚无一例能够直接回应根本问题，对契税的内部体系冲突进行理顺、协调者，以致类似案件频现而无法“定分止争”。

由于存在内部体系冲突，前述财税［2011］32号文等规章、规范性文件中关于已纳契税得因未变更登记而退税的规定是否合法、能否适用，也成为引发税务行政复议、诉讼的重要案由之一。司法机关因体系冲突的存在而不能直接参照适用相关规章、规范性文件，仅能从不涉及冲突的其他契税规则入手“曲线救国”，法律适用的结果却往往不尽如人意。典型案例如（2015）

甬行初字第26号，法院认为，合同解除不属于“减征或免征契税”的法定情形，故不支持原告纳税人的退税请求。这类判决理由无疑又与纳税人的朴素法感情相抵触，使得契税法律制度越发受质疑与诟病。

二、体系冲突显著化的成因

契税法律体系冲突是制度设计之初所固有的，但这些冲突日益显著，以至于不予协调缓和将影响契税法律实施，则是契税以自身之不变难以应市场发展和我国社会主义市场经济法律制度总体演进之万变的必然结果。

（一）契税法律制度与房地产市场的脱节

我国自1995年才开放房地产市场交易，1997年实施的《条例》制定于我国房地产市场形成的初期，自《条例》颁布至今的21年历史，是房地产交易伴随着市场经济体制的日益成熟而逐渐发达、频繁、复杂的历史，市场对房地产这一几乎是任何行业的最重要、最昂贵资产的重视程度随之提升，作为房地产价格四分之一构成要素的税收①便开始被重视、审视和质疑。

作为“不动产权属转移”这一契税构成要件的要件事实，房地产交易的方式与二十余年前发生了重大变化。在《条例》制定的当时，房屋交易多以存量房的销售为主，新建房屋销售较少且以先建造后销售为常态。在当时，从签订房屋买卖合同到最终完成房屋权属变更的时间差可以忽略不计，受让方签署合同、完纳税款、交房登记一气呵成，实属自然；交易的短期内完成使得合同解除、撤销、变更、无效等交易不稳定情形较少发生。而随着房地产开发主体融资意识的增强和资本运作能力的提升，先募资后建造再交付的期房销售模式成为常态。此时，签订合同到完成登记的时间差凸显，交易不稳定性提高，受让方对最终能否顺利承受土地、房屋权属的可预见性降低，《条例》关于合同订立时成立纳税义务之规定的可接受度、可遵从性自然随着规定与交易模式的适应程度降低而降低。

---

① 在我国，对新建商品房而言，开发成本费用、开发商利润、税收和土地出让金几乎等份额地组成了商品房的市场价格，税负畸重。

（二）契税法律制度与相关法律制度的脱节

为保障社会主义市场经济的发展，私法和经济法领域适应市场经济体制的立法在1997年以后更加繁荣，甚至税法领域本身亦是如此。[①] 对契税而言，其中最重要者莫过于直接关涉“转移土地、房屋权属”私法法律行为的《合同法》、《物权法》和《民法总则》，二者分别于1999年和2007年实施。相对而言，《契税暂行条例》是市场经济早期的立法产物，与之相去10年的《物权法》最终确立了我国民法负担行为与处分行为法律效果的“区分原则”和不动产登记的效力规则，这些新的私法规则改变了不动产物权变动的模式，进而间接影响着契税之债的成立，但至今却没有被反映进契税法律制度中去。

（三）契税法律制度的理论根基不牢

《条例》及《细则》所勾勒的法律制度框架相对比较粗犷，因而在市场形势的不断变化中，税务机关的规范性文件承担着法律漏洞填补和续造的责任，契税的政策性、临时性和规范的内在冲突是一个问题的不同方面，它们共同反映出背后的根本问题是契税法理基础不牢，只能一事一议，而无法抽象出指导执法与司法的原则、原理。申言之，契税法律制度缺少的是一个周延完满的自我论证——契税课征的正当性是什么（课税依据问题），属于什么税系（财产税抑或行为税），究竟是对什么征税（征税对象问题），秉承的基本原则是什么，等等。

发现契税法律体系冲突的意义，在于能够在《条例》上升为《契税法》的同时协调这些冲突，重建契税法律体系内的秩序统一。而本节分析体系冲突的成因，其意义正在于寻找“病因”，揭露协调体系冲突的关键节点及实现协调所需考虑的关键因素。

三、协调体系冲突的路径探究

（一）协调体系冲突的核心突破口

对税收法律关系的基本和中心关系系属债权债务关系的“公法之债”[②]

---

① 税法领域的立法革新如2007年企业所得税“两税合并”，2009年增值税转型，2011年以后的“营改增”，以及2016年颁布的《环境保护税法》等。

② 参见［日］金子宏：《日本税法原理》，刘多田等译，中国财政经济出版社1989年版，第21页。

认识已经成为现代税法学的基本研究范式，任一税种法律制度的立法任务均在于解决该种税收之债是否成立以及税负多少的问题。与私法之债相同，税收之债由其构成要件构成，因此，构成要件无疑是协调契税法律体系冲突的重要抓手。依通说，税收之债构成要件包括纳税主体、征税对象、计税依据、税率、税收特别措施。不同于私法之债，税收债务的履行需经法定程序，其程序要件包括纳税期限、纳税地点、纳税环节、违法处理等。笔者认为，在诸多构成要件中，征税对象和纳税期限占据着核心地位，厘清此二者的法律规则，是协调契税体系冲突的突破口。

1. 征税对象在税收实体要件中的核心地位

征税对象（我国台湾地区税法学者称“税捐客体”），是税收之债的构成要件之一，反映的是某一具体税种对什么课税的问题。征税对象在税收实体要件中的核心地位体现在以下两方面。

第一，明确税种的征税对象的实义重大：首先，征税对象是一个税种据以区分此税彼税之要件；其次，界明征税对象，才能明确法定征税范围的内涵和外延，从而准确地判断某一未被税法明确列举的事实可否被涵摄；最后，明确征税对象是否成就，才能判断纳税义务是否发生。

第二，征税对象是税收实定法和应然法的连接点。就形而上的税收法律理论（应然法）而言，征税对象是界定一个税种属于所得税系、财产税系、流转税系抑或行为税系的标准，据此可以评价整体税制是否科学，此税之征收是否必要，同时也是评价该税种之课税依据是否具有法律上的正当性的逻辑小前提。就形而下的税收法律规范（实定法）而言，征税对象的外延是征税范围，计税依据、税率、税收优惠制度的设计均需围绕具体的征税范围展开。

2. 纳税期限在税收程序要件中的核心地位

税收实体法旨在调整税收之债的发生、变更、消灭等实体事项，而税收程序法旨在调整税收之债具体履行过程中的程序事项。因此，税收法律关系性质“二元论”在承认税收实体法律关系是债权债务关系的同时，亦不否认税收程序法律关系总体上表现出权力关系的属性。[①] 调整对象和属性的不同决定了二者分别拥有各自的核心。税收之债依法成立，在要件成就时，纳税人应然的债务已经负担，但其经济上债务的真实负担确在必须为给付行为之时才成立，在必须完成给付的期间届满前履行完毕。可见，纳税期限是决定纳税人给付行为是否必须履行完毕的时间经过，至于纳税方式、纳税环节，不过是纳税期限存在的特定语境，而税收保全措施、违法处理等则是纳税期限的保障。

纳税期限与征税对象存在紧密的逻辑联系，二者的连接桥梁是“纳税义务发生时间”。实体法上，税收之债在构成要件齐备时发生，而在诸实体要件中，纳税主体是先在于法律的，计税依据、税率等是由法律规定产生的，唯独征税对象后于法律存在，是否出现属于不确定的法律事实。因此，所谓构成要件齐备，亦即征税对象出现，故而法律所称“纳税义务发生时间”，在我国台湾地区税法学说中代之以“税捐客体之发生”。[②] 又因税收之债系法定之债，除非法律另有规定或税收之债的具体标的尚不能明确，纳税义务已经发生，即应开始履行，而不得以约定的附期限、附条件推迟给付，是故纳税义务发生之时即纳税期限起算之时。概言之，只要税收之债标的确定，一般情况下，征税对象发生之时，纳税期限起算。

（二）协调体系冲突的基本方法

方法以目标为导向。协调契税的体系冲突，最终需要在现行规定下解释出征税对象和纳税期限规则的兼容逻辑，或者发现冲突规则的一方背离了契税法律体系的总体秩序，并进行修正。税收法律制度本就是多种学科知识的交叉领域，社科法学上自有多种为契税征税对象和纳税期限寻找出一组相互协调、秩序稳定、逻辑一致的“妥适规范”的殊途同归之法。然而，“法治实践所需要的知识是多种不同知识的整合，而整合的前提是明确不同知识的

① 参见［日］金子宏：《日本税法》，战宪斌、郑林根译，法律出版社2004年版，第21页。
② 陈清秀：《税法各论》，法律出版社2016年版，第441页。

认识角度和不同功能，而不是将所有知识杂糅进案件的审理判决中”[①]。从方法的认识角度上讲，法教义学假设法律是外在于社会的，自成一个整体，[②]认为规范仅能从规范中获得；从方法的功能侧重上讲，法教义学“着眼于法律体系，在体系内寻求对不明确问题的回答”“侧重法律的适用，即在给定的制度框架内，如何实现对事实待决问题的涵摄，寻找可适用的规范或根据规范解释出合逻辑的规则”。[③]

笔者所称“法教义学”，并不拘泥于其在法学方法论上的何种定义，而是强调一种“以法律文本为依据，依照法律规范的内在逻辑和体系要求解释、应用及发展法律的做法”[④]，强调内求于法律规范或原理来寻找解决法律规范存在的问题的方法，而有别于超越法律规范的价值判断或其他社科法学的研究方法。这是因为，法教义学的任务是面对“由于法秩序在不同的发展阶段逐渐增长、逐渐复杂混乱，不无抵牾矛盾之处”的现实问题，旨在“以理性的说服力并诉诸于公认的基本价值、价值信念来解释、协调现行法，力图使法秩序成为一个无矛盾的统一体”，[⑤]而这正与关注契税法律体系协调的初衷恰相一致——关注法律体系的实义在于保障法律运行和开展法律解释。就法律运行而言，当且仅当法律体系内概念内涵统一、逻辑一致、不存在龃龉时，执法、司法的结果方能明确、稳定，法秩序才得以统一。就法律解释而言，法律的体系性使基于法条内部之意旨关联即可相互界定法律规定中的用语意涵，[⑥]并使利用法律原则填补法律漏洞、维持法律的一贯性成为可能。

---

① 谢海定：《法学研究进路的分化与合作——基于社科法学与法教义学的考察》，载《法商研究》2014年第5期。

② “作为具有规范性的事物，法律既不同于经验事实也不同于价值。”参见雷磊：《法教义学的基本立场》，载《中外法学》2015年第1期。

③ 王一骁：《税法教义学研究方法之提倡——以国家税务总局2016年第29号公告之漏洞填补为例》，刘剑文主编：《财税法学前沿问题研究（第七卷）：全面“营改增”背景下的财税法治建设》，法律出版社2017年版，第203页。

④ 许德风：《法教义学的应用》，载《中外法学》2013年第5期。

⑤ 金可可：《民法实证研究方法与民法教义学》，载《法学研究》2012年第1期。

⑥ 黄茂荣：《法学方法与现代民法》，法律出版社2007年版，第631页。

综上可见，法教义学对于解决既定法律规范框架内的体系冲突而言，在认识视角和功能上均具有先天优势。

（三）协调体系冲突的基本原则

在对征税对象和纳税期限两个突破口进行法教义学作业的过程中，还需遵循如下几方面的原则，并以这些原则作为检验研究结论是否合理、妥当的标准。换言之，唯有符合了下述原则或标准的解释观点，才能实现契税法律体系的真正协调。

第一，实现契税征税对象和纳税期限规则的秩序统一和价值兼容。为实现契税法律体系的协调，征税对象和纳税期限两个核心要件应能在前述原理阐释的应有关系下形成一条贯通的推理链条，并能给由原有冲突引起的执法和司法疑难以稳定的、唯一的解答。为此，在对两个核心要件分别进行法教义学作业时，应秉承一致的价值导向，包括但不限于有利纳税人原则、征管效率原则等。

第二，实现契税法律制度与税收法律制度总体及民事法律制度的秩序统一和价值兼容。就一国之全部法律规范而言，其整体是为一个宏观体系，其体系性保障了宪法之原则和价值取向对一切法律部门的指导和约束，以及私法上的合法行为不会在公法上被评价为违法或犯罪。就规制任一领域或子领域的全部法律规范而言，该领域法或子领域法构成一个中观或微观的体系，其体系性保障了该领域内基本法律规则的一致性或相关领域监管的协调性，以及概念和要件之间逻辑的一贯性。因此，契税法律体系在实现内部协调的同时，还需与中观及宏观的外部法律体系兼容，避免作为公法的税法影响民法建制的基本规则。① 此处要求的兼容不仅要求规则之间消除龃龉，更要求在意旨理念上相匹配。市场经济法制要求法律认可市场主体对财产的追求，保护产权，降低交易成本，承认市场的支配地位和市场参与者的意思自治。需认识到，作为一部做成于21年前的行政法规，规则制定者在价值取向上与

① 参见黄茂荣：《法学方法与现代税法》，北京大学出版社2011年版，第311、313页。

上述市场经济法制要求的微妙差异，可能是导致今天契税执法和司法实践与纳税人预期格格不入的根本原因。

第三，实现契税法律制度与房地产市场发展水平相适应。本节第二部分已述及，法律规则与市场交易实际的脱节是造成契税法律体系不协调被凸显和放大的重要原因。在重塑契税法律体系的协调性时，不仅应注重检视契税构成要件要素和要件事实与当下市场交易模式的契合性，还需考虑到与可预见未来内市场进一步发展演进方向的契合性。

第二节　契税征税对象之厘清

一、契税征税对象之论争

学术和实务界对《条例》第1条“转移土地、房屋权属”的文义理解莫衷一是，笔者结合部分学者论述和所接触的税法实务中征纳双方所持意见，分类总结，大致可概括为以下几种观点。

（一）契约说

契约说认为，契税的征税对象是转移土地、房屋权属的契约。主要理由在于，税种的名称一般反映其征税对象，如对所得征税的，命名为“所得税”，对商品流转过程中的增值额征税的，命名为“增值税”。“契税”的“契”字，取“契约”之意，结合《条例》第2条的征税范围列举，具体指土地使用权出让、转让契约或房屋转让契约。契约说的理论依据另外来自对契税征税对象的历史解释，考察契税的发展历史，契税自古以来都是对买卖田房的契据课征的官方验证费用，“凡买卖田宅、奴婢、牛马，立有契券者，每万钱向官输钱四百”，[①] 自1950年新中国制定《契税暂行条例》（以下简称1950年条例）时，其中第3条依然强调“并由当事人双方订立契约，由承受

① 国家税务总局农业税征收管理局：《契税管理指南》，中国税务出版社2005年版，第1页。

人依照本条例完纳契税”。

在契约说下，但凡订立不动产转让契约，即成立纳税义务，纳税期限也根据契约的订立时间来计算，与现行《条例》相符。但契约说无法解释关于契约解除、撤销、无效等情形导致交易最终未完成时，还要根据不动产登记是否变更来决定可否退还契税的规定。

（二）不动产权属说

此说认为，契税是对不动产权属征收的税，具体包括土地使用权和房屋所有权。不动产权属说的主要理由是，考虑到契税仅对承受不动产权属的受让方征税，《条例》第1条“在中华人民共和国境内转移土地、房屋权属”一句，强调的是“权属”而非“转移”，因此契税的征税对象是财产权。从财税法教学上的税种分类做法上看，不动产权属说似是通说，因主流教材普遍将契税划归入“财产税”，[①] 虽然部分教材持财产税包括保有阶段财产税和转移阶段财产税的分层观点，但无论是保有阶段还是转移阶段，其核心要素还是财产权属。

根据不动产权属说，《条例》第8条关于合同订立即发生纳税义务的规定属于错误，而纳税期限显然应在变更不动产登记时才产生，给部分规则以及“先税后证”的征收模式带来了挑战。但同时，不动产权属说与未最终完成交易应当退还契税的规定相契合。

（三）债权行为说

此说认为，契税征税对象是转移不动产权属的债权行为。与不动产权属说不同，债权行为说首先认为《条例》第1条用语“在中华人民共和国境内转移土地、房屋权属”强调的是“转移”而非“权属”。其主要理由在于，契税作为财产转让环节的税收，与对财产保有征收的房产税有本质区别。

黄茂荣教授主张债权行为说，将契税归类为“交易税”，认为其征税对

---

① 例如，刘剑文主编：《财税法学》，高等教育出版社2005年版；徐孟洲主编：《税法学》，中国人民大学出版社2005年版；陈少英编：《税法学教程》，北京大学出版社2011年版；张守文：《财税法学》，中国人民大学出版社2016年版；张怡主编：《税法学》，法律出版社2010年版。

象是不动产买卖等“法律上的交易行为”[①]。陈清秀教授亦主张契税是“对于所得及财产使用的课税”，是一种“法律交易税”，其课税系与“法律上交易过程相连接”，纳税人根据契约等“取得货物或劳务或其他法律上请求权”[②]。

在债权行为说下，《条例》第 1 条与第 8 条之规定不再冲突，而之所以存在契税得在交易最终未完成情形下退税，系属法律为纳税人实质利益做出的友善安排而已。

（四）物权行为说

此说与债权行为说都认为契税的征税对象是行为，区别在于，因德国、我国台湾地区民法上认可物权行为的存在及其无因性，债权行为不能发生变动物权的法律效果，因而主张，契税既然是对转移不动产权属的行为征税，则直接针对的是产生转移权属效果的物权行为。例如，熊伟教授认为，契税之债应在不动产权属发生变动时成立，并以此作为契税与同样对转移房屋土地权属行为征税的印花税的本质区别。[③]

虽然我国《物权法》上没有明确规定物权行为，但除非是采债权意思主义的法域，物权行为说对债权行为说的反对都有意义。既然单纯的合同行为尚未变动物权，纳税义务在合同订立时发生就存在逻辑错误，而物权行为说下契税在最终未完成交易的情况下得以退税的规定则是法理应有之义。

上述四种主要观点均从《条例》“转移土地、房屋所有权”出发，就其文义做出了不同解释，就结论而言，均无法直接实现契税现有法律规则的协调，均需对冲突中的一部分规则进行修正或做漏洞填补，因而虽都可自圆其说，但仍需选择一个或发现另一个更为稳定的法律适用路径。当文义解释依然存在数个可能时，即可启动论理解释，虽论理解释包括数种解释方法，本无须每一种均予运用，只须其中之一能“支持某种结论、可贯彻正义之理

① 黄茂荣：《税法总论》，植根法学丛书编辑室 1998 年版，第 237 页。
② 陈清秀：《税法各论》，法律出版社 2016 年版，第 25 页。
③ 刘剑文、熊伟：《税法基础理论》，北京大学出版社 2004 年版，第 195 页。

念”[①] 即可，但为全面深入探究契税征税对象的应然法意，分别解析上述学说的不足及可取之处，本节将分别运用历史解释、体系解释和目的解释的方法，从历史沿革、税法与民法的关系和税法原理的角度展开探析。

二、契税征税对象的历史流变

如前所述，契税是一个有着一千七百年历史的古老税种。继东晋至明清的起源和发展后，北洋政府于1914年颁布《契税条例》，因袭了清代契税法律制度；至1943年，南京国民政府另行颁布《契税条例》。根据民国32年修订后的条例，契税对“不动产之典、卖、交换、赠与、分划”和“因占有而取得所有权”征税，另外规定机关公用及因公征用的土地房屋不征契税。[②] 后经修订，自治团体买卖、典当土地、房屋，及购买土地房屋作为公益活动使用的，也排除在征税范围之外。契税的征收方式，仍然是由纳税人领购“官印契纸”。[③]

“民国32年条例”在我国台湾地区一直修订、适用，至2010年废止，重新颁布了现行的“契税条例”（以下简称“我国台湾地区现行条例”）。“我国台湾地区现行条例”第2条规定的征税范围与“民国32年条例”无异，仅在免税范围上进一步扩大到公立学校、邮政用地用房等情形。[④]

1950年条例规定的征税范围是完成土改的乡村和全国城镇内土地房屋之买卖、典当、赠与或交换，与“民国32年条例”总体一致。完纳契税，仍由政府发放统一的契纸作为凭证。[⑤] 但此后，随着“三大改造”的推进，契税的实际征税范围不断缩小：首先，是将公有制单位的买卖、典当、接受赠与和交换土地房屋纳入免征契税的范围；其次，《宪法》实施后，全国土地收归国有或集体所有，不得转让，契税实际上只对私人所有的房屋征税；

① 杨仁寿：《法学方法论》，中国政法大学出版社2013年版，第136页。

② 参见民国32年《契税条例》第3条、第12条。

③ 参见民国32年《契税条例》第2条第2款、第11条、第14条。

④ 参见我国台湾地区“契税条例”第14条。

⑤ 参见1950年《契税暂行条例》第9条、第10条。

1956年以后，“三大改造”完成，城镇房屋绝大部分收归国有或集体所有，契税实际上近乎停征。

改革开放后，国有土地使用权出让和土地使用权转让制度逐步建立，并重新出现了非公有制单位，以1981年《关于改进和加强契税征收管理工作的通知》的发布为标志，契税开始恢复征收。至90年代，商品房市场完全开放，契税的税源才得以进一步扩大。在此背景下，1997年，现行《条例》才在1950年条例的基础上修改制定。

契税漫长的历史源流给我们深入认识这一税种的本质提供了以下几方面启发：

1. 契税的课税依据未曾改变

纵观契税的历史发展，虽然契税的征税对象之具体范围随着社会经济发展、政治制度及法律制度变迁而不断盈缩，但“印契”“官印契纸”始终与契税相伴不离，是契税一成不变的征税方式，有文契则交易受官方保护，无文契则无法律上之保障。这一征税方式上的重要特征说明了契税在历史上一直承担着重大交易官方认证的作用。尽管对政府而言，起初契税的开征目的或为敛取财政收入，或为抑制商业活动，或为官府介入商贾之利，但对纳税人而言，在赖以生计的牲畜、房屋土地等重大财产的交易中，以总价款的少量比例为代价，换取的都是针对交易契约的官方认可、见证以及未来发生纠纷时能够得到官府支持、保护的一份承诺，这在近现代以前没有不动产登记制度、个人财产产权缺少其他公示公信手段的历史条件下，无疑是对交易安全的最有力保障。是故历代纳税人均愿意支付这种代价不算太高的本质上是“官方认证费”或“法律保护费”的税，而官方认证、法律保障的作用也正是契税的课税依据之所在，成为其1700年来存续不废之本，以致成为当下延续时间最久的税种。即便在新中国成立时，契税的上述课税依据依然没有变化，1950年条例开宗明义地规定：“为保证人民土地房屋所有权，并便利其移转变动，制定本条例。”根据国家税务总局的观点，新中国征收契税的目的是“适应群众的习惯和要求，保障人民土地、房屋所有权”①。

2. 契税与不动产登记间具有替代关系

对纳税人而言，现代物权法的物权变动理念和不动产登记制度替代了契税对不动产转让的官方认证和法律保障作用。土地房屋转让是否有效不再凭官印契纸决定，只要满足了物权法规定的物权变动要件，自然受到法律保护，只要完成了不动产登记，自然获得公示公信效力。对政府而言，除了保障财政收入，契税制度还是历代政府对田宅买卖等契约实施管理的重要手段和方式②。官府在给予契约认证的同时，也及时掌握了当地田宅买卖的信息，进而对土地的归属情况、使用情况、集中度有所了解，便于对土地的管理和地方治理。而不动产登记同样将这些信息收集到政府手中，供房地产管理、规划、宏观调控使用。这种替代性在民国32年条例中得以直观体现，其规定的契税适用范围为“未依土地法举办土地登记的区域”③。

3. 契税课税于不动产权属变更的法律效果

笔者揭示上述替代关系，并非意在反映契税的古老课税依据已不成立，而是旨在借不动产登记制度与完纳契税的等效性更好地理解契税的征税对象究竟是什么。《物权法》第9条规定，不动产物权的变更、转让，经依法登记发生效力，未经登记不发生效力；《最高人民法院关于适用〈中华人民共和国合同法〉若干问题的解释（一）》第9条规定，法律规定合同应当办理登记手续，但未规定登记后生效的，当事人未办理登记手续不影响合同的效力，但标的物所有权不能转移。据此，在我国当下转移不动产权属，最终发生所有权转移法律效果的是登记而非合同。同理，在未建立不动产登记制度时，我国历代法律制度下，虽有契约但未经盖印领契，不动产权属移转都不受法律承认，其效力犹如现代债法上的自然之债一般而已。由此观之，承受人在申请盖印领契时缴纳的那笔契税，说是对“契约”课征之税未免流于外

① 财政部税政司农业处：《契税政策知识问答》，中国经济出版社1998年版，第5页。

② 袁家超：《清代契约法制研究》，中国政法大学2009年博士学位论文，第40页。

③ 参见民国32年《契税条例》第2条第1款前句。

观了，倒不如说是“印契”的对价，而“印契”又是权属转移法律效果最终实现的外观要件。

因此，契税的初衷和历史习惯一直都是着眼于不动产权属变更的法律效果的，纳税人欲实现此等法律效果，必先完纳契税。虽然现代不动产登记制度已经替代了契税的相关职能，但“替代”不等于“改变”——从实定法的角度讲，尚无成文法明确规定改变了契税的课税目的；从应然法的角度讲，契税的性质是历史的、客观的，它历史上是、并尚未改变地是着眼于不动产权属转移法律效果的税种。

4. 纳税期限的规定系出于保障征管之目的

历史研究表明，早期没有在契约订立后一段时间内应当缴纳契税的强制性规定，而是待纳税人因自身对法律保护需要的预期自觉纳税。对契税缴纳的强制性规定出现在明律，“凡典买田宅不税契者，笞五十，仍追田宅价钱一半入官”①。至民国时期，有了大陆和我国台湾地区现行纳税义务发生时间规定的原型，“完纳契税，应于卖、典、交换、赠与、分割契约成立后，或因占有而取得所有权之事实成立后，三个月内为之”②。《条例》第 8 条和我国台湾地区“契税条例”第 16 条实际上是对此条的因袭而已。

究其为什么出现这种规定，是因为民间为规避官府以契税方式确认权属、借此侵夺交易利益，历代均有约定俗成的互认权属规则，而这必然影响了官府的财政收入和土地管理，因而为保障契税法制运行之目的，择一外观事实清楚、便于执法操作的起算点，强制规定纳税的期限。由此观之，以纳税期限起算时点反推纳税义务发生时间和征税对象的逻辑是不能成立的。

三、契税征税对象的民法思考

（一）民事法律行为相对税收法律关系的先在性

如第一节第三部分的思路分析，契税征税对象的解释疑难源于契税法律

① 《大明律集解附例》卷五《户律·田宅·典买田宅》，载国风中文网简体线上文本：http：//yuedu. 163. com/source/dd6d5de97c724892b8781ed536f2a35c_ 4，最后访问日期：2018 年 2 月 2 日。

② 民国 32 年《契税条例》第 13 条。

体系的内部冲突，则为寻求体系解释路径，必然需诉诸外部体系，使能与民事法律制度保持法秩序统一。考虑到民法上的交易、产权是国家赖以课税的源泉，与民法维持法律体系间的协调也一直是税收立法的目标。“明确税法与民法在契税上的连结点究竟是合同还是权属，这在学理上可以归结为契税客体究竟是物权行为还是债权行为，从实务上讲是契税法律关系变动究竟依《合同法》还是《物权法》的问题。进而使契税行政诉讼的裁判基准不能局限于公法规则，必须进入私法领域”。①

“租税问题是以人们私人生活关系为前提和契机而产生的，因此，租税实体法的对象是私人生活关系，特别是私法关系。”② 我们之所以会从对契税征税对象的探讨追溯到物权行为与债权行为的分野，是因为在税收之债的构成要件，其要件事实一般民事法律事实，民事法律事实产生的权利变动效果与判断税收之债构成要件成就与否关系密切。概言之，当二者对同一事实进行法律评价时，民事法律事实相对税收法律事实具有“先在性”③。

民法相对税法的先在性在契税立法上的表现屡见不鲜。例如，1950 年条例第 3 条规定的征税范围与 1943 年条例基本一致，唯因废除民国民法后不承认取得时效而取消了对“因占有而取得所有权”征税。又如，历代契税的征税范围不论如何增减，典、卖田宅均是最核心的两项，而 1986 年《民法通则》制定时没有规定典当，因而现行条例第 2 条规定的征税范围中也取消了出典房屋一项。

（二）行为说的民法解释

1. 民事法律行为的法律效果两重性

民法上，引起民事法律关系变动的原因是法律事实，具体包括法律行为、准法律行为、事实行为三类人的行为和与人的行为无关的事件和状态两类自

---

① 虞青松：《行政诉讼的裁判基准研究——以契税客体内含的私法规则为中心》，载《行政法学研究》2016 年第 4 期。

② ［日］北野弘久：《税法学原论》，陈刚、杨建广等译，中国检察出版社 2001 年版，第 13 页。

③ 参见黄茂荣：《法学方法与现代税法》，北京大学出版社 2011 年版，第 298 页。

然事实。其中，所谓“事实行为”，指“毋庸表现内心的意思内容即可发生法律效果之行为”①，即法律效果的发生不以行为人的主观意思为转移，例如无因管理的行为；所谓“法律行为”，根据《民法总则》第133条，指民事主体通过意思表示设立、变更、终止民事法律关系的行为，如合同行为、抛弃行为等。

税收之债作为公法之债，税收债务法律关系的变动原因应与私法债务法律关系具有可比性，若类比民事法律事实的体系，可以将变动税收法律关系的“税收法律事实”划分为：自然状态——如追溯时效届满导致税务机关的税款请求权消灭；事件——如被继承人死亡引起遗产税纳税义务的发生；法律行为——如预约定价安排，实为纳税人与税务机关之间通过合同行为确定未来税收之债的数额；② 准法律行为——如税务机关发出税务处理决定书对纳税人申报的计税依据进行调整，实为税务机关以观念通知的方式变更税收之债的数额；税事实行为——不依据当事人意思而发生税收法律效果的行为，通常是私法行为，具体可以是法律行为，如货物买卖合同的订立会引起卖方增值税纳税义务的发生；也可以是事实行为，如屠宰税废止以前，屠宰行为引起屠宰税纳税义务的发生。

税事实行为与税收法律行为之区别，与民事法律行为同事实行为之区别相同，即在于有无变动法律关系的意思表示；唯在该等意思表示的具体效果意思上，民事法律行为针对的是民事法律关系，而税收法律行为针对的是税收法律关系。由此观之，纳税人买卖、赠与、交换、转让土地使用权或房屋所有权的行为，在民法上是引起不动产权属变动的法律行为，而在税法上，因行为人行为时仅有变动民事权利的意思，而没有变动税收法律关系的意思；又因税收采法定主义而无须当事人意思表示即可成立税收债务关系，是故，这些行为实际上作为事实行为变动了税收法律关系。这是民事法律行同时具

① 王泽鉴：《民法总则》，北京大学出版社2009年版，第204页。

② 李刚：《税法与私法关系总论——兼论中国现代税法学基本理论》，法律出版社2014年版，第130页。

有民法效果和税法效果的“法律效果两重性”[①] 的表现。

2. 两重性特征的成因

民事法律行为法律效果的两重性源于民法和税法对同一法律上事实的两次评价和调整。

以收入的取得为例，纳税人取得收入，系基于劳动合同、劳务合同或其他民法上合同行为的对价，收入一经交付，纳税人即取得一项所有权，这是民法对订立和履行上述合同的法律事实进行调整的结果，评价的侧重点是权利的归属。与此同时，因为收入实现，若该等收入依法为应税收入，则成就个人所得税之征税对象，发生个人所得税纳税义务，这是税法对上述法律事实进行调整的结果，评价的侧重点是应否纳入社会再分配，即应税与否、此税彼税和税轻税重。在第一次法律调整中，法律贯彻的是物权保护之目的和权利平等之原则，价值在“平等”；而在第二次调整中，法律贯彻的是再分配之目的和量能课税之原则价值在“公平”。

两次调整，除了目的和原则上不同，调整的方式也不同。在第一次调整中，所有权是否取得、数额的多少是合同这一法律行为决定的，而民法创设民事法律行为概念及制度的目的，乃是借助法律行为必以意思表示为构成要件的要求，创设一种有别于“法定主义调整方式”的“法律行为调整方式”，实现行为人以自由之意思变动民事法律关系的民法意思自治原则[②]。这正是弗卢梅所说的，“法律行为是旨在产生特定法律效果的私人意思表示，该法律效果之所以依法律秩序而产生，是因为人们希望产生这一法律效果。法律行为的本质在于作出旨在引起法律效果的意思表示，且法律秩序通过认可该意思来判定意思表示旨在进行的法律形成在法律世界中的实现[③]”。而在第二次调整中，是否应税、扣除规则、免征额、税率等均遵循税收法定原则，是

① 有学者亦将此特征概括为“竞合性”或“法律效果的多元性”，参见张晓婷：《税事实行为的特定分析》，载《首都师范大学学报》（社会科学版）2007 年第 4 期。

② 参见董安生：《民事法律行为》，中国人民大学出版社 2002 年版，第 36 ~ 42 页。

③ ［德］维尔纳·弗卢梅：《法律行为论》，迟颖译，法律出版社 2013 年版，第 26 页。

典型的法定主义调整方式，税法也正是基于法定主义调整方式，才能无须行为人主观意思即可将法律事实纳入调整范围。

3. 两重性对厘清契税征税对象的指导意义

值得注意的是，无论从调整目的、原则还是调整方式上看，第二次调整均可以视作对第一次调整后法律效果的调整。换言之，民事法律行为法律效果的两重性，是法律有顺序地重复评价出来的两重效果，这一理解，也反向迎合了前述民法相对税法的先在性。

沿此思路，契税之债构成要件是否成就，属于第二次法律调整中税法对转让不动产权属的法律事实的评价，税法介入进行评价的前提是第一次法律调整会导致不动产权属发生转移这样一个民事法律效果。因此，转移不动产权属的法律行为并非契税的征税对象，债权行为说和物权行为说的表述方式均混淆了征税对象和它的原因。

（三）不动产权属说的民法解释

1. 变动中的不动产物权

遵从《条例》第1条“转移土地、房屋权属”之文义，即便认为契税征税对象是不动产权属（民法上称不动产物权），也当承认此处的物权是变动当中的物权，而非静态下的物权。

民法上，不动产物权可以原始取得，如自建房屋，也可以继受取得。根据《条例》第2条及《细则》第8条列举的征税情形，作为契税纳税主体的承受人所承受的均是继受取得的不动产物权。在继受取得的情形下，又包括依法律行为取得和非依法律行为取得，《条例》及《细则》所列征税情形均属依法律行为取得。“在继受之取得中，新权利与原权利之关系甚为密切”，“权利继受人之地位，要由于两种事实所造成：一、权利在前所有人处之状态；二、权利移转之事实”，而对于后者，“通常必先有一债之关系”①。那么，若认为契税的征税对象是不动产物权，还需进一步判断权利继受的情况，

① 芮沐：《民法法律行为理论之全部》（民总债合编），中国政法大学出版社2003年版，第50～51页。

即在“转移”中，作为纳税人的承受人是否已经取得了不动产物权；又因为设立债之关系的法律行为是权利变动的原因，所以，不动产权属说也不能绕开对债权行为的考察。同时，对物权行为说而言，前已述及，由于税法在第二次调整中系以该债权行为的民事法律效果为考察重点，实则关注的又是物权变动的法律效果是否发生。可见，不动产权属和变动它的法律行为实为同一个本体的两面而已，只要承认契税不是对保有阶段的静态物权征税，不动产权属说同物权行为说并无本质区别。

2. 不动产物权的变动

大陆法系国家关于物权变动的立法例有“债权意思主义”“债权形式主义”“物权形式主义”之分，唯后一种承认物权行为的独立性，我国台湾地区民法典采之，因而在契税法理论上才会有本节开篇所述的以物权行为为税捐客体之说。大陆现行《民法通则》《民法总则》《合同法》《物权法》是否如同我国台湾地区那样承认了物权行为的独立性，民法理论本身就有争议。通说认为，纵有《物权法》第 15 条“当事人之间订立有关设立、变更、转让和消灭不动产物权的合同，除法律另有规定或者合同另有约定外，自合同成立时生效；未办理物权登记的，不影响合同效力”之规定，但充其量仅说明法律确认了物权、债权的区分原则，不代表承认“物权合意”的存在，即我国民法关于物权变动的立法例系采物权意思蕴含于债权意思、以交付或登记为生效要件的“债权形式主义”，[①] 或以债权形式主义为原则、以仅将交付或登记作为对抗要件的债权意思主义为例外的“二元模式”[②]。理论观点中虽也有支持《物权法》承认物权行为或采“物权形式主义”者，但也强调是从法条解释或司法判例中推导得出的间接结论。[③]

① 江平、李永军编：《物权法》，法律出版社 2009 年版，第 90 页。

② 参见梁慧星、陈华彬：《物权法》，法律出版社 2010 年版，第 83 页；王利明：《物权法研究》(上卷)，中国人民大学出版社 2007 年版，第 273 ~ 274 页；崔建远：《机动车物权的变动辨析》，载《环球法律评论》2014 年第 2 期。

③ 参见孙宪忠：《中国物权法总论》，法律出版社 2009 年版，第 248 页；葛云松：《物权行为：传说中的不死鸟——〈物权法〉上的物权变动模式研究》，载《华东政法大学学报》2007 年第 6 期；田士永：《〈物权法〉中物权行为理论之辨析》，载《法学》2008 年第 12 期。

笔者认为，法律的体系解释应从实定法出发，因此，既然物权行为尚未被现行《物权法》明确地认可，那么以独立、无因的物权行为作为契税的征税对象，并不利于维护税法与民法的秩序统一。但既然现行《物权法》和合同法司法解释已经确定了债权与物权效力的区分原则，税法上也应当充分认识债权行为效力与物权变动的法律效果间的分隔。事实上，也正是合同法律行为生效与物权变动之间的分隔塑造了契税行为税与财产税的“双重性格”，造成体系冲突而难以协调。

根据债权形式主义，在我国现行物权法规则下实现变动不动产物权的法律效果，需要“合同行为（原因行为）+登记[①]”两个要件。当转移土地、房屋权属的合同成立生效后，承受人仅获得一个承受不动产物权的请求权；即便不动产已经实际交付，承受人至多也仅承受了占有、使用和收益的权能，而由于交易的外观主义，因未登记在自己名下而在实践中无权处分不动产。待登记行为完成，承受人才真正获得一个在税法上可以被评价为财产的完满所有权，法律上才出现转移不动产物权的效果，原因行为才会进入法律的第二次调整阶段。

那么，既然登记行为具有变更物权的终局性，能否认为契税的征税对象是登记行为呢？笔者不同意这种观点。首先，若着眼于登记的行为本身，则如本节第二部分论述的一般，此一观点与债权行为说、物权行为说犯了同样的错误，即混淆了物权变动的法律效果与其发生变动的原因。其次，债权形式主义使得物权的变动比物权形式主义下更为复杂，变动的法律效果是否实现不仅取决于登记行为本身是否合法有效，还取决于债权行为的效力状态，合同的不履行、无效、撤销、解除均会影响物权变动的实现，因此，登记行为仅是实践上通常发生在后，而非具有决定性，作为契税征税对象的不动产物权变动应当是一个整体而非一个结构。

① 此处的“登记”，包括了登记同意和登记行为，不再详加探讨两要件抑或三要件何者更为恰切。

四、契税征税对象的税法法理阐释

（一）选取征税对象的原则

1. 对税法明确征税对象之目的的再认识

税法界明每一税种的征税对象之目的所在，也即征税对象这一税收之债构成要件存在的税法意义，笔者在第一节中简要阐释为区分此税彼税，以及反映课税之正当性。进一步究问征税对象何以反映课税正当性，则在于征税对象要能够以某种方式反映纳税主体的负税能力。

税法最古老但也最基本的原则是“无收益不纳税”，因此，税收立法必须解答纳税人在何种情形下应被认定为有收益可课税这一问题，而“征税对象”正是经过立法者裁量、判断、选择的经济意义上具有负税能力的“税捐财产”。[①] 德国税法学者 Tipke 认为，只有经济上的所得或财产，才能表彰负税能力，税捐客体只能是这种经济上的过程或状态；行为不能成为税捐客体，人不能因采取了某种行为而被课征税收。德国税法学者 Kirchhof 亦认为，每一种税均是对财产权人所课之税。在此基础上，税法开始按财产的取得、保有、使用三阶段划分税种，“课于取得者，谓之所得税；课于保有者，谓之财产税；课于使用者，谓之消费税”[②]。

大陆税法学通说对税收实体要件采纳税主体、征税对象、计税依据、税率、税收优惠措施五要件说，而我国台湾地区传统理论采税捐主体、税捐客体、税捐客体之归属、计税依据、税率五要件说。税收特别措施是否属于构成要件，不在本章讨论范畴；除此之外，区别主要在于主体和客体两个要件上。所谓“税捐客体之归属”，或“税捐财之归属”，反映的是税捐客体实质上的经济利益归属于谁的问题，[③] 当且仅当税捐主体与税捐客体之归属相一致时，税捐主体才发生纳税义务，如此安排，恰恰说明了税法规定税捐客体的目的是为考察纳税人确实具有负税能力。大陆税法学说并非忽视了税捐客

---

① 参见刘剑文、熊伟：《税法基础理论》，北京大学出版社 2004 年版，第 192 页。
② 马寅初：《财政学与中国财政——理论与现实》（上册），商务印书馆 2001 年版，第 206 页。
③ 黄茂荣：《税法总论》，植根法学丛书编辑室 1998 年版，第 238 页。

体之归属这一要件，而是已将其融合入纳税主体要件当中，其“纳税主体”的定义已然包含了对征税对象有支配能力的意涵。

2. 税法目的导向下选取征税对象的原则

可见，不论在大陆税法学还是我国台湾地区、德国税法学的理论当中，揭示和衡量负税能力都是征税对象的应有之义。因此，税法立法者必须把握能够据以推定负税能力的物、行为或事件作为税捐客体[①]。对于契税而言，恒是此理，契税的征税对象纵然可以有各自自圆其说的多种理论，但必须选择其中能反映纳税人负税能力、属于税捐财产经济上的过程或状态者作为契税的征税对象。由此观之，债权行为说、物权行为说均只注意到法律外观上契税与法律行为的连接，而未深入观察“实相”，认识到其用以在于“借由民法之外观法律形式所要把握之经济上负税能力，而在实质的法治国家观点正当化契税”[②]。唯其契合了这一原则或标准，才能不背离税法对转移土地、房屋权属征税的目的初衷。

（二）“应税行为”在税法上的意涵

从实定法上看，前述理论中“税捐客体只能是这种经济上的过程或状态，行为不能成为税捐客体”的观点似乎不能成立，因为现行税收法律法规中多有使用“应税行为”之处，如《增值税暂行条例》第5条“纳税人发生应税销售行为，按照销售额和本条例第二条规定的税率计算收取的增值税额，为销项税额。销项税额计算公式：销项税额=销售额×税率”；《车辆购置税暂行条例》第2条“本条例第一条所称购置，包括购买、进口、自产、受赠、获奖或者以其他方式取得并自用应税车辆的行为”；《契税暂行条例》也使用了行为，其第2条“本条例所称转移土地、房屋权属是指下列行为”；甚至有的税收法律文件直接以“应税行为”为标题，例如，《跨境应税行为适用增值税零税率和免税政策的规定》等。笔者认为，虽然诸多税种描述征税范围的条文使用了“行为”字眼，但仍不能将这些条文的文义解释为“征

① 黄茂荣：《税法总论》，植根法学丛书编辑室1998年版，第237页。
② 陈清秀：《税法各论》，法律出版社2016年版，第26页。

税对象是行为”，这不仅是因为行为仅是征税范围的外在表现形式，更因为“行为”二字在税法上有着更深层次的意涵。

1. 税法考察“行为”的特殊视角

行为是人与外在社会发生联系的最直观方式，因而成为法律调整的对象，但不容忽视的是，不同法律部门因为制度的核心不同，其关注行为的视角也是不同的，这种不同是由不同部门法构筑自我体系的核心不同造成的。而法律制度构筑核心的差异，又源自于各部门法的任务不同。刑法的任务是保护社会一般秩序稳定不受危害，因此刑法以社会秩序为核心构筑其规则体系，依据社会秩序（危害对象）种类的不同，规定破坏市场秩序罪、妨害管理秩序罪等，是故刑法关注“危害行为”，是考察行为对危害对象的危害程度，以评价刑事责任。又如民法的作用在于赋予人民自由和权利，以及明晰产权、定分止争，因此民法的制度核心是权利①，是故民法关注“民事法律行为”，考察的是行为引起的权利变动。同理，税法的任务是公平社会财富再分配，因此税法关注负税能力，以负税能力的表现形式为核心构筑其规则体系，按照表现形式的不同，分为所得税法、流转税法、财产税法等。是故，税法关注“应税行为”，是考察行为所反映出的负税能力，以量能平等课税②。

2. 应税行为之意涵在其他税种上的体现

流转税上的行为主要是销售行为，包括民法意义上的销售和税法意义上的“视同销售”。销售行为的主体是货物或服务的提供方，而由于流转税的可转嫁性，最终经济上的负税人是消费者。因此，流转税名义上对销售者征收，实则对消费者征收，消费者的消费行为反映了其消费能力，消费的商品或服务就是流转阶段的税捐财产，其流转额越大，消费能力越强，而消费能力也是负税能力的体现。但由于消费者和消费行为众多，不可能实现有效的

① 王泽鉴：《民法总则》，北京大学出版社2009年版，第65、191页。

② “课税之基本原则为量能原则之伦理要求，个人之租税负担应依其经济之给付能力来衡量，而定其适当的纳税义务。”葛克昌：《税法基本问题——财政宪法篇》，月旦出版股份有限公司1996年版，第195页。

税收管理，为便利征管、降低征税成本，法律以控制数量更少、相对集中的销售者和销售行为的方式来实现对消费行为征税的目的[①]。至于部分视同销售情形下没有消费（如赠与、自用等），也就没有反映负税能力一说，为什么也要征税？只为税收公平目的而已[②]。所以，流转税的征税对象不是行为，而是消费的流转额。

行为税上的行为表现形式多样，可能是法律行为，如已经取消的固定资产投资方向调节税，应税行为是投资行为；也可能是事实行为，如屠宰税的屠宰行为，又如环境保护税中的排放行为。纳税人发生投资行为，取得标的企业的股权或者债权，由此产生一个能够取得股息、利息的法律上的可能性，因而负税能力应然地增强。纳税人发生屠宰行为，则可以合理地预期其畜牧收益即将实现，负税能力也应然地提高。纳税人向环境排放污染物或噪音，占用了环境的容量资源，本着"污染者付费"的环境法原理，其应然因为有占用环境容量资源的经济实力才会排放污染物，仍然反映了负税能力。这些行为虽然不像消费行为那样说明纳税人已经实然地具备了负税能力，但都合理地基于行为在法律上的应然效果可以推定负税能力。所以，行为税的征税对象固然是行为，但其原因仍是行为能反映负税能力。

3. 应税行为之意涵在契税上的体现

契税的征税对象自然没有脱离前述选择征税对象的原则的特殊理由。在转移土地、房屋权属的情形下，承受人订立合同的债权行为并不能反映负税能力，因为民法对不动产物权变动的要件规定，债权行为与登记行为终究是两个行为，债权行为生效后，登记行为尚有种种不会完成的情况和理由，这一点与上述行为税中的例子不同，即不动产物权的承受不是债权行为的法律上应然的效果，二者的联系是可以切断的。在采物权形式主义的法域，能够建立这一法律上联系的是物权行为，因而可以说物权行为能够推定负税能力，

---

① "营业税作为消费税，在建制上是对于'消费支出'，而不是对于消费本身，认定其具有经济上给付能力，进行课税。"陈清秀：《税法各论》，法律出版社 2016 年版，第 428 页。

② 陈清秀：《税法各论》，法律出版社 2016 年版，第 438 页。

可以作为征税对象。但我国采债权形式主义，没有一个独立的物权行为，因此，负税能力的表现形式只能是“债权行为+登记”这样一个完整的物权变动过程。所以，与其说契税的征税对象是某一个行为，不如说是完成了不动产物权转移的事实或不动产物权转移的法律效果。

或有追问，为什么承受了完满的物权才能推定承受人有负税能力？承受土地、房屋权属本质上也是一种消费，为什么流转税上消费可以反映负税能力，而契税上这一特殊的消费则不能？

首先，契税评价的特殊负税能力源自不动产物权的处分权能。笔者不反对将承受土地、房屋权属视为一种针对特殊消费品的消费，同时也认可这一消费本身不待物权的完全移转就已经反映了一定的负税能力，但这种负税能力是已经被增值税评价过的负税能力。因为在完成登记、取得完满的权利前，承受人至多能够享有占有、使用、收益土地房屋的权能，而这正式承受人需要经济上负担销售不动产的增值税的原因。若此时即课征契税，则相当于对销售不动产加征一道特别消费税，而加征特别消费税的正当性通常仅在奢侈品或基于公共利益而不鼓励消费的消费品上成立。占有、使用、收益不动产的权能并不过分大于不动产承租人的权利，其价值尚不足以与奢侈品媲比，这一点从增值税的税率设计上可以得到印证——不动产租赁适用的税率与销售不动产同为10%而已。承受不动产权属，唯一可以正当地多课一道契税地理由，是承受人取得了处分权能，因为处分权能使得承受人能够自由支配、处置不动产，唯基于这项权能在法律上可能的效果，可以推定承受人的负税能力将有可能因不动产的处分而大大提升。放诸更广域的社会政策背景考察，由于我国实行较严格的户籍管理制度，在大多数地区，通常只有本地房屋的所有权人可以享受教育、医疗等方面的全面的地方政府公共服务，而承租人则不能，“租售不同权”程度较深，在此背景下，处分权能带来的就不仅是处置不动产获得更大收益的可能，还有获得更多本地社会成员权利的现实。

其次，还应注意到，即便是流转税，其纳税义务发生时间亦在给付完成之时。根据《增值税暂行条例》第19条、《增值税暂行条例实施细则》第38

条之规定，增值税纳税义务的发生时间，直接收款销货的，为收到销售款或者取得索取销售款凭据的当天；提供劳务的，为提供劳务同时收讫销售款或者取得索取销售款的凭据的当天；预收货款的，原则上是货物发出的当天；赊销或分期收款的，为合同约定的收款日，无约定的，为发出货物的当天。可见，无论销售模式如何，法律规定的纳税义务发生时间，也即征税对象成就的时间，都是给付行为履行完毕之时，无一例是合同生效时；[①] 也即增值税的征税对象是处分行为而非负担行为。[②] 唯当处分行为完成时，消费才告终局，消费者的负税能力才实证地体现出来。同理，在不动产交易中，登记是履行行为的一部分，登记完成，交易才告终局。因此，契税征税对象应在登记完成后才成就。

五、本节结论

行文至此，本节已经运用三个论理解释方法对契税征税对象进行了探讨。历史解释上，契税一直是田宅权属转移的官方认证和法律保护的对价，始终是对不动产权属转移法律效果的最终实现征税。从民法与税法的关系上看，转移不动产物权的民事法律行为在发生了物权变动的法律效果后才会产生变动税收法律关系的效果，由基于体系解释，由于民法债权形式主义的物权变动模式，税法征税的对象应是“债权行为＋登记”的整体而非单纯的债权行为，概括而言仍是不动产物权转移的法律效果。目的解释上，契税之征税必须为实践税法量能课税的目的，而在纳税人承受土地、房屋权属的过程中，能够反映独特负税能力的也只能是不动产物权完整转移的事实。历史解释、体系解释和目的解释殊途同归地指向一个结论，即契税的征税对象应当是“不动产物权的转移”。所谓“不动产物权的转移”，中心在于“转移”，即已经发生的不动产物权的转移，是指完成不动产物权转移的事实或者说不动产物权转移法律效果的实现，既不是作为原因的任何民事法律行为，也不是

---

① 黄茂荣：《营业税债务之发生的构成要件》（下），载《植根杂志》2012 年第 7 期。

② 参见陈清秀：《税法各论》，法律出版社 2016 年版，第 422 页。

转移后承受人所承受的物权。据此，在契税法律体系冲突中，《条例》第8条关于契税纳税义务自合同订立时发生的规定是有悖契税整体体系逻辑的，有待修正。

第三节 契税纳税期限之重构

一、契税纳税期限论争述评

根据纳税期限与征税对象间的逻辑联系，若以第二节的结论为基础，则为实现契税法律体系的协调，需要进一步对纳税期限现行规定做出合理解释或修正。现行《条例》第9条规定，“纳税人应当自纳税义务发生之日起10日内，向土地、房屋所在地的契税征收机关办理纳税申报，并在契税征收机关核定的期限内缴纳税款”。对此解读，学术界和实务界的不同观点中与第二节之结论不抵触者主要包括以下三种。

（一）征管便利说

此观点认为，契税纳税义务发生时间本应是不动产登记变更完成时，纳税期限本应在变更登记之后起算，但考虑到变更登记后税源不好控制，为确保契税之债的履行，法律将纳税义务发生时间和纳税期限提前。如陈清秀教授认为，“契税原本是要对于取得房屋不动产之所有权（经济上处分权）课征，其典型的适用类型为物权的所有权之所得。但基于确保税收之理由，提早在订立不动产转移之债权契约，而成立得请求移转所有权（取得所有权）之请求权时，即加以课税”。①

此说给了《条例》第8条、第9条没有与契税征税对象保持同一逻辑一个正当理由，从而避免了契税法律体系陷入内部冲突。但虽然理论上获得了解释，仍不能回避这种制度安排不符合纳税人税收遵从合理预期的现实问题，

① 陈清秀：《税法各论》，法律出版社2016年版，第26页。

并且考虑到交易不能最终完成还需启动退税程序，现行安排是否真的便利了税收征管，也难有定论。

（二）预缴说

该说认为，契税纳税义务发生时间本应是不动产登记变更完成时，《条例》第8条、第9条旨在设定一个预缴契税的时间节点和期限，并非契税实际的纳税义务发生时间和纳税期限。该说的主要理由是，国税函［2002］622号、国税函［2008］438号和财税［2011］32号文关于最终未能完成交易、变更产权登记的可以退还契税的规定，体现了法律实际上以不动产转让交易的最终完成为终局确立契税之债的标准①。

此说同样为契税法律体系的逻辑自洽提供了一条可供参考的解释方式，但同样存在问题，即法律既没有规定契税的汇算清缴制度，也没有规定预缴税款适用的预征率，即便《条例》第8条、第9条的立法本意确实是预缴期限，也是一个规则严重缺失的预缴制度。因此，将现行法之规定理解为预缴制度，尚不足以令人信服。

（三）纳税期限起算时间与纳税义务发生时间分离说

该说认为，《条例》第8条的规定属于立法错误，契税纳税义务发生时间应为完成不动产变更登记之时；但《条例》第9条的规定则可以与契税以已经发生的不动产物权的转移为征税对象的基本逻辑兼容，因为该条仅规定纳税申报期限按照错误的纳税义务发生时间计算，而将纳税期限授权给征收机关核定，使税务机关可以针对个案决定纳税期限从何时开始起算才能使征纳双方的纳税成本最低。在此观点下，纳税期限仅是单纯的程序法律制度，属于执法自由裁量的内容，而与实体法上税收之债何时发生没有逻辑联系。

该说实际上将纳税期限别除于契税法律体系之外，从而规避了纳税期限

① 参见韦国庆：《为什么不能退契税？——契税条例第1条和第8条的自洽逻辑》，载 http://mp.weixin.qq.com/s?src=3&timestamp=1519462905&ver=1&signature=ZaaOj-o7N1f*DIf1s2V*nSyimM5s9daFUDODLt7ekEZA7KYwLEdW5TFKeroxku63l2Vqsrl2XlLgQXbu1G5*qAsJSxLwwogsJ0g*oP88WA2-Ie4hivQ0ru1eGrD*zheknWlRLDpWRxxXM0A4udpshg==，最后访问日期：2018年2月20日。

相关规则与征税对象相关规则形成体系冲突。但这一观点理论上能否成立，还需深入考察纳税期限起算时间与纳税义务发生时间的关系。

首先，应当承认，纳税期限与纳税义务发生时间有着重大理论差异。第一，纳税期限是税收之债的程序要件，而纳税义务发生时间并非税收之债的构成要件，它反映的是作为构成要件之一的征税对象成就的时间，与实体法律规则的联系更大。第二，纳税期限是一个期间，法律意义在于期间届满的次日将产生滞纳金的法律责任；纳税义务发生时间是一个时点，时点本身并不会引起任何法律责任。第三，纳税期限作为程序法律制度，其贯彻的法律原则包括税收法定原则、正当程序原则、征管效率原则；纳税义务发生时间作为实体法律制度，其贯彻的法律原则仅包括税收法定原则。第四，纳税期限是实然存在的，因而在执法实践中收到征税主体的主观意志影响较大；纳税义务发生时间是应然存在的，由征税对象理论推导而出，不以征税主体的主观意志为转移。

其次，也应认识到纳税期限与纳税义务发生时间的联系是不可切断的，这一点笔者在第一节第三部分中已有论述。或有追问，从下述立法实例看(见表1)，纳税义务发生时间似乎不都是纳税期限起算时间，纳税期限在其他税种上也可以在纳税义务发生时间之后另外单独起算。

表1　部分税种纳税义务发生时间和纳税期限的规定

税种	纳税义务发生时间	纳税期限
企业所得税	按照权责发生制下收入确认规则确定不同类型所得的纳税义务发生时间，如股息红利所得按照被投资方作出利润分配决定的日期确认收入的实现，利息所得按照被投资方作出利润分配决定的日期确认收入的实现①	企业应当自年度终了之日起5个月内，向税务机关报送年度企业所得税纳税申报表，并汇算清缴，结清应缴应退税款②

① 《企业所得税法实施条例》第17~21条、第23条。

② 《企业所得税法》第54条第3款。

续表

税种	纳税义务发生时间	纳税期限
个人所得税	各税目根据应税所得的计算周期不同，确认取得应税所得的时间也不同	工资薪金所得，为次月15日内；承租、承包经营所得、个体工商户生产经营所得，为年度终了后3个月①
增值税	收讫销售款项或者取得索取销售款项凭据的当天；先开具发票的，为开具发票的当天②	由主管税务机关根据纳税人应纳税额的大小分别核定，可以为1日、3日、5日、10日、15日、1个月或者1个季度③。不能按照固定期限纳税的，可以按次纳税。 纳税人以1个月或者1个季度为1个纳税期的，自期满之日起15日内申报纳税④

笔者认为，上述三个税种的规定不足以推翻纳税期限与纳税义务发生时间的逻辑联系。这是因为，企业所得税、个人所得税和增值税都属于期间税，所谓“期间税”，我国台湾地区税法学上亦称“周期税”，即“税捐债务按一定之历定期间周而复始课征之”。⑤ 这个“历定期间”即期间税的结算期限，一个结算期限内发生的全部应税所得或应税销售行为加总计算一次应纳税额。在这种计算模式下，单独一笔应税所得的取得或单独一项销售行为的发生，均不会直接受到税法的评价，而无税法上之意义。因此，期间税的征税对象不是单一的应税所得或应税给付行为，而是一个结算期限内的全部应税所得或应税给付行为，所以征税对象仅在一个结算期限届满时成就。可见，期间税的纳税义务发生时间应该是结算期限届满之时，结合表1纳税期限规定的表述，实际上仍然是纳税期限起算的时间。大陆税法上并非没有“期间税”及“结算期限”（或“纳税计算期”）的法律概念，通说认为，结算期限是

① 《个人所得税法》第9条。

② 《增值税暂行条例》第19条。

③ 《增值税暂行条例》第23条第1款。

④ 《增值税暂行条例》第23条第2款。

⑤ 黄茂荣：《法学方法与现代税法》，北京大学出版社2011年版，第21页。

纳税期限的一个方面,[①] 更加反映出期间税上结算期限届满和纳税期限起算的同一性。

综上所述，无论是期间税还是非期间税，纳税义务发生时间都是纳税期限的起算时间，二者无法分离，分离说应不成立。

二、契税纳税期限执法实践

（一）差异显著的地方执法实践

由于《条例》第9条采用了授权立法模式将契税纳税期限授权予征收机关核定，执法实践中各地税务机关的核定必然千差万别，难以形成统一的做法。经笔者不完全检索，截至2018年2月1日，省、地市级地方税务局出台的成文的契税纳税期限规范性文件现行有效者共计74件，兹将部分陈列如表2所示。

表2　部分省、地市级地方税务局关于契税纳税期限的规范性文件

地区	文号/文件名	实施日期	纳税期限的规定
内蒙古	内蒙古自治区地方税务局公告 2017 年第5号	2017.11.1	契税纳税期限为自纳税义务发生之日起至纳税人依法办理土地、房屋权属变更登记手续之前
广州市	广州市地方税务局公告2017年第11号	2017.9.18	契税纳税期限为纳税人依法办理土地、房屋权属登记之前
江苏省	苏地税规［2015］3号	2015.3.17	契税纳税期限为纳税人依法办理土地、房屋权属登记手续之前
天津市	天津市地方税务局、天津市国土资源和房屋管理局公告2014年第6号	2014.10.13	纳税人应当自纳税义务发生之日起10日内，向土地所在地的地方税务机关办理纳税申报，即申请核定土地契税应纳税款，并应在领取土地权属证书前向国土部门缴纳税款

① 纳税期限制度包括了结算期限、缴库期限规则，后者是狭义上的纳税期限，即纳税人必须履行税款给付义务的期限。参见陈少英：《税法学》，格致出版社、上海人民出版社2011年版，第39～40页；徐孟洲主编：《税法原理》，中国人民大学出版社2008年版，第67页。

续表

地区	文号/文件名	实施日期	纳税期限的规定
河南省	《河南省地方税务局关于调整契税纳税期限的公告》	2014. 1. 1	纳税人依法向土地管理部门、房产管理部门办理有关土地、房屋的权属变更登记手续之日前
长春市	《长春市地方税务局关于进一步明确契税征管范围和流程的公告》	2013. 7. 1	主管税务机关核定缴纳税款的期限最长不得超过 30 日
安徽省	皖地税函［2012］646 号	2012. 11. 28	纳税人应当自纳税义务发生之日起 10 日内，向土地、房屋所在地的地税机关办理纳税申报，在纳税申报之日起 30 日内缴纳税款
海南省	海南省地方税务局公告 2012 年第 8 号	2012. 8. 31	纳税义务发生之日起 90 天
中山市	中山地税公告［2011］2 号	2011. 5. 1	纳税人应当自纳税义务发生之日起 10 日（指自然日，下同）内办理纳税申报；自纳税义务发生之日起 90 日内缴纳税款
四川省	川地税函［2004］208 号	2004. 6. 9	现将缴纳契税的期限统一规定为：自缴纳义务发生之日（即为纳税人签订土地、房屋权属转移合同的当天，或纳税人取得其他具有土地、房屋权属转移合同性质凭证的当天）起到办理土地、房屋权属登记手续之前

总结起来，地方执法实践中契税纳税期限的常见规则主要为以下两类：第一类是以《条例》规定的纳税义务发生时间为起始点，以一个固定期限为纳税期限，如安徽省、长春市的 30 日，海南省、中山市的 90 日等；第二类是以《条例》规定的纳税义务发生时间为起始点，以土地、房屋权属登记为截止时点，并不规定纳税期限的具体时长，如内蒙古、河南省、天津市等。

从发展趋势上看，各地立法沿革上普遍表现为逐步延长契税的纳税期限。

例如，河南省在1997年曾规定，“纳税人应当从纳税义务发生之日起10日内，向土地、房屋所在地的契税征收机关办理纳税申报，并在20日内缴纳税款”；[①] 到2005年，修订为“纳税义务发生30日内，纳税人未到征收机关办理纳税申报，且未缴纳契税的，征收机关在纳税义务发生30日后，按日加收应纳税额万分之五的滞纳金”，[②] 将追征滞纳金的时间延后至30日后，虽有违反《税收征管法》第32条“自滞纳税款之日起加征滞纳金”的规定之嫌，但毕竟通过这种方式将纳税期限从20日实质上延长到30日；至2014年，又废止了上述两个文件，颁布了表2中的规则。另外，从表2文件的实施时间顺序看，四川省是第一个将契税纳税期限延长至不动产登记时的，近4年来，采用这种模式的地方执法呈现增多的趋势。究其原因，大概都是因为预售商品房交易日益增长，纳税人滞纳契税的现象过于普遍，为“法不责众”而修改法律规则。更有甚者，个别地区因为认识到房屋买卖合同订立后短期内即应纳税的不合理性，同时又不能以地方立法违背《税收征管法》等上位法，甚至动用财政资金在加征滞纳金后给予纳税人财政补贴，如濮阳市2015年曾规定，“2013年12月31日（含）前签订购房合同但未缴纳契税的购房人，自本通知下发之日起至2015年12月31日（含）前缴纳契税的，可以申请获得与契税滞纳金等值的购房货币补贴”。[③]

（二）对地方执法实践的评析

1. 授权核定严重违反税收法定原则

《立法法》第8条第6项规定，税款的开征、停征、税率和税收征管制度，只能由法律规定。纳税期限作为税收程序要件，当然属于“税收征管制度”的范畴，《条例》将其授权予行政部门核定，纳入契税征收机关裁量的范畴，与税收法定主义是根本相悖的。更重要的是，由于《条例》第9条的授权并无级别上的限制，最基层的地方税务局也可以被理解为有核定契税纳

① 豫财农税字［1997］53号。
② 豫财办农税［2005］23号。
③ 濮政［2015］55号。

税期限的“征收机关”，因而契税的纳税期限事实上不仅各省有别、各市差异，即便是同一城市的不同区县都有可能不统一。又因为《条例》第12条规定，契税的征收机关是土地、房屋所在地的地税机关，所以纳税人在不同辖区内购买房屋、受让土地使用权，契税的纳税期限可能大不相同。纳税人缴纳契税，在纳税期限上还要“因地制宜”，不仅降低了税收遵从的可预期性，提高了纳税人依法纳税的掌握法律规定的信息成本，更使契税是否可以尽可能延后缴纳成为纳税人选择购买哪里的土地、房屋权属的一个考量因素，影响了市场的正常选择，于税收中性原则也有侵蚀。

2. 地方规定印证《条例》纳税义务发生时间的不合理性

如前所述，越来越多的地区开始将契税纳税期限延展到不动产登记变更之时。可想而知，地方税务机关在契税征管过程中已然切身体会到按照《条例》规定的纳税义务发生时间和纳税申报期限的安排，在转移不动产权属的合同订立后短期内征收契税的执法难。既然纳税义务发生时间是《条例》的明确规定，下位法不得突破上位法，地方只能利用《条例》对纳税期限的授权，通过尽可能推后纳税期限截止时点，避免纳税人因迟纳契税产生滞纳金等法律责任，缓和执法一线的征纳关系。地方普遍通过推后纳税期限实现架空《条例》第8条纳税义务发生时间规定的做法，反向印证了笔者在第二节得出的结论和本节的逻辑前提，足见法律对契税纳税义务发生时间进行修正和对纳税期限进行统一的重构的必要性。

3. 申报与缴税相分离是当前地方执法的折中做法

上述两类地方规定的契税纳税期限模式的一个共同点，是在缴库期限之外还保留了《条例》第9条规定的纳税申报期限，即“纳税人应当自纳税义务发生之日起10日内，向土地、房屋所在地的契税征收机关办理纳税申报”。例如，安徽省在皖地税函［2012］646号文中规定，纳税申报期限是纳税义务发生之日起10日内，而缴库期限是“纳税申报之日起30日内”。这是因为《条例》不仅将纳税义务发生时间与纳税期限起始时间做了分割，还将纳税申报期限和缴库期限进行了分割，授权核定限于缴库期限，纳税申报期限则是统一规定，地方规范性文件自然不能抵触。但仔细考察部分地方规范性文件，不难发现，地方规范的制定者并不重视甚至有意弱化申报期限在契税征管中的存在感。例如，表2中内蒙古、广州市、江苏省颁布的较新的规定中，都没有复述“纳税义务发生之日起10日内申报纳税”的规定；又如，上文提及的河南省豫财农税字［1997］53号、豫财办农税［2005］23号两个文件在被废止以前，虽然规定纳税人需要在纳税义务发生之日起10日内申报纳税，却只对既没有申报也没有缴税的情况，在缴库期限届满后才追究法律责任，而对申报期限届满后没有申报的情况不予追究，也属运用法律责任手段将10日的申报期限架空为具文。究其原因，还是因为一线执法更清楚地认识到征管规则复杂化给征纳双方带来的难度，[①] 而尽可能用尽法律授权，在不越权抵触上位法的限度内给予执法实践更大的灵活度，折中处理的意蕴不言自喻。

综合来看，各地差异性的执法规则既反映了对统一契税纳税期限的诉求，又体现了地方税务机关在《条例》规定不合理性、寻求地方法律规则合法与合理的平衡上所做的努力，实证地印证出契税纳税期限制度重构的必要性。

三、契税纳税期限制度重构的路径选择

（一）“先证后税”模式

修正契税纳税期限规定的一种可供选择的方式，是直接规定契税的纳税义务发生时间是完成土地、房屋权属变更登记之时，而纳税期限为自纳税义务发生时间起的一段较短的期间，如10日、20日、30日。这样安排，完全符合契税以已经发生的不动产物权的转移为征税对象逻辑下的推导，彻底实现了契税法律体系的协调。

但若采“先证后税”模式，将可能产生较大的逃税漏税隐患，因为纳税人一旦完成不动产登记，政府将不再有任何督促其缴税的凭借，纳税人也没

① “增量房中的期房因合同面积与房产证面积不一致，形成国库大量小额补退税，增添纳税人麻烦。”参见河南省地方税务局：《对〈河南省地方税务局关于调整契税纳税期限的公告〉的解读》。

有经济上或法律上的动力主动履行纳税义务，这正是现行法将契税纳税义务发生时间规定在变更登记以前的重要原因。虽说在涉税信息数据化和税收征管基础设置建设高度发达的当下，交易必然留有痕迹，税务机关无须担心对税源的掌控力度不足、难以查补逃税漏税，但查补过程中需要启动和履行的税务稽查程序复杂，耗时长，投入人力物力大，本身就是一项巨大的税务执法成本，仍是立法应当尽力规避的不必要消耗。此外，正如第二节第二部分述及的，契税在历史上一直扮演着换取不动产权属认可的对价的角色，“先税后证”既是其历史习惯，也已然在漫长历史进程中沉淀为契税与其他税种显著区别的特别属性，若对此进行变革，将使契税历史传统的外观表现也彻底不复存在，并不是最优的重构模式。

（二）缔约申报、登记缴税模式

修正契税纳税期限规定的另一种可供选择的方式，是将《条例》第 8 条规定的纳税义务发生时间修正为完成土地、房屋权属变更登记之时，但保留第 9 条规定的在签订土地、房屋权属转移合同之日起 10 日内进行纳税申报，同时规定纳税期限为办理不动产变更登记前①。这种模式，正是本节第二部分所述的地方执法实践中普遍存在的模式。

这种模式存在两个问题。第一，纳税期限②的截止时点为办理不动产变更登记之时，实际上将纳税期限规定在纳税义务发生时间之前，纳税人纳税义务尚未发生即需履行缴纳税款的义务，逻辑不能自洽。第二，鉴于地方执法实践中存在的前文述及的折中处理，将纳税申报单独分离出来是否必要、合理，仍有可商榷的空间。

笔者认为，一方面，这一分割对税收程序法的完善具有一定的积极意义。将纳税申报期限和缴库期限分割开来后，二者之间的时间差被凸显了出来，这个时间差在税收征管法上应如何理解？可以看作税务机关对纳税人自主申报的税收之债进行核实、确认的过程，毕竟税收之债的具体内容需要征纳双

① 罗亚苍：《契税纳税义务发生时间的确认与立法完善》，载《税务研究》2015 年第 2 期。

② 在此模式下，“纳税期限”指狭义的纳税期限，即缴库期限。

方的认知合意才可无争议地履行。现行《税收征管法》并未规定“税额确认”程序，实属立法漏洞，全国人大常委会2015年公布的《税收征管法修正案征求意见稿》补入了“税额确认”一章，在通过实施后对未来更好地区分纳税申报错误中的纳税人责任和税务机关责任具有重要的实践意义。

另一方面，这一分割在实践中缺乏存在的意义，原因在于不按期申报的独立法律责任可以忽略不计。理论上讲，倘若纳税人未能在纳税申报期限内履行申报程序，但在缴库期限届满前足额缴纳了税款，国家的税收利益并未受到实际损害，根据行政处罚法危害与责任相适应的原则，也不得对纳税人课以处罚。实定法上看，《税收征管法》第62条规定的未按期申报的单独法律责任最高是处1万元以下罚款，相较契税的税款及未按期纳税产生的滞纳金和罚款，对征纳双方而言都可谓无关痛痒。

有观点认为，要求纳税人在合同订立后10日内即应申报的法律目的是保障税务机关及时掌握税源信息，便利征管。笔者认为，这大概确应是1997年时代背景下的立法初衷，但时至今日，房屋和土地使用权销售已经纳入增值税的征税范围，根据《增值税暂行条例》第19条和《纳税人转让不动产增值税征收管理暂行办法》规定，销售不动产和无形资产，应当在开具发票或价款收讫的当期完成增值税纳税申报和缴纳，同时根据国家税务总局公告2017年第16号，增值税纳税人在开具发票时，应当填写受票人的纳税识别号。在“金税工程三期”全面上线的税收征管基础设施建设大背景下，不动产转让的增值税纳税信息可以被税务机关更全面、准确、便捷地归集和应用，特别是再国地税合并后，契税征管仅需机关内部调用数据进行信息比对，便可以实现对契税税源的及时掌控。预先申报契税不仅不是保障税务机关掌握税源的必要手段，还可能造成征管的不效率。由于交易时间跨度大，交易不稳定性提高，纳税人最终实现物权变动时承受的土地、房屋权属难免与合同约定不一致。在此情形下，对已经申报的契税信息应当如何处理？若直接以实际受让的权属计算税额纳税，则之前的申报没有任何意义；若还需履行申报修正程序，又无异于平添了征纳双方的税收成本。

综上所述，前置的纳税申报期限法律实义不大且得不偿失，必要性不强。

（三）登记前预缴、登记后汇算清缴模式

修正契税纳税期限规定的另一种可供选择的方式，是在规定契税纳税义务发生时间为变更不动产权属登记时的基础上，引入预缴契税制度，预缴的期限为签订土地、房屋权属转移合同后至办理不动产权属变更登记手续前，在登记变更完成之后的短暂合理期间内（如10日或30日，或次月15日前）进行汇算清缴，结清税款。笔者建议在今后的契税立法中采取这种模式。需要澄清的是，本节第一部分中论证的是将现行法律规则解释为预缴制度略显牵强，不宜作这种理解，并不否认预缴制度引入契税征管的合理性和可行性。

1. 预缴模式的合理性

从税收法理上看，本节第一部分在纳税期限与纳税义务发生时间的理论区分中已经述及，征管效率是税收程序法律制度需要考虑的重要原则，所谓“征管效率”，是同时针对征纳双方的成本而言的。对税务机关而言，在税款征收阶段就要尽可能避免今后查处逃税漏税的额外税务稽查成本，预缴模式保留了“先税后证”的征管方式，纳税人想要获得法律对其承受的不动产物权的认可和登记的公示公信效力，就必须预缴契税。对纳税人而言，最好的纳税流程是一次申报、一次结清、不多课税款，但所有土地、房屋权属转移合同都有最终不履行的可能，法律必须留足修正已纳税款与实际登记的物权的差异的空间，[①] 而汇算清缴正是这一空间。

从我国税收征管实践上看，预缴也是一种经常被采用的税收征管手段（见表3）。

① 参见韦国庆：《为什么不能退契税？——契税条例第1条和第8条的自洽逻辑》，载 http://mp.weixin.qq.com/s?src=3&timestamp=1519462905&ver=1&signature=ZaaOj-o7N1f*Dlf1s2V*nSyimM5s9daFUDODLt7ekEZA7KYwLEdW5TFKeroxku63l2Vqsrl2XlLgQXbu1G5*qAsJSxLwwogsJ0g*oP88WA2-Ie4hivQ0ru1eGrD*zheknWlRLDpWRxxXM0A4udpshg==，最后访问日期：2018年2月20日。

表3　部分税种的预缴制度

税种	纳税期限	预缴期限
企业所得税	纳税年度终了之日起5个月内	企业应当自月份或者季度终了之日起15日内，向税务机关报送预缴企业所得税纳税申报表，预缴税款①
个人所得税	工资薪金所得，为次月15日内；承租、承包经营所得、个体工商户生产经营所得，为年度终了后3个月	个体工商户的生产、经营所得应纳的税款，按年计算，分月预缴，由纳税义务人在次月15日内预缴，年度终了后3个月内汇算清缴，多退少补②
增值税	由主管税务机关根据纳税人应纳税额的大小分别核定，可以为1日、3日、5日、10日、15日、1个月或者1个季度。不能按照固定期限纳税的，可以按次纳税	以1日、3日、5日、10日或者15日为1个纳税期的，自期满之日起5日内预缴税款，于次月1日起15日内申报纳税并结清上月应纳税款③
土地增值税	转让房地产合同签订之日起7日内④	纳税人在项目全部竣工结算前转让房地产取得的收入，由于涉及成本确定或其他原因，而无法据以计算土地增值税的，可以预征土地增值税，待该项目全部竣工、办理结算后再进行清算，多退少补。具体办法由各省、自治区、直辖市地方税务局根据当地情况制定⑤

采预缴征管模式的税种主要有两类：第一类是纳税义务尚未发生，为保障税源管控而实施预缴的，这一类多是期间税，因税款结算期限较长，而在一个结算周期内分割出多个预缴期，尽管结算期限未届满，但先以较低的预征率预缴部分税款，实例如企业所得税和个人所得税中的承包承租经营所得

① 《企业所得税法》第54条。
② 《个人所得税法》第9条。
③ 《增值税暂行条例》第23条。
④ 《土地增值税暂行条例》第10条。
⑤ 《土地增值税暂行条例实施细则》第16条。

税目、个体工商户生产经营所得税目；第二类是纳税义务已经发生，但因据以计算计税依据的要素尚不能清楚核算，因而无法立即履行纳税义务；这一类既有非期间税也有期间税，非期间税实例如土地增值税，虽然房地产转让合同已经签订，但清算单位内的房屋并未全部竣工，无法计算房地产开发成本，因而只能在每一笔销售发生时预缴，在清算单位整体符合清算条件后进行清算；期间税实例如增值税，对于适用较短结算周期（1个月以下）的纳税人，由于进项通常按月分摊或者无法及时认证进项发票等原因，每次结算时可能仅能确定销售额而不能确定当期进项额，因而须先预缴销项税额，待进项分摊计算完毕后再按月一次性抵扣进项税额，结清上一月应纳税额。

契税若实行预缴制度，无疑属于第一类情况，但契税并非期间税，而是按次结算，仅可能进行一次预缴。期间税的预缴，虽然预征率不高，但没有考虑扣除或抵扣，预缴的税款可能高于最终应纳税额，这也是激发纳税人主动汇算清缴的动力所在。但契税没有法定的扣除项目是在预缴时尚不明确的，因而预征率不宜过低，否则将导致纳税人在登记行为完成后怠于结清税款；同时也不宜过高，否则将导致不必要的汇算清缴中的退税程序。笔者认为，契税预缴阶段的预征率与适用的税率相等即可，因为预缴期限截止至变更登记之时，预缴阶段全额缴纳税款就等同于在纳税期限内全额缴纳税款，并不会导致纳税人税款负担的过分提前。

2. 预缴模式的可行性

笔者建议采用预缴模式，还基于可行性层面的以下两点考虑。

第一，预缴模式融合前两种模式的优点，也规避了前两种模式的不足。首先，真正的纳税期限是结清税款的期限，在登记行为之后起算，不会越位到纳税义务发生之前；其次，以预缴的方式保障了纳税人义务的履行，不会造成逃税风险，从征收模式上讲已然是“先税后证”。

第二，预缴与纳税申报不同，不会导致征管不效率。首先，由于规定的预缴期限很长，最迟可以到变更不动产登记之前，纳税人不必在交易结果遥遥无期之时就履行纳税义务，不会给纳税人带来经济上的负担。其次，理性的纳税人都会选择在需要办理不动产登记时预缴税款，通常不会提前过早预缴；在预缴税款之时，纳税人最终能承受的不动产权属通常已经固定下来，与登记的产权凭证相一致，在登记完成后应纳税额也就不会发生变化，一般情况下，汇算清缴将会仅仅是观念上的税额确认，不会触发补缴或退还的程序。要言之，预缴制度最大化了纳税人履行契税债务的自主选择权，并借助纳税人的理性确保了不给税法的运行带来额外成本。

四、本节结论

本节通过分析契税纳税期限的现有理论论证和执法实践来寻找能够与第二节得出的结论相协调的纳税期限制度安排。地方规则的内容及其演变是征纳双方妥协的反映，能够反映出双方共同接受的平衡点。各地契税征收机关的以其一线执法的经验，出于平衡征纳关系、中和上位法不合理规定带来的现实影响的目的，探索出的部分纳税期限规则反映了实践中的真正诉求。在诸多可供选择的契税纳税期限制度安排中，预缴模式既能保障契税的征管，又能维护纳税期限与征税对象、纳税义务发生时间的逻辑关系。因此，为实现契税法律体系的协调，应规定在变更不动产登记前完成契税的预缴，预征率与税率相等，并在完成登记后的合理时间内进行汇算清缴。

CHAPTER 07 >>

第七章

中国乘用车税法研究

车船税作为一个小而精的税种，历史悠久，但一直不为人们所注目。2011 年 2 月 25 日，第十一届全国人大常委会第十九次会议表决通过了《中华人民共和国车船税法》（以下简称《车船税法》），并于 2012 年 1 月 1 日开始实施，使这个低调的税种重新聚焦了民众的眼球。《车船税法》既是我国第一部财产税法律，又是第一部由全国人大常委会将国务院条例上升为法律的税收立法，是对我国财产税的立法乃至税收法治的重大突破。① 作为财产税改革的先行者，车船税法无疑体现着我国财产税的“法律化”进程。而近十几年来，汽车从公有到私有，从稀罕之物为平常之物，从个别富人财富象征到普通民众家庭必备交通工具，为车船税改革奠定的牢固经济基础，成为车船税改革现行的必备要件。据报道，我国居民汽车保有量正经历着井喷式的增长，2017 年，全国民用汽车保有量 21 743 万辆（包括三轮汽车和低速货车 820 万辆），比上年末增长 11.8%，其中私人汽车保有量

---

① 参见刘隆亨：《车船税立法意义及对我国财产税立法的启迪》，载《税收征纳》2011 年第 4 期。

18 695 万辆，增长 12.9%。乘用车保有量 12 185 万辆，增长 12.0%，其中私人轿车 11 416 万辆，增长 12.5%。[①] 与此同时，我们也应当清晰的认识到，我国正经历着因财富分配不均所带来的一系列社会矛盾。在税收体制改革中，流量阶段的分配改革持续推进，存量阶段的分配改革却陷入困境：房产税改革的利益博弈旷日持久，遗产税与赠与税的开征遥遥无期，车船税则以其丰富的税源和稳定的税基成为财产税改革的突破口。本章以乘用车为切入点，围绕车船税法的历史沿革、税法理论基础、国内外政策对比、税制的发展完善展开论述。

第一节　乘用车税法相关问题探讨

在我国车船税法中，乘用车是作为征税对象的车船的一个税目，研究乘用车税，不可回避地应先研究车船税。车船税，是以车辆、船舶为征税对象，对拥有或者管理车船的单位和个人征收的一种财产税。

一、车船税的历史沿革

自国家产生以来，财政就以其组织、分配收入的原始功能而成为“国家治理的基础和重要支柱”，“调控”是财政与生附带、客观具有的潜在功能；[②] 作为财政重要来源的税收，在发挥财政收入功能的同时，客观上具有调节国民经济各环节、各行业部门、各地区乃至全社会经济结构和运行的功能。通过对车船税发展的脉络梳理，可以从中窥见作为财产税项下税种功能的演变。[③]

---

① 载 http：//finance. sina. com. cn/roll/2018 - 02 - 28/doc - ifyrztfz5120650. shtml，最后访问日期：2018 年 10 月 5 日。

② 漆多俊：《宏观调控法研究》，中国方正出版社 2002 年版，第 221 页。

③ 陈少英：《财税法的法律属性——以财税法调控功能的演进为视角》，载《法学》2016 年第 7 期。

（一）中国古代的车船税

从最早的汉武帝元光六年（公元前129年）开始对当时的商用车辆征税，至元狩四年（公元前119年），开始对车辆的性质、用途加以区分，对普通车辆每辆征税"一算"（通常的说法为120钱），商用车辆加倍；对五丈以上的船舶征税"一算"。

元朝至元三年（1266年），设立船户提举司、提领等机构，负责对行驶于江河湖泊的商船征收船料（船舶税），又称船钞。征收时，以船舶的载重量为计税标准，按照不同的等级计征。明朝宣德四年（1429年），对车店的驴、骡车每辆征税200贯，牛车每辆征税50贯，小车每辆征税10贯。同年，设立钞关，按照货船载重量和运输距离征收船钞，不久又改为按照船舶的大小分级计征。隆庆年间（1567～1573年），个别地方按照商船的大小征收船税。万历年间（1573～1619年），海关按照船舶的大小对本国船舶征收的税称为"水饷"，对外国船舶征收的税成为"舶税"，两者税率相同。直至清朝，从康熙二十八年（1684年）起，对出入广州、漳州、宁波、澳门等港口的外国商船征收船钞，征收方法同明朝的水饷。乾隆元年（1736年）每条船征银2000两左右，乾隆二十三年（1758年）为抵制进口货物，税额加倍。前述对古代车船计税历史沿革的简单梳理可以看出：中国古代对车船征税蕴含着统治者对其贵重财产属性的确认及其固定税收的功能安排。

（二）近代以来的车船税

1840年鸦片战争以后，迫于帝国主义列强的压力，中国的船钞征收标准大幅下降。咸丰八年（1858年），中国与英国签订的《中英天津条约》中规定：载重超过150吨的船舶每吨征银4钱，载重不超过50吨的船舶每吨征银1钱，纳税以后4个月以内不再缴纳此税。① 此外，一些地方政府对车辆、船舶征收车捐、船捐等杂税，如江苏征收车马捐，湖北征收车捐，江西、安徽、福建征收船捐，广东征收车马捐、船税，等等。对车船征税均是简单以计量

① 刘佐：《中国车船税》，中国财政经济出版社2008年版，第2～5页。

数为单位，课以固定税收，并无其他功能安排。

“中华民国”以来，各政权在不断地探索并试图建立现代国家所畅行的分税制财政管理体制，乘用车在内的车船税改革既为其中一项。1935 年国民政府公布《财政收支系统法》将关税（包括进出口关税和船舶吨税）等税种划为中央税，将使用牌照税（包括舟车牌照税和其他因使用地方公用财产而征收的牌照税）等税种划为市、县税。1939 年 9 月 15 日，国民政府（重庆政府）行政院公布的《汽车管理规则》中规定：除了洒水车、救护车、警备车、工程救险车、垃圾车等特种车辆暂予免捐以外，其他各种汽车和机器脚踏车（摩托车）都应当按照季度向所在地车捐征收机关缴纳季捐。捐率按照车辆的类型、用途和载客数量、载重吨位等确定：4 座以下的小客车每辆 34 元，5～7 座的小客车每辆 40 元；营业用大客车每辆 50 元（7～15 座）至 70 元（超过 35 座）不等，自用大客车每辆 40 元（7～15 座）至 60 元（超过 35 座）不等；货车每辆 20 元（载重 1 吨以下）至 35 元（载重 4.5 吨以上）不等，机器脚踏车两轮的每辆 6 元，三轮的每辆 8 元。随后，1941 年 11 月 8 日，国民政府公布《改订财政收支系统实施纲要》，将全国财政划分为国家财政与自治财政两个系统，将关税等税种划为国家财政收入的税收，将车辆使用牌照税等税种划为自治财政收入的税收。

1945 年 6 月 11 日，国民政府公布《使用牌照税法》，该法规定：所有使用公共道路、河流的车辆、船舶、肩舆和驮兽，都应当向所在市、县缴纳使用牌照税。同年 12 月 4 日，国民政府公布修正以后的《使用牌照税法》，该法修订的主要内容是：第一，调整了征税和免税的范围，将机动车纳入征税范围，规定乘人小汽车每辆每年不超过 3 万元，乘人大汽车每辆每年不超过 5 万元，载货车每辆每年不超过 5 万元，机器脚踏车每辆每年不超过 5000 元，取消了由中央统一管理的乘人汽车、载货汽车、机器脚踏车和特种汽车免征使用牌照税的规定，增加了农业专用交通工具免征使用牌照税的规定。第二，根据物价因素和地方财政的需求，全面提高税额标准。

此后，民国政府虽根据物价和通货膨胀对乘用车的税额标准进行调整，但条款均未发生较大变动。民国政府对车船税的征纳以及对中央和地方财政系统的划分，已经初步具备了现代车船税的雏形。随着现代经济的发展，民国政府将乘人小汽车、货车、载客汽车、脚踏车等现代交通工具纳入车船税的征税范围内，并在央地税制划分及权力重新配置时，将车辆使用牌照税划归地方，一定程度上具有增加地方财政收入的功效。随着商品税和所得税的产生，并逐步地负担起组织财政收入的重任之后，财产税在税法中的主体地位逐渐下降，而其所具备的调控功能相应地被逐步重视；随着市场经济的发展，近代的商品经济相较于古代自给自足的自然经济而言，也更需要政府借助财产税这一税收手段进行必要的宏观调控。同时，民国政府对特定行业、特定类型的车辆规定了免税的政策，与现代税法精神相吻合。

（三）新中国成立后的车船税

新中国的车船税制度源于旧中国征收的车捐、船捐、使用牌照税和船钞。1950 年设有使用牌照税、船钞两个税种。1951 年，政务院发布的《车船使用牌照税暂行条例》规定，凡在开征车船使用牌照税之地区行驶车、船者，均需向税务机关交纳车船使用牌照税。同时规定，原纳吨税（船钞）之本国船舶，一律改征车船使用牌照税，不再交纳吨税，但外国船舶及外商租用中国船舶，仍征吨税，不纳车船使用牌照税。对郊区农民自用的车、船、载重量不超过一吨的渔船、军政机关、公私立学校及人民团体自有自用的车、船、专供上下客货及存货的趸船、浮桥用船、经当地交通管理机关证明报由税务机关核准停驶、拆毁的车、船、消防车、洒水车、救护车、救护船、垃圾车、垃圾船及义渡船，免纳车船使用牌照税。

1973 年《关于扩大改革工商税试点的报告》提出将对国营企业和集体企业征收的工商统一税及其附加、城市房地产税、车船使用牌照税、盐税和屠宰税合并为工商税。合并以后，对国营企业只征收工商税，对集体企业只征收工商税和所得税，城市房地产税、车船使用牌照税、屠宰税只对个人和外侨等继续征收。

1984 年，财政部向国务院报送了《关于在国营企业推行利改税第二步改革的报告》和《国营企业第二步利改税试行办法》中提出：计划制定城市维护建设税、房产税、土地使用税、车船使用税4种地方税条例。同时该试行办法指出，应开征车船使用税，对拥有行驶车辆、船舶的国营企业，应当按照规定缴纳车船使用税。

1986年国务院发布《车船使用税暂行条例》，开始对内资企业和中国人的车辆、船征收车船使用税，对外资企业和外籍人员的车辆、船舶继续征收车船使用牌照税，从而形成了内外有别的两套税制。此暂行条例规定车船使用税由纳税人所在地的税务机关征收，纳税人为中国境内拥有并且使用车船的单位和个人，车辆的计税依据为应纳税车辆的辆数或者净吨位，采用幅度税额标准。同时规定了国家机关、人民团体、军队自用的车船，由国家财政部门拨付事业经费的单位自用的车船，载重量不超过1吨的渔船，专门上下客货和存货用趸船、浮桥用船，各种消防车船、洒水车、囚车、警车、防疫车、救护车船、垃圾车船、港作车船、工程船，按照有关规定缴纳船舶吨税的船，经财政部批准免税的其他车船，可以免征车船使用税。

随着市场经济的发展，以及税收法律制度的完善，为避免公众对车船使用牌照税误解为对牌照征税，同时考虑到“车船使用税”与“车船牌照使用税”内外两个税种，不符合简化税制的要求，同样有悖于WTO有关国民待遇的规制。[①] 2007年国务院颁布的《车船税暂行条例》开始实施，《车船使用税暂行条例》《车船使用牌照税暂行条例》相应废止，车船使用税和车船使用牌照税合并为车船税，中外企业、个人统一适用。在该条例中，我国将“车辆使用牌照税”与“车船使用税”合二为一，形成了所称的车船税。《车船税暂行条例》规定，包括乘用车在内的车船税由地方税务机关征收，纳税人为在中国境内车辆、船舶的所有人或者管理人，载客汽车和摩托车的计税依据为应纳税车辆的辆数，载货汽车和三轮汽车、低速货车的计税依据为应纳税车辆的自重吨位，船的计税单位为应纳税船舶的净吨位，采用幅度税额

① 张怡：《税法》，清华大学出版社2007年版，第232页。

标准。对非机动车辆、船舶（不包括驳船），拖拉机，捕捞、养殖渔船，军队、武装警察部队专用的车辆、船舶，警用车辆、船舶，按照有关规定缴纳船舶吨税的船舶，按照中国法律和中国缔结或者参加的国际条约的规定应当免税的外国驻华使馆、领事馆和国际组织驻华机构及其有关人员的车辆、船舶，规定了免征车船税措施。同时规定，省级人民政府可以对城乡公共交通车辆、船舶给予定期减税、免税。

上述《车船税暂行条例》与1951年9月13日公布的《车船使用牌照税暂行条例》和1986年9月15日发布的《车船使用税暂行条例》相比主要有以下不同：第一，统一了纳税人，不再区分内资企业和外资企业、中国人和外国人，并将纳税人确定为车船的所有人或者管理人。第二，调整了税目、税额标准表，简化了表格，取消了“非机动车”“非机动船”税目，增加了“三轮汽车、低速货车”税目，普遍提高了税额标准并授权财政、税务部门在规定的税目范围和税额标准幅度以内划分子税目，明确车辆的子税目税额标准幅度和船舶的具体适用税额标准。第三，调整了减免税项目，取消了对经营性车船（如港作车船、工程船）和大部分由财政负担经费的单位自用的车船免税的规定。

2011年全国人民代表大会常务委员会通过了《车船税法》，我国财产税相应地进入税收法定的层面。作为我国第一部最高立法机关制定的地方税法，《车船税法》采纳的是“法定＋授权”的模式，在中央立法机关制定的地方税法律中，授权地方决定或调整某些要素，以体现对地方财政自主的尊重。该法规定，车辆的具体适用税额由省级政府依照本法所附《车船税税目税额表》规定的税额幅度和国务院的规定确定；省级政府根据当地实际情况，可以对公共交通车船，农村居民拥有并主要在农村地区使用的摩托车、三轮汽车和低速载货汽车定期减征或者免征车船税；车船税按年申报缴纳，具体申报纳税期限由省级政府规定。对于最高立法机关而言，此种做法不仅是为了尊重地方，也是情势所迫，不得已而为之。其原因在于，地方税的税源差异性太大，财政需求程度不一，难以适用统一的标准或规则，必须借助地方的补充，才能调适妥帖，最大限度地兼顾各方之需，并适时发挥税收的调控功能。事实证明，《车船税法》自2012年实施后，省级政府在税额确定、税收减免和征收管理方面发挥了重要作用，有效弥补了中央统一立法的不足。①

二、乘用车税的内涵界定

（一）乘用车税与车辆涉税环节

在我国境内依法在公安、交通、农业、渔业、军事等管理部门办理登记的车辆、船舶，根据其种类，按照规定的计税依据和税额标准，由车辆、船舶的所有人或者管理人依法缴纳的税款，是对车辆保有阶段的征税。根据国务院2007年通过的《车船税暂行条例》，车船税是为了解决建国以来很长一段时间内，在车辆涉税方面税制不统一及由此带来的系列问题，从而将车船使用牌照税和车船使用税合并成车船税。从2007年7月1日开始，车辆、船舶的所有人或者管理人在取得车船所有权或者管理权的当月缴纳车船税，乘用车的所有人或者管理人在缴纳第三责任强制保险业务时，由保险机构作为扣缴义务人代收车船税。

按照车辆、船舶的不同消费阶段，可以将之分为购置阶段、保有阶段、使用阶段，车船所有者或管理者在每个阶段分别涉及的主要税费包括车辆购置税、消费税、关税、增值税、车船税、成品油消费税等。目前与乘用车消费相关税种主要有车辆购置税、成品油消费税、车船税，分别对应汽车的不同消费阶段。具体如表1所示。

表1　各环节对应税种

购置阶段	车辆购置税、增值税、消费税、关税
保有阶段	车船税
使用阶段	成品油消费税

在我国税收法律制度中，就乘用车征税方面，车船税的内涵亦有广义和

① 熊伟：《税收法定原则与地方财政自主》，载《税收法律评论》2016年第1期。

狭义之分：广义的车船税还包括车辆购置税；狭义的车船税则是指以车辆、船舶为征税对象，对拥有或管理车船的单位和个人征收的财产税。本章旨在研究车船税中的乘用车，即在购置车辆后的保有环节按期缴纳相应的税额，属于严格意义上狭义的车船税。

在研究独立税种时，应关注税种的内涵与外延。界定车船税的内涵与外延，有助于厘清乘用车与相关税种的关系。首先，车船税的征税对象为车船本身，而增值税、消费税、关税的征税对象则为商品流转额。其次，车辆购置税是对在我国境内购置规定车辆的单位和个人以其购置的规定车辆为课税对象，在特定的环节向车辆购置者征收的一种税，其征税对象是该购置车辆的特定行为。[①] 最后，车辆随着纳税主体不同的行为进入不同环节涉及不同税种，在流转环节涉及增值税、消费税、关税，在保有环节涉及以车船为征税对象的车船税，在使用环节涉及按使用频率计税的成品油消费税。

在区别不同税种时，应以征税对象为判别标准。在乘用车领域，车辆购置税、成品油消费税、车船税具有一定的区别，前两个税种与车船税的不同在于他们脱胎于费，是特定年代下费改税的产物，开设、收取费用的目的明确，即为国家公路建设筹措资金，实质在于对占用公共资源进行弥补。专款专用的专项色彩比较浓重，在很大程度上仍具有明显的“费”的影子。在汽车使用环节对柴油、汽油征收成品油消费税，从油价中提取一定比例作为公路养护费，税款的征收量与成品油的消耗量密切相关，成品油消耗量与车辆型号、行驶里程、载货量等密切相连。可见，成品油消费税在弥补外部性成本（污染）上有针对性、天然的优势。换言之，在负外部性产生之时，政府通过征收“庇古税”来弥补外部边际成本，对资源进行重新配置。因此，对于保有环节的车船税应依据其本质，回归财产税的属性，公平社会财富之

---

① 对于车辆购置税的性质，理论界众说纷纭，有的将其归入财产税，有的则认为其实行为税，有的则认为其兼具财产税和行为税的性质，亦有将其归入特定目的税。笔者认为，车辆购置税是对车辆购置该种行为课征的税种，其性质为行为税，只是其实按车辆价值乘以税率一次计征的，因此许多学者认为其是一种特殊财产税。然而，财产税的本质是对社会及个人存量财富课税，此处显然不符。故此，笔者认为将车辆购置税认定在财产税有所偏颇。

功能。

（二）乘用车税与税法结构调整

现行车船税税目包括乘用车、商用车、挂车、其他车辆、摩托车、船舶。《车船税法实施条例》明确定义了乘用车，是指在设计和技术特性上主要用于载运乘客及随身行李，核定载客人数包括驾驶员在内不超过9人的汽车。乘用车车况性能较为优良，使用乘用车时人均消耗的能源较高。乘用车包括了微型客车、轿车以及不超过9座的轻型客车。乘用车下细分为基本型乘用车（轿车）、多用途车（MPV）、运动型多用途车（SUV）、专用乘用车和交叉型乘用车等。据统计，我国当前乘用车的销售量远远大于其他车型，[①] 作为家庭和个人财产具有普遍性，乘用车对财产税征纳管理方面的学术研究具有重大意义。

但是我们应当看到，作为车船税税目的乘用车税，并不是一直存在的，其首次出现在规范性文件中，是财政部和国税总局发布的财税［2009］12号《关于减征1.6及以下排量乘用车车辆购置税的通知》（以下简称《车辆购置税通知》）。在此之前的税收立法及规范文件中，没有乘用车的概念，但是实践操作中相应的分类实际上均涵盖了乘用车。比如，在《车船使用牌照税暂行条例》中，在机动车的类别下有乘人汽车、载货汽车、机器脚踏车的具体分类，通用意义下的乘用车的概念隐含在乘人汽车之列；再者，在《车船使用税暂行条例》之中，对机动车进行分类为载人汽车、载货汽车、二轮摩托车、三轮摩托车，通常意义下的乘用车大致归属于载人汽车之列；同时，《车船税法实施条例》中将车辆分类为载客汽车、载货汽车、三轮汽车低速货车、摩托车，通用含义的乘用车也可被载人汽车所囊括。《车船税法》界定乘用车的标准沿用了《车辆购置税通知》的规定，将载客人数9人（含）以下的汽车界定为乘用车。

---

① 《中国乘用车市场产销形势分析报告（2012～2015年）》，载 http：//www.chyxx.com/research/201206/G37161VEMI.html，最后访问日期：2018年10月5日。

三、乘用车税的性质厘定

（一）乘用车税属于直接税

税收归宿理论旨在论证税收最终将由谁来实际承担。赫尔姆斯（Holmes）大法官认为，税收是文明社会的价格，但问题是谁来支付。一般认为，国家对纳税人课税，其税负的运动结果有三种情况：一是纳税人将所缴纳的税款，通过转嫁使税负最终落在负税人身上；二是税负无法转嫁而由纳税人自己承担；三是税负转嫁一部分，纳税人自己承担一部分。无论出现何种情形，税负总是要由一定的人来承担，归结于一定的人身上，这里就涉及了税负归宿理论问题。税负归宿是指税负运动的终点或最后归结点，其理论旨在阐释税收最终将由谁来实际承担，基此可以界定税种的性质。税收归宿包括法定归宿与经济归宿，法定归宿即由税收立法规定，其税负的承担者为税收法律规定之纳税人；经济归宿的提出则源于税负转嫁的存在。在《财政理论与实践》一书中，马斯格雷夫夫妇对该三者的关系做出了详细的论述："税收不是自愿的购买支付而是根据税收立法规定所应付的强制性征收。虽然这些法规是选民偏好的最终反映，但是一旦通过税收立法程序它们就变成强制性征税，强加负担于纳税人，而纳税人将尽力逃避或传递给别人。为确定谁来支付，我们必须超出税收法规和法定归宿模式的范围看得更远些。这个问题涉及两个因素：首先，必须认识到最后必定是由个人来承受全部税收负担；其次，无论是对个人还是对企业征税最终的税负分配都可能与法定义务分配不同。"①

税负归宿与税负转嫁之间有内在的联系。从法律上的归宿过渡到经济上的归宿，可能只要一次转嫁就能完成，也可能要经多次转嫁才能完成。特殊情况是，法律上的归宿即是经济上的归宿，在这种情况下，税负转嫁则没有发生。因此，税的法律归宿始终只有一个，而经济归宿则可能是一两个甚至

① ［美］理查德·A. 马斯格雷夫：《财政理论与实践》，中国财政经济出版社 2003 年版，第 250 页。

更多。由于税负转嫁这种经济现象可能发生也可能不发生，相应地，税负归宿也就有了直接归宿和间接归宿之分。税负间接归宿又称税负的经济归宿，是指因纳税人将税负部分或全部转嫁给了他人，致使税收法律上的纳税人与经济上的实际税负承担者不一致，税负最终归宿到了被转嫁者身上。如前述提到与车船有关的增值税、消费税、关税，其税负就属于间接归宿，纳税人不等于负税人，纳税人是法律意义上的纳税人，负税人是经济意义上的纳税人，因而将这些税种定性为间接税。税负直接归宿，也称税负的法定归宿，是指纳税人所缴纳的税款无法转嫁，只能完全由纳税人自己负担，即法律上的纳税人与经济上的实际负担者完全一致。我国乘用车税的征纳模式系由承保交强险的保险人作为扣缴义务人代收代缴，实际税负负担方为乘用车财产所有人自行负担，税负归宿主体与财产所有人一致，属于直接税。

在下文乘用车消费时税负环境评析中，运用税负转嫁、税收归宿理论评析乘用车购置环节的消费税问题，通过对税负累进性分析与设计，使富者多承担，贫者少承担。车船税是否能起到公平社会财富之作用，与其税负转嫁后最终的税负归宿息息相关。若是税负归宿对于财富分布具有累进性，那么它就具有调节收入与财富分配、公平社会财富的作用，反之则不然。基于税收公平社会财富这一初衷，对税收归宿理论能为本章的研究提供理论依据，便于我们从整体的税负环境来审视我国现行的车船税立法。

（二）乘用车税属于财产保有税

车船税是我国财产税体系中的一个税种，是对人们所拥有、使用、支配的车船等动产课征的税收。财产保有税脱胎于财产税体系，而财产税体系并不是单一税种名称，其包含了房产税、遗产税、车船税等税种，是税收分类中的一个类别划分，通说将其称为财产税体系。从法学维度对财产的内涵与外延进行阐述，并非针对财产征收的税收就归入财产税体系，这样的理解势必会使我们的研究有失偏颇。对于财产税体系具体包含的税种以及如何将财产税体系与其他税收体系进行区分，目前理论界对此仍存在一定分歧。

综观国内外相关文献其对于财产税体系并未达成共识，但主流是将财产税体系从广义及狭义两个维度来理解界定。广义的财产税体系涵盖保有、转让、收益等各个环节，包括财产保有税、财产转让税、财产收益税；狭义的财产税体系特指财产保有税，即着眼于财产保有的事实而课征的税收。从法律维度来解读保有的事实，即指财产所有权人或财产管理人对财产物享有的独立的支配、控制的权利状态，包括了财产所有权人及财产管理人对财产物的保有的两种情况。因此，无论是世界各国的财产保有税制度还是我国财产税体系相关立法中，纳税义务人包括了财产所有人和非财产所有人（财产管理人），根据《车船税法》，乘用车的所有人和管理人作为车船税的纳税人，是与此理论相符合的。

区别财产保有税的课征对象之特性、可选择，将其分为选择性、一般性财产保有税。选择性财产保有税是以纳税人特定财产作为课税对象，特定财产又可分为不动产和动产。不动产保有税针对土地、房屋、林木等地上定着物在财产保有阶段课税；动产保有税主要是针对车辆、船舶、飞行器等动产的保有过程征税。由于这些动产财产价值较大，并且一般都采取登记制度来对其进行管理，税基广泛，便于征纳管理。一般性财产保有税则不区分具体的财产物，而是将财产物统一成是“一揽子”财产总额或财产净值来计征，包括了每年反复课征及临时课征两种形式。现代社会私人财产的数量与形式多量、多样，且较为隐蔽，政府很难对纳税人的全部保有财产进行评估并征纳税收，即使做了也是成本与收效无法匹配的。因此，从严格意义上来说，一般性财产保有税已经不存在于当今社会，某些国家的净财富税①虽然仍被归入一般性财产保有税中，但其在课税对象上还是有很大取舍的，仅仅包括了纳税人的不动产和部分财产价值较大、易于课征税收的动产（如汽车、船舶、航空器等），本质上还是接近于选择性财产保有税。作为车船税子税目的乘用车税，是以社会特定的存量财富作为调控的对象，对特定的具有选择性的财产本身进行课税，从公平社会存量财富的角度来均衡财富多寡，通过

① 当前世界各国征收财产税主要有三种形式。其中，净财富税是对个人拥有的大部分财产，在依法估价、扣除负债和其他法定项目后，就其净值课征财富税，如瑞典和印度等国。

税收手段对社会存量财富进行调控。

四、乘用车税的功能分析

从税收政策导向来看，车船税的历次改革在过渡中保持总体税负不变。作为车船税子税目的乘用车税，具备财税法所拥有的功能。首先，具有收入分配的功能，即通过财税的手段介入国民收入分配过程，在国家、企业和居民之间进行分配，在这个过程中，也实现了组织国家财政收入的职能；其次，具有保障分配秩序的功能，即通过财政法定的形式来确保国民收入分配程序的公正性和分配结果的公平性。财税法的内核是财政与税收的经济机制，因而具有财富分配的功能；财税法同时具有法律的外在形式，因而具有保障分配秩序的功能，其所具有的这两大功能决定了其在收入分配中发挥作用的可能性。[①] 以乘用车税为主的车船税收入总量，与其他税种相较，2016 年度，车船税税收收入为 682.68 亿元，仅占全部税收收入的 0.5%，占位列第一的增值税（40 712.08 亿元）的 1.6%，占位列第三的营业税（11 501.88 亿元）的 5.9%。[②] 与财产税内部其他税种相较，房产税、城镇土地使用税、土地增值税、耕地占用税、契税的税收收入均分别达千亿，从收入总量看出，车船税不可能以财政收入为主要功能；从中央、地方税收收入分配看，相较其他税种收入，车船税的税收收入均留存于地方，对于国家财政收入功能具有一定的弱化，车船税的税收设计应着重体现在对调控功能的安排上。

从财产税本质属性看，财产税的首要价值在于凸显社会财富的公平分配。财产税以实现纳税人的税收负担公平为基准，其税制设计通常只针对高收入者征收，或者是个人财产拥有量的多少来征收，具有累进性的特点。乘用车拥有量的攀升是公平社会财富积聚的集中体现，表明了我国对社会存量财富进行调控已经具备适当的契机与调控对象，当下突出车船税的调控功能符合市场经济发展和财产税本质属性。同时我们也应该看到，车船税税源分散、

① 刘剑文：《收入分配改革与财税法制创新》，载《法学》2011 年第 5 期。

② 载中华人民共和国国家统计局官网：http：//data. stats. gov. cn/easyquery. htm？cn = C01&zb = A0801&sj = 2016，最后访问日期：2018 年 10 月 5 日。

流动性强、管理难度大的特点，国家税务总局构建的“社会共治、源泉扣缴、联网征收、便捷服务”四位一体的车船税管理体系，在立足收入分配调解之下，以政策“开路”明确引导绿色消费，在各项措施中也凸显了税收减免政策对绿色消费的引导。2012 年至 2016 年全国共有 478.5 万辆节能汽车、新能源汽车享受了税收优惠，减免车船税近 10 亿元，① 同时，针对大排量的豪车的征税设计，也凸显了其社会财富分配的“正向”调节功能。

作为车船税税目的乘用车税，是一种蕴含社会功能的财产税，在功能方面已与古代的车船税具有一定的差异，现代的乘用车税更加注重其内在的社会功能。

一是收入分配的调解功能。调控社会财富分配是车船税依法参与到社会财富的再分配，在区分社会流量财富、存量财富的前提下，针对社会存量财富进行调控，希冀实现公平社会财富之目的。由于我国税法针对流量和存量社会财富的调控长期以来都“长短脚”走路，税负分担不公平，总体税负较重。正是该种长期不协调走路模式，加剧了社会财富分配的不均。车船税作为一种财产税，国家从中取得财政收入，完成国民收入的初次分配和对国民私人收入的再分配。近年来，我国车船税收入绝对数额逐年增加。以 1993 年和 1994 年我国新税制改革前后为例，1993 年我国车船税年收入占当年全国税收总收入的 3.31%；1994 年占 4.24%。再以 2014 年、2015 年、2016 年这三年为例，车船税收入分别占当年全国税收总收入的 0.45%、0.49%、0.52%。② 这种分配收入的功能作用是客观存在的，一方面，国家获得了财政收入，完成国民收入的初次分配；另一方面，对国民的私人收入进行了再分配。国家对自然人或者社会组织的某些财产或者资源，规定对发掘、使用、交易和运用这些财产的行为可以赋税，将一部分财富集中到国家手中，可以

① 《车船税：“小税种”发挥“大效应”》，载 http://www.chinatax.gov.cn//n810341/n810780/c2728633/content.html，最后访问日期：2018 年 10 月 5 日。

② 载中华人民共和国国家统计局官网：http://data.stats.gov.cn/easyquery.htm?cn=C01&zb=A0801&sj=2016，最后访问日期：2018 年 10 月 5 日。

保障适度丰裕的财政收入来源，可以保障政府连续稳定地从国民手中转移一定的财富，满足提供公共服务的需要，同时还可以将一部分社会财富从财产的用益人或占有人手中转移出来，以实现国民收入再分配的目的。

二是宏观经济调控的功能。组织公共财产收入、分配公共财产是财税法最主要的功能，宏观调控是现代国家赋予财税法的一项补充功能。[①] 车船税的开征与停征、税率的高低、计税依据的设计、税收减免的宽严，都可以发挥宏观经济调控的杠杆作用。在我国可以起到两个方面的作用：一方面，需要车船税以社会整体利益为基点，把单位和个人的利益与社会整体利益结合起来，突破形式上的公平主义，侧重经济社会的绿色发展、协调发展和可持续发展，人与自然的和谐发展，车船税与此关系很密切。在车船税法中，将乘用车按发动机气缸容量分为七档，税负根据容量大小阶梯式的累进，从最低档1.0以下的年基准税额60元至360元，到最高档4.0升以上的年基准额3600元至5400元，其目的之一是让车船税在经济运行方面起好杠杆作用，以体现国家节能环保等经济发展战略的经济调控功能，对相关产业尤其是新能源产业、新能源汽车产业起到积极导向作用；同时，对高能耗、高污染、高成本的车船也可以按照国务院规定加收车船税，以促使这类车船产业逐步淘汰。不过，虽然车船税如此规定可能一时确实能够发挥作用，但是没有很好地注意力度问题，尤其是在计税依据的设计上没有充分考虑到车船税纳税人的心态和承受能力，没有协调好车船税与其他税种，如燃油税、车购税、环保税的关系问题。另一方面，车船税对调整中央和地方的财力分配也起着平衡的作用。因为车船税历来是地方税，车船税的征收和改革对地方财政收入影响不小，以2014年、2015年和2016年为例，这三年车船税收入分别占当年地方税收总收入的0.91%、0.99%、1.06%。[②] 通过改革，车船税作为

---

① 陈少英：《财税法的法律属性——以财税法调控功能的演进为视角》，载《法学》2016年第7期。

② 载中华人民共和国国家统计局官网：http：//data.stats.gov.cn/easyquery.htm？cn = C01&zb = A0801&sj = 2016，最后访问日期：2018年10月5日。

一种财产税还是很有前途的，尤其是对全面落实分税制的财政体制改革，逐步健全地方税收体系，赋予省级政府适当税政管理权限，加强县级政府提供基本公共服务财力保障会起到促进作用。

三是影响社会政策的功能。现行车船税立法以排量作为计税依据，保持总体税负不变。可见，组织财政收入功能并非此次立法修改之重点，而现行立法推崇之节能减排的绿色功能，与其他税种存在交叉、重复调控之嫌，出现某些功能叠位，某些功能缺位。单一的车船税被赋予了过多功能。公平社会财富之要义却未能得到重视。鉴于我国车船税公平社会财富之功能的长期弱化现状，笔者认为车船税功能定位之重构路径——回复、强化。回复即是对车船税公平社会财富功能的回归、复位，尔后，在特定的国情下强化，发挥财产税的税种优势。车船税作为财产税类的征收，是国家以税收的形式向某些社会组织和社会成员，对其某些具有不动产性质的财产或资源的利用与消耗，或占有行为进行一定程度的收入转移，也是经济公平的回归。国家将所征收的税款，通过拨款、转移支付、津贴、补贴、补偿等方式，用于社会全体成员的公共服务、社会福利、社会保障和社会可持续发展等措施之中，体现了税收的社会性功能。车船税收入就融化在整个社会之中，尤其是用在国家对包括乘用车在内的各种车辆使用的各类道路（公路、铁路、地铁、城市道路）的建设、养护和管理的财政经费支出中，用在国家对供各类船舶行驶的大江河流与内海湖泊，汪洋大海和海岸、海湾等水上交通的财政经费支出中。在所有这些水、陆公共交通资源的投入中，车船税是不可缺少的资金来源之一，车船税收入是对这些水陆交通的公共产品、公共服务方面的支付和回归，体现着征收车船税直接或间接地为社会政策服务的价值取向。

任何开征的税种皆有组织财政收入的功能，但还是应该根据每个税种自身的属性、禀赋来有所侧重。财产税的首要价值在于凸显社会财富的公平分配，实现纳税人对税收负担的公平分配。其税制设计通常只针对高收入者征收，或者是个人财产拥有量的多少来征收，具有累进性的特点，因此，能够发挥分散财产、分担税负，缩小收入差距的功能，能够体现纳税人的实际税负水平。乘用车拥有量的攀升是公平社会财富积聚的集中体现，表明了我国对社会存量财富进行调控已经具备适当的契机与调控对象。由于历史文化传统及特殊的国情，车船税的性质及功能定位都存在一定偏差，一直将组织财政收入功能过分强化，而忽略了其作为财产税的独特禀赋及每个税种间独立存在的差异性，并能发挥公平社会财富的功能，该功能恰恰契合了当前社会存量财富丰腴，但分配失衡的现状。故此，亟待从公平性原则视野下，审视其调控功能有待强化。从公平角度来审视，社会财富在经历投资、生产、消费等环节，各个环节积聚的财富最终都以个人存量财富的形式表现于各社会成员。通过财富杠杆效应的运作，若是不对保有阶段的财富进行精细化的立法设计，将不利于车船税发挥其税种之天然属性。

第二节　我国现行乘用车税评析

作为第一部由国务院暂行条例上升为法律的《车船税法》，是我国财产税落实税收法定的先行者、试探者。观乎现行车船税法，无论是从立法模式、立法参与度、立法效果、还是对税法基本原则贯彻等，都有其积极一面，对其他法律的制定具有相当大的现实意义和经验借鉴。但是，在看到车船税对税收立法进程的推动作用时，我们也应当看到车船税本身的立法，在具体条款的规定和征纳模式方面仍具有一定的可完善或可修正之处。

一、车船税对财产税立法之经验贡献

首先，车船税法的立法过程弘扬了民主立法和科学立法的理念。根据全国人大常委会公布的《征求社会公众对车船税法（草案）意见的情况》，全国人大常委会在立法过程中，共收到来自社会各界的近 10 万条意见。在广泛征求意见的过程中，不同的利益主体通过合理的机制充分表达了自身的利益诉求，维护自身的合法权益。通过车船税法合理地吸收了意见，并在此基础上对税率进行了一定的调整。同时全国人大法律委员会、全国人大财政经济

委员会、全国人大常委会法制工作委员会还多次召开了有专家参与的座谈会，征求对车船税法（草案）的意见。可以看出，在车船税法的立法过程中，充分反映出纳税人对自身权益的关心，积极参与立法，同时也证明了改革开放30多年税收立法的一条宝贵经验，那就是只有坚持民主立法和科学立法的理念，才能真正实现国家税收的保障和纳税人权利的保护，真正体现税法作为兼顾国家税收和纳税人权利的“利益协调之法”的本质。从这个意义上说，财税立法的民主化和科学化是车船税立法的一大贡献。

其次，作为一项立法成果，《车船税法》是继《预算法》《税收征收管理法》《个人所得税法》《企业所得税法》《企业国有资产法》之后我国财税领域中的第6部法律。在《车船税法》制定之前车船税的征收依据是2007年1月1日施行的《车船税暂行条例》。从立法层次上来说，这部暂行条例属于国务院制定的行政法规。然而，从税法原理上看，税款的征收必须由一国的法律做出规定，这是“税收法定主义”的基本要求。从法律制度的层面来说，根据我国《立法法》第8条的规定，财政税收基本制度的立法权只能由全国人大及其常委会行使，是立法的法律保留项目。尽管根据《立法法》第9条，以及1984年全国人大常委会对国务院在实施国营企业利改税和改革工商税制过程中拟定并发布有关税收草案的授权和1985年全国人大对国务院在经济体制改革和对外开放方面可以制定暂行的规定或者条例的授权，国务院可以制定税收暂行条例，但这是在当时我国法治水平处于比较初级阶段的做法。随着我国社会主义市场经济体制的逐步完善和立法条件的成熟，应该根据立法法的规定和“税收法定主义”的国际通行做法，提高我国税收立法的级次。车船税是我国第一个由国务院条例上升为全国人大法律的税种，代表着我国财税制度“法律化”进程正式启动。同时，车船税法是我国第一部地方税法律。从这个层面上说，车船税法的通过作为一项立法成果具有特殊的意义。①

① 刘剑文：《车船税立法启动财税法律化进程》，载《法制日报》2011年2月28日，第1版。

最后，车船税立法对落实税收法定、监督政府权力提供较好的经验借鉴。税收法定是一道门槛，它提高了政府征收某种新税的难度，可以防止政府单方面制定税收法规加大纳税人义务，侵害纳税人财产权，满足政府部门利益。可以说，税收法定是对政府以国家财政权的名义侵害公民财产权的有效制约。未经立法机关审议通过，由行政部门制定的税收条例，无法避免行政部门自身利益的考量。税收法定原则捆住了政府任意开征新税的手脚，因此，行政部门总是千方百计予以规避，往往以借壳的方法，将本该由人大审议制定的税法，变着法子纳入现行暂行条例的范畴。所以车船税法在落实税收法定、保障纳税人的合法财产不受政府的非法侵犯和征纳方面具有很大的理论和显示意义，通过车船税法的实施在一定程度上也加强了包括立法机关、纳税人等对政府征税行为、用税行为的监督，为我国财产税的立法提供了较好的模式。

前述从宏观角度解析车船税对财产税立法的经验借鉴作用，而乘用车税作为车船税子税目拥有最广泛基数和稳定税源的代表税目，故以此切入点审视现行车船税立法的经验贡献作用。从税收立法效用看，车船税立法的脉络和演进，一方面标志着我国财产税领域立法层级、效力大幅度提升；另一方面，计税依据由“数量”到“排量”的变迁是一次“与时俱进”的进步。同时《车船税法》的实施，对于我国加强车辆管理，提高车船使用效益，开辟地方财源，加强基础设施建设，促进节能减排等方面亦具有一定的功效。车船税作为整体财产税法体系中的一个特殊而精巧的小税种，相较其他财产税的改良较易入手。从税法、经济学原理基础看，可以触类旁通，类推适用，开拓眼界；从实际操作、先行先试层面看，可以类比适用的优化建议逐渐深化适用，对于如资源税、房地产税的税种设置、税制要素、税权划分、财政地位等具体技术层面的构建有一定先行借鉴作用等；从功能引导维度看，各消费环节的税种间做到横向公平。同时，税法作为我国法律体系中的部门法，在价值上体现着法律所共有的重要特征，同时这种价值问题，也是对作为税收法律关系中作为主体的人与作为税收法律关系中客体的法之间的一种评价。

作为体现纳税人意志的税收法律，不但直接决定着其对作为客观对象的税法的看法，而且还决定着税法在现实中的运用及其命运，即在税收立法活动中，立法者会制定有价值的税收法律法规，而不会制定无价值的税法；在税收执法活动中，对于被人们认为是有价值的税法，人们会积极的执行和遵守，而对于无价值的税法，人们一般不会执行和遵守；同时，对于有价值的税法，人们都会积极地去维护它，对无价值的税法，人们都会对其进行修改甚至会直接把其废止或者用另外一种法律将之取代。[①] 车船税是财产税，财产保有环节代表了社会存量财富的拥有量，计税依据应以价值优先、排量为辅的方式，甚至在转型期过后转为完全的按乘用车价值来计征，划定不同的档次，重新核定税额，缴纳税款。税法公平原则强调“同等情况同等税负，不同情况不同税负”,[②] 即在纵向、横向两个角度均要做到公平、公正。就乘用车本身而言，要从性能、材质、品牌、安全性等多方面来分析差异性，衡量其价值。[③] 对于其他财产税种，虽然各有特性，但仍属于财产税体系架构内，对税法公平原则在具体税种设计中的运用应是一脉相承，以相对简单的小税种为契入点，对财产税法体系化构建更为合理可行。

二、以排量征收为绿色亮点之反思

现行车船税立法中，对于乘用车是按照其排气量来计征，可以说是体现了立法者对于乘用车燃油消耗中对环境造成的污染之重视。一方面，立法者希望通过税收手段从法律角度对乘用车尾气排放量进行柔性引导，用税收手段来引导消费者的消费行为，将消费者的注意力吸引到小排量乘用车型，加强消费者环保节能意识。另一方面，立法者也希冀可以引导乘用车生产厂家依据市场需求通过技术研发等方式不断更新乘用车节能环保之软实力。基于环保的考虑，不断调整税收政策，运用税法的鼓励与惩罚功能，促使低污染排放汽车的技术进步，降低汽车尾气污染，限制有限气体排放，保护生态环

① 王鸿貌：《税法学的立场与理论》，中国税务出版社2008年版，第30～31页。

② 徐孟洲：《税法学》，中国人民大学出版社2005年版，第36页。

③ 胡金波：《我国税费政策与汽车工业发展问题分析》，载《汽车工业研究》2002年第3期。

境，不仅是中国独家的做法，更是国外惯用的手段。[①]

立法者认为，乘用车的排气量等于排放量，排气量越大，则其消耗的能源、排放的空气污染物越多，因此，需要加大对大排气量乘用车型所有人或管理人的税负，从而引导这部分消费人群的消费需求，使他们能够趋利避害选择节能环保的小排气量乘用车。乘用车按排气量来计征能够很好的实现这一功能。然而，车船税的本质是财产税，其财产属性方是本源，一个具体税种的计税依据应从本源出发，发挥本质的功能。国家欲真正达到促进节能减排的目的，还需要采取一系列的综合措施，包括实行燃油税、提倡发展公共交通、对节省燃油的车实行税收返还等，财产税不应被赋予过多的功能，出现核心功能失位，辅助功能凸显，这种喧宾夺主的情形不利于车船税税种的完善，也不利于财产税制的发展。

污染物的排放是乘用车经济活动的一项外部成本，相关的乘用车交易市场给社会其他公众带来了生活环境方面的损失，并且无法得到补偿。这种负外部性可以通过对该外部不经济行为征收与其所产生的外部边际成本等值的税收来解决，即“庇古税”。立法者的本意在于运用庇古税原理达到减少环境污染物的排放及治理城市交通拥挤等现实、亟待解决的课题。然而，立法者此举却忽视、背离了车船税本质的财产属性，与成品油消费税存在功能定位上的交叉，也造成了现行车船税法名不副实的窘境。笔者认为，还是要回归财产税属性，尽快完成乘用车财产评估体系等配套平台设施建设，更好地恢复、加强公平社会财富之功能。

此外，对于排气量与排放量之间的混淆，使我国相关部门一直将排气量的大小作为判定乘用车节能环保的衡量标准。实则，乘用车排气量是指乘用车每行驶或每循环吸入、排出的流体体积，主要是用来衡量乘用车性能的一个重要标志，只是不知不觉中其与排放量的内涵、外延认为重叠、交叉了。乘用车的排气量越大，说明单位时间内发动机做功释放的能量越大，即燃料

---

① 陈少英：《中国财税法的生态化——以路径依赖为切入口》，法律出版社2015年版，第61页。

的化学能转换为机械能的效率越高，乘用车性能更优。与此相对，排放量的多少与燃油种类品质、工作环境、运行时间、工作效率等外部环境有密切的联系，不是一个单一评价的因素。因此，将排气量与排放量等同是错误的。随着汽车工艺及技术的提高和发展，将排气量与排放量挂钩用于评价环境污染程度的做法越来越没有科学依据，站不住脚。相关技术对发动机性能的提升，使能源利用得到长足的进步，将排气量与排放量、节能减排的关联度降到最低。我们的思维模式及既定常识需要随着技术更新而更新。比如，一辆2.0排量但是有涡轮增压技术的乘用车与1.6排量使用普通发动机的乘用车相比更具环保绿色性质。现在乘用车的排量大小已经不是判断是否环保的唯一标准了，涡轮增压技术、智能变速箱、混合动力、车体轻量化等新技术的应用，已经能够使有些大排放车降低排放量，也就是说大排量未必就一定排的废气多。[①] 因此，以排气量来衡量污染排放程度是值得商榷的，将此作为计税依据也是有所偏颇。

车辆购置税与车船税的优惠标准不一。在车辆购置税税收优惠的引导、鼓励之下，2010年乘用车消费市场异常火爆。2009年，车辆购置税的相关规定，指出车辆购置税的优惠范围包括，自2009年1月20日至12月31日购置的排量在1.6升及以下的小排量乘用车，暂减按5%的税率征收车辆购置税；从2010年1月1日起至12月31日购置的排气量在1.6升及以下的小排量乘用车，暂减按7.5%的税率征收车辆购置税，通过此项税收优惠措施来刺激小排量乘用车的消费。由此可见，相关部门将小排量乘用车的定位标准划在1.6升这条线上，1.6升以下的乘用车均是小排量乘用车，符合政府法律导向是节能环保型车辆。

然而，在税收优惠鼓励、引导下，购买1.6升以下至1.0以上乘用车的所有者或管理者，在2011年车船税出台后，却有一种被钓鱼税收的感觉。究其原因，是车辆购置税与车船税立法对于小排量乘用车的判定标准存在一定

① 阿计：《车船税争议的多维反思》，载《群言》2011年第1期。

差异，导致所有者或管理者在乘用车保有阶段没有按小排量乘用车来享受相应的低税负，损害了所有者或管理者的信赖利益。可以理解，在2009年至2011年，政府对节能环保的要求有所提高，标准因此更为严格，但政府立法应具有一贯性、严肃性、权威性，保护公民对法律的信赖利益。政府在社会治理过程中通过一定法律法规、政策引导公民生活消费行为，给予公民一定的税收政策优惠，使其对政府及其治理活动产生信赖，并基于此种信赖做出合法经济行为时，政府部门应该更好地保护这种信赖利益。而不是在调控过程中不注重法律法规、政策的连贯性，先鼓励公民购买，后又征以重税，造成公民信赖利益受损。在某些实施单双号限行令的地方，也会出现基于对政府诱导行为信赖而多购买车辆，却需要在乘用车保有阶段负担不符预期信赖利益的税负。这种钓鱼式税收实则是对国家信用的挥霍，对公民法律信仰的破坏。

同时，我们也应当看到，现行车船税的计征依据是排量而非财产价值，造成了税负不公的现象频现。对乘用车排量与价格之间存在一些误区，认为排量与性能、价格有紧密的联系。实则，企业为扩大中低端市场份额，许多高档品牌也推出了一系列小排量经济型入门级车型，如华晨宝马—宝马5系列排量2.0L，售价在38.56万~42.86万元，若是按照排量进行征税显然存在税负的不合理。排量与价格之间的粘连性并不强，即使是高档品牌的小排量车型也不是普通民众可以承受的，品牌及其他因素（如产品设计、马力、发动机型号、耗材等）也是重要的价格组成部分。宝马5系列排量2.0L，又如以上海的车船税征收标准450元（1.6~2.0L）、720元（2.0L~2.5L）为例，一辆价值38万元（最低价）左右的宝马3系列（2.0L）与一辆价值6.78万元的长城风骏5（2.2L）的不同财富主体间出现了逆调节。这样的现象并不少见。可见，用排量来计税征收有失偏颇。或者说用排量来“一刀切”并不公平，甚至会存在逆调节的现象。[①] 奢华高档车定位的消费群体是

① 施佳艳：《再谈车船税改革——以公平社会财富为视角》，载《山西财政税务专科学院学报》2013年第3期。

社会财富的集大成者。中国税务报报道称：虽然大排量的汽车税负调高了，但豪华车的销售并未受到波及，像他们经销的奥迪这类需求较高的车型，一直需要“排队提车”。与2008年大幅提高进口大排量车消费税相比，车船税改革方案的调整力度相对较弱，而大排量汽车的消费者消费能力较强，每年5000多元的支出并不能成为限制其购买的原因，对购买几十万元上百万元的豪车车主来说，几千元的车船税几乎可以忽略不计，很快可以消化这方面的负面影响。[①] 因此，本章试图以税收公平原则为理论依据，对现行车船税法的审视和检讨，并对此提出自己的完善构想，充实公平价值内涵。

三、乘用车关联税制不合理之反思

购买环节一次税负较重。忽视了其保有和使用阶段的重要性和调控功能，长期以来以费代税、税种立法层级较低，不能发挥各税种优势，调控功能存在高重叠、多层次、不规范、欠合理等问题，造成乘用车消费市场税负环境不公平，尤其是在保有环节的车船税，过分注重购买环节一次征收的车辆购置税、关税等，使车船税调节社会存量财富的调控功能失位。

立法不公：税收立法层级低。我国乘用车消费税收法律立法层级低，除去车船税法律渊源由条例上升为法律外，迄今为止没有一部是由国家最高立法机关行使立法权制定的。增值税、汽车消费税、车辆购置税（当前处于草案/征求意见稿阶段）等均是以国务院颁布的暂行条例形式呈现的行政法规。根据《立法法》对授权立法的相关规定，被授权机关是不得将所授权获得的权力转授给其他机关。然而，我国乘用车消费税收法律制度中除了全国人大或其常委会授权国务院立法外，通过国务院再授权，将权力外放由其所属的财政部、国家税务总局制定、颁发的各类规范性文件较为普遍，甚至是一种常态现象。此外，像增值税转型改革、成品油税费改革、车辆购置税税率减半征收等影响全国范围、涉及税制改变的大调整，关系每个纳税人切身利益的大项目，均没有经过任何立法或听证程序，而是直接由国务院财税主管部

① 闵丽男：《按排量征收：引导汽车消费更理性》，载《中国税务报》2012年2月17日版。

门以“通知”等规范性文件的形式加以实施的，法律效力较为低下。[①] 从立法层面看，缺乏权威性、统一性，造成了各地区、各税种在调控中出现重复与盲区。

税负结构不公：“头重脚轻”。在不考虑进口乘用车关税的情况下，我国乘用车在购买环节仍需承担的税负包括了：增值税（16%）、汽车消费税（1%～40%）、车辆购置税（10%），还有许多涉及乘用车消费的收费项目。总体的税费成本占乘用车销售价格的40%以上（含保有、使用环节的车船税与成品油消费税），有个别极端现象甚至超过了纯车价。这样的税负在任何一个国家都是较重的，此价格比相当于美国的6～10倍，日本的3～5倍，[②] 也大大高于世界上绝大多数发达国家和发展中国家。此外，税负分布不合理、不公平，购置阶段税负过重，而保有、使用阶段低于正常税负水平。由上我们可以看出，我国乘用车消费税负主要税种及税负均集中于购置阶段，而在调控社会存量财富的保有阶段和弥补环境负外部性成本的使用阶段却出现了两极分化的现象，这在世界乘用车消费税收法律制度中都是非常罕见的。

税制设计不公：公平价值内涵流失。不合理的税制设计使得立法没有体现税收公平的价值内涵。公平是税法始终追求的价值目标之一，[③] 虽然车船税等税种的传统功能在于组织政府财政收入，但其还具有确保社会财富在社会成员间公平分配的突出功能，契合当下我国贫富差距已不断逼近社会道德容忍之红线。车船税的社会调控功能需要强化。现实的税种设计中，却出现各税种功能不协调，某些领域重叠调控，有些领域政府税收调控失灵。

---

① 樊丽明、张斌等：《税收法治研究》，经济科学出版社2004年版，第37页。

② 国务院发展研究中心产业经济研究部、中国汽车工程学会、大众汽车集团（中国）：《中国汽车产业发展报告》（2008），国务院发展研究中心产业经济研究部和中国汽车工程学会2008年出版，第167页。

③ 曹平、高桂林、侯佳儒：《中国经济法基础理论新探索》，中国法制出版社2005年版，第295页。

第三节　中国乘用车税的完善

通过上述分析可知，我国现行的车船税虽然在落实税收法定层面具有历史性意义，但是在税制构建方面和国外同类税种，无论是在课征模式还是征收标准均具有一定的差距。本节在借鉴域外乘用车保有税制的基础上，结合互联网和大数据征管条件下，分析我国车船税未来改革方向，以期效用。

一、境外乘用车保有税考察

（一）英、德、美乘用车保有税

英国针对所有乘用车所有者，在保有阶段计征的税种统称为路税。全国在税收制度上统一计税依据：按数量，以辆为单位。以2001年3月1日为时间节点，英国进行乘用车保有税路税改革，对于这个时间节点前后注册的乘用车采用不同的税额。在2001年3月1日之前注册的乘用车，按照排量定期（通常为一年或者半年）定额征税；在这个时间点之后注册的乘用车，按照车辆消耗燃料不同，分为汽柴油车、轻型货车、新能源车、欧五标准定期（一年或半年）定额纳税，[①] 其中汽柴油、新能源车辆按二氧化碳排放量计征，且新能源车的税额低于汽柴油车辆。对于此种乘用车分类方式，我国可以在结合自己国情的情况下予以借鉴，将这些汽车产业细分概念引入我国税法。英国税法摒弃了2001年3月1日之前所采用的统一按排量定额纳税的模式，转而以二氧化碳排放量来征税。其遵循、秉承法不溯及既往原则，对于该时间节点之间注册的乘用车然按排量定额征收，对此之后注册的乘用车则按二氧化碳排放量征税。在该改革进行一段时间后，可以预见，随着旧车的逐步报废，退出生活、生产领域，英国乘用车将完全实行按二氧化碳排放量计征，按排量计征的方式将逐渐消亡。英国税收制度在改革过程中遵循法不

① 刘学臻：《高油价下从税费看各国对待汽车的态度》，载《杭州日报》2008年7月10日版。

溯及既往的原则，充分认识到法律、政策的衔接和连贯性，值得我们借鉴学习，避免我国出现“钓鱼式立法”之嫌。我国的立法，应当保障我国公民在遵从法律情境下，实施合法的经济行为，获得预期利益。立法判定标准具有统一性，购车时公民可以预见的税负，在保有阶段不能随意加重公民的税收负担。在税收优惠方面，英国税法对税收优惠的范围进行严格的限定，[①] 范围非常狭小，仅对外交机构及其工作人员做了免税规定，而国内保有阶段任何个人或法人都不可避免应当缴纳路税。

德国税法在乘用车保有阶段计征的税种称为车辆拥有税。针对乘用车其计税依据为排放等级，其是基于二氧化碳的机动车税。2009 年 7 月 1 日，德国政府修改乘用车的年流转税，修改后分为基本税与二氧化碳税。其中，二氧化碳税为线性，按排放量来划分，免征范围：低于 120 克/公里（2012 年或 2013 年为 110 克/公里，之后为 95 克/公里）。

美国对保有阶段乘用车计征的税种则较为形象称为注册税，计税依据为乘用车的购买价，针对所有乘用车所有者征收的一种税。从其计税依据上看，更加体现财产税性质，实际操作中各州在注册税税率设计上存在差异性。明尼苏达州的税率为 1.25%，作为计税依据的车价总体趋势是逐年递减的，在购买起初的两年是对完全车价进行计税，到第 2、3 年时就减为总车价的 90% 进行计税，[②] 直至第 10 年时对车价的 10% 进行计税，从第 11 年起采用 25 美元的固定税率进行计征注册税。美国的注册税体现了按其价值计征的财产税属性，乘用车初始时价值最高，税负越重，并且随着使用年限乘用车价值递减，相应的税负也递减。当一辆汽车使用年限达到 10 年以上时，可以认为无论是经济上还是法律上其价值都已经可以忽略不计，接近于报废的状态，若是所有者仍继续使用则只需缴纳数额较低的定额税负。可见，美国注册税

---

① 俞雯、方重：《借鉴发达国家汽车税收制度优化我国汽车税费政策》，载《当代经济管理》2010 年第 2 期。

② 国家计委收费司一处：《美国汽车产业和税费政策简况》，载《价格理论与实践》1998 年第 2 期。

的征收严格遵循车辆的财产价值属性，价值高税负重，价值低税负低。在税收优惠方面，美国在乘用车保有阶段保有税均没有规定税收优惠的规定，无论车辆何种性质，都必须缴纳乘用车保有税注册税。从财产税属性出发，美国的计税依据值得我国推崇，英国的乘用车分类标准值得我国的乘用车分类的借鉴，并对我国的车船税进行适当的改良。

（二）俄、巴、印乘用车保有税

俄罗斯的车船税是依据乘用车类型及功率，定额征收的一种独立税种，其车船税开征权在地方政府，中央政府不予干涉。其纳税义务人是水陆空等交通工具的保有人（法人）。俄罗斯保有税的一个可借鉴之处在于税率设置上依乘用车类型及功率区分使用不同税率，而并不关注乘用车排量问题。在税收优惠的适用上，突出对军人及军队运输用车的倾斜优惠。俄罗斯重工、重军，税法规定对前苏联英雄军人、功勋卓著的俄罗斯军人、残疾人等给予一定的税收优惠。对公务用车有免税政策，但仅针对军队的运输用车实行免税，其他车辆应当缴纳车船税。政府部门用车不属于减免税收的范围。

巴西车船税性质也是一种财产税，地方政府拥有适度自主开征车船税的权力，以乘用车价值为计税依据，各州在中央政府规定的税率幅度内(1% ~ 4%)，确定征纳的税额。在确定应纳税额时，地方政府会将汽车使用年限、不断变化的市场价值等因素进行一个综合考量。一辆乘用车所承担的税收负担是一个随着车辆本身性能、市场价值变化的动态过程，但归根结底取决于其财产价值。巴西在税收优惠方面，只在税收程序法上有规定，鼓励税款全年一次缴清，较分月缴纳税款享受税收折扣，在税收实体法上没有优惠举措。

印度的车船税是一种财产税，税种的开征必须经过国家立法机关，经过严格的立法程序，有中央来统一行使税种的开征权，任何地方政府均没有权力开征车船税。在改革前，印度的车船税是按照乘用车价值的比例税率计算缴纳，而现行的车船则是按照销售价格、用途等不同而区别确定各自的税率。总体而言，即按财产税属性，税负与乘用车价值成正比。印度无乘用车保有税的减免规定，一律课征车船税。

通过前文对这几个国家乘用车保有税税收制度的梳理、考察，大致上可以将车船税征纳模式分为：一种是按乘用车价值征收；另一种是按车辆的二氧化碳排放量计征。上述国家均没有采用按排气量计征的模式，而是将乘用车保有税视为一种财产税。英国将二氧化碳排放量与环保挂钩进行计征以此来引导环保生产、消费理念，我国可以借鉴将二氧化碳、硫化物等污染物质排放量作为衡量环境污染程度的戒尺。在立法衔接上，法不溯及既往原则的适用很好地保护了公民的信赖利益，维护了国家权力的公信力，值得我国立法借鉴。我国立法过程中应充分考量立法体系的科学性、合理性、可预期性，做好过渡安排，可以避免出现我国车辆购置税与车船税先后出台判定标准不一的窘境。在税收优惠方面，我国优惠措施的覆盖面相较其他国家过分宽泛，其他国家秉承着税收公平原则，仅对外交、军用予以适度的税收优惠，而非对公务用车“一刀切”，给予普遍的税收优惠。总之，税种性质与计税依据相符，公平税负等方面是我国车船税完善的趋势和未来。

二、现行乘用车税完善思考

通过对我国社会财富分布现状和贫富差距扩大的深层次分析，对现行乘用车税立法的审视，并从横向、纵深两个角度，梳理、比较、借鉴国外乘用车保有环节乘用车保有税。从中把握了乘用车税立法的发展脉络，审视现行立法制度中的种种缺陷，并且进一步找到了完善车船税法税收制度的路径。

乘用车税作为财产税其计税依据应是财产价值而非现行立法的排气量。立法者采用排量作为计税依据是根据我国国情权衡之下的选择，认为兼顾价值与环保成本，其观点如下：乘用车排量与其价值具有正相关关系，并且排量大小与环境污染程度有关。因此，乘用车排量很大程度上与环境污染、财产价值相关，一方面可以更好地组织财政收入，另一方面还能在节能减排中发挥辅助作用。以上观点，实则是对“排气量”与“排放量”概念有所混淆、等同的产物。的确，乘用车排量与车辆价值有一定的正相关性，排量一定程度上代表着功率、性能，但排量只是乘用车组成价格的一部分，在真正奢华的高档乘用车的价格比重并不占重要地位，其价值的体现在于工艺、耗材、人文、技术等方面。且随着企业技术革新排量与价格、价值、排气量的联系越来越小。在环境保护、节约能源的国家政策引导下，2010 年年底《车船税法草案》公布、2011 年年初《车船税法》正式颁布至今，虽然间隔时间不长，但商场主体的逐利性趋势其进行技术革新，对经营策略进行了调整。市场信息的传递和刺激作用远比想象中惊人。

由此可见，一方面，我们需在立法上厘清“排气量”与“排放量”之间的内涵与外延界定，不要将二者混同，避免在征税过程中的不公平现象，甚至出现逆调节。对于一个专业技术词汇引入立法概念时，我们要秉承审慎原则，拓宽民众、专家参与立法讨论的渠道，使我们的立法更加科学、合理，提高税法的遵从度。另一方面，由于上述“按排量计征”的方式存在局限性，其在中低端车型中调节不利，甚至出现逆调节；高端车市场调节力度微弱，有违量能负担原则，单纯粗犷立法“按排量征收”的计税方式实难长行。在确定计税依据时，还是应该回归财产税本质属性，将过重的辅助功能进行剥离由其他更加适宜的税种进行调控，车船税作为财产保有税，在当下社会财富分布不均，人均财富拥有量极差巨大的国情、社情下，其首要功能在于公平社会财富。综上所述，笔者认为，在维持现行车船税内部体系稳定运转的前提下，将乘用车按价值进行一定划分，中高档乘用车，尤其是以投资收藏为主的奢侈定制乘用车，区分于一般乘用车，实行双重计税，即将乘用车中较为高档（非普通民众可以消费）的乘用车加重课税，按价值实行比例累进税率，同时按排量加征；另一部分则按现行车船税法按排量计征。

采用双重计税（价值优先，排量为辅）的方法可以很好地发挥财产税的独特调控功能属性——公平社会存量财富，从而影响社会流量财富。这样既舒缓了地方财政压力，保障地方财政收入来源，又促进了车船税的完善。更为重要的是，双重计税标准价值优先的理念使车船税在初次就按价值进行乘用车划分体现财产税属性，发挥了公平存量财富的功效，可以在最大限度上克服税负不公，避免逆向调节。社会财富体现于价格之上，以价格为先的衡量标准起到了给财富定性的作用，定量工作便会水到渠成。上文中提及的宝马5系列与长城风骏5的征税偏离车辆财产价值的情况就能够避免。其在价值判断时就被归为不同的税率，进入第二步按排量征收时，进入新的评价体系，起到了弥补外部成本的辅助功能，完善不同税种间的衔接。

计税依据设想——价值优先、排量为辅。无论是国内官方还是国外主流，都将车船税划归为财产税的一种。现行车船税的计税依据与功能偏离财产税属性，而出现了种种不合理之处。我们必须按照征税对象对车船税进行重新、准确的定位。车船税应回归财产税性质，以财产价值为课税对象，即社会存量财富。虽然现行车船税立法从“按数量征收”到“按排量征收”已有很大进步，但对“排气量”与“排放量”两个概念混淆，且偏离了财产税属性，造成现行车船税名不副实，也并未达到环保消费导向。回看“按数量计征”的时期，社会总体乘用车拥有量不多，且都属于单位、企业，都是国有色彩，个人私有财富极度匮乏，全社会对财产、私有财产、所有权的概念十分模糊，其功能定位也单纯为组织国家财政收入。尔后，我国经济急速发展，公民财产权意识的觉醒，乘用车保有量激增，部分高档、奢侈乘用车价值极高甚至超过一般房产，成为富人财富的重要组成部分，是他们投资、收藏的重要领域，显示着社会财富不均的现状。通过将这部分长期游离在我国税法调控范围之外的社会存量财富纳入税法调控，对其进行二次分配，可以说是，为我国调节贫富差距乏力的困境指明了一条道路，促进税收公平，起到公平社会财富的作用。

完善税收立法衔接。税收立法衔接关系纳税人的权益，国家信用和政府公信力，法律权威及信仰。如前所述，立法者通过在先的车辆购置税将小排量乘用车的判定线划定在1.6升排量以下，而在后续的车船税立法中又将小排量乘用车的判定标准严格为1.0升排量以下。税收立法连贯性可以使公民在安排经济行为时具有可预测性，遵循法律获得相应的信赖利益。在后续的立法活动中不能剥夺这种信赖利益，否则会造成公众对法律权威、信仰的冲击。可以理解，从2009年到2011年，国家政策、法律对于环评标准更为严苛，希望通过设定更高、更严格的排量标准来实现节能减排，引导市场主体、消费者进一步改进技术，增强环保意识，将这样的理念融入日常生活，影响生产、消费领域。但立法者在权衡这一现实因素的同时忽略了立法的衔接性。笔者认为，对于一部分因信赖车辆购置税而购买1.6升以下乘用车的所有者或管理者应当遵循法不溯及既往原则、税收公平原则，依据其可预见的利益予以税法上的肯定。

构建公允评估的市场信息共享平台。该市场信息共享平台的建立关键在于回归市场，市场造就的难题归市场解，政府只需在准入时建立统一标准，运行时适时监督，暴露问题时及时治理。市场自身的价值评估体系已经非常灵敏、完善，在市场有序、合法的环境下，市场数据几乎是可以信赖的、准确的，市场本身就是一个专业、公正的“财产价值评估师”。我们所需要做的就是摒弃那些市场泡沫及少数不良信息，去伪存真，筛选出最能反映财产价值、最真实的信息。在一定时期内，同款乘用车的价值波动是可以预见、理解范围内的，因此，其稳定性也是掌控的。当然，投资收藏领域的奢侈高档乘用车，因其品牌效应等其他因素会造成市场价格波动，但我们可以看到发生这种波动的频率是很小的，时间差是较大的。因此，从某种程度上来看，除去短期投机行为产生的超出预估财产溢价的情况，其价值仍具有相当的稳定性。

互联网媒体等新兴网络平台的蓬勃发展使市场价格更加公开、透明、公正，信息获取便捷、及时。比如许多汽车消费门户网站（易车网）、汽车之家论坛、各大销售商主页等，他们自身存在市场报价体系，拥有源于市场且最新鲜敏感的数据、最贴近市场、最具业界权威的乘用车报价数据网，从乘用车行业上游至下游均认可的公允价格。财产价值评估体系的建立只需要将接受这些市场数据（接受平台），征纳过程中可以设定一个价格浮动范围（用于评价价格的合理性）及成交价格（最终的计税依据），对数据的真假、人为成分进行政府官方验证，对应具体的税率档次，更好地契合车船税的功能属性，建立相应的征纳配套措施。

CHAPTER 08 >>

第八章

中国遗产税立法价值研究

美国著名的法学家弗兰克林曾说过：人的一生有两件事情是不可避免的，一是死亡，二是纳税。而遗产税是将这两件不可避免的事情结合在了一起。遗产税是一个古老的税种，早在4000多年前的古埃及就开征过遗产税。据不完全统计，目前世界上开征遗产税的国家和地区约有100多个。[①]遗产税在我国并不是一个陌生的税种，早在1950年1月政务院通过的《全国税政实施要则》中，就提出开征遗产税。1988年国家税务总局提出研究开征遗产税，并将遗产税写入了第八届全国人民代表大会第四次会议审议通过的《国民经济和社会发展第九个五年计划纲要》与2010年远景纲要之中。1999年11月，财政部有关官员透露，遗产税条例起草完毕，已上报国务院审议。2003年1月，时任国家税务总局局长金人庆表示，开征遗产税，需要做很多准备工作，目前中国的条件还不能充分实施，开征遗产税没有“时间表”。同年3月，时任财政部副部长廖晓军表示，开征遗产税的条

① 翟继光：《财税法原论——和谐社会背景下的税收法治建设》，立信会计出版社2008年版，第464页。

件尚未成熟。2003 年 10 月，中央第十六届三中全会通过《关于完善社会主义市场经济体制若干问题的决定》，提出分步实施税收制度改革，但开征遗产税不在其范围内。以上表明，我国关于开征遗产税的立场经历了从积极提倡到慎重考量的转变。2004 年 9 月 3 日，反腐专家王明高向新闻界透露了他们设计的遗产税实施方案，致使遗产税再次成为公众关注的热点问题。[①] 2013 年 2 月 5 日出台了收入分配改革方案，在改革方案中写到“研究在适当时期开征遗产税问题”，这是时隔多年后，官方文件再次提到“开征遗产税”这一拟议。最近两年，对于遗产税开征与否的讨论也一直是最关注的热点问题之一。笔者认为，立法价值是法律制度的灵魂，研究我国是否开征遗产税，关键的问题在于研究遗产税制度的立法价值，以及其立法价值是否为当前中国税制发展所需要。因此，本章欲对遗产税的立法价值问题作一探讨。

第一节　遗产税立法价值的基础铺垫

随着时代的发展，遗产税制度的立法价值不断被赋予新的定义，故需要对遗产税立法的理论依据的变迁进行深入研究。

一、遗产税立法价值的理论依据

（一）传统学说

1. 国家共同继承权说

以德国法理学者布兰奇利为代表的国家共同继承权说认为，私人之所以能积累起财产，并非仅是其独自努力的结果，还有赖于国家的帮助和保护。既然政府为私人提供了帮助和保护，[②] 所以国家对财产所有人死亡时所遗留的财产理所当然地拥有分得部分遗产的权利。这一学说的问题在于，将税收

① 翟继光：《财税法原论——和谐社会背景下的税收法治建设》，立信会计出版社 2008 年版，第 465 页。

② 刘佐主编、石坚副主编：《遗产税制度研究》，中国财政经济出版社 2003 年版，第 4 页。

的征收依据直接当成了某一税种的征收依据，其危害是会将政府的某项职能同某个税种简单机械地一一对应，产生严重的后果。

2. 溯往课税说

以美国的韦斯特和德国历史学派的谢夫勒为代表的溯往课税说认为，对纳税人征收财产税时，纳税人往往通过各种办法来逃税，所以在其死后，不能再逃税时，可以通过遗产税一次加以补征。这种观点令人难以信服的原因在于对于逃税较多的现象只能说明征收制度存在漏洞，应从制度上完善，而不能以弥补平时征收不力造成税款减少作为征收遗产税的理由。

3. 平均财富说

以英国穆勒和美国马斯格雷夫为代表的均富说认为，国家有责任防止财富过多地集中于少数人手中，现实中遗产继承制度就是造成财富集中的重要因素之一。① 国家应当利用遗产税或继承税的课征，达到促成社会财富平均分配之目的。② 该观点的不足之处在于混淆了遗产税的征收目的和征收依据。

4. 遗产征税能力说

以美国赛里格曼为代表的能力说认为继承人获得遗产就是增加了财产和所得。如果对个人取得的一般所得征收所得税，而对遗产所得不征税，在税收上是不公平的。③ 该学说的问题是将遗产作为一种所得，那么征收所得税即可，为何还要大费周章的独立征收遗产税呢？

5. 社会公益说

以德国瓦格纳为代表的社会公益说认为，征收遗产税可以鼓励个人对社会慈善事业、福利事业和公益事业的捐赠。这种捐赠可以提高个人名誉而且对社会发展有利。其缺陷在于贬低了捐赠行为，让大家感觉捐赠只是避免缴纳遗产税的无奈之举，并不能真正促进公益事业的健康发展。

---

① ［美］理查德·A. 马斯格雷夫、佩吉·B. 马斯格雷夫：《财政理论与实践》，邓子基、邓立平译，中国财政经济出版社2003年版，第456～457页。

② 汤贡亮：《关于我国开征遗产税若干问题的探讨》，载《财经论丛》1994年第4期。

③ ［美］埃德温·罗伯特·安德森·赛里格曼：《所得税研究：历史、理论与实务》，经济科学出版社2014年版，第238页。

（二）理论依据新说

1. 技术价值说

该学说认为技术的不断进步才是财富增长的最重要来源，社会的发展、技术的进步使每一代人所创造的财富在社会总财富中所占的比重将会变小，而作为社会共同财富的历史遗产的比重将会增大，由于这部分遗产对国民来说都拥有平等的继承权，并在他们之间平均分割，谁也没有权力剥夺另一个人的继承权。然而，现实情况却是资本拥有者利用自己的垄断地位获得过分的财产，造成贫富差距的不断扩大和社会分配的不公。因此，征收累进所得税、遗产税就是一种正义的分配，[①] 各阶层分配份额的合理性源于其在价值创造过程中对价值创造贡献的大小。一般来说，贡献越大，分配份额就应越多，贡献越小，份额就应越少。因此，价值理论就成了分配理论的基础，只有证明自己在价值形成中做出较大贡献，在分配领域才有权力要求分得较大的份额。否则就是不合理的。

2. 社会资源垄断论

该学说认为小部分国民能占有他人应得的巨额财富的根本原因是垄断这种控制力，而不是技术，也不是所有权。垄断本身常常就是小部分国民对全社会已有财富的独占，垄断又使这些人得以在新创造的财富中对他人应得部分不断占有，由此形成巨富、暴富。因为这一小部分国民的巨额财富中，有相当多的份额应属于全社会和来自全社会，因而应该归还给全社会，而不能遗赠给自己的后代。而能承担起这一归还角色的，非国家莫属，国家能据以完成这一归还任务的最佳方式，就是税收也就是遗产税。[②]

对于新旧遗产税理论依据的梳理，总结起来就是传统的遗产税理论依据局限于财富的分配领域，并且是以承认富豪们拥有的财富都是他们应得的这一前提；而新兴的“技术价值论”则直接地回答了为什么缴纳遗产税的仅限

---

① 参见王文龙、金丽馥：《遗产税：“劫富济贫”还是“替天行道”》，载《社会科学战线》2005 年第 3 期。

② 参见张永忠：《遗产税的法理依据新论》，载《兰州商学院学报》2011 年 12 月版。

与小部分国民，而“社会资源垄断论”则是从深层次说明应纳遗产税的是小部分国民的原因。所得税和其他财产税体现是国家为国民提供公共产品，而遗产税则体现为一小部分国民与其他国民的关系这一本质，也正是因为其他国民的财富被这一小部分国民占有了所以才需要通过遗产税来补偿其他国民。而这种关系就是在开征了所得税和其他的财产税种之外为什么还要单独开征遗产税的本质价值。

二、遗产税功能的演变

现代税制体系是由诸税种共同构成的，每个税种都有其自己的角色定位。在现今的很多国家都存在遗产税，而且世界上大部分国家的遗产税也实施了很多年，最主要的原因不是它能给政府增加多少财政收入，而在于它实现了财富再分配的宏观调控功能，这一功能能够大大地缩小富人与穷人之间的差距。可以说调节或拉近贫富差距是遗产税最具特色的功能，遗产税就是为调节收入差距而生的。

（一）遗产税功能的历史演变

从历史上看，大多数情况在政府缺钱的时候才会想到征收遗产税，而并不是只针对富人阶层课征此税。罗马帝国时期，奥古斯都大帝的法律规定本国境内资产达到一定数额的人死亡时必须拿出1/20的资产用于缴税，如果直系亲属或者穷人成为了这笔资产的受益者，那么就免税。[①] 在中世纪，教会法曾规定，教徒应自觉履行宗教义务，把遗产交给天主教会。该规定在欧洲十分流行，尤其是英伦三岛。爱尔兰法规定，教会可以获得死者1/10的遗产份额。[②] 14世纪末，一些意大利自治城市因财政困难，先后开征了遗产税，采用比例课税，税率为2%～5%。[③] 历史清楚地表明，遗产税在早期是在政府缺钱的情况下根据一定的比例征收，在古代国家征收遗产税的直接原因就是增加财政收入。

---

① 赵伟：《遗产税的逻辑》，载《浙江经济》2011年第7期。

② 蒋晓蕙：《财产税制国际比较》，中国财政经济出版社1996年版，第147页。

③ 严先溥：《如何看待市场运行中出现的反差》，载《中国统计》2000年第1期。

在资本主义经济的急速发展中，资本积累规模扩大的同时社会财富也越来越集中到了少数人手中，日益悬殊的贫富差距成为了社会动荡的一大隐患。现代累进税率的遗产税制就是在这种环境中应运而生，限制财富过度集中、缩小贫富差距是遗产税开征的主要目的。在18世纪末期及19世纪初，按累进税率征收遗产继承税是西方经济学家、法学家一致认同的，限制财富在家族范围内无限积累和集中。从18世纪的中期到19世纪中期，英国、德国、美国先后都采用了累进税率的遗产税法调节社会财富，努力实现公平社会财富。纵向观察资本主义国家遗产税制度的确立过程可以看出，在西方国家进入资本主义后，遗产税已经改变了当初增加财政收入的主要功能，而转向作为均分财富的一种重要手段。

（二）公平社会财富分配的现代功能

遗产税是以被继承人或财产所有人死亡时遗留的财产为征收对象的一种税。从定义中我们可以看出遗产税的课征客体是被继承人所遗留的财产或者说是继承人所继承的财产。而财产税就是以纳税人所拥有或支配的特定财产为征税对象的一类税。财产税的性质就是针对社会财富的存量进行课征，属于直接税，税负不易转嫁。财产税的社会功能主要就是体现分配收入功能、经济调控功能和社会政策功能。分配收入功能就是在国家获取收入完成国民收入初次分配的同时对国民的私人收入进行再分配。其经济调控功能则是指在立法上通过税种的开征和停征，税目的调整和税率的升降等促进经济的合理化，促进积累与消费的协调，使经济的发展符合国家的宏观要求。并且财产税具有独特的社会政策功能就是以社会整体利益为出发点，突破形式上的公平主义，更侧重社会经济的协调发展。[①] 而遗产税在调节收入水平，缩小贫富差距，实现社会公平方面发挥着极其突出的作用。

① 刘隆亨：《财产税法》，北京大学出版社2006年版，第49～52页。

第二节　境外遗产税的立法价值研究

近年来，关于遗产税“存”与“废”的争论，集中反映了世界各国在不同时期对不同税收价值取向的取舍。据目前可以收集到的数据显示，在世界上127个有税收制度记录的国家和地区征收遗产税的情况进行分析，发现其中目前正在征收遗产税的国家和地区有74个，占58.3%。[①] 综观世界范围内遗产税法的相关制度，其在税制的选择、课税要素的设置以及征收管理等方面有所区别，对世界各国和地区的遗产税法律制度进行提纲挈领地比较和分析，对研究我们拟开征遗产税不无裨益。

一、美国遗产税立法价值研究

（一）美国遗产税制度简介

在美国，遗产税是一个历史悠久且广受争议的税种。美国的联邦遗产税经过了三征三废，1916年第四次开征并延续至今。当今美国联邦遗产税的基本框架是由1976年的《税收改革法》予以确立的，该法对各种财产转移征税做了统一的规定。[②]

美国开征联邦遗产税和与之相关的联邦赠与税，实际上两税是合二为一的，因为两税分享同一综合抵免额，亦适用同一税率。这样做的目的是防止纳税人利用遗产税税率和赠与税税率不同而逃税。美国遗产税较灵活，联邦政府和州政府分别征收遗产税，联邦政府采用总遗产税制，而州政府自己决定采何种模式，其大多采用分遗产税制即征收继承税，且各州之间的税率也

① 刘佐、石坚：《遗产税制度研究》，中国财政经济出版社2003年版，第53页。

② 1976年美国修改了联邦财产转移税，将原分别适用于遗产税和赠与税的两套税率统一为同时适用于两种税的同一套税率。因此，从严格意义上税，遗产税和赠与税都不再是独立的税种，而只是财产转移税的一个组成部分。参见林国建：《从美国遗产税“空窗期”看我国遗产税的开征》，载《涉外税务》2011年第3期。

不一样。联邦遗产税实行总遗产税制，即“先税后分”模式；美国许多州政府的遗产税则实行继承税制，即分遗产税制（“先分后税”模式），各州的遗产税法由各州自行制定。①

现行的联邦遗产税采用了总遗产税制，以死者死亡时的遗产总额为课税对象，以遗嘱执行人为纳税人，以应税遗产额为计税依据。应税遗产额是遗产总额先减去死者的丧葬费用、负债额、遗产损失后，得出“经济遗产额”，继而再减去夫妻之间遗赠的全部财产以及慈善捐款等税法允许扣除项目金额后的余额。联邦赠与税以赠与财产总额为课税对象，以财产赠与人为纳税人，以应税赠与额为计税依据。应税赠与额是赠与财产总额减去税法允许的每年免税赠与额、夫妻之间赠与的全部财产以及慈善捐款等之后的余额。联邦遗产和赠与税实行 17 级超额累进税率，税率为 18% 至 55%。根据 2001 年由美国总统布什提出并经国会通过的减税法案，从 2002 年到 2009 年，美国遗产税的最高边际税率逐步下降为：2002 年降为 50%，2003 年降为 49%，2004 年降为 48%，2005 年降为 47%，2006 年降为 46%，2007 年降为 45%，2010 年停止征收遗产税一年，2011 年将遗产税恢复到 2001 年的 55%。②

（二）美国遗产税的立法价值：公平与效率反复博弈

1. 美国遗产税的公平价值

从美国遗产税这一波三折的发展历史可以说是立法者在税法公平与效率价值之间反复博弈的经典例子。在 20 世纪五六十年代的美国外部战争、内部动荡不安，立法者此时开征遗产税是希望通过平等性、公平的价值来谋求社会秩序的恢复和政治秩序的相对稳定，因此设立了旨在对世袭财产进行再分配的继承和赠与征税的遗产税法体系。可以说其体系的设置、税率结构和纳税义务人等的规定都符合了税法之公平正义要求。首先，其实行的是三位一体的总遗产税制即遗产税与赠与税是合并统一征收的，并适用同一税率；而隔代转移税，作为遗产税和赠与税的一个补充税种，主要是防止遗产隔代转

① 刘佐、石坚：《遗产税制度研究》，中国财政经济出版社 2003 年版，第 63 页。

② 参见刘佐、石坚：《遗产税制度研究》，中国财政经济出版社 2003 年版，第 72 页。

移以逃避应交遗产税的行为而开征的。隔代转移税的实质就是对财产的转移在每一代都征一次遗产税，以达到与不隔代赠与结果保持一致的目的。这样，不仅对公民生前和死亡时的遗产行为进行了再分配，也有效地避免了财产的直接和间接转移中的不公平分配问题，从体系上体现了公平价值。其次，美国遗产税实行的17级超额累进税率，有效弥补了所得税的累进程度，对美国个人所得税不予计征的应税所得项目、所得扣除项目和税收抵免等优惠政策进行补充征收，其中最重要的是对资本收益转移时的征收（美国税法对个人所得的资本收益都采取了低于其他所得税的税率），有利于实现了对社会收入分配的公平。最后，不得不说遗产税的征收在一定程度上刺激了慈善捐赠行为的产生，税率越高，慈善捐赠行为发生率越高。

2. 美国遗产税的效率价值

美国最近关于是否取消遗产税的争论其实质是体现了税法效率价值趋向。是否取消联邦遗产税制其实反映了美国国内一直存在的税收立法取向的两个极端——自由竞争与社会公平哪个更重要？支持取消遗产税的主要观点是认为遗产税阻碍了自由竞争，不利于社会经济效率的提高。其主要理由如下：一是就财政收入角度看，遗产税是小税种。无论从绝对量，还是从相对数量来看，这一税种的收入水平一直保持相对较低的水平，如1999～2003年，遗产税的税收总额只占国内国民收入（GDP）的0.29%左右。二是遗产税打击了人们对投资、工作和储蓄的积极性，人们为了逃避遗产税和赠与税，不是减少投资、工作和储蓄，就是增加即期消费。三是遗产税的征收成本较高。以1998年为例，遗产税收入为230亿美元，而征税成本是480亿美元，征税成本高于税收收入多达250亿美元。[①] 可见，由于现今美国经济发展形势的需要，使税法之效率价值超越公平价值成为美国税法价值的主旨。

但是，我们也应认识到，美国遗产税今后的发展将遭遇税法公平价值的强烈对抗。主要表现在：首先，现在美国社会贫富悬殊很大。而取消对大量

① Buckley, John, "Transfer Tax Repeal Proposals: Implications for the Income Tax", *Journal of Financial Economics*, 2000, pp. 57 - 275.

集中的财富和权力的一种公平、效率价值约束的遗产税，将扩大富人和普通美国公民对经济和政治的影响力的鸿沟，只能使美国的富人得利，而进一步损害那些入不敷出的穷人的利益。其次，现行的遗产税法对鼓励慈善捐赠行为起着积极作用，废除遗产税将使富人向公益事业捐赠的一大动力消减。最后，取消联邦遗产税可能会造成一些其他的问题。如将去除目前联邦税法中累进水平最高的税收手段，损害非盈利集团的利益，甚至会抑制储蓄、劳动力供给的增长；而且废除联邦遗产税还将造成所得税资本收益的征收漏洞，并将使所得税制度下的避税行为增加，减少财政收入。① 一言以蔽之，遗产税法的公平价值和效率价值就是在这种博弈中寻求平衡点，达到最佳状态。

二、日本遗产税立法价值研究

（一）日本遗产税制度简介

为了筹措对俄战争军费，日本于1905年开始征收遗产税，当时采取的是总遗产税制，即以被继承人接受的遗产总额为征收对象，先对被继承人的遗产总额征税，这与当时的民法（日本没有专门的继承法，由民法规范财产继承的有关事项）有直接关系。当时的民法规定遗产由家族中的长子继承，这一时期没有单独设立赠与税。

1947年日本修改了民法，废除了长子继承制度。遗产税也随之相应修改开始设置赠与税。1950年，在美国哥伦比亚大学教授夏普博士的提议下，日本政府将总遗产税改为相续税制度，放弃总遗产税制，废除赠与税，改为实行分遗产税制，对继承人所继承的财产课税。虽然采取相继税消除了被继承人可能通过生前多次赠与从而逃避纳税义务的弊病，但终究不敌征收管理上的烦琐，于1953年宣告废止，取而代之的是遗产税与赠与税两种制度并行。此时日本采用的分遗产税制，一般也称为“继承税”，以每个继承人分得的遗产数额为征税对象，即先分遗产，再征税，所以其显著特点是

---

① Mitchell M. Gans, “Wealth Transfer Tax Repeal: Some Thoughts on Policy and Planning”, *Journal of Finance*, 1996 (51), pp. 227 - 230.

“先分后税”。

1953 年又重新设立赠与税，对接受赠与的人受赠的财产按年征税。对开始继承前两年以内受赠的财产并入继承财产中征收继承税。1958 年，修改继承税法，将过去按照实际继承额征税改为按照法定继承征税的方式，即根据民法规定的法定继承人人数和法定继承份额计算继承税总额，按照每个继承人实际获得的财产数额计算分摊税款。同时，将应当并入继承财产征收继承税的继承前两年以内受赠的财产改为继承前三年以内受赠的财产。赠与税采用三年累积课税制度，即对三年以内接受同一个赠与人赠与财产的，实行三年累积后一次性征税。1975 年修改了赠与税法，废除了三年累积课税制度，实行按年征收赠与税办法，并一直沿用至今。

日本的继承税和赠与税主要有以下几个特点：第一，与前面美国遗产税制不同，其采用的是分遗产税制，对继承人继承的财产课税，这样可以使继承财产人与没继承财产人之间保持一定的公平，达到抑制财富过分集中的目的，且对于每个继承人来说税收负担也较为公平合理。第二，其税额的计算比较复杂。先是按照每个继承人实际继承的财产数额汇总计算出所有继承人的课税继承总额，再根据法定继承份额确定每个法定继承人的课税继承额、税额并汇总计算继承税总额；然后根据实际继承份额确定每个人的继承税额；最后根据有无加算税额和配偶、未成年者税额扣除等计算出每个继承人实际应纳的继承税税额。计算步骤多，比较烦琐。第三，税率档次多，税负较重。继承税和赠与税均采用超额累进税率，继承税实行 9 级超额累进税，赠与税实行 13 级超额累进税率，两税的最高税率均为 70%。

（二）日本遗产税的立法价值：追求代际之间的公平

根据日本财政部的数据，自 2002 年以来，日本遗产税收入占一般会计预算收入的比重一般不超过 2%，占 GDP 的比重保持在 0.3%。自 1965 年以来，遗产税收入占一般会计预算收入的比重最高为 3.8%（1991 年），占 GDP 的比重最高为 0.6%（1991 年、1992 年）。虽然日本的遗产税收入占财政收入的比重较低，但遗产税的开征有效地减缓了财富集中的趋势，防止日益严重的两极分化，促进机会均等，为同代人创造了相对公平的社会环境。正是从这个角度出发，日本的遗产税属于中央税。遗产税开征的意义不在于筹集多少财政收入，而在于在多大程度上激励社会和平与公正意识。

日本有“不为儿孙留美田”的思想，他们认为父母的资产状况通过遗产决定了子女的资产会对子女之间人生起步阶段影响很大。与自己的能力、努力毫无关系而在最初的起步条件就比别人有利，这种差距是不公平的。日本的社会学教授橘木俊诏指出“纠正资产分配不平等的最有效的征税政策就是强化遗产继承税”，他认为“是因为产生资产分配不平等的重要原因就是遗产的授受”，其主张“应使每个人处于相同的初期条件，对与个人努力无关的利益课税是应该的这一想法，所以我们提倡强化遗产继承税”。①

日本遗产税税制复杂，征税成本较高。由于财产的转移，尤其是不动产的转移，往往难以核定，为此，日本的遗产税设置了许多条款，以避免税收流失。同时，遗产税的征收需要设置专门的机构，而遗产的核实、评估和征收又需要具有专业知识的人员花费相当多的时间和精力。如前所述，在日本，遗产税收入占财政收入的比重虽然不高，但从事遗产税征管工作的税务人员却比较多，约占全国税务人员总数的7%。因此，在日本遗产税的征收成本较高。②

三、我国港台地区遗产税立法价值研究

（一）我国香港特别行政区的遗产税立法价值研究

1. 香港特区遗产税制度简介

香港的遗产税法条例最先于1915年订立，它是以英国1894年的遗产税为蓝本的，故部分采用英国税法语言。香港遗产税采用总遗产税制，只对遗嘱执行人转让财产的管理人和受益人就其所接受的香港或位于香港的财产征

---

① 参见［日］橘木俊诏：《日本的贫富差距——从收入与资产进行分析》，丁红卫译，商务印书馆2005年版，第117、149页。

② 李慧：《日本遗产税制设计及对我国开征遗产税的启示》，载《市场经济与价格》2012年第12期。

收。即遗产税的纳税人是遗嘱的执行人和转让财产的管理人或受益人。[①] 由于香港只行使属地税收管辖权，香港政府只对纳税人位于香港的财产才征收遗产税，位于香港之外的财产则不在课征范围之内，因此，财产所在地是决定是否需要缴纳遗产税的关键因素。采用全额累进税率，起点税率5%，最高税率为15%。

香港的遗产税可以说带给香港政府的税收十分可观（1995～1996年为12.7亿港元）。在香港遗产税的行政费用相当低廉可以说是一高收益、低成本税种。自2004年3月香港财政司司长唐英年首次公开提出取消遗产税建议后，于2005年11月法案获得正式通过，2006年2月11日起，为了配合政府政策，香港废除了自1915年开征的遗产税。1999～2003年这5年间，遗产税收入约占香港政府收入的0.7%。一旦取消遗产税会使香港政府每年减少约15亿港元的税收收入。

2. 香港特区废除遗产税的动因：效率价值优先

香港废除遗产税的动因之一就是主张效率价值优先，即通过废除遗产税来吸引更多资产流入香港。香港特区政府财经事务及库务局局长马时亨说："取消遗产税并不是单纯是一项税务宽减，而是对香港的金融业以至整体经济发展的一项长远策略性投资。"遗产税的取消是香港媒体用来形容香港金融业的政策优势。香港取消遗产税适合本地区自身的经济状况和政策取向直接相关的。第一，金融业是香港的重要经济支柱，个人资产管理和信托业务对税收比较敏感尤其信托业务常作为遗产税避税的手段；第二，近年来相对周边国家和地区尤其是与中国大陆相比，其资金的吸引力在下降；第三，香港若干年来一直以税收优惠吸引外资、刺激经济增长，是公认的国际避税地之一，税收竞争是其吸引外资的一张名片；第四，从香港的外部环境、地理位置、法律制度等因素来看，可供调整选择的用来刺激经济的手段十分有限，而取消遗产税无疑是一种执行成本不大，预期收入较高的政策选择。但笔者并没有搜查

① 於鼎丞主编：《港澳台税制》，暨南大学出版社2009年版，第46页。

到有确切的数据或论证由于取消遗产税而给香港带来资本流入的增加。

（二）我国台湾地区遗产税“立法”价值研究

1. 台湾地区遗产税制度简介

台湾遗产税制度的理论起源于民主主义之父孙中山先生。台湾遗产税开征提议始于1911年，并于1946年正式公布实施，规定采用累进税率课税对被继承人死亡时的财产课税，目的就是实现社会财富的平均，多遗产者多纳税。我国台湾地区的遗产税征收模式选用的是总遗产税制，即以遗产总额减除负税额，用遗产净额采用累进税率计算应纳税额。我国台湾地区在1973年2月6日，正式颁布了“遗产税与赠与税法”，共6章59条，并修改了七次之多，最主要的两次是1981年6月19日和1995年1月13日，2000年6月13日则是最近的一次修改。本次进行了较大变动的修改并且沿用至今，如今该规定已比较完善。①

我国台湾地区的“遗产税法”对纳税人的顺序作如下规定：首先是遗嘱执行人，如果无，则纳税人为继承人和受赠人；在前两者都没有的情况下则为依照“法律”规定选出的遗产管理人。根据法条规定，遗产税可从总财产额中扣减700万台币，赠与税是从赠与总额中减去100万台币。遗产税与赠与税是按照十级累进税率（2%～50%的税率）计算应纳的税款。

1946年的我国台湾地区遗产税自实施以来已经修改过了很多次，在美国2001年提出废除遗产税的政策之后，我国台湾地区也开始有学者建议减免或者取消遗产税，他们的理由主要就是认为取消了遗产税就可以促进台湾地区的经济发展，就可以吸引大量的资金投入台湾地区。在当时引发遗产税制度存废问题的激烈讨论。②

2. 台湾地区遗产税的“立法”价值：社会公平高于经济效率

台湾遗产税“立法”价值是社会公平高于经济效率。孙中山先生的劫富

---

① 赵德芳：《中国遗产税制立法研究》，载《研究生法学》2004年第4期。

② 吴耀宗：《公平视角下的台湾遗产税存废问题研究》，暨南大学2009年博士学位论文，结论第1页。

助贫思想对20世纪50年代以后的台湾地区的经济社会发展产生了很大的影响。遗产及赠与税税收只占总税收收入的1.89%~2.57%，而其稽查成本、征税成本、行政救济诉讼成本等比例相对于其他税目而言的是比较高的，故而遗产税的立法意旨及追求社会意义高过于财政意义的目的。

台湾地区对遗赠税课征主要是依据社会公平与资源配置效率来加以衡量。由于对遗赠税的课征涉及的财富累积是由于个人收入与支出在长时间下形成的结果，而且财富移转是透过不同世代重叠延续的过程，各不同世代的价值观及生活水准都影响到对于效率与公平的抉择。至于赞成与反对课征遗产及赠与税之论据，赞成者主要就社会公平观点来考量世代移转之水平公平与垂直公平，以达到平均社会财富之目的；反对者主要在于重点考虑经济效率。

通过上述典型国家与地区的遗产税历史变迁的研习，我们不难发现税收作为政府的政策工具，服务于不同时期的政策目标，工具的选择和变化也是自然而然的事情。每一发展阶段由于政治经济环境的变化，由于国情的不一样对于遗产税征收与否以及如何征收的态度也是不一样的。由此我们也可以看出对于遗产税立法价值的取向问题各个国家和地区的观点也不是一成不变的。那么联想到我国，就我国当前的国情来说，我们又应该如何看待遗产税的立法问题呢?

第三节　中国遗产税立法价值研究

一、遗产税的传统立法价值

（一）传统立法价值：公平价值与效率价值

从古代的遗产税的功能和课税依据到现代其功能和课税依据的转变，我们不难发现在现代财政国家体系建立后，当社会主要矛盾不再是阶级矛盾时，遗产税调节社会财富分配的价值就更加突显了出来。而各国开征遗产税的最根本原因就是在于遗产税的开征有利于防止收入的过分悬殊，调节收入分配，平均社会财富，解决收入分配中存在的不合理现象，其能帮助各国政府实现收入再分配和社会公平的主要目标。与经济学上只注重从效率方面评价不同，法律对税收的评判引入更多的价值维度。

法律的内在价值取向是外在的法律制度的灵魂，现代法律制度的构建须以现代法律价值的确立为前提。笔者认为在现代社会思潮中，立法价值取向之争也就在于公平与效率的权衡。遗产税立法价值的张力在于沟通公平与效率之间的关系，公平与效率的张力就是这两种基本价值达到平衡点后形成的内向性维持力量和外向性社会作用。研究遗产税立法价值的公平与效率之间关系的关键就在于寻找这些平衡点，使它们由妨碍实现社会和谐等价值目的潜在或现实力量转化为推动社会进步的积极力量。①

1. 关于公平价值。公平、公正是法律的最本质的要求，也是法律永恒的价值追求。税法在不同层次的公平价值有多个内容。第一，税收公平，税收公平包括普遍征税和平等纳税两个方面，作为税法价值的社会公平，是制定税法的最终目标追求。税收的公平价值要求税收必须普遍课征和平等课征，唯有如此，才能更好地实现税收的横向公平和纵向公平。第二，社会分配公平，指的是国家通过税收调节，达到社会财富分配上的平等，防止两极分化，达到共同富裕的目标。可以说，社会分配公平是全人类共同的价值目标。社会公平包括各社会成员间的起点平等、分配平等和最终结果平三方面内容。课征遗产税就是通过国家税收杠杆的调节作用，追求社会成员间的起点平等，限制不劳而获，体现社会的真正公平，体现律中的利益分配公平，构成社会分配公平的重要内容。

遗产税法的立法价值所体现的社会公平，与个人或国家不同，社会是因人性的需要而产生，其目的是它自己的共同福利，而不是个人的福利或仅仅是构成社会的每个个人福利的综合。社会公平，首先，将国家和纳税人之间

---

① 谢鹏程：《基本法律价值》，山东人民出版社2000年版，第194页。

的关系由过去的管理与被管理的地位纠正为公法之债意义上的平等关系。纳税人向国家让渡其部分财产权益，根据契约有权利要求国家提供优质的公共产品。其次，社会公平意味着关注纳税人的个人承担税负的能力，国家征税要使各个纳税人承受的负担与其经济状况相适应，使各个纳税人之间的负担水平保持均衡。遗产税可以有效防止“马太效应”在几代人身上持续发挥作用，以免出现一国民众在不公平的竞争中心态失衡，为创造健康的公平竞争环境，凝聚民心和平衡矛盾都有深远的社会效应。

2. 关于效率价值。税法正义价值中的效率价值，要求的是以最少的费用获取最大的税收收入，包括利用税收的经济调控作用最大限度地促进社会的发展，或者最大限度地减少税收对经济发展的妨碍。对遗产课税同样体现了效率原则。国家把征得的遗产税，用于社会再分配能使遗产资源在市场机制作用下得到更有效的配置。另外，个体创造财富的能力是有差别的。被继承人能够遗留下巨额财产证明了他有较强的创造财富的能力，但这并不能保证该遗产的继承人具有比别人更好的创造财富的能力。遗产继承是依据血缘或情谊关系分配的，而非依据效率原则分配的。国家则通过征收遗产税把遗产的分配引导（至少部分）到了效率的轨道上来。

从更深一层意义上讲，遗产税课征的实质，是在承认公民个人财产所有权基础上，在保障财产权益的前提下，对私有财产的隔代遗传依法加以管制，借以平均财富与增进整个社会对财产的使用效益。① 我国《宪法》第13条规定：“公民的合法的私有财产不受侵犯。国家依照法律规定保护公民的私有财产权和继承权。”这一条文是将遗产和私人财产权保护相联系的有力佐证。但是，私有制的过度发达导致社会财富过度向少数个人集中，限制了生产力的发展。而社会化大生产则要求生产资料的社会化程度更高，以利于按照效率原则来配置社会资源。因此，国家通过强制力征收遗产税，对社会财富进行“二次分配”，体现了效率原则和理念。②

---

① 朱大旗：《关于开征遗产税若干问题的思考》，载《中国人民大学学报》1998年第5期。

② 陈岳琴、谌生文：《关于遗产税立法的若干问题》，载《法学家》2001年第3期。

遗产税的公平价值主要是为了保障平等分配财富，但并不等同于绝对平等，绝对的平等只会导致个人劳动积极性的丧失不利于社会的进步。要使经济能够持续增长就必须在社会分配中保持一定张力，这就需要遗产税的效率价值；与此同时，遗产税追求效率价值的最终目的也是实现全社会的公平和全面发展。其实对社会公平价值的保护与对效率价值的追求并不是永远对立的，而是相互促进，并行不悖的，不能为了追求公平价值牺牲效率价值，也不能为了追求效率价值而舍弃公平价值，任何一种价值的过分偏颇都不利于社会的发展。

立法史中出现的不同立法主张，其背后往往是不同的价值取向。通过研究不同的立法主张，可以重新审视不同的价值诉求。

（二）传统立法价值在我国近现代遗产税立法中的体现

自夏朝开始我国就有了税收的雏形，至今已有 4000 多年历史，但直到近代遗产税的概念才被提出。

1. 北洋政府时期：侧重公平价值

我国的遗产税立法始于北洋政府时期，遗产税思想萌芽于孙中山的“节制资本”思想，他主张用累进的所得税和遗产税限制私人资本。1912 年至 1914 年，外国顾问铎尔孟提出了《遗产税说帖及略例》，北京政府财政部次长章宗元拟制了《遗产税征收条例》（草案），1915 年夏，北洋政府财政讨论会依据章氏草案议决“遗产税条例”。参议厅在审议时提出开办遗产税应当遵循各国普遍遵循的两条原则：一是近亲的税负应当轻于远亲，二是大额遗产的税负应当重于小额遗产。后由于政局不稳，战争频繁，此事便搁置起来。[①] 但这并没有影响到国人在遗产税制度建设方面的积极思索。

学者侯厚培对遗产税“利益”的阐述可以说是当时最完整的：（1）伦理上的利益有二，一为“免除家庭间的争端”，二为“免除国民的依赖性”；（2）社会利益有二，一为“德莫克拉西制度”（民主制度）；二为“免除贫

① 刘佐主编、石坚副主编：《遗产税制度研究》，中国财政经济出版社 2003 年版，第 25 页。

富阶级之悬殊”；（3）财政上的利益有四，一为“收入大而可靠”，二为“合于累进法”，三为“手续简单而费用少”，四为“无转嫁之弊”。同时一些人也注意到中国传统的遗产继承制度或家族制度对推行遗产税的不利，晏才杰指出了中国征收遗产税的特殊困难。一是中国的遗产继承习惯与西方有所不同；二是强调遗产税的税率应从轻制定“惟吾国创行新税之始，每为群情所不愿，加以近年水旱兵灾，人民生计极其困难，其征收税率应较各国为轻。”①

北洋政府时期，因遗产税的课征侧重于公平价值的追求，期望可以整改富家子弟恶习，实现国民可以独立自尊的目的，然而却忽略了遗产税的征收征管手段，使遗产税的课征过于理想化进而成为空想，以致在实施过程中因军阀割据，战争频繁，政令不通而夭折。虽有“遗产税条例”（1951年）出台，但当时的人们尚未对中国遗产税制度模式的选择问题作认真的思考。国民政府时期人们对该问题的讨论弥补了这一不足，而当时大多数人选择了分遗产税制也说明了国人比较看重公平价值。

2. 国民政府时期：从效率价值向公平价值的转变

1927年8月，国民政府财政部曾向中央政治会议提出“遗产税暂行条例意见书”，并拟定遗产税征收条例。但因继承法、登记法、户籍法等必要的法律均未颁布，故无法实施。1938年秋因为战时用财紧急，立法院才从速通过了“遗产税暂行条例”，由国民政府于该年10月公布。1939年年底，又公布“遗产税暂行条例施行条例”。虽然北洋政府时期及国民政府初期的几个遗产税法案均采用继承课税的方式，但1938年条例则按遗产总额课税。学术界大部分人士表示理解和支持的。其中典型的代表是著名学者马寅初。他认为：首先关于公平问题，“税制之公平是一事，公平税制能否推行，又是一事。在向不重视直接税之中国而预筹办新的直接税，似应着重于‘推行’，不宜拘泥于‘公平’两字……吾人要知负担公平、固为租税原则之一，但在

① 参见夏国祥：《近代中国税制改革思想研究》，上海财经大学出版社2006年版，第64~65页。

施行租税制上着想，如何能使新税易于推行，尤觉重要。总遗产税制在公平性方面确逊于分遗产税，但在税务行政上较后者简单易行。①

1945 年秋抗日战争胜利以后，国民政府为了将战时财政逐步转为平时财政，开始修订各项税法，国民政府将公平价值引入遗产税的价值追求，使遗产税的课征更符合当时国民的经济负担能力，并建立了一整套配套实施细则，基本上达到了遗产税公平价值和效率价值的衡平，对我国今后遗产税的制定提供了极大的参考价值。于 1946 年 4 月 16 日公布《遗产税法》，这也是中国第一部遗产税法的出台。20 世纪 40 年代中国遗产税制度的建立是中国税制发展史上的一个具有积极意义的重要事件。但是由于当时的中国经济落后，政治黑暗，政府腐败，穷人没有纳税能力，而富人可以逃避纳税，遗产税形同虚设。②

3. 新中国成立后：公平价值让渡于效率价值

1949 年 10 月 1 日中华人民共和国成立以后，首届全国税务会议上，重点研究了新中国的税制建设问题，提出了设计 14 种税收的方案，其中包括遗产税。1950 年 1 月 30 日，中央人民政府政务院发布了新中国税制建设的第一个纲领性文件——《全国税政实施要则》，规定全国设立 14 种税收，其中包括遗产税。同年 6 月召开第二届全国税务会议上，为了解决当时税收工作中的主要问题即通过调整税收关系，调整公私关系，促进经济的恢复和发展，决定遗产税暂不开征。1953 年 8 月 11 日周恩来总理在全国财政经济工作会议上总结报告（此报告经过毛泽东主席多次修改）中提出：遗产税应当准备在适当的时机征收。1954 年 11 月 24 日国务院副总理陈云在中共中央召开的关于资本主义工商业社会主义改造问题会议上的总结讲话中提出：财政部要立即着手草拟个人所得税和遗产税章程，以防资本家个人所得过多。同年 12 月 30 日中共财政部党组向中共中央报送了《关于工商税制建设和对国营企业

① 参见夏国祥：《近代中国税制改革思想研究》，上海财经大学出版社 2006 年版，第 194、249 ~ 250 页。

② 春杨：《南京国民政府遗产税法及其当代启示》，载《法商研究》1999 年第 3 期。

推行周转税等问题的请示报告》提出：遗产税应当在1956年内开征。后来，该请示报告得到了中共中央政治局的原则同意。①

但1956年1月底到2月初召开的全国财政厅（局）长、税务局长会议上，再次研究了是否开征遗产税问题。结论变成了否定，而且这个意见上报中央之后也得到了中央的同意。在后来的1958年、1973年、1984年三次重大税制改革中，都没有将遗产税列入计划。

4. 中国改革开放后：重拾公平价值

改革开放以后，随着中国经济的迅速发展、经济结构的变化、人民生活水平的不断提高和对外开放的逐步扩大，开征遗产税的条件逐步成熟。1985年第六届全国人民代表大会第三次会议通过了《继承法》后，全国人民代表大会常务委员会秘书长、法制工作委员会主任王汉斌提出可以开征遗产税。1987年12月财政部税务局局长金鑫第一次提出对开征遗产税和赠与税的可行性进行调查研究和论证。1992年12月，国务院总理李鹏在全国财政会议上专门讲了征收遗产税的重要性。

遗产税20年前就曾写进中共十四届三中全会的决定中："适时开征遗产税和赠与税。"1997年江泽民同志在党的十五大报告中再次重申"调节过高收入，逐步完善个人所得税制度，调整消费税，开征遗产税等新税种"，②2004年一度还公布了《遗产税暂行条例》（草案），自始遗产税成为了社会最为关注的热点问题之一。十八大也指出要"完善收入分配结构和制度，增加城乡居民收入，缩小收入分配差距规范收入分配秩序"，2013年2月5日出台了收入分配改革方案中写到"研究在适当时期开征遗产税问题"。甚至一度传言2016年将率先由深圳最先出台遗产税，但时至今日征收时机仍处于争议中。可以说任何立法，只要是为了达成某种目标、为了解决一定问题，

① 参见刘佐主编、石坚副主编：《遗产税制度研究》，中国财政经济出版社2003年版，第40～41页。

② 中共中央宣传部理论局编：《建设有中国特色社会主义若干理论问题学习纲要》，学习出版社1998年版，第84页。

无论是民间立法还是国家立法，也无论是议会立法还是行政立法、司法立法，都会涉及立法价值问题，遗产税的立法问题也不例外。

长期以来，我国过于强调税法的强制性和无偿性，忽略了税法的正义价值。公平与效率是税法的基本价值，代表着不同的价值取向，在不同情况下有所偏重。从公平要求的价值形态上看，公平所反映的是人与人之间的关系，它以规范和原则的形式规定了人们活动的范围、方式，使其与相应的责任和义务相联系起来，保持某种“应然”的秩序；从效率的价值形态上看，效率反映的是人与物之间的关系，它所追求的在于结果的时效性，即单位时间内投入的劳动投入能产生出多大的收益。公平与效率是一对矛盾，既相互对立、相互排斥，又相互促进、相互依赖。公平与效率的矛盾具有长期性、普遍性、阶段性和相对性等特点，尤其是阶段性和相对性值得我们注意。

二、遗产税的本土化立法价值

中国的社会转型并没有偏离社会主义社会制度，而是通过合理而有效的市场经济构建更为合理的社会制度体系。为了解决社会转型中的问题，尤为需要的是社会主义价值观体系，这个体系包括信仰层面、社会制度层面，还包括日常生活层面。中国现阶段社会转型中贫富差距已成为严重的社会问题，并成为社会不稳定的一个重要因素，在一定程度上，动摇了人们对社会主义的信仰。

（一）遗产税有效践行马克思主义“实质正义观”

学术界一致都认为正义的核心问题是分配的正义。无论是罗尔斯的平等正义还是诺齐克的权利正义，虽然在西方的社会与文化背景下的探讨的确存在世界范围的合理性问题但正义的标准过于美好，在现实社会还缺乏完全实现的条件。针对我国的情况，争论的问题主要是共同富裕和先富与后富的问题。共同富裕强调社会所有成员分配上占有的基本权利，主张社会互助、合作、关系协调、稳定发展，是美好社会的理想目标，与罗尔斯的见解有相似之处；先富与后富强调分配差别的原因，主张按劳分配、按资分配等分配根据，主张切实保护个人正当利益，反对人为地、随意地分配个人正当财富，认为分配差别是一定社会历史条件下所不可避免的，在诺齐克的著作里蕴含了这种观念。可以说，对于分配正义的追求，既有理想的成分，又有现实的考虑，是人类长期的、全球性的问题。罗尔斯和诺齐克的分歧就反映了分配正义理论的复杂性和实践上的艰巨性。

相比之下马克思的科学社会主义理论中的正义观更接我国的地气，是一种现实的、唯物的实质正义观。马克思之所以反对“分配正义”，对动摇私有财产制度的分配持批判态度，一个重要的原因就在于，“他对分配正义的最大关注不在于建构一种正义的理想状态，而是致力于揭示出一条实现这种正义目标的现实途径”。① 马克思秉持历史唯物主义的基本立场对资本主义社会的非正义现象进行了深刻的揭露和分析批判了资本主义社会中的各种正义理论，进而提出了自己的分配正义理论。马克思认为，生产决定分配，生产方式决定分配方式，生产方式的性质和状况决定分配的性质、方式和状况。分配作为一种权利，直接源于生产要素、生产条件、生产资料的所有权形式，决定于人在生产中的地位，因而分配是一种现实的经济权利与经济关系，而不是一种抽象的道德权利。真正正义的社会应该是一个生产力高度发展，消灭了私有制阶级、剥削、压迫、异化、奴役，人与人之间平等合作，社会共同占有生产资料，实行按需分配原则的社会。战胜非正义的资本主义社会制度，从而实现理想的正义的社会制度的根本途径是通过无产阶级的革命实践，进行彻底的社会革命，打碎旧的国家机器，推翻资产阶级的统治和压迫，代之以无产阶级专政，确确实实以革命消灭阶级，消灭人剥削人的制度。马克思将无产阶级分配正义理念集中地概括为——消灭阶级。而马克思的这种“实质正义”在我国现阶段的直白翻译就是1992年邓小平在“南方谈话”中的社会主义的本质——解放生产力，发展生产力，消灭剥削，消除两极分化，最终达到共同富裕。②

遗产税法是社会财富再分配之法，是社会分配正义之法，是个人分配正

① 何建华：《论马克思的经济正义思想》，载《中共福建省委党校学报》2003年第12期。

② 邓小平：《邓小平文选》（第3卷），人民出版社1993年版，第373页。

义的基础上的二次分配之法，因此遗产税法是个人分配正义与社会分配正义整合之法。遗产税法是对由于因个体个性的差异而产生的贫富分化的矫正，其注重的是个体的差异性而非个体的抽象性，考虑个体的实际情况，因此其追求的是实质公平而非形式公平；遗产税法通过对少数富裕阶层征税，限制其财产权的自由，使部分权利回归社会，然后政府通过转移支付等手段将其配置到最需要帮助的贫穷阶层，使更多的贫穷阶层获得更多的自由；遗产税法对富裕阶层征收遗产税，然后政府通过转移支付将税收收入转移到贫穷阶层，使贫穷阶层的心理得以平衡，从而使贫穷阶层得以稳定，实现稳定的政治秩序，从而使社会有序化，这都是“实质正义”应有之义。在中国，初次分配坚持效率优先、兼顾公平，其实际是注重的是个人努力、社会地位与所得及权利的对称性，即其注重个人分配正义，其注重的是形式正义；在再次分配中，坚持对社会弱势群体和社会弱者的倾斜，其注重的是社会分配正义即“实质正义”，而在再次分配中遗产税法能发挥重要的作用。遗产税不但注重起点相对公平，还注重结果相对公平，对遗产征税可以保证下一代在相对公平的起跑线上一起进行竞争，由于个体差异及社会机会差异或者其他的一些偶然因素，即使是起点相对公平的竞争，最终获得社会利益分配的结果可能非常悬殊，此时对获利多者死亡时征收遗产税能保证结果的相对公平，无论是起点公平还是结果公平都是“实质正义”的必然要求。

（二）遗产税开征有利于和谐社会的构建

中国法律史是一部运用礼法寻求和谐的历史。中国历史上所有的强盛时期，如贞观之治、开元盛世，都是比较和谐的社会时期。因此，和谐是整个中国传统法律社会的鲜明特点和基本精神。构建社会主义和谐社会战略思想和历史任务的提出与实践，为依法治国、建设社会主义法治国家进一步明确了指导思想和奋斗目标，在这样的背景下，“和谐法治”概念呼之欲出。

中国共产党第十六届中央委员会第四次全体会议提出了“构建社会主义和谐社会”的概念。胡锦涛指出：“我们所要建立的社会主义和谐，应该是民主法治、公平正义、诚信友爱、充满活力、安定有序、人与自然和谐相处的社会。”2006年10月11日中国共产党第十六届中央委员会第六次会议明确了建设社会主义核心价值体系，构建社会主义和谐社会的历史使命。2012年11月8日，中国共产党第十八次全国代表大会提出，必须深化收入分配制度改革，加快健全以税收、社会保障、转移支付为主要手段的再分配调节机制。在2013年11月12日中国共产党第十八届中央委员会第三次全体会议通过的《中共中央关于全面深化改革若干重大问题的决定》再次强调了要改革收入分配制度，促进共同富裕，实现社会公平。2017年10月18日，中国共产党第十九次全国代表大会在贯彻十八届三中全会精神的基础上，明确了深化税收制度改革，逐步提高直接税比重的目标，实现税制结构优化。

“流水不腐，户枢不蠹”，税法学的基本理论在社会的进步与经济的发展中正经历着一个逐步完善与创新的过程。税法不仅是国家宏观调控的有力手段，它在社会主义和谐社会的构建中扮演重要角色。和谐税法是和谐社会的组成要素之一，也是和谐社会的重要保障之一。

构建和谐社会的首要问题和核心问题就是促进社会利益关系的和谐，即从社会的整体利益出发，实现分配公平，而遗产税有助于有条不紊地进行社会收入的分配与再分配。社会个体的利益增加是最终将实现社会财富总量的增加，用国家参与利益分配的方式重新实现社会成员个体的分配结果的改善，进而实现整体社会利益。也就是说，实现社会整体利益需要社会财富的合理分配，不然社会财富总量的增加只能满足少数个体的利益需求，对大多数个体的利益是一种损害。如果小部分个体在达到自己的利益需求后，以社会利益的名义为个人牟取私利，那么国家将成为特权工具而不再是社会治理工具。因此，对于遗产税的免征额，各国都规定了较高的额度，那么纳税主体只能是社会的小部分人群，不可能因为征收遗产税而阻碍社会经济的进步；另外政府通过转移支付、社会保障和其他手段将遗产税收入分配给贫穷社会阶层，有助于提高整体的效率和增加社会整体利益；与此同时，遗产税的征收减少因家庭继承而形成的寡头垄断，遏制了垄断限制竞争对社会经济发展带来的损失，从而提高社会的整体利益；遗产税的价值还在于，减少了由于贫富差距所带来的人们之间的隔阂，使人们之间和睦相处，促进和谐社会的构建。

（三）遗产税与“以人为本”的科学发展观相契合

1. 以人为本的科学发展观

自从中国共产党十六届三中全会在《中共中央关于完善社会主义市场经济体制若干问题的决定》中号召全党“坚持以人为本，树立全面、协调、可持续的发展观，促进经济社会和人的全面发展”以后，“以人为本”就成为指导中国社会全面改革和协调发展的科学发展观的基本原则，法治建设也不例外。[①] 在法学领域，它确立了法律发展的根本价值取向，即以人为本的法律价值观。这一法律价值观强调人的主体地位，尊重人的价值和尊严，确认和保障人权，将人文精神作为现代法治的根本理念，以最大限度地促进人的全面自由发展。

对中国社会主义核心价值观的概括，应该遵循马克思主义普遍真理同中国具体实际相结合的原则，既体现放之四海而皆准的马克思主义核心观点，又符合中国实际，还具有中国作风和中国气派，为中国老百姓所喜闻乐见，易于理解和践行。“以人为本”正是这种中国化马克思主义的根本观点。它植根于历史悠久的中华民族优秀传统文化之中，又在中国共产党的理论创新和社会实践中得到了升华，被赋予新的马克思主义的科学内涵，成为我们时代的精神上的精华。

党的十九大报告对“以人为本”的科学内涵和精神实质作出了新的阐述：“坚持以人民为中心。人民是历史的创造者，是决定党和国家前途命运的根本力量。必须坚持人民主体地位，坚持立党为公、执政为民，践行全心全意为人民服务的根本宗旨，把党的群众路线贯彻到治国理政全部活动之中，把人民对美好生活的向往作为奋斗目标，依靠人民创造历史伟业。”

① 徐亚文：《“以人为本”的法哲学解读》，载《中国法学》2004年第4期。

“以人为本”的法律价值必须保障人的权利，必然要求对人的权利的尊重。法的本位是权利，“以人为本”法律理念就是重点强调每个个体的权利，一切权利的基础是对人价值的尊重，权利存在的价值说明对人的价值的认可，人对权利的实践程度表明了人在社会中的价值实现程度。

2. 遗产税法“以人为本”的价值理念

首先，遗产税法律制度本身的制定就显现出“以人为本”的价值，一方面，通过遗产税立法限制政府对公民财产权征税的恣意剥夺；另一方面，公民通过遗产税法依法纳税，采取合理手段对遗产税进行规划，保证财产效率最大化。其次，遗产税法的“以人为本”的价值体现在对人的生存权的关注，除了规定对继承人基本生活费用的扣除免于征税以保证继承人基本生活不受影响以外，还通过转移支付、社会保障手段将遗产税配置到最需要帮助的社会贫穷阶层，使其过上基本的、有尊严的生活，保障全体国民的基本生存权。再次，遗产税法的“以人为本”体现在对人的发展权的关注，遗产税对富裕阶层征税，削平穷人与富人之间的贫富差距，使社会成员在相对一致的起跑线上进入市场，获得同等的发展机会。最后，遗产税法的“以人为本”的价值体现在对公益捐赠的扣除。通过对公益捐赠的遗产税扣除，鼓励富裕阶层对公益事业进行捐赠，促进公益事业的发展。

第四节　我国遗产税立法价值的实现途径

我国是发展中国家，处于社会主义初级阶段，发展才是硬道理。因此，在遗产税法律制度构建中，我们不仅要借鉴境外对于公平价值与效率价值孰轻孰重的考量以及如何平衡的经验，更要考虑具体国情，将“和谐社会”“实质正义”“以人为本”的本土价值观贯彻落实到遗产税法律制度之中，即在遗产税税制模式选择、纳税主体及征税范围的界定、起征点与税率的选择、扣除项目的选择等方面有所体现。

一、遗产税开征的现实背景

（一）中国当前经济发展水平较好，开征遗产税具有经济支撑

遗产税的开征，离不开一定经济基础的支撑。曾有学者在2003年预测："如果我国开征遗产税每年征税额达到税收总额的0.3%～0.5%，收入就可以达到60亿～100亿元；如果以中国最富有的1%富人遗产为征税对象，结合近年来0.65%的死亡率，平均每人纳税10万元，则收入可达80亿元。"①这一收入水平在如今早已翻了几番，它提醒我们遗产税并不是一个小税种，如此庞大的征税税额必须依赖于足够强大的经济基础才得以持续。衡量经济基础最直观的数据就是人均GDP，国际货币基金组织（IMF）2017年10月发布的《世界经济展望》显示，中国国内生产总值为112 321.08亿美元，位居世界第二，预测增速6.28%；人均GDP为8123美元，位居世界第75名，预测增速5.66%。总体来说，中国目前的经济发展水平较好，国民生产总值和人均GDP都有持续增长的态势，能够支撑遗产税的开征。

（二）高额财富家庭数量与日俱增，为遗产税提供充足税源

遗产税是面向富人阶层课征的税种，因此唯有当富人阶层的财富、数量积累到一定程度时，开征遗产税才显得十分必要。瑞士信贷研究所（Credit Suisse Research Institute）发布的《2017年全球财富报告》显示，在世界11亿中产阶级中（财富介乎10 000美元至100 000美元），中国所占比例由2000年的12.6%迅速升至2017年的35%。目前中国的百万富翁人数达200万，约相当于全球总数的5%，坐拥9.8万亿美元。除此之外，中国共有18 100名超高净值人士②，位居全球第二，仅次于美国。

以上数据表明，中国的高净值人士乃至超高净值人士数量庞大，在世界排名前列，其积累的财富数量不容小觑。正是基于这样的基本国情，中国才有了开征遗产税、调节社会财富分配的迫切要求。同时我们也可以看到，富

---

① 刘佐主编：《遗产税制度研究》，中国财政经济出版社2003年版，第174页。

② 高净值人士，指的是资产净值较高的人士，一般而言指中国内地个人持有可投资资产超过600万元人民币的人士。净资产超过3000万美元的人，被称为超高净值人士。

人阶层积累的财富逐年攀升，为遗产税提供了充足稳定的税源，遗产税的开征具有较好的经济基础。

（三）贫富差距不断拉大，开征遗产税有利于缓解社会矛盾

表1　2013～2016年中国居民收入变化

年　份	中国居民收入基尼系数
2013	0.473
2014	0.469
2015	0.462
2016	0.465

资料来源：中国国家统计局官网：http：//www.stats.gov.cn/。

如表1所示，中国近年来的居民收入基尼系数自2013年至2015年持续下降，2016年略有回升，总体上仍然高于0.4，基尼系数通常认为的收入分配差距的“警戒线”。由此看出，中国的贫富差距较大，城乡一体化和脱贫扶贫攻坚的形势依然严峻，这为中国开征遗产税提出了现实要求。中国开征遗产税，将有助于进一步缩小城乡收入差距，缓解由此引发的社会矛盾。

二、遗产税立法价值的选择

（一）公平价值与效率价值之博弈

自古以来，公平价值和效率价值便交替登上历史舞台，发挥着决定遗产税立法取向的关键作用。境外遗产税的立法实践告诉我们，遗产税立法价值的选择必须与特定时期的政治、经济、社会发展水平相契合，并服务于该时期特定的政策目的。中国开征遗产税，首先面临的问题就是如何选择遗产税的立法价值，使其更好地发挥立法效用。

在中国历史上，遗产税曾经历过强调公平价值的北洋政府时期，也曾经历过“先效率，后公平”的国民政府时期，新中国成立后公平价值被更加重视。十八届三中全会提出要“改革收入分配制度，促进共同富裕，实现社会

公平”，恰恰是对遗产税的立法价值最直观的要求。遗产税建立在私有制的基础之上，同时又限制私有制的过度发展。当私人财富的积累阻碍了社会效率的提高，遗产税对收入的二次分配将重新激发社会各阶层的创造活力，实现社会公平。笔者认为，在开征遗产税的过程中，效率是手段，是将富人阶层垄断的社会财富进行再社会化的过程；而公平则是目的，通过资源的再次分配能够缓解社会矛盾，实现共同富裕。因此，在立法价值的选择上，遗产税应当在兼顾公平与效率的基础上，更加注重公平。

（二）本土价值观之融入

中国开征遗产税，应当在继承传统价值的基础上融入本土化立法价值，形成有中国特色的遗产税立法价值体系。在中国古代，百姓广受孔子儒家思想的洗礼，家庭继承制度根深蒂固，遗产继承成为天经地义的事情。正是由于这种历史背景，遗产税迟迟不能开征。但发展到近现代，随着中西方文明的交错渗透，中国慢慢接受“租税国家”的概念，正如我国台湾大学葛克昌教授所认为的，从某种意义上说，国家的本质即为租税，租税是国家的象征，租税国家与“所有权国家”是私有经济体制和国家经济体制之根本抉择。①对遗产不可征税的思维观念逐渐被遗产税立法价值所取代。如今，遗产税已被赋予“以人为本”“和谐社会”等新的本土价值观，与公平价值、效率价值共同构成中国遗产税制度的立法理念。一方面，本土价值观的融入能够以更通俗的方式传播遗产税的立法价值，提高遗产税在社会上的可接受度；另一方面，传统价值观与本土价值观的结合反映出本国对实行遗产税制度的政策期待，通过出台相关配套制度更有利于实现相应的政策目标。

三、遗产税税制模式的确定

（一）世界各国及地区遗产税税制类型

现今世界各个国家及地区的遗产税制大体分为三种模式：

一是总遗产税制，即对财产所有人死亡后遗留的全部财产进行课税，以

① 刘剑文、熊伟：《税法基础理论》，北京大学出版社2004年版，第28～52页。

执行遗嘱的人或管理遗产的人为纳税人的制度。即采用“先税后分”的办法，先对被继承人去世时遗产的总额征税，之后再将征税后的遗产分配给继承人和其他受遗赠的人。总遗产税制征收是最为方便并容易执行的，其有利于控制税收来源和方便征收的管理。其缺点是部分和税收的量能赋税原则，因为总遗产税制不能够由各继承人继承的遗产份额决定，而是由被继承人的遗产总额决定。

二是分遗产税制又称继承税制，即在被继承人死亡后，先将遗产分配给所有继承人，然后再对各个继承人所得的遗产总额进行征税，以遗产继承人、接受赠与人为纳税人的制度。其优点是分遗产税制与总遗产税制相比较之下更能体现量能负担原则和公平原则。但是分遗产税由于税收来源不容易控制，纳税人容易存在偷税、漏税的意识，使征管难度加大。

三是混合遗产税制又称总分遗产税制，即在被继承人死亡后，先对其遗产征收总遗产税，然后对继承人所继承的遗产再征收遗产税的制度。混合遗产税制，其优缺点介于二者之间，先税后分再税，可以保证税收收入，防止逃避税收现象的发生，亦能将各继承人区别对待，量能征税。但是其对于一项遗产存在两次税收，计算起来非常复杂，手续办理起来相对烦琐，不符合便利的原则。

（二）我国遗产税制度的模式选择

根据遗产税的价值要求并结合中国的国情，其中有绝大多数学者认为应采用总遗产税制，当然也有一些学者建议采用分遗产税制。笔者认为，在实现公平价值的前提下合理追求效率价值是值得提倡的，故而选择总遗产税制为宜。总遗产税制采用的是事前对遗产总额进行一次性征收，对于继承人事后利用虚假的遗产分配来减少遗产税纳税额度的行为能够有效地杜绝，这样便有效的控制和降低了征收成本，节约了社会资源。同时总遗产税制相对简单，税率的设计简易，税务部门便能够对税收实行高效的征管。不过我们在具体的税制设计中，也要借鉴分遗产税制对继承人的实际经济能力进行区别的“实质正义”价值的设计。首先，结合我国现阶段税务机关的管控能力有限的实际情况，遗产税设计简易符合当前国情，若直接采用分遗产税制容易降低征管的效率，造成偷税漏税的现象，而且在还未普及遗嘱公证的当下，税源的控制将变得相当困难。其次，总遗产税制可算是三种模式中最节约征税成本的税制，故而适于我国遗产税立法的初期推行。现在我国税收体系的主体主要是流转税和所得税，使遗产税收入变得有限，所以采用总遗产税制能够节约成本，体现效率价值。

总遗产税制模式比较适合当前我国进行遗产税立法制度设计，虽说在针对单个主体的公平上不能特别充分地体现出来，但是整体上是实现了的，而且又能充分展示出效率价值的优势。对采用总遗产税制会导致继承人税收负担不公平的现象，笔者认为可以在扣除项目中参见分遗产税制对继承人实际经济能力区别的设置，特别对生活有特殊困难且缺乏劳动能力的继承人可按我国《继承法》的相关规定，在缴纳遗产税后，予以照顾，就具体情况适当多分遗产，不仅实现了公平价值与效率价值的横平也体现了“以人为本”的价值理念。

四、遗产税具体税制的设计

（一）遗产税纳税主体及课税对象

1. 纳税主体

在实行总遗产税制的国家，纳税人多为遗嘱执行人、遗嘱管理人。结合我国《宪法》《继承法》《税收征收管理法》① 的规定，遗产税的法定纳税人可以定义为：享有法定权利，负有遗产税纳税义务，并直接履行缴纳遗产税税款义务的自然人。

2. 课税对象

课税对象也就是指对什么进行课征。若我国实行总遗产税税制，那么被继承人的合法财产就是遗产税的课税对象。

---

① 根据我国《税收征收管理法》第4条规定，法律、行政法规规定负有纳税义务的单位和个人为纳税人。法律、行政法规规定负有代扣代缴、代收代缴税款义务的单位和个人为扣缴义务人。

我国继承法对遗产作出了明确的规定。[①] 在继承人继承遗产之前，会对必要的管理费、被继承人死后所需要的费用等从遗产额中扣除，对于不能进行直接分割的财产可以通过补偿、折价等方式加以处理。如果继承人不愿意继承财产，其也就不需要负担缴税义务和偿还被继承人生前所欠债务。关于我国遗产税的管辖原则，可以采用属人为主，属地为辅的原则，凡是中国公民针对其国内国外的遗产都需课税，对于外国人继承在我国的遗产或者继承我国境外但属于中国公民的遗产，那么动产就适用被继承人住所地法律，不动产则适用不动产所在地法律。

同时，为了防止规避遗产税的行为，规定防止被继承人为了规避遗产税而将财产进行转赠成为必要，对被继承人的财产于死亡前两年内转让的，应当认定为其遗产，将其并入遗产总额予以缴纳遗产税，之所以建议为两年内也是考虑征管的便利，以期保证遗产税的效率价值；对于被继承人的财产于死亡前两年赠与的，可效仿国外及我国台湾地区的做法通过课征赠与税也要课征遗产税，避免其用此方式来逃避遗产税而有损公平价值。

（二）遗产税起征点及税率的确定

1. 起征点

起征点，指税法规定的对课税对象开始征税的最低界限。对于起征点到底多少合适学界对此一直莫衷一是。我国目前关于遗产税起征点的问题争议很大，众说纷纭，跨度也是从 30 万到 1000 多万不等。笔者认为当前免征额太低不适宜，因为免征额太低容易引发纳税人的反感，大量逃税以及资金外流将成为趋势，势必会对我国的经济发展产生不良影响。

2015 年 5 月 26 日，在个人高端客户金融服务领域享有盛誉的招商银行和全球领先的管理咨询公司贝恩公司在北京联合发布《2015 中国私人财富报

---

① 《中华人民共和国继承法》第 3 条规定，遗产是公民死亡时遗留的个人合法财产，包括：(1) 公民的收入；(2) 公民的房屋、储蓄和生活用品；(3) 公民的林木、牲畜和家禽；(4) 公民的文物、图书资料；(5) 法律允许公民所有的生产资料；(6) 公民的著作权、专利权中的财产权利；(7) 公民的其他合法财产。

告》，报告指出，2015年中国个人可投资资产1000万元人民币以上的高净值人群规模已超过100万人，全国个人总体持有的可投资资产规模达到112万亿元人民币。2014年，中国的高净值人群数量首次超过100万人；与2012年相比，增加了约30万人，年均复合增长率达到21%，相比2010年人群数量实现翻倍。其中，超高净值人群规模近7万人，可投资资产5000万以上人士共约14万人。就私人财富规模而言，2014年中国高净值人群共持有32万亿元人民币的可投资资产，2012～2014年增速与2010～2012年基本持平；人均持有可投资资产约3000万元人民币。[①] 根据实质正义的立法价值同时兼顾效率价值，笔者认为目前以持有可投资资产在1500万元作为起征点比较合适，根据所知数据这部分人在总人口的所占虽然比例不超过0.7%，但是这部分人的数量不少。因此，将起征点定为以1500万元不仅能够对我国高收入人群起到调节作用，又能使我国财政收入实际增加，更能让征税顺利进行。当然，随着我国经济发展水平的提升，遗产税的起征点也须相应做出适时调整。

2. 税率的确定

税率，是指按照计税依据征收的比例或者额度计算出每一个纳税人应该纳税的数额，是税收制度的核心要素。其主要有三种类型：定额税率、比例税率和累进税率，其中前两个税率便于计算，但是对于纳税人的纳税能力反映不出来，只有累进税率能够对纳税人的纳税能力做出很好的反应。

遗产税立法在我国的主要目的就是通过利用税收杠杆分配社会财富，能有效地对社会财富分配不公平的问题得到解决，更好地实现公平的收入分配，那么累进税率是最好的选择。在进行税率设定时，要考虑到遗产税的立法目的就是缩小贫富差距，限制财富集中在小部分人手中，需要贯彻公平价值，但是同样基于效率价值，设计的税率应当具有可操作性，实现公平与效率兼顾。

目前，各个国家在遗产税税率的采用上基本都使用超额累进税率，与之

① 载招商银行官网：http：//www.cmbchina.com/privatebank/PrivateBankInfo，最后访问日期：2016年12月4日。

规定了多级的税率级次。中国学者一般认为我们遗产税亦应采用多级超额累进税率，但在实际的设计中有很大的不同。但笔者认为关于累进税率的确定主要在于如何确定最高边际税率和最低边际税率。在最高边际税率的确定应遵循的原则是高于个人所得税最高边际税率，因为遗产属于不劳而获，有悖于勤劳致富的优良传统，所以为了鼓励公民勤劳致富，从而有助于健康发展经济，45%为个人所得税的最高边际税率，那么我国遗产税最高边际税率的设置高于45%方才合理；不过鉴于在遗产税立法初期，在“和谐社会”的价值理念下，考虑到富裕阶层的抵触情绪，最高边际税率不能太高，如果边际税率太高一方面可能会促成公民在死之前肆意挥霍的不良风气，另一方面公民的个人财富积攒到一定程度时往往不会再去工作，或者是富人为了避免征收过高的遗产税而将其财富转移到国外，这些对我国经济的健康发展非常不利。关于最低边际税率的确定，同样应当高于个人所得税最低边际税率3%，但考虑到纵向公平适当高于个人所得税即可。

笔者认为设立八级符合我国的实际情况。具体设计如表2所示。对遗产税实行八级累进、最低边际税率为8%和最高边际税率为50%的税率，既有利于增强区分度，也减轻了纳税人过重的税收负担。

表2　遗产税税率设计

级　数	应缴遗产税（万元）	税率（%）
1	超过1500至1800部分	8
2	超过1900至2200部分	15
3	超过2300至2600部分	20
4	超过2700至3000部分	25
5	超过3100至3400部分	30
6	超过3500至3800部分	35
7	超过3900至4200部分	40
8	超过4200以上的部分	50

（三）遗产税的扣除项目及减税制度

运用与全球各地类似的做法，我们国家遗产税也应规定一些扣除项目和税收抵免的措施对纳税人给予一定的优惠。正如在遗产税税制模式的选择部分所描述的，为了弥补总遗产税制对公平价值实现的不足，可以在扣除项目环节加入分遗产税制的相关规定，更好地实现遗产税的立法价值及功能。

税收的界限和程度可以通过扣除项目进行有效的调整，不仅能够体现政策导向，而且对纳税人的行为选择具有重要的影响作用。扣除项目的设立主要是基于公平价值、效率价值和现有国情的考虑。

具体扣除项目包括一般扣除和特殊扣除。一般扣除包括：（1）被继承人生前应缴纳的税款、罚款、滞纳金等；（2）被继承人生前未偿还的债务；（3）丧葬费用和执行遗嘱、管理遗产费用；（4）已经缴纳的境外遗产税额；[①]（5）遗产遭受意外损失未获保险赔偿的部分。而特殊扣除则应包括对特定人员扣除和对特定项目的扣除：（1）继承人为配偶或直系亲属时，可从遗产中扣除一定的数额；若继承人是残疾人或未成年人，可扣除更多数额；（2）用于政府和公益事业的捐赠；（3）其他依照我国有关法律规定应予免税的财产扣除等。对于上述特殊遗产的扣除，不仅有利于实践“以人为本”“和谐社会”的价值观念，更好地贯彻落实“实质正义”，也有利于资源优化配置的鼓励和引导，从而促进社会财富得到更充分、更有效的利用，实现遗产税法的效率价值。

结束语

遗产税是一个古老的税种，早在4000多年前的古埃及，出于筹措军费的需要，埃及第四王朝法老胡大开征了遗产税。然而，作为四大文明古国之一

① 张博宇：《论我国遗产税立法》，载《河北法学》2004年第4期。

的中国直至近代才出现遗产税这一概念。随着社会经济的发展，开征遗产税已具备筹集财政收入、公平收入分配、优化资源配置等多项功能。通过研究境外国家的遗产税制度可以发现，遗产税的主要功能在于促进代际公平，实现社会资源的有效配置。进入 21 世纪后，中国开始出现“断层式”发展，贫富差距不断拉大，富人阶层积累的大量财富在一定程度上抑制了社会创新的动力。因此，十八大在收入分配改革方案中提出“研究在适当时期开征遗产税问题”，以期通过开征遗产税调节收入分配差距。基于政治、社会、法律等条件的齐备，中国开征遗产税是必然的趋势。然而，开征遗产税首先面临的问题就是立法价值的选择。立法价值是法律的灵魂，并贯穿法律始终。中外国家在各个历史时期对遗产税的立法价值都有不同的偏好，反复在公平价值与效率价值之间进行博弈。应当看到，随着历史的发展，公平价值在遗产税中的地位逐渐提高，遗产税对垄断财富的再分配极大地促进了社会新生力量的创造热情，有利于实现共同富裕的社会主义终极目标。中国开征遗产税，应当融入“以人为本”“和谐社会”的本土价值观，实现公平与效率的衡平，促进我国税制结构的健全。考虑到目前遗产税立法的制度设计尚未健全，笔者建议，在贯彻“兼顾公平与效率，更加注重公平”的立法价值的前提下，在总遗产税制的整体框架下确定纳税人、税率和征税对象，减税、扣除制度更加注重实质公平。与此同时，要让遗产税真正发挥缩小贫富差距的作用，官员财产公示、房产信息联网、信用制度健全、国民福利完善等配套制度必不可少。

参考文献

一、著作

1. 王泽鉴:《民法总则》, 北京大学出版社 2009 年版。

2. 王泽鉴:《民法物权》(一), 中国政法大学出版社 2001 年版。

3. 黄茂荣:《法学方法与现代民法》, 法律出版社 2007 年版。

4. 黄茂荣:《法学方法与现代税法》, 北京大学出版社 2011 年版。

5. 董安生:《民事法律行为》, 中国人民大学出版社 2002 年版。

6. 芮沐:《民法法律行为理论之全部》(民总债合编), 中国政法大学出版社 2003 年版。

7. 杨仁寿:《法学方法论》, 中国政法大学出版社 2013 年版。

8. 唐士其:《西方政治思想史》, 北京大学出版社 2002 年版。

9. 吴易风、关雪凌等:《产权理论与实践》, 中国人民大学出版社 2010 年版。

10. 唐贤兴:《产权、国家与民主》, 复旦大学出版社

2002 年版。

11. 唐清利、何真：《财产权与宪法的演进》，法律出版社 2010 年版。

12. 彭芳春：《西方产权思想史研究——兼论中国的产权改革与金融改革》，中国经济出版社 2009 年版。

13. 周子良：《近代中国所有权制度的形成》，法律出版社 2012 年版。

14. （春秋）孟轲：《孟子·公孙丑上》，中华书局 2008 年版。

15. （春秋）孟轲：《孟子·滕文公上》，中华书局 2008 年版。

16. （春秋）左丘明：《国语》，上海古籍出版社 1978 年版。

17. （春秋）管仲：《管子简释》，齐鲁书社 1997 年版。

18. （战国）韩非：《韩非子译注》，黑龙江人民出版社 2003 年版。

19. （战国）商鞅：《商君书》，中华书局 2009 年版。

20. （战国）曾参：《大学》，黄山书社 2005 年版。

21. （战国）荀况：《荀子新注》，北京大学《荀子》注释组释，中华书局 1979 年版。

22. （战国）韩非：《韩非子译注》，黑龙江人民出版社 2003 年版。

23. 钱剑夫：《秦汉赋役制度考略》，湖北人民出版社 1984 年版。

24. （汉）司马迁：《史记·夏本纪》，岳麓书社 1996 年版。

25. （汉）班超：《汉书·地理志下》，中华书局 2009 年版。

26. （汉）荀悦：《汉纪·卷八》，中华书局 2005 年版。

27. （晋）陈寿：《三国志·魏志一》，汉语大词典出版社 2004 年版。

28. （后晋）刘昫：《旧唐书·食货志下》，凤凰出版社 2011 年版。

29. （唐）魏征：《隋书·帝纪一·高祖上》，中华书局 1998 年版。

30. （宋）李心传：《建炎以来朝野杂记》卷一百五十七，中华书局 1956 年版。

31. （宋）王钦若：《册府元龟·邦计部·税赋》，凤凰出版社 2006 年版。

32. 黄仁宇：《万历十五年》，生活·读书·新知三联书店 2008 年版。

33. （清）谷应泰：《明史纪事本末·卷六十一》，辽宁古籍出版社 2011 年版。

34. （元）脱脱等：《宋史·食货志上一·农田》，中华书局 1977 年版。

35. 吴慧：《桑弘羊研究》，齐鲁书社 1981 年版。

36. 马寅初：《财政学与中国财政——理论与现实》（上册），商务印书馆 2001 年版。

37. 黄茂荣：《税法总论》，植根法学丛书编辑室 1998 年版。

38. 葛克昌：《税法基本问题》，北京大学出版社 2004 年版。

39. 葛克昌：《所得税与宪法》，北京大学出版社 2004 年版。

40. 黄俊杰：《税捐正义》，北京大学出版社 2004 年版。

41. 陈清秀：《税法各论》，法律出版社 2016 年版。

42. 刘剑文、熊伟：《税法基础理论》，北京大学出版社 2004 年版。

43. 刘剑文：《走向财税法治——信念与追求》，法律出版社 2009 年版。

44. 陈少英：《税法基础理论研究》，北京大学出版社 2009 年版。

45. 杨斌：《中国税改论辩》，中国财政经济出版社 2007 年版。

46. 曾国祥：《税赋与国运兴衰》，中国财政经济出版社 2013 年版。

47. 王纪平：《中国古代税收思想史》，中国财政经济出版社 2006 年版。

48. 唐在富：《中国土地制度创新与土地财税体制重构》，经济科学出版社 2008 年版。

49. 丁芸：《中国土地资源税制优化研究》，经济科学出版社 2010 年版。

50. 李刚：《税法与私法关系总论——兼论中国现代税法学基本理论》，法律出版社 2014 年版。

51. 杨小强、吴玉梅、程佩：《房地产税法之国际比较——应税、免税与估价》，中山大学出版社 2011 年版。

52. 张学诞：《中国财产税研究》，中国市场出版社 2007 年版。

53. 张占斌：《比较优势：中国汽车产业的政策、模式、战略》，清华大学出版社 2004 年版。

54. 刘佐：《中国车船税》，中国财政经济出版社 2008 年版。

55. 陈雪平：《立法价值研究——以精益学理论为视阈》，中国社会科学出版社 2009 年版。

56. 卓泽渊：《法的价值论》（第 2 版），法律出版社 2006 年版。

57. 李德顺：《价值论》，中国人民大学出版社 1987 年版。

58. 蒋晓蕙：《财产税制国际比较》，中国财政经济出版社 1996 年版。

59. 夏国祥：《近代中国税制改革思想研究》，上海财经大学出版社 2006 年版。

60. 赵修义：《马克思恩格斯同时代的西方哲学》，华东师范大学出版社 1996 年版。

二、译著

1. ［美］海斯、穆恩、韦兰：《世界史》，冰心、吴文藻、费孝通译，世界图书出版公司 2011 年版。

2. ［美］詹姆斯·W. 汤普逊：《中世纪晚期欧洲社会经济史》，徐家玲译，商务印书馆 1992 年版。

3. ［美］E. 博登海默：《法理学法律哲学与法律方法》，邓正来译，中国政法大学出版社 1999 年版。

4. ［美］理查德·A. 马斯格雷夫、佩吉·B. 马斯格雷夫：《财政理论与实践》，邓子基、邓力平译，中国财政经济出版社 2003 年版。

5. ［美］罗尔斯：《正义论》，何怀宏、何包钢、廖申白译，中国社会科学出版社 2009 年版。

6. ［英］梅恩：《古代法》，沈景一译，商务印书馆 2011 年版。

7. ［英］洛克：《政府论》（下篇），瞿菊农译，商务印书馆 1983 年版。

8. ［英］约翰·密尔：《论自由》，程崇华译，商务印书馆 1959 年版。

9. ［英］亚当·斯密：《国民财富的性质及原因的研究》（下卷），北京商务印书馆 1981 年版。

10. ［英］李嘉图：《经济学及赋税之原理》，郭大力、王亚南译，上海三联书店 2008 年版。

11. ［英］威廉·配第：《赋税论》，邱霞、原磊译，华夏出版社 2006 年版。

12. ［英］拉登：《财产法》，施天涛等译，中国大百科全书出版社 1998 年版。

13. ［英］理查德琼斯：《论财富的分配和税赋的来源》，于树生译，商务印书馆 1994 年版。

14. ［法］卢梭：《社会契约论》，何兆武译，商务印书馆 1980 年版。

15. ［德］马克思：《资本论》，郭大力、王亚楠译，上海三联书店 2009 年版。

16. ［德］维尔纳·弗卢梅：《法律行为论》，迟颖译，法律出版社 2013 年版。

17. ［古希腊］亚里士多德：《政治学》，吴寿澎译，商务印书馆 1981 年版。

18. ［古希腊］亚里士多德：《雅典政制》，日知、力野译，上海世纪出版社 2011 年版。

19. 托马斯·阿奎那：《神学大全》，北京商务印书馆 1963 年版。

20. ［日］金子宏：《日本税法原理》，刘多田等译，中国财政经济出版社 1989 年版。

21. ［日］金子宏：《日本税法》，战宪斌、郑林根译，法律出版社 2004 年版。

22. ［日］北野弘久：《税法学原论》，陈刚、杨建广等译，中国检察出版社 2001 年版。

23. ［日］橘木俊诏：《日本的贫富差距——从收入与资产进行分析》，丁红卫译，商务印书馆 2005 年版。

三、编著类

1. 谢伏瞻主编：《中国不动产税制设计》，中国发展出版社 2006 年版。

2. 刘亨隆主编:《财产税法》，北京大学出版社2006年版。

3. 毕宝德主编:《土地经济学》，中国人民大学出版社2006年版。

4. 财政部税政司编:《耕地占用税新法规试用指南》，法律出版社2008年版。

5. 各国税制比较研究课题组编:《财产税制国际比较》，中国财政经济出版社1996年版。

6. 刘佐主编、石坚副主编:《遗产税制度研究》，中国财政经济出版社2003年版。

7. 中南财经政法大学法律史研究所编:《中西法律传统》（第3卷），中国政法大学出版社2003年版。

8. 刘春茂主编:《中国民法学·财产继承》，人民法院出版社2008年版。

9. 於鼎丞主编:《港澳台税制》，暨南大学出版社2009年版。

四、论文

1. 黄洋:《古代希腊土地私有制的确立与城邦制度的形成》，载《复旦学报》（社会科学版）1995年第1期。

2. 朱剑锋、蔡子怡:《西方税收原则思想综述》，载《经济学情报》1998年第3期。

3. 杨楠:《美国百年遗产税》，载《时事报告》2010年第10期。

4. 石子印:《Tiebout模型与美国财产税限制的悖论及解释》，载《山东经济》2008年第3期。

5. 胡绍雨:《国外财产税制的比较分析与税制经验启示——基于美、英、日的税制实践考察》，载《宁波广播电视大学学报》2015年第3期。

6. 唐明、李欢:《美国财产税立法限制对我国房地产税立法的启示》，载《中国财政》2015年总第688期。

7. 刘尚希:《财产税的改革逻辑》，载《涉外税务》2007年第7期。

8. 陈锋:《中国古代的土地制度与田赋征收》，载《清华大学学报》（哲学社会科学版）2007年第4期。

9. 范忠信、秦惠民、赵晓耕：《论中国古代法中重农抑商传统的成因》，载《中国人民大学学报》1996年第5期。

10. 吴树国：《宋代杂税演进考论》，载《郑州大学学报》（哲学社会科学版）2010年第1期。

11. 陈少英、欧阳天健：《先秦税收法律思想研究》，载《商业研究》2014年第10期。

12. 金亮、杨大春：《中国古代契税制度探析》，载《江西社会科学》2004年第11期。

13. 杨振红：《汉代算车、船、缗钱制度新考——以〈史记·平准书〉为中心》，载《文史》2007年第4期。

14. 万新亚：《汉唐两代财产税及其评价》，载《河南财政税务高等专科学校学报》2009年第6期。

15. 董建新：《论清末田赋财政地位的变迁》，载《郑州航空工业管理学院学报》（社会科学版）2011年第1期。

16. 戚亚强、夏国祥：《略论晚清田赋改革思想》，载《江苏工业学院学报》2004年第4期。

17. 吕春：《古代房地产制度考究》，载《上海房地》2010年第11期。

18. 高寿仙：《明代北京的房号税——兼及明代其他城市的几种房屋税》，载《中国史研究》2012年第3期。

19. 漆亮亮：《房产税的历史沿革》，载《涉外税务》2002年第4期。

20. 林立平：《唐宋时期城市税收的发展》，载《中国经济史研究》1988年第4期。

21. 闵琪：《加强对中国土地的财政调控研究》，载《内蒙古社会科学》2007年第1期。

22. 叶少群：《建立复合土地税制势在必行》，载《发展研究》2005年第2期。

23. 曲顺兰、路春城：《论土地税在土地资源管理中的作用及其完善》，载《山东经济》2006 年第 4 期。

24. 陈多长：《中国土地税制的缺陷与改革的设想》，载《中国房地产》2001 年第 8 期。

25. 席晓娟、徐亮：《中国现行土地税完善之法律研究》，载《社会科学家》2007 年第 5 期。

26. 王惠：《各国土地税法的比较与我国土地税法体系的完善》，载《经济师》2004 年第 2 期。

27. 钟健、邓大悦：《财产税制改革：国际借鉴与改革方向》，载《财经科学》2003 年第 3 期。

28. 胡渊：《土地税种的国际比较与借鉴》，载《中国土地》2008 年第 3 期。

29. 田野、周梦娇：《发达国家土地税制的比较研究》，载《中国集体经济》2007 年第 30 期。

30. 阮家福：《中外土地税收制度的比较与借鉴》，载《宏观经济研究》2009 年第 9 期。

31. 陈多长：《土地税制的实践：国际比较与中国借鉴》，载《中州学刊》2002 年第 1 期。

32. 宋国明：《英国土地税收制度特征与启示》，载《国土资源情报》2010 年第 7 期。

33. 王宏波：《当前我国房产税的改革问题》，载《甘肃社会科学》2013 年第 4 期。

34. 谷成：《对进一步完善房产税的探讨》，载《价格理论与实践》2011 年第 2 期。

35. 陈少英：《论我国物业税的立法目标》，载《华东政法大学学报》2011 年第 1 期。

36. 郭维真、刘剑文：《论房产保有之税制改革——基于纳税人权利保护的视角》，载《税务研究》2010 年第 8 期。

37. 刘纯林：《中国房产税改革的法理分析及推进策略》，载《江汉大学学报》（哲学社会科学版）2013 年 8 月刊。

38. 漆亮亮：《房产税改革应有新思路》，载《中国国情国力》2011 年第 3 期。

39. 张婉苏：《房产税税制改革再思考》，载《苏州大学学报》2011 年第 5 期。

40. 胡海生、刘红梅、王克强：《中国房产税改革方案比较研究——基于可计算一般均衡（CGE）的分析》，载《财政研究》2012 年第 12 期。

41. 安体富、王海勇：《重构我国房地产税制的基本思路》，载《税务研究》2004 年第 9 期。

42. 许文：《税收公平内涵的历史演变及理论发展前瞻》，载《财政研究》2004 年第 6 期。

43. 曹明星：《量能课税原则新论》，载《税务研究》2012 年第 7 期。

44. 潘明星、王杰茹：《财产税属性下房产税改革的思考》，载《财政研究》2011 年第 8 期。

45. 谭荣华、温磊、葛静：《从重庆、上海房产税改革试点看我国房地产税制改革》，载《税务研究》2013 年第 2 期。

46. 何杨：《存量房房产税征收的效应分析与影响测算》，载《中央财经大学学报》2012 年第 3 期。

47. 陈小安：《房产税的功能、作用与制度设计框架》，载《税务研究》2011 年第 4 期。

48. 刘俊：《房产税的立法基础》，载《改革》2011 年第 2 期。

49. 刘洪玉：《房产税改革的国际经验与启示》，载《改革》2011 年第 2 期。

50. 漆亮亮：《房产税的历史沿革》，载《涉外税务》2002 年第 4 期。

51. 林建荣：《房地产税收政策理论及创新》，载《山西财经大学学报》2005 年第 4 期。

52. 任寿根：《房产税制度模式选择及征税范围的确定》，载《江西社会科学》2000 年第 1 期。

53. 王智波：《房产税资本化的归宿——兼论上海房产税试点“新老划断”的理论基础》，载《改革》2011 年第 3 期。

54. 胥玲、邢丽：《基于国际比较视角正确认识房产税职能》，载《税务研究》2012 年第 10 期。

55. 高培勇：《给开征物业税一个基本理由》，载《经济》2006 年第 7 期。

56. 白玉：《英国房产税保有环节税制设计对中国的启示》，载《辽宁工程技术大学学报》（社会科学版）2013 年第 7 期。

57. 谢海定：《法学研究进路的分化与合作——基于社科法学与法教义学的考察》，载《法商研究》2014 年第 5 期。

58. 雷磊：《法教义学的基本立场》，载《中外法学》2015 年第 1 期。

59. 王一骁：《税法教义学研究方法之提倡——以国家税务总局 2016 年第 29 号公告之漏洞填补为例》，载刘剑文主编：《财税法学前沿问题研究（第七卷）：全面“营改增”背景下的财税法治建设》，法律出版社 2017 年版。

60. 许德风：《法教义学的应用》，载《中外法学》2013 年第 5 期。

61. 金可可：《民法实证研究方法与民法教义学》，载《法学研究》2012 年第 1 期。

62. 《行政诉讼的裁判基准研究——以契税客体内含的私法规则为中心》，载《行政法学研究》2016 年第 4 期。

63. 张晓婷：《税事实行为的特定分析》，载《首都师范大学学报》（社会科学版）2007 年第 4 期。

64. 黄茂荣：《营业税债务之发生的构成要件》（下），载《植根杂志》2012 年第 7 期。

65. 罗亚苍：《契税纳税义务发生时间的确认与立法完善》，载《税务研究》2015 年第 2 期。

66. 黄茂荣：《不动产税及其对不动产产业的经济引导》，载《中国法学》2008 年第 4 期。

67. 黄士洲：《从契税实例论实质课税原则的适用范围》，载《月旦财经杂志》2005 年第 6 期。

68. 程雪松：《运用税收政策促进我国汽车产业发展》，载《税务研究》2009 年第 9 期。

69. 俞雯、方重：《借鉴发达国家汽车税收制度优化我国汽车税费政策》载《当代经济管理》2010 年第 2 期。

70. 胡天放编译：《日本的汽车税费》，载《汽车工业研究》1997 年第 5 期。

71. 李楠：《试论车船税改革存在的问题及完善建议》，载《财经界》2011 年第 4 期。

72. 刘佐：《新中国车船税制度的发展》，载《地方财政研究》2007 年第 6 期。

73. 王国征：《“法的价值”与“法的价值取向”概念研究述评》，载《东方论坛》2009 年第 6 期。

74. 汤贡亮：《关于我国开征遗产税若干问题的探讨》，载《财经论丛》1994 年第 4 期。

75. 王文龙、金丽馥：《遗产税：“劫富济贫”还是“替天行道”》，载《社会科学战线》2005 年第 3 期。

76. 张永忠：《遗产税的法理依据新论》，载《兰州商学院学报》2011 年 12 月版。

77. 赵伟：《遗产税的逻辑》，载《浙江经济》2011 年第 7 期。

78. 陈岳琴、谌生文.《关于遗产税立法的若干问题》，载《法学家》2001 年第 3 期。

79. 李慧：《日本遗产税制设计及对我国开征遗产税的启示》，载《市场经济与价格》2012 年第 12 期。

80. 春杨:《南京国民政府遗产税法及其当代启示》，载《法商研究》1999 年第 3 期。

81. 何建华：《论马克思的经济正义思想》，载《中共福建省委党校学报》2003 年第 12 期。

82. 徐亚文:《“以人为本”的法哲学解读》，载《中国法学》2004 年第 4 期。

83. 张博宇:《论我国遗产税立法》，载《河北法学》2004 年第 4 期。

84. 陈少英:《论走向“税收国家”的中国遗产税之建制基础》，载《政法论丛》2015 年第 1 期。

五、外文类

1. J. G. Riddall，*Introduction to Land Law 2nd ed.*，London，Butterworths，1979.

2. Hugo Grotius，*On the Law of War and Peace*，Kessinger Publishing，2004.

3. Gyorgy Diosdi，*Ownership in Ancient and Preclassical Roman Law*，Akademical Kiado，Budapast，1970.

4. Jens Peter Jensen，*Property Taxation in the United States*，Chicago，University of Chicago Press，1931.

5. Glenn W. Fisher，*The Worst Tax? A History of the Property Tax in America*，Lawrence，University Press of Kansas，1996.

6. Richard Henry Carlson，A Brief History of Property Tax，2004.

7. Darien B. Jacobson，Brian G. Raub，and Barry W. Johnson，The Estate Tax：Ninety Years and Counting，2007.

8. Glenn W. Fisher，History of Property Taxes in the United States，2002.

9. J. H. T. McPherson，The General Property Tax As A Source of State Revenue，1907.

10. Edwin R. A. Seligman，The General Property Tax，1890.

11. John Joseph Wallis, A History of the Property Tax in America, 2000.

12. Charles M. Tiebout, "A Pure Theory of Local Expenditures", *Journal of Political Economy*, 1956.

13. Dick Netzer, *Economics of the Property Tax*, Washington, D. C., Brookings Institution, 1966.

14. Peter Mieszkowski, "The Property Tax: An Excise Tax or a Profits Tax", *Journal of Public Economics*, 1972.

15. George R. Zodrow, Peter Mieszkowski, *The Incidence of the Property Tax: The Benefit View vs. the New View* / / *George R. Zodrow*, *Local Provision of Public Services: The Tiebout Model after Twenty-five Years*, New York, Academic Press, 1983.

16. George R. Zodrow, "The Property Tax as a Capital T ax: A Room with Three Views", *National Tax Journal*, 2001.

17. 载 http://www.britannica.com/EBchecked/topic/479008/property, 最后访问日期：2014 年 3 月 14 日。

18. 载 http://www.britannica.com/EBchecked/topic/479067/property-tax, 最后访问日期：2014 年 3 月 16 日。

19. 载 http://www.o-bible.com/cgibin/ob.cgi? version = hgb&version = kjv&version = bbe&cv = kjv&book = Lev&chapter = 27, 最后访问日期：2014 年 3 月 16 日。

20. 载 http://www.catholicherald.com/stories/Straight-Answers-Are-We-Required-to-Tithe, 6707, 最后访问日期：2014 年 3 月 16 日。

21. 载 http://en.wikipedia.org/wiki/Hearth_ tax#History, 最后访问日期：2014 年 3 月 17 日。

22. 载 http://zh.wikipedia.org/wiki/窗稅_（英國），最后访问日期：2014 年 3 月 17 日。

23. 载 http://www.britannica.com/EBchecked/topic/288220/inheritance-

tax，最后访问日期：2014 年 3 月 17 日。

24. 载 http：//www. nationalarchives. gov. uk > Records > In-depth research guides > Deathduties 1796 – 1903：further research，最后访问日期：2014 年 3 月 20 日。

25. 载 http：//en. wikipedia. org/wiki/Destruction_ of_ country_ houses_ in_ 20th-century_ Britain，最后访问日期：2014 年 3 月 21 日。

26. 载 http：//en. wikipedia. org/wiki/Inheritance _ Tax _（United _ Kingdom），最后访问日期：2014 年 3 月 22 日。

图书在版编目(CIP)数据

财产税法论 / 陈少英等著. -- 北京:法律出版社, 2019

ISBN 978 - 7 - 5197 - 3232 - 5

Ⅰ. ①财… Ⅱ. ①陈… Ⅲ. ①财产税 - 税法 - 研究 - 中国 Ⅳ. ①D922.223.4

中国版本图书馆 CIP 数据核字(2019)第 040506 号

财产税法论
CAICHAN SHUIFALUN

陈少英 等著

策划编辑 田 浩
责任编辑 田 浩
装帧设计 李 瞻

出版 法律出版社
总发行 中国法律图书有限公司
经销 新华书店
印刷 北京玺诚印务有限公司
责任校对 郭艳萍
责任印制 胡晓雅

编辑统筹 法商分社
开本 720 毫米×960 毫米 1/16
印张 19
字数 261 千
版本 2019 年 3 月第 1 版
印次 2019 年 3 月第 1 次印刷

法律出版社/北京市丰台区莲花池西里 7 号(100073)
网址/www.lawpress.com.cn
投稿邮箱/info@lawpress.com.cn
举报维权邮箱/jbwq@lawpress.com.cn
销售热线/010 - 83938336
编辑电话/010 - 83938130

中国法律图书有限公司/北京市丰台区莲花池西里 7 号(100073)
全国各地中法图分、子公司销售电话:
统一销售客服/400 - 660 - 6393
第一法律书店/010 - 83938334/8335
西安分公司/029 - 85330678
重庆分公司/023 - 67453036
上海分公司/021 - 62071639/1636
深圳分公司/0755 - 83072995

书号:ISBN 978 - 7 - 5197 - 3232 - 5
定价:76.00 元